Research on the Mechanism of University - Enterprise Collaborative Innovation and Its Construction of Policy Incentive System

高校—企业协同创新机理及其政策激励体系构建研究

马家喜　金新元　著

中国财经出版传媒集团
中国财政经济出版社

图书在版编目（CIP）数据

高校—企业协同创新机理及其政策激励体系构建研究／马家喜，金新元著．--北京：中国财政经济出版社，2022.7

ISBN 978-7-5223-1434-1

Ⅰ.①高… Ⅱ.①马… ②金… Ⅲ.①高等学校－创新管理－研究－中国 Ⅳ.①G647

中国版本图书馆CIP数据核字（2022）第079644号

责任编辑：彭　波　　　　责任印制：张　凡
封面设计：卜建辰　　　　责任校对：胡永立

中国财政经济出版社 出版

URL：http：//www.cfeph.cn

E-mail：cfeph@cfeph.cn

社址：北京市海淀区阜成路甲28号　邮政编码：100142

营销中心电话：010-88191522

天猫网店：中国财政经济出版社旗舰店

网址：https：//zgczjjcbs.tmall.com

北京财经印刷厂印刷　各地新华书店经销

成品尺寸：170mm×240mm　16开　21.5印张　330 000字

2022年7月第1版　2022年7月北京第1次印刷

定价：98.00元

ISBN 978-7-5223-1434-1

（图书出现印装问题，本社负责调换，电话：010-88190548）

本社质量投诉电话：010-88190744

打击盗版举报热线：010-88191661　QQ：2242791300

序

高校—企业协同创新，作为产学研协同创新的核心环节，是推动企业竞争力提升的核心举措。目前，学术界对高校—企业协同创新及其管理理论进行了系列研究，一方面，为提升企业技术能力、形成竞争优势发挥了重要的指导作用；另一方面，也为深化高校作为“知识中心”主体地位提供了借鉴。然而，已有的产学研协同创新理论多从产学研协同创新整体视角或关注该系统某个局部进行分析，对该系统的内在运作机理缺乏深入的研究。这与高校—企业协同创新协同在国家创新体系中的重要地位不相匹配。因此，在产学研协同创新过程的基础上，需要从高校—企业联合决策视角出发，探讨高校—企业两大类创新主体协同创新动因、职能定位、创新效应、模式选择及实现机制，揭示其异质性，把握其同质性，在求同存异的基础上制定系统性的激励政策体系，在理论上是有研究价值的，也具有较丰富的实践意义。基于此，作者综合运用技术创新理论、博弈论、产业组织理论、核心能力理论等，采用数理分析、实际案例和数学建模相结合的方法，持续多年对高校—企业协同创新论题进行了跟踪研究，取得了很有意义的多方面研究成果。

一是全书的逻辑紧密。全书紧紧围绕“高校—企业协同创新机理及其政策激励体系构建”这一根本目标，在文献查新与高校—企业协同创新现状调研的基础上，将主要研究内容分为前后内容紧密相连的两部分：其一是以“高校—企业协同创新机理”为题进行针对性研究；其二是以“高校—企业协同创新政策激励体系构建”为题进行了针对性研究等。最后对书稿的研究

目　录

| 第 1 章 |

绪　论

国家创新体系包括知识创新和技术创新两个系统。这两个系统的有机与有效衔接成为国家创新体系建设的关键，产学研协同创新正处于这个关键点上[1]。所谓产学研协同创新是指企业、高校、科研院所（研究机构）等创新主体投入各自的优势资源和能力，在政府、科技服务中介机构、金融机构等相关主体的协同支持下，协作进行技术开发的创新活动[2]。产学研协同创新，不仅在宏观层面能够实现经济增长方式由资源驱动向创新驱动转变，而且能够在微观层面，促成高校—企业为核心的产学研主体间的相互融合，形成创新动能。正因为如此，习近平在党的十九大报告中明确提出，要“深化科技体制改革，建立以企业为主体、市场为导向、产学研深度融合的技术创新体系，加强对中小企业创新的支持，促进科技成果转化”。

高校与企业作为产学研协同创新最为重要的两个创新主体，由于其承担着人才培养、科学研究以及产业孵化及发展的特殊功能，因此，高校—企业协同创新是产学研协同创新的核心环节。从实际情况来看，高校与企业作为最重要的两类创新主体，其合作现状虽然取得了较大的进步，但仍存在巨大的提升空间，科技—经济“两张皮”现象仍比较严重[3]。究其原因可能是：协同创新环境的不好、缺乏共同的动力机制、组织模式选择不当、治理机制不到位、高校与企业没有培育出相应的核心能力来对协同过程进行管理等。为此，需要对高校—企业协同创新的研究进行总结，揭示其内在运作机理，研究其规律性及不足之处，进而为宏微观主体的创新决策提供参考。

高校—企业协同创新系统是一个复杂的系统，存在着多个不同的研究视角，有着不同的研究内容。本书立足于问题驱动，将高校—企业协同创新系统进行充分解构，着重研究两个核心研究问题：（1）高校—企业协同创新机理；（2）高校—企业协同创新政策激励体系构建。在具体撰写方法上，本书综合采用了技术创新理论、博弈论、产业组织理论、核心能力理论等，采用数理分析、实际案例和数学建模相结合的方法。

总之，本书试图从理论研究层面，对高校—企业协同创新的内在运作机理进行研究，探讨其内在规律性；试图从增进校企协同创新动力，提升校企资源质量，构建科学、合理的多层次协同创新模式，培育校企协同联盟能力以及优化高校—企业协同创新政策等五个方面，构建高校—企业协同创新政策激励体系。本书研究不仅具有理论研究价值，同样也具有重要实践意义。本书的学术价值：一方面，丰富核心能力理论与动态能力理论；另一方面，完善高校与企业等创新主体的职能配置理论与合作技术创新理论，为高校—企业协同创新制度设计奠定理论基础。本书的应用价值：一方面，在明确现阶段高校—企业协同创新现状的基础上，提炼了现阶段高校—企业协同技术创新的成功经验，为我国产学研合作创新实践提供实践参考；另一方面，为我国高校与企业等创新主体的制度创新与技术创新能力建设提供政策建议。

1.1 基本概念

1.1.1 协同、技术创新战略及相关概念界定[4]-[5]

基本概念的明确是深入研究的基石。首先对协同、技术、技术获取、技术创新、技术创新战略与技术战略等相关概念进行界定，现分述如下。

（1）协同。协同一词来自古希腊语，也称协和、同步、和谐、协调、协作、合作；意指开放系统中各子系统（要素）相互作用、相互配合、协调协作，形成拉动效应。协同的结果使参与个体获益，整体加强，共同发展。协同并不是新生事物，它是随人类社会的出现而出现，随人类社会的进步而发展的。没有协同，人类就不能生存，生产就不能发展，社会就不能前进。关于协同的定义，一般认为："协同是指协调两个或者两个以上的不同资源或者个体，协同一致地完成某一目标的过程或能力。"

（2）技术。技术（Technology）是在科学与实际经验基础上形成的，且被广泛应用于开发、设计、生产环节或在产品、过程、系统中的知识、工具与技巧的集合体。技术的本质特点在于技术的缄默性（Tacitness）、组织嵌入性（Embedness）与惯例化（Routinization），具有分散性与社会性的特征[6]。通常，企业所要获取的新技术按照功用不同，主要包括产品技术与工艺技术两种类型。

（3）技术获取。技术获取通常有狭义和广义两种范畴。狭义的技术获取概念认为，技术获取是技术权益从技术出让方转移到技术受让方的过程，且这一过程通常与专利、商业秘密以及信息产权等知识产权相关。这一定义方法，与国内经常使用的"技术引进（Technology Introduction，TI）"概念有相似之处。相比较而言，广义的技术获取的概念，其内涵更为丰富。其中Hung等[7]认为，技术获取是指"企业对于先进技术所采取的一种有计划、有选择的集中引进过程；此种先进技术是企业自身目前没有或尚未掌握，且该技术的使用可以为自身带来预期经济效益"。Ahuja等[8]则将技术获取界定为"向主体企业所提供的一种技术投入行为"。Hemmert[9]将技术获取界定为"对新产品或新工艺开发的技术知识所采取的一种获取行为"。而Baines[10]则从制造技术获取角度出发，认为技术获取是"为提升企业制造能力，进而提升企业绩效，对技术方案进行识别、选择、转移与实施的决策过程"。从上述概念可以看出，广义的技术获取首先表现为一种组织行为；其次，该组织行为是一种行为过程，此行为过程表现为对所要获取的对象——技术类型及特征要有深入认知，在此基础上，对获取技术的方案进行识别、选择进而实施的一个有计划、有选择的引进过程；最后，行为过程的目的，在于获取新技术，主要包括产品技术与工艺技术，最终在于提升企业技术创新能力，形成竞争优势。综上所述，本书将广义技术获取概念界定如下：为提升技术能力，企业对获取技术的方案进行识别、选择与有效实施的基础上形成的一套有计划、有选择的技术引进过程。因此，本书所说的技术获取概念指的是广义技术获取的范畴。

（4）技术创新。自熊彼特于20世纪初提出创新概念和理论以来，技术创新经历了 60 年代之前的开创研究、70 年代至 80 年代初的系统研究和 80 年代至今的综合研究三个阶段。在此过程中，学术界对技术创新的概念进行了探讨，其焦点主要集中在三个问题上，分别是技术创新涵盖的范围、关于技术变动的强度以及关于技术的新颖程度。有人主张技术创新只限于首次，有人则主张包括创新的扩散性应用，即认为只要是在某一区域内是新的就算是创新。虽然目前对技术创新的定义多种多样，但各种观点都认为，技术创新必须实际应用并产生经济效益，即技术创新是科技与经济相结合的活动。

本书将技术创新界定如下：企业在技术获取的基础上实现商业化，并产生经济效益的所有活动构成的全过程。在此概念中，技术获取需要根据新的市场需求和/或新的技术机会产生技术新构想之后，经过应用研究、试验开发或技术集成与组合，开发新产品或新工艺并实际应用。其中，技术的新构想是指产品和工艺等方面的新构想，构想可能来源于科学发现、技术发明、新技术的新应用，也可能来源于市场需求；应用研究、试验开发或技术集成和组合是实现技术新构想的基本途径；实际应用是指形成新产品或新工艺，或对产品、工艺的改进。商业化是指全部活动出于商业目的；经济效益是指近期或未来的利润、市场占有率等；全过程则是指新构想产生到获得实际应用的全部过程，这一过程如果终止于新设想或研发，则不能称为技术创新。

从 20 世纪 70 年代晚期开始，技术创新战略与技术战略逐渐成为技术创新管理研究中的一部分[11]，但是直到 20 世纪 80 年代，技术创新战略与技术战略才成为企业技术创新管理中一个受到普遍关注的领域。所谓战略是指重大的带有全局性的或决定全局的谋划。战略具有层次性，按照所属的企业层次，其一般可以分为三个层面，分别是企业战略、经营单位战略和职能性战略[12]。通常，技术创新战略与技术战略一般被看作是职能性战略的范畴。随着技术创新在企业重要性的提升，技术创新日益成为企业获取竞争优势的战略性武器，对应地，技术创新战略与技术战略也已成为企业战略决策的核心活动之一。

（5）技术创新战略。本书认为企业技术创新战略是企业在技术创新领域内重大的带有全局性或决定全局的谋划[13]。技术创新战略具有以下特征[14]：①技术创新战略的全局性；②技术创新战略的长期性；③技术创新战略的层次性；④技术创新战略的风险性。

图1-1是企业技术创新战略制定与实施过程的概念结构图，其主要包括以下过程：①确定企业使命与方针、明确企业发展目标、确定一般竞争战略。②技术创新战略方案的制定。战略方案是在战略目标和战略思想指导下的具体行动方案，该方案包括技术研发的领域，技术研发的时机、技术获取模式以及配套资源/能力的获取方式等。③技术创新战略的重要评价。将技术创新战略与企业的其他各种可能战略进行比较分析，如果技术创新战略能更好地支持竞争战略时，企业必然会选择技术创新战略作为其重要乃至主要发展战略。④企业具体实施技术创新战略。在此基础上，对战略实施效果进行评价，并不断反馈和调整其战略制定和实施过程，直到企业发展目标实现为止。

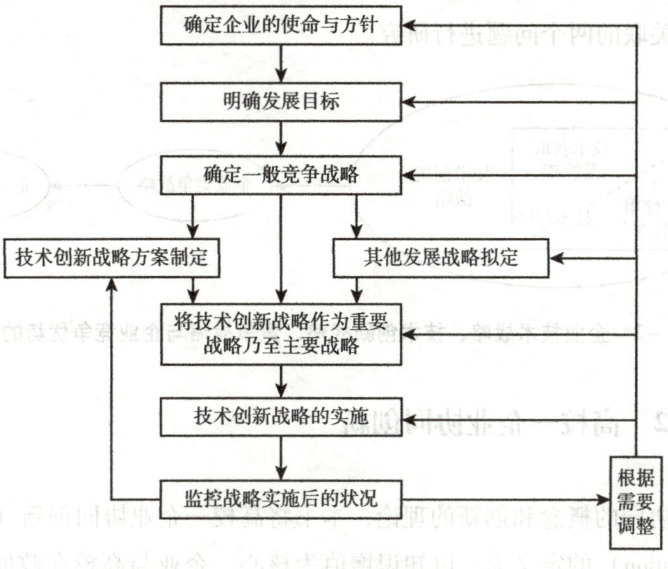

图1-1 企业技术创新战略制定与实施过程

注：根据文献［12］改编。

（6）技术战略。技术战略是由Porter在《竞争优势》一书中首次提出的。本书将技术战略界定为：为提升技术创新能力，企业对新技术进行获取（Acquisition）与使用（Exploitation）及其管理而采取的一系列政策、计划与程序的总称。该概念强调企业技术战略具有如下特征：①企业技术战略主要关注本企业技术能力的积累与提升，重视技术的实用性与先进性。②技术战略包括两方面核心内容：其一，新技术的获取与使用——即新产品与工艺技术的获取及其先进企业管理体系的构建；其二，技术的使用及管理——即构建有效的企业管理体系，确保对企业业已掌握的技术进行开拓使用，保证技术成果的实用化及先进性。③技术战略是一个有组织、有计划的系统运作过程，需要企业周密计划，合理运筹。

综上所述，如图 1 -2 所示，企业技术战略是技术创新战略的核心组成部分之一。技术战略更加关注新技术的先进性与实用性，而技术创新战略不仅关注新技术的获取，而且强调新技术必须能够商业化，并能够带来经济效益。作为一个整体，其是有效支撑企业竞争战略实现的核心措施之一。竞争战略制定的高效有效实施是确保企业持续获得竞争优势的关键。从图 1 -2 中可以看出，本书的主要工作在于关注企业技术战略第一个方面的内容，即对其相互关联的两个问题进行研究。

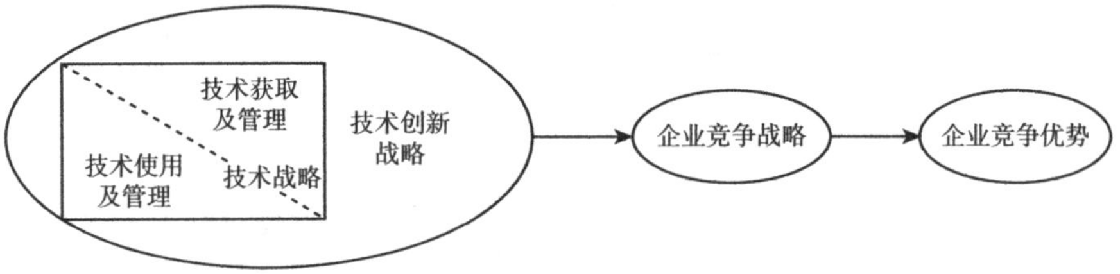

图 1 -2　企业技术战略、技术创新战略、竞争战略与企业竞争优势的关系

1.1.2　高校—企业协同创新

基于协同的概念和创新的理论，本书将高校—企业协同创新（Collaborative Innovation）的定义为：以知识增值为核心，企业与高校在政府、科技中介机构及其他创新主体的支撑下，聚集创新要素为了实现重大科技创新而开展的组织间技术创新过程。因此，高校—企业协同创新是通过国家意志的引导和机制安排，促进企业与大学发挥各自的资源优势与能力优势，加速技术推广应用和产业化，协作开展产业技术创新和科技成果产业化活动，是当今科技创新的新范式。

高校—企业协同创新具有以下显著特征：（1）聚集创新要素。传统技术创新通常存在于单一组织范围内，而高校—企业协同创新将突破组织限制，在更大的空间范围内聚集各类创新资源，包括物质资本、人力资源、物质基础设施、信息及技术等并进行有效集成，为协同创新过程奠定基础。(2) 高校与企业行为协同/组织协同/知识协同。高校—企业协同创新要求整合高校与企业两大主体的创新行为，在组织机制与知识协同（知识获取、传输、转化及应用等）诸多方面形成合力。(3) 高校—企业协同创新过程。高校—企业协同创新不仅是技术合作获取的过程，同时也是技术产业化的过程，校企协同双方必须有具体的协同创新过程。(4) 统一的目标。高校—企业协同创新的根本在于孵化并产生全新技术，实现技术与知识的价值增值。

1.1.3 创新模式

创新模式（组织模式/治理模式）(Innovation/Governing Mode)，是指在一定的创新体制与组织技术战略下，为有效获取技术，基于创新过程（具体来说，主要包括技术研究与开发、制造及销售等阶段）对组织所掌握的资源与能力进行优化配置的一种组织安排。在该概念中，需要注意以下几点。

(1) 创新模式的动机。创新模式运作的根本动机 (Motive) 在于获取新技术，价值性、稀缺性、难以模仿性与难以替代性等维度是构成所要获取新技术的核心内容，其对创新模式的选择会产生根本性的影响。

(2) 创新模式的本质。创新模式之间差异的本质在于对组织资源及能力的不同组合方式，反映了组织创新过程的显著性差异，这将对技术创新能力的培育产生显著性影响，内在地要求模式选择组织应具备不同的组织惯例、使用不同的学习过程及系统整合工具。例如，企业通过合作创新采用技术联盟方式来获取新技术时，为保障联盟成功，要求参与企业必须在组织内部建立起相应的技术联盟能力[15-16] (Technology Alliance Capability)；若企业采用企业技术并购模式来获取技术知识时，为保障并购成功，则需要主体企业本身必须具有技术并购能力[17] (Technology Merge and Acquisition Capability)。因此，不同模式是技术的成功获取与内在核心能力获取的统一体，其有效选择表述了企业资源及能力差异化的组织安排，预示了企业技术创新能力不同的演化路径。

(3) 创新模式源于技术战略。组织技术战略不同，所选择的创新模式就会存在根本性的差异。在技术战略的实施过程中，创新类型有效刻画了技术战略在实施流程与结果方面的本质特征。按照创新强度的不同，可将技术创新分为渐进性创新（Incremental innovation）与突破性创新（Disruptive innovation）两种创新类型[18]。两种创新类型在技术、产品以及市场特征等方面都存在根本性的差异。其中，渐进性创新是以技术缓慢变动、产品结构相对稳定、功能的渐进性改进以及面向成熟市场为主要特征；相反，突破性创新则以打破原有产品技术既定的技术发展轨迹、技术产品一般比已定型的产品便宜、结构简单且易于使用、以面向潜在市场为突破口。简要概括技术战略与创新模式之间的关系：前者是后者的实现手段。例如，采用技术领先战略的企业，通常会选择内部技术研发模式或组织依存度低的技术联盟模式，如韩国三星，为在新兴电子产业特别是手机市场方面成为行业的“领头羊”，在其成立之初，就特别关注芯片的自主研发，采用内部技术研发模式来获取此项创新技术，最终获取此项行业关键技术。相反，采用技术模仿战略的企业则通常会选择组织依存度高的技术联盟模式，典型的松下电器的发展史就是例证。

（4）创新模式通常是以一定的创新体制作为背景。创新主体——企业的外部环境因素在创新模式选择、实施及其最终的效果等方面扮演着关键角色，例如，Hemmert[9]运用德国与日本两国高技术企业的技术获取模式数据，探讨技术研发人员有效获取，其他社会主体如企业、研究机构等外部知识源知识的有效获取。政治、法律与管理环境及组织知识转移等制度因素对技术获取绩效的影响就是例证。

这里需要对创新模式、技术获取模式（Innovation Mode）及研发模式（R&D Mode）等概念进行区别。为此，需要交代创新过程与知识等两个基本概念。①从创新过程来说，创新过程理论始于20世纪50年代，其发展先后经历了五代，Rothwell[19]将其归纳为：技术推动理论（20世纪50年代）、市场拉动理论（20世纪60年代）、交互式创新过程理论（20世纪70~80年代早期）、功能集成创新过程理论（20世纪80年代）及系统整合与网络创新过程理论（20世纪80~90年代）。因此，创新过程理论认为，企业技术创新行为可以看作是由一系列空间上分离，但相互承接，彼此交互的不同阶段的创新子任务所构成。创新过程阶段的划分是创新过程理论的核心。创新过程阶段的划分已有多年，有两段论[20]、三段论[21]、四段论[22]、五段论[23]、六段论[24]、七段论[25]及几何模型[26]。综上所述，尽管不同学者对创新过程阶段的划分不尽相同，但到目前为止，创新过程的线性概念模型仍然是理解全部创新过程理论的核心与基础，其中研究开发、制造与市场销售是构成企业技术创新过程的核心环节。

②创新过程中知识概念的明确是进一步理解技术获取模式的关键。简要来说，“知识”（Knowledge）是存在于企业中的，所有员工在处理事情过程中就彼此之间的链接所遵守的共同信条。因此，知识是嵌入企业中的，其不仅表明了企业在处理事情过程中所存在的诀窍（know - how），也表明了组织处理事情的方式（know - why）。按照知识在创新过程中的不同功用，创新过程中所要获取的知识类型大体包括技术知识与市场准入知识。

理解了创新过程及知识的分类，下面对创新模式、技术获取模式以及研发模式等概念之间的差异性进行辨析。首先，创新过程是企业为完成创新目标或任务需要进行的一系列逻辑相关活动的组织框架，而资源与能力的合理组织则是框架内需要填补的内容，如果没有结构性或非结构性的对资源与能力的合理安排作为执行的内容，过程只不过是决策。因此，特定的模式通常是与创新过程的特定阶段紧密联系在一起的，其主要的知识获取类型也存在差异性。以创新过程特定阶段作为组织原则，对资源及能力进行合理的组织安排便构成了各类模式的核心内容。其次，技术获取通常发生在创新过程的技术获取阶段，简单地说，其通常发生在技术的研究、开发与制造阶段，而市场准入知识的获取则集中发生在销售阶段，所以技术获取模式是对创新过程技术获取阶段的一种有效组织。因此，创新模式不同于技术获取模式。最后，创新模式也不同于研发组织模式，其只是企业技术获取模式在研发阶段的特定表现形式。同时，创新模式也不同于销售模式。通常，销售模式集中发生在创新过程的销售阶段，是为获取市场准入知识而服务的，所以常见的销售模式，如销售协定、销售卡特尔、销售联盟、销售垄断或代理等不能等同于创新模式。因此，上述分析同时表明，创新过程的阶段差异性会对创新模式的选择产生较强影响[27]。

1.1.4　企业技术创新能力的概念

企业技术创新能力是企业利用各种创新资源增强技术能力，帮助企业增强竞争优势的能力。对企业技术创新能力的内涵的理解需要注意以下几点：(1) 企业技术创新能力是企业总体能力中的一部分，是企业核心能力的主要来源之一。(2) 企业技术创新能力的强弱，不仅仅就技术本身而言，它与其在增强企业竞争力过程中能发挥的作用密切相关，如果相比较竞争对手，企业技术创新在增强企业竞争力中发挥的作用越大，其技术创新能力越强。(3) 企业要增强技术创新能力，只有技术资源是不够的。因为技术创新能力是企业在不断运用内外部各种技术资源并与动态的不确定环境进行交互过程中形成的，不同的企业即使具有同样的技术资源，由于运用资源的路径和方式不同，积累的诀窍和经验不同，导致其优化配置和运用资源的能力不同，其技术创新能力可能存在比较大的差别。(4) 企业技术创新能力是企业总体能力中的一部分，具有一般能力所具有的特点，即技术创新能力的形成具有组织依赖性和路径依赖性、累积性、目的性和缄默性等特点。

1.2 高校—企业协同创新研究综述

通过梳理近20年国内外学者对于高校—企业协同创新的研究，基于创新产品（公共产品与私有产品）视角，本节整合了协同创新动因、协同创新模式、协同创新战略、知识产生及共享、微观治理机制、对象选择及关系管理、风险管理及创新绩效等7个研究分支，以期建立研究框架，对现有研究进行归纳，并提出展望，试图为学术界提供借鉴。

1.2.1 研究框架

(1) 文献检索方法与步骤。

为了系统综述高校—企业协同创新的理论研究成果，首先，对中外文献进行搜集、筛选并进行资料研读整理。该过程分成相互链接、彼此独立又相互融合的三个阶段：(1) 普选阶段。普选阶段的主要工作内容是按照先中文后英文的顺序进行文献检索。首先，在中文文献搜索阶段，以“产学研”“高校—企业”“协同创新”“公共产品”“私有产品”“协同研发”“公私合作”等关键词在中国知网数据库中检索1999～2019年发表在国内学术期刊上的文献，以同样词条在中国知网硕博士论文数据库中进行检索。其次，在外文文献搜索阶段，先后在Web of Science、Elsevier、Wiley以及EBSCO四个权威数据库进行英文文献搜集，以“university－industry－institute”“university industry”“joint innovation”“public product”“private product”“joint *R&D*”“Public－Private Partnership”等作为一级检索关键词。（2）精选阶段。精选阶段的工作内容如下：首先，在中文业已搜集到的文献中，按照CSSCI/CSCD源期刊，特别是国家自然基金委A类期刊，进行进一步筛查。其次，在外文业已搜集到的文献中，按照源期刊为业内顶级期刊为标的，进行进一步筛查。（3）研读阶段。该阶段的工作内容是对于精选阶段搜集的核心文献进行精读，充分理解该领域研究热点、研究思路及研究办法。如表1－1所示，列示了国内外该领域的顶级研究期刊。

表1－1　2009～2019年国内外有关高校—企业协同创新领域研究的顶级期刊一览表

国内期刊	A_1	B_1	C_1	D_1	E_1	F_1	G_1	H_1	I_1	J_1	K_1	L_1	M_1	N_1	O_1	P_1	Q_1	R_1
国外期刊	A_2	B_2	C_2	D_2	E_2	F_2	G_2	H_2	I_2	J_2	K_2	L_2	M_2	N_2	O_2			

注1：A_1：管理科学学报；B_1：管理工程学报；C_1：系统管理学报；D_1：系统工程理论与实践；E_1：管理世界；F_1：管理科学；G_1：科学学研究；H_1：科学学与科学技术管理；I_1：科研管理；J_1：研究与发展管理；G_1：科技进步与对策；K_1：中国科技论坛；L_1：中国软科学；M_1：管理学报；N_1：科技管理研究；O_1：软科学；P_1：华东经济管理；Q_1：外国经济与管理；R_1：中国管理科学。

注2：A_2：Research Policy；B_2：Technovation；C_2：The Journal of Technology Transfer；D_2：Technological Forecasting and Social Change；E_2：Journal of Engineering and Technology Management；F_2：Journal of Product Innovation Management；G_2：R&D Management；H_2：The Journal of High Technology Management Research；I_2：European Journal of Operational Research；J_2：Journal of Business Research；K_2：Journal of Business Venturing；L_2：Scandinavian Journal of Management；M_2：International Journal of Industrial Organization；N_2：Long Range Planning；O_2：Management International Review。

（2）高校—企业协同创新与创新产品差异。

一方面，党的十九大明确指出，我国社会主要矛盾已经转化为人民日益增长的美好生活需要和不平衡不充分发展之间的矛盾，因此从创新经济学的角度出发，提供异质、多样、丰富的创新产品是解决当前社会矛盾的必由之路。按照公共经济学理论，创新产品应该分为满足社会公共需求的公共产品（包括准公共产品和纯公共产品）和满足个体需求的私有产品[4]。前者如我国自主研制建设的港珠澳大桥、东风-41弹道导弹、光量子计算机等，后者如日常所用的如钢笔等民生必需品。

公共产品创新是指根据社会公共需求以及已有的知识和技术产生新的产品构想，经过应用研究、技术开发、转化和应用，开发出新产品，满足社会公共需求，产生社会效益和经济效益的所有活动构成的过程[28]。公共产品创新与私有产品创新相比较，在创新投入、风险、效益以及管理过程等方面存在显著的差异性，具体表现在公共产品创新的主体主要是政府、其创新过程中的风险主要来自技术研发及获取风险以及相应的组织风险、所产生的效益也主要是社会效益，两者之间的差异参看文献［28］。

高校与企业作为创新要素及能力的微观聚集地，鉴于其在创新经济体内部的重要性，在创新实践中，为了最大限度地提升私有产品与公共产品创新成功的概率，相关创新主体多把高校—企业协同创新作为获取私有产品技术、公共产品技术以及公私两用技术的核心路径之一。在理论研究中，现有高校—企业协同创新研究多以私有创新产品为前提，着重对其内在机理进行研究，但在公共产品创新领域，该问题的研究相对比较缺乏，也是现下学术界需要重点关注的领域，直接相关的领域学术研究多体现在下列相关领域：公共产品创新中政府的功能、技术获取策略及模式、企业参与公共产品技术创新的方式研究等；其他相关的学术研究成果则散落在公私合作伙伴关系、战略新兴产业培育、科技园及其运行机制等领域。

综上所述，基于需求导向视角，需要从公共产品与私有产品视角对高校—企业协同创新问题进行解构，并分别进行研究。

（3）理论研究框架。

在高校—企业协同创新研究过程中，已有学者尝试建立整合研究框架，例如，何郁冰构建了“战略—知识—组织”产学研协同创新研究框架[3]；Ankrah等构建了“动机—模式—过程—影响因素—绩效”的系统研究框架等[29]。这些框架对于理解高校—企业协同创新机理及文献研究现状具有借鉴意义，但其研究视角仅局限于私有产品创新领域，着眼于私有创新产品技术获取视角，对于公共产品创新及其技术获取没有涉及，尚未形成覆盖高校—企业协同创新全过程的整合框架。

在文献梳理的基础上，本书提出了高校—企业协同创新过程全域研究框架（见图1－3），利用此框架对该领域的文献现状进行总结。研究框架展现了高校—企业协同创新前、高校—企业协同创新中及高校—企业协同创新后三个阶段的全过程。

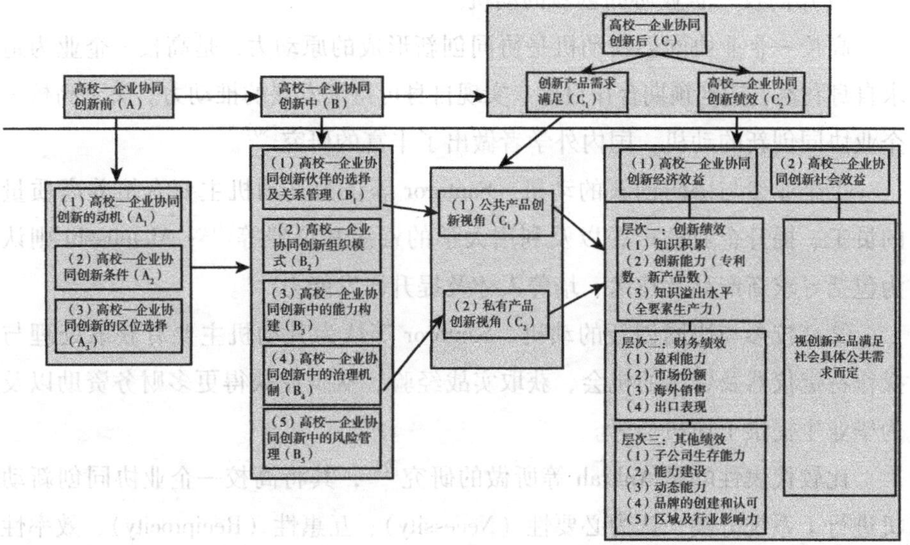

图1－3 高校—企业协同创新研究内容的整合框架

资料来源：作者根据文献阅读归纳、整理并绘制。

"高校—企业协同创新前"（A）过程阐述了研发主体为何要开展高校—企业协同创新，是否具备开展高校—企业协同创新的前置条件以及在何地进行高校—企业协同创新等问题，即高校—企业协同创新的动机（A_1）、高校—企业协同创新的条件（A_2）以及高校—企业协同创新的区位选择（A_3）。

"高校—企业协同创新中"（B）展示了研发主体进行协同创新，主要包括高校—企业协同创新伙伴选择及关系管理（B_1）、高校—企业协同创新组织模式选择（B_2）、高校—企业协同创新中的能力构建（B_3）、高校—企业协同创新中的治理机制（B_4）、高校—企业协同创新中的风险管理（B_5）以及高校—企业协同创新战略（B_6）等。

"高校—企业协同创新后"（C）过程旨在反映高校—企业协同创新的结果及其效应，包括创新产品需求满足（C_1）和高校—企业协同创新绩效（C_2）。本书所构建的高校—企业协同创新的整合框架展示了高校—企业协同创新三个过程之间的关系。以下对此框架中的具体研究主题进行具体阐述。

1.2.2 “高校—企业协同创新前”的研究主题

（1）高校—企业协同创新的动机。

高校—企业协同创新动机是协同创新形成的原动力，是高校—企业为追求自身利益、达到预期合作目标、实现自身可持续发展的推动力。关于高校—企业协同创新的动机，国内外学者做出了丰富的研究[30]。

①企业参与协同创新的动机。Santoror 等认为其动机主要有培养高质量的员工、提升企业的声誉以及利用大学的资源和仪器等[31]；Motohashi 则认为包括寻求新产品及技术、培养人才及提升研发能力[32]。

②高校参与协同创新的动机。Santoror 等认为其动机主要有获取处理与操作特定仪器及资源的机会、获取实战经验、从企业获得更多财务资助以及为毕业生提供工作机会等。

比较代表性的是 Ankrah 等所做的研究[29]，其将高校—企业协同创新动机进行了系统分类，认为必要性（Necessity）、互惠性（Reciprocity）、效率性（Efficiency）、稳定性（Stability）、合法性（Legitimacy）及非对称性（Asymmetry）是高校—企业参与协同创新的根本动机。实际上，上述研究都从一个侧面对高校—企业参与产学研协同创新过程提供自身的主张。

总结相关研究可以发现，获取高校的技术、开发出新产品、获取高技术人才以及了解最新的技术开发动向是企业参与产学协同创新的主要动机。而高校参与合作的动机则包括获取来自企业的经济资助、使自身研究更加贴近市场需求等。

（2）高校—企业协同创新的前置条件。

高校—企业协同创新的前置条件阐述的根本问题在于该协同创新在何种情境下才会发生。高校—企业协同创新的前置条件主要包括高校与企业的静态组织特征、动态组织特征以及创新环境三个方面。

①静态组织特征与高校—企业协同创新。静态组织特征包括研发主体的规模、治理水平、组织结构、技术能力以及组织战略开放程度等。一般认为，研发主体的规模越大、内部治理越健全、技术能力越强、组织战略越开放，越有可能开展高校—企业协同创新。以企业方为例，其影响机理如下：

其一，在企业规模因子上，大企业拥有更好的、更利于产学研协同创新效率提高的资源禀赋，如充足的研发资金、良好的研发设备和完善的管理系统等，而且研发效率的提升需要一定的规模效应，同时大企业在成本分摊上具有的优势，会提高其参与产学研协同创新的投入回报。在理论研究方面，Adams 等认为企业规模越大，越倾向于建立产学研合作[33]；Veugelers 等利用比利时的数据证实了企业规模是企业建立产学研合作的重要影响因素[34]。其二，组织的治理水平因子。该因子对高校—企业协同创新会产生积极影响；高校与企业的治理水平越高，通常越有相对健全的关系管理及契约管理内部控制制度，这对于开展产学研合作具有正向促进作用[35]。其三，组织结构因子。企业的组织结构对于协同创新产生有显著影响，有利于知识交流的组织结构，更利于协同创新产生；反之，则会抑制产学研协同创新的产生。其四，技术能力因子。一般来说，技术能力越强，通常具有强大的吸纳能力，会有利于协同创新的产生；反之，则会抑制协同创新行为。良好的以企业 R&D 能力为核心的技术能力不仅能促进企业与高校的沟通，加速企业对外部知识的获取，还能加速内外知识在重组过程中持续创新，获得竞争优势，从而对高校—企业协同创新产生积极影响。但在低研发投入密度下，企业的技术能力相对较低，吸纳能力较差，企业难以通过产学研提升自身创新能力，使企业内部研发与产学研协同创新产生替代性。在理论研究方面，姚潇颖等运用 2012~2013 年中国七个省战略新兴产业的微观数据，论证了研发能力对于产学研合作具有正向影响[36]。其五，组织战略的开放程度因子。组织的开放程度有助于协同创新的构建和知识扩散，加大外部资源整合，这有利于产学研协同创新的产生[37]。

②动态组织特征与高校—企业协同创新。动态组织特征包括研发投入、前期运作经验等。理论研究表明，研发主体的研发投入越高，具有成功的产学研运作经验的组织越有可能开展高校—企业协同创新。姚潇颖实证研究表明，企业技术投入能力对企业是否建立产学研合作和合作形式选择都有显著影响[36]。路径依赖理论进一步表明，具有产学研协同创新运作经验的企业也更有可能进一步地通过高校—企业协同创新来进行技术获取。

③创新环境特征与高校—企业协同创新。创新环境方面包括资源的可获取性、公共服务便利性以及政府公共政策的支持力度等。一般认为，创新资

源如资金、知识工人越容易获取、公共服务越便利以及政府在项目投入、税收优惠等方面越受支持的高校、企业或产学研协同项目，其越有可能开展高校—企业协同创新[38]。

1.2.3 “高校—企业协同创新中”的研究元素

（1）高校—企业协同创新的伙伴选择。

不恰当的合作伙伴选择一直被认为是导致高校—企业协同创新失败的重要原因之一[39]-[40]，因此高校—企业协同创新伙伴选择是重要的产学研协同创新研究命题之一。已有分析关于高校—企业协同创新伙伴选择主要集中在两个方面：①研发伙伴选择的影响因素研究。例如，王进富等基于3C理论视角，论证了核心能力、技术兼容性及管理者才能是研发伙伴选择的重要影响因素[41]。也有学者认为合作伙伴的承诺、协调和信任特征、沟通质量和参与程度、合作中问题和冲突的解决技巧是伙伴选择的主要影响因素等[42]。通常，伙伴选择一般涉及对合作对象财务资源、合作能力、技术能力、网络能力、个体信誉等多方面的评估。已有研究表明，这些指标评估结果是影响项目绩效的关键因素[43]。②研发伙伴选择方法研究。典型如Holmberg等构建了一种平衡积分卡指数模型[44]，Woerter则采用了“合作距离”评判来选择合作对象[45]，其他相关研究还有双边匹配法[46]、灰色关联度评价方法[47]等。

（2）高校—企业协同创新的组织模式。

高校—企业协同创新模式，是指在一定的创新体制下，基于创新类型以及对高校、企业等主体的角色进行有效的职能定位基础上，围绕协同创新过程，对高校及企业之间的资源及能力进行协同优化进而达到组织协同、战略协同、知识协同的一种跨组织契约安排，目的主要在于推进技术的商业化运作，满足公共需求或者私有需求。

如表1-2所示，近年来国外学者对高校—企业协同创新模式的分类进行了深入研究。在广泛调研的基础上，国外学者将常见的协同创新模式进行了理论归纳，甚至运用聚类等统计方法，将常见的协同创新模式按照其内在属性进行了重新归类，取得了丰富的研究成果[48]-[52]。

表1-2 国外高校—企业协同创新模式分类、选择及影响因子研究

依据标准及视角	文献	协同创新模式类型	模式选择影响因素
协同模式聚类分析的结果/企业—高校视角	[48]	信息与培训、研发工程与咨询、知识产权及人力资源	各种模式运作利润差异及时间分布
创新模式的正式化程度/公司视角	[49]	共同研发、合约研究、研究资助、技术咨询、培训、技术转移、研发服务、专利使用	公司规模及年龄、研发投资、研究外包、掌控专利数
协同模式聚类分析的结果/企业—高校视角	[50]	科学产出，非正式契约及学生、劳动力流动、合作及契约研究、通过专业组织进行交流、特定的组织活动、专利与许可	产业类型、知识特色、学科特点、个人及组织特色
协同模式聚类分析的结果/高校视角	[51]	会议与记者会、咨询与合约研究、物理设施的创造、培训、共同研究	高校特色、学院特色及个人属性、地域及学科差异
技术获取视角/高校—企业视角	[52]	咨询及技术服务提供、合作研发契约、许可、契约研究、创办新企业	/

资料来源：根据文献阅读整理所得。

在国内，我国学者也对以高校—企业关系为核心的产学研协同创新模式的分类进行了理论研究，比较典型的有仲伟俊等在对江苏省创新型企业广泛调研的基础上，归纳出四种典型的产学研协同创新模式：创新创业模式、成果转化模式、高校和科研机构服务于企业技术创新需求模式及企业配套于公共产品技术创新模式[53]；此外，鲁若愚等归纳出技术转让模式、委托研发模式、联合攻关模式、内部一体化模式、共建基地模式、共建实体模式及类平台模式等[54]。

(3) 高校—企业协同创新中的能力构建及提升。

核心能力和动态能力构建及培育作为组织竞争优势的源泉，一直是企业管理领域核心研究命题之一。结合高校—企业协同创新研究命题，在能力构建及提升领域的核心研究问题主要集中在以下三个方面。

①创新主体核心能力——高校的知识创新能力以及企业的技术创新能力构建及培育。高校知识创新能力与企业技术创新能力是两大主体参与协同的基础，同时也是提升高校—企业协同创新绩效源动力及关键。高校知识创新能力研究主要围绕知识创新能力的构成[55]、测度方法[56]、培育[57-58]（主要

涉及高校知识创新能力及其影响因素关系、动态能力的作用机理）以及其与高校区域影响力的关系[59]。

目前，创新能力研究尽管取得了很多成果[60]-[61]，但尚没有形成统一的理论框架[62]。近年来，在技术创新领域，对企业技术创新能力研究日益受到关注，且取得了丰硕的成果，集中体现在技术创新能力的测度与评价[63-66]、技术创新能力与企业竞争力的关系[67-69]、技术创新能力的构成、培育及其影响因素分析[70-71]等方面。

②高校—企业协同创新成功——技术协同联盟能力的构成及培育。技术联盟，作为一类技术获取模式的总称，并不意味着参与主体只要具备了技术开发的能力，就可以成功地获取所需的新技术。在理论界与实业界，技术联盟成功的范畴涵盖广泛，作为联盟成功运营的结果，其普遍被归结为参与联盟的主体内部具有某种特定的组织能力，此种能力通常被称为技术协同联盟能力。高校—企业协同创新过程可以采取多种模式，模式运作成功与否取决于高校—企业内部是否具有独特的、有价值性的、稀缺性的、难以模仿与难以替代性的技术联盟能力。

目前，技术协同联盟能力的研究同创新能力一样，也主要以技术联盟运作过程为基础，着重就其构成、测度方法、培育（主要涉及技术联盟能力及其影响因素关系、动态能力的作用机理）以及其与联盟成功的关系等维度展开。

目前专门针对技术协同联盟能力，以企业技术联盟为对象，围绕其成功进行技术获取行为所开展的专项研究还没有。更多的相关研究是以战略联盟为背景，围绕企业联盟能力所展开的，现综述如下。传统的战略联盟研究文献认为，联盟成功受到多种因素的综合影响，关键影响因素概括起来主要包括三个维度：企业维、联盟结构维与行为维。其中，企业维因子包括企业间的战略协同性、与合作项目有关的企业内部能力与经验、企业内部相关部门整合性以及合作经验等；联盟结构维因子包括知识特性、契约结构、合作各方的职能分配、合作者数量、资源与能力的互补性等；行为维因子则主要包括合作过程中的相互信任的程度、学习动机、参与程度以及企业之间的交流频率等。基于上述关键成功因素，传统战略联盟研究主要基于产业组织理论，着重对企业联盟成功的外部影响因素进行探讨。从单个企业内部关注战略联盟能力的研究，只是近年来随着资源基础理论、核心能力理论、动态能力理论等相关理论的发展而逐步开展的。

③高校—企业协同创新与创新主体核心能力之间的关系。阚大学等基于江西省数据得出研究结论：产学研合作短期内对自主创新能力的影响正向但力度较小，长期则有利于自主创新能力的提升[72]。上述研究为研究命题——高校—企业协同创新与创新主体核心能力之间的关系提供了线索，该命题主要回答的核心问题是高校—企业协同创新与创新主体核心能力存在何种关系，其主要受哪些因素的影响。下面具体分述如下。

第一，高校—企业协同创新与企业技术创新能力的关系。已有案例研究表明，产学研合作与企业内部研发存在着“替代—互补—替代”的三阶段互动关系[73]，进一步地，有研究基于产学研合作与企业技术能力结构之间的关系，从短期互动和长期演化两个角度来对产学研合作与企业技术能力结构之间的活动机理进行了分析[74]。上述分析从一个侧面阐述了高校—企业协同创新与企业技术创新能力的关系，典型研究如江志鹏等对技术势差对企业技术能力影响的长短期效应进行了针对性分析[75]。

第二，高校—企业协同创新与高校知识创新能力的关系。政府和学术界一致认为，高校是知识创新的主力军，是科技成果转化的生力军，但既有研究多是针对企业为对象、专门剖析高校知识创新如何受协同创新影响的文献相对较少[76]。通过参与高校—企业协同创新过程，在提升教学科研能力、创新人才培养模式、强化特色专业建设、推进创新创业教育、建设创新师资队伍、改革育人管理机制等六个方面，高校可以提升自身教学质量、科研能力、人才培养和管理水平，进而全面推动高校知识创新能力发展[77]。在具体知识创新能力发展的提升上，刘亭亭等从知识转移视角分析了产学研合作中高校的知识创新能力的动态过程[78]。

(4) 高校—企业协同创新中的治理机制。

知识传递、利益分配和技术供求不匹配的矛盾等问题都可归结于机会主义行为的存在。机会主义行为阻碍了高校—企业协同创新效率的提高，影响了高校—企业协同创新稳定性。因此，其治理问题成为协同创新成功的核心元素[79]。于娟基于产学研协同创新稳定性视角，对其稳定性的实施路径及其影响因素关系分析的基础上，着重就产学研稳定性实现的激励机制、协调机制与保障机制进行了针对性分析[80]。张国峰基于协调治理和技术联盟绩效评价两种联盟治理文献综述的基础上，提出了完整的产学研联盟治理系统——包括关系治理、契约治理等内生治理方式以及基于外部环境的政府治理、法律治理及其他要素治理的方式[81]。

在此基础上，黄劲松提出了如何通过信任和契约实现合作以及这种双边治理模式的外部约束条件[82]，进一步地，高校—企业协同创新中的治理机制集中体现在契约治理的有效性及设计[83]、关系治理的有效性及设计[84]-[85]、契约治理与关系治理的替代与匹配等维度[86]-[88]。

（5）高校—企业协同创新中的风险及其有效管理。

高校—企业协同创新中的风险元素包含多种，如典型的目标差异风险、信息不对称风险以及技术创新天然风险等形式[89]。目前，高校—企业协同创新中的风险及其有效管理的研究内容主要包括以下方面。

①高校—企业协同创新中具体风险及其预防。例如，戴勇等基于知识势差的角度出发，着重对产学研合作中的知识产权风险进行了研究[90]；进一步地，宋春艳对知识产权风险的防控措施进行了分析[91]；王秀丽等着重对产学研合作中的人力资本投资风险因素进行了研究，并将其划分为产学研合作主体投资风险和虚拟研发团队自我投资风险两种子类型[92]。

②高校—企业协同创新中风险系统研究、识别及其度量。例如，张美珍等基于项目生命周期视角，对产学研合作项目风险进行了识别；张宁等基于项目治理统一框架，运用社会网络分析法、网络层次分析法建立了基于项目治理框架的风险综合评价模型[93]；包国宪等基于三层次双维度评价体系对产学研结合技术创新风险进行了研究[94]。

③高校—企业协同创新中风险治理机制。高校—企业协同创新中参与主体间风险分担不均是协同创新效率低下的重要原因，因此，建立协同创新风险分担机制是高校—企业协同创新风险管理的关键。对于协同创新风险分担模型，学界有基于合作博弈理论对协同创新风险分担进行了研究[95]；有基于风险分担能力，利用模糊层次分析与 Shapley 值结合对协同创新风险分担进行了研究[96]；也有利用贝叶斯网络法对协同创新风险分担进行了研究[97]。

总之，高校—企业协同创新风险管理中的各种要素，可以构成一个复杂的系统。该系统具有开放性、动态性、涨落和自组织等复杂性特征，是现阶段高校—企业协同创新的重要内容之一。

1.2.4 “高校—企业协同创新后”的研究主题

“高校—企业协同创新后”（C）过程旨在反映高校—企业协同创新的结果及其效应，包括创新产品需求满足（C_1）和高校—企业协同创新绩效（C_2）。

（1）创新产品需求满足（C_1）。创新产品需求满足依赖于公共产品或者私有产品通过协同创新过程实现创新成功。鉴于现有研究多以私有产品创新成功为对象，下面着重就公共产品创新及其成功路径的研究成果进行简要综述。

公共产品创新概念由东南大学仲伟俊教授结合技术创新理论与实践后率先提出，其分别从公共产品创新的概念、过程、技术来源以及与普通私有产品创新（技术创新）相比较自身独具的特点等方面，详细进行了概括性论述。纵观目前该领域的研究文献，公共产品创新起源于公共部门创新命题研究，目前主要围绕公共产品创新的动机、公共部门技术获取机制、企业等相关主体参与公共产品创新的模式等方面，现阶段研究的核心主要关注于PPP模式在公共产品创新中的作用机制。

①公共产品创新的启蒙研究——公共部门创新。澳大利亚政府生产率委员会2007年3月发布的报告中指出，环境保护、资源利用、医疗卫生和交通运输等领域科学技术的非商业性广泛应用，对促进社会进步发挥了巨大作用[98]，但是，学术界当初对相关问题的研究非常缺乏。经济合作与发展组织2003年针对公共研究问题发布了研究报告，对公共研究中优先领域的设定、经费投入、人力资源开发等问题进行了系统和深入的研究。Koch等研究了公共部门创新问题[99]；Halvorsen等研究了公共部门创新和私有部门创新之间的差别。显然，公共部门创新为公共产品创新概念的提出提供了先期基础[100]。

②公共产品创新现阶段的研究热点。公共产品创新目前主要涉及以下几个方面的研究方向：第一，公共产品创新的动机。正如国防、环境保护、公共基础设施建设和公共医疗卫生等公共领域需求被满足一样，公共产品创新的核心动机在于获取创新的社会效益，这一点已为学界所认可[101]。第二，公共产品创新的技术获取模式。公共产品创新在研发技术获取效应方面主要包括两个方面：产品运营成本降低与产品质量提升。为此，公共部门在技术

获取模式上可以采取自行研发、直接外购、组织研发三种主要模式（具体包括研发竞赛、谈判机制以及拍卖机制和谈判机制的比较等，目前学界关于技术获取模式的研究，分别对研发竞赛、谈判和拍卖等单项机制的研究比较多，机制之间的比较研究较少，而且不同文献对机制比较研究得出的结论差别比较大）[102]。第三，企业等相关主体参与公共产品创新的模式。按照企业与公共部门合作关系紧密程度的不同，企业参与公共产品技术创新的途径包括转让、委托、联合等方式。所谓转让，是企业将其拥有的公共产品技术创新需要的新技术和新产品通过许可或出售等方式提供给公共部门；委托是公共部门明确提出新技术研发、新产品生产或新服务提供要求后，通过合同外包方式委托有能力的企业完成；联合是企业与公共部门联合进行新技术的研发、新产品的试制和生产，甚至新服务的提供。以上三种途径，双方合作的紧密程度逐次提高[103]。

③公共产品创新中 PPP 模式的运用。公私合作伙伴关系（PPP）是提供公共服务和公共基础设施的一种重要组织创新和制度创新，具有降低交易成本、转移与合理分配风险、创新管理方式、提高效率、缩减政府债务等多重功能[104]。PPP 模式作为西方公共管理的创新，在我国推进国家治理现代化、解决地方债和发展新型城镇化方面的积极作用而受到特别的重视。有关 PPP 模式主要涉及公共服务项目的融资、定价、具体运作模式及其微观治理机制（如信任等对知识转移的作用机理）等。但是在科技创新领域，尤其是在高校—企业协同创新的框架内探讨 PPP 问题，目前学界还处于刚起步阶段；这方面的相关研究有：第一，宋辉从利益相关者视角分析了公私双方及相关利益主体的功能与利益诉求，并基于相互间的利益冲突揭示科技创新领域 PPP 合作难点所在，提出基于政府（公方）PPP 遴选分类的 ERBE、FSVSF 模式与“契约设计 + Shapley”激励模式[105]。第二，宋波等基于不完全合同理论对战略性新兴产业公私合作研发分析进行了针对性分析[106]。

（2）高校—企业协同创新绩效（C_2）。高校—企业协同创新绩效是指高校—企业协同创新过程所带来的结果与影响。现有研究有的关注协同创新的直接结果，如互补效应、整合效应及学习效应；更多关注高校—企业协同创新的经济绩效，主要包括产品绩效、市场绩效及财务绩效等；一小部分研究关注高校—企业协同创新的社会绩效且主要以公共产品创新为对象。实际上高校—企业协同创新的结果，可能会导致多种效应，有正向影响也有负向影响，这方面比较全面的总结可参看 Ankrahl[29] 的研究。

1.2.5 研究主线

高校—企业协同创新机理研究着重在于揭示高校—企业协同创新系统这一“黑匣子”，目的在于提升协同创新的成功率，提升产品创新绩效。为此，其研究主线在于充分揭示“高校—企业协同创新前”（A）过程因子、“高校—企业协同创新中”（B）过程因子和“高校—企业协同创新后”（C）过程因子之间的内在逻辑关系。概括起来，目前主要存在着5条研究主线：（1）高校—企业协同创新前置因子与高校—企业协同创新绩效关系；（2）高校—企业伙伴选择与高校—企业协同创新绩效关系；（3）高校—企业协同创新模式选择与高校—企业协同创新绩效关系；（4）高校—企业协同创新能力构建与高校—企业协同创新绩效关系；（5）高校—企业协同创新风险管理与高校—企业协同创新绩效关系。

在此基础上，高校—企业协同创新机理的拓展研究，以上述5条主线为线索，结合具体高校—企业、具体企业行业—高校类型以及具体技术研究发项目层面可以进行进一步的拓展研究。

1.3 同质性与异质性：高校—企业协同创新机理研究进展及评论

1.3.1 高校—企业协同创新行为产生及其促发因子

高校与企业为何要进行协同创新？何种企业或高校会选择协同创新？此问题是高校—企业协同创新机理研究的根本问题，该问题可以归纳为高校—企业协同创新行为的产生及其促发因子关系。

（1）高校—企业协同创新行为产生的理论解释。

目前对高校—企业协同创新行为产生进行解释的理论主要有开放科学理

论、交易成本理论、产业组织理论、知识分工理论、组织学习理论以及资源基础理论等，现分述如下：

①开放科学理论与知识分工理论的观点。该理论认为，高校与企业属于知识异质性个体，高校侧重于基础研究，以公共利益为目标，主要以科学知识的研究与传播为职能核心，提倡自由开放的大学文化。而企业侧重于实验开发，以商业利益为目标，主要以技术知识的研究为核心，提倡严密管理。两者分工契合社会契约。该理论强调高校须向企业开放知识并获得企业的资金资助，企业应积极吸纳、内化公共科学知识，两者协同可以提升经济增长和社会效益。

②交易成本理论的观点。该理论认为，技术的复杂性、不确定性以及技术商业化的不确定性特别是技术研发所需专用性资产投入等所造成的沉默成本等，高校与企业之间进行协同创新，相比较独立创新更能降低交易成本。

③产业组织理论的观点。该理论认为，产业环境对个体的创新行为有显著影响。当今世界市场需求以及竞争压力使得微观主体——企业与高校所处的外部环境处于高度变动中，因此，其协同创新更有利于节约时间、贴近市场以及降低风险。

④资源基础理论的观点。高校与企业作为独立的创新主体，自身都具有稀缺性、价值性、不可模仿以及不可替代的资源。双方协同可以充分利用对方的资源，优势互补，更好契合技术需求、研发以及商业化。

⑤组织学习理论的观点。该理论认为，探索型学习（Explorative Learning）以及开发型学习（Exploitative Learning）是组织学习的重要手段，对于提升组织绩效至关重要。高校与企业利用协同创新过程，可以更好地接触到更广、更有用的知识源，运用此两类学习方式，通过知识的获取（Acquisition）、表达（Articulation）、明码化（Codification）、共享（Sharing）与内部化（Internalization）等阶段，可以更好地提升自身的创造力以及创新绩效。

（2）高校—企业协同创新行为产生的促发因子。

高校与企业从事协同创新行为产生受到多种因素促发，主要有三类研究视角，分别是高校视角、企业视角以及高校—企业双边视角。下面分别就各类视角的典型研究进行简要阐述：①高校视角方面，Perkmann 在将个体学术行为与商业化进行区隔的基础上，系统归纳了个体因素、组织因素、制度因素、影响力以及教学等五类因素对学术行为与商业化的影响[107]。②企业视角方面，Manuel 实证分析了企业与高校进行协同创新的组织模式选择行为[108]；Fan Xia 等则分析了企业规模以及吸纳能力是致使企业与高校开展合作的核心影响因子[109]。③高校—企业双边视角方面，Elisa 对高校—企业关联的形成及其驱动力进行了分析[110]。

上述研究从不同侧面就高校—企业协同创新行为的促发因子进行了阐释，对于理解高校—企业协同创新行为的产生提供了借鉴。高校—企业协同创新行为的产生主要受五类因子的促发，可概括为企业维、高校维、高校—企业关系维、技术维以及外部环境维，五类因素包含的内容及对高校—企业协同创新行为的促发方向，可以归纳为图 1－4。

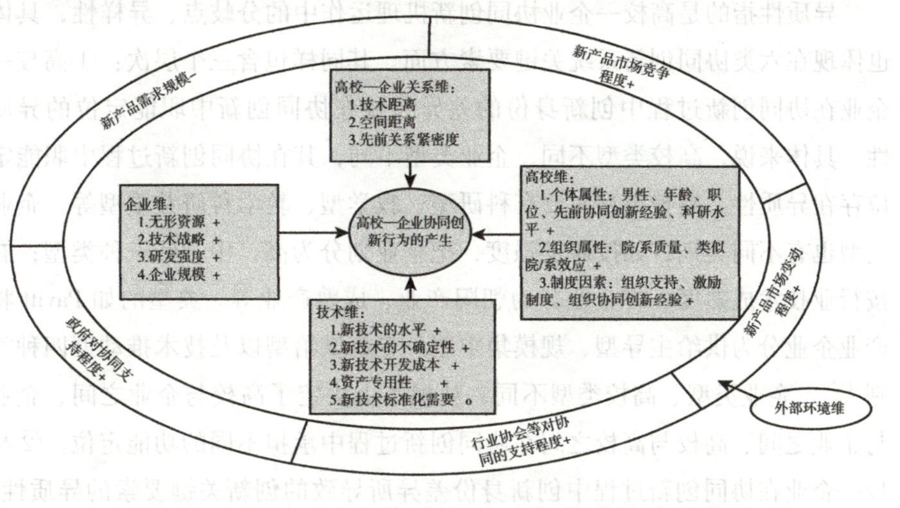

图 1－4　高校—企业协同创新行为、关键影响因素及其关系

注 1：+：表示当此因子提升时，高校—企业协同创新行为产生的可能性越高；

－：表示当此因子提升时，高校—企业协同创新行为产生的可能性越低；

o：表示当此因子提升时，高校—企业协同创新行为产生的可能性不明确。

注 2：根据文献阅读整理以及相关理论推演所得。

1.3.2　概念界定

（1）高校—企业协同创新及系统构成的关键要素。

通过梳理文献可以发现，高校—企业协同创新外部环境、协同资源、协同动力、协同能力、协同创新的组织模式以及协同创新机制等六类要素，是构成高校—企业协同创新系统的关键要素，上述六类要素的质量及其深度匹配直接决定了产—学合作创新绩效[111]。

（2）同质性与异质性的概念。

同质性指的是高校—企业协同创新中的规律性方面；具体体现在协同创新外部环境、协同资源、协同动力、协同能力、协同创新的组织模式以及协同创新机制等六类关键要素方面。同质性具体主要包含了三个层次：①高校—企业协同创新系统关键要素包含具体内容的规律性；②高校—企业协同创新系统关键要素之间的内部关联关系及其与创新绩效关系的规律性；③高校—企业协同创新系统关键要素之间的匹配规律性。

异质性指的是高校—企业协同创新机理运作中的分歧点、异样性，具体也体现在六类协同创新系统关键要素方面。其同样包含三个层次：①高校—企业在协同创新过程中创新身份的差异导致在协同创新中职能定位的异质性。具体来说，高校类型不同、企业类型不同，其在协同创新过程中职能定位存在异质性。高校类型主要有科研型、教学型、教学科研并重型等。企业类型也有不同类别，如按研发强度，把企业划分为高、中、低三种类型；有按行业技术成熟度，将企业分为朝阳产业、成熟产业等。典型的如 Pavitt 将产业企业分为供给主导型、规模集中型、专业供给型以及技术推动型四种类别[112]。企业类型、高校类型不同，从根本上决定了高校与企业之间、企业与企业之间、高校与高校之间在协同创新过程中承担不同的功能定位。②高校—企业在协同创新过程中创新身份差异所导致的创新关键要素的异质性。③为获取持久竞争优势与区域影响力，高校—企业如何利用协同创新过程提升自身协同创新绩效路径的异质性。

（3）高校—企业协同创新过程及协同创新绩效。

①高校—企业协同创新过程。高校—企业协同创新过程研究是高校—企业联结与互动的关键，因其本质上是一个复杂的自组织演化过程。

高校—企业协同创新过程研究是高校—企业联结与互动的关键，因其本质上是一个复杂的自组织演化过程，对于理解两大主体协同创新的微观运作机理至为重要。同时，因行业不同、项目不同，协同双方的主客观条件的差异，更造就了该对象研究的复杂性。国内外学者对此问题研究作了大量的开拓，研究视角包括基于知识流动及创造、创新主体资源获取及能力提升、创新主体战略及组织协同等方面，为突出两大主体协同创新过程的规律性，线性模型提供了可以借鉴的参考，具体如表1-3所示。

表1-3　　高校—企业协同创新过程线性模型的典型性研究

研究对象	文献	研究内容
协同创新形成阶段	[29]	伙伴识别、协议签订、伙伴评价及选择、伙伴谈判及协议签订五个阶段
协同创新全过程中关键要素	[3]	战略协同、组织协同及知识协同三个方面
协同创新过程中知识协同过程	[113]	准备、运行及终止三个阶段
基于知识流动的协同创新过程	[114]	知识共享、知识创造和知识优势形成三个递进演化阶段
技术合作项目实施过程	[115]	项目开始阶段，项目实施阶段，项目实施结果三个阶段

资料来源：根据文献阅读整理所得。

②高校—企业协同创新效应。高校—企业协同创新效应，是指高校—企业协同创新过程所带来的结果与影响。现有研究有的关注协同创新的直接结果，如互补效应、整合效应及学习效应；更多的关注高校—企业协同创新的经济绩效，主要包括产品绩效、市场绩效及财务绩效等[116-117]。实际上高校—企业协同创新的结果，可能会导致多种效应，有正向影响，也有负向影响，这方面比较全面的总结可参看Ankrah的研究[29]。

1.3.3　同质性：高校—企业协同创新机理的研究进展

协同创新的外部环境、新资源、新动机、协同能力、组织模式以及机制等六类要素，是高校—企业协同创新体系建设中的关键要素，是明确高校—企业协同创新机理的前提条件。下面从同质性的三个层次，分别对该领域的研究文献进行归纳说明。

（1）同质性之第一层次：协同创新系统关键要素构成的同质性。

①高校—企业协同创新外部环境。一般认为，高校与企业协同创新外部环境，除了需要两大主体主动构建及优化以外，需要政府机构、中介机构、

科研院所、金融机构等从资源供给（包括科研仪器和设备、人才、资金、科学数据与信息、科技资源条件等）、服务提供（包括技术转移渠道、孵化机制、管理咨询、技术共享及应用、教育培训等）以及制度建设（包括市场秩序维持、知识产权保护制度、创新文化塑造以及法律制度健全等）等方面提供支持。

②高校—企业协同创新资源。传统理论研究表明，企业在市场把握和技术商业化方面存在比较优势，而高校则在知识与技术方面存在比较优势。因此，高校—企业两大主体具有不同的创新资源，双方协同参与创新可以实现资源互补，这是契合资源基础理论的基本观点。基于现有研究，高校与企业在知识分工方面的差异，决定了高校在基础研究、科研仪器设备、知识及技术信息、学科建设、人才培养以及研究方法和经验具有丰富的资源，而企业则在技术的商业化与市场推广、创新资金储备、生产试验设备和场所方面具有丰富的资源。

③高校—企业协同创新动机。高校—企业协同创新动机是协同创新形成的原动力，是高校—企业为追求自身利益、达到预期合作目标、实现自身可持续发展的推动力。已有研究表明，获取高校的技术、开发出新产品、获取高技术人才以及了解最新的技术开发动向是企业参与产学协同创新的主要动机，而高校参与合作的动机则包括获取来自企业的经济资助，使自身研究更加贴近市场需求等[118]。在高校—企业协同创新动机研究方面，最典型的研究成果由 Ankrah[29]等作出，其认为必要性（Necessity）、互惠性（Reciprocity）、效率性（Efficiency）、稳定性（Stability）、合法性（Legitimacy）以及非对称性（Asymmetry）是高校—企业参与协同创新的根本动机。

实际上，明确高校—企业协同创新动机的内容，需要明确动机一词的概念。所谓动机是引起个体活动，维持并促使活动朝向某一目标进行的内部动力；其基本构成要素包括内外部诱因（压力、责任/义务）、需求产生及目标拟定等方面。因此，高校—企业协同创新的动机应从两大主体的内外部诱因、需求产生及目标拟定等潜在维度进行归纳。

④高校—企业协同创新的组织模式。所谓模式是一种经过理论加工的范式，是一种可模仿、推广或借鉴的相对固定的运行方式。而高校—企业协同创新模式，是指在一定的创新体制下，围绕协同创新过程，对高校及企业之

间的资源及能力进行协同优化进而达到组织协同、战略协同、知识协同的一种跨组织契约安排，典型的模式有项目式、共建式、实体式、联盟式及虚拟式等。国内外对此方向的研究由来已久，主要包括高校—企业协同创新组织模式的类型及优缺点、模式选择及其影响因素的关系、模式的运作机理等，有关此领域的详细研究成果及评论可以参看作者撰写的文献，这里不再赘述[119]。

⑤高校—企业协同能力。高校与企业在协同创新中须具备的协同能力的专门研究相对较少。学术界一般认为，高校企业协同能力主要包括协同职能能力（包括协同构想能力、伙伴选择能力、协议谈判能力、协同实施能力与联盟退出能力）与协同动态能力（包括环境跟踪能力、协同学习能力、协同协调能力以及资源重置能力）两部分。

⑥高校—企业协同创新机制。主要包括组织机制、管理机制与知识转移机制三个方面：第一，组织机制方面，有研究认为高校—企业应建立专门产学研协同管理部门，负责协同事宜，如在美国大学中专门针对专利的技术许可成立技术转移办公室；第二，管理机制方面，基于“互补性—差异性”和“成本—效率”理念，有学者提出从“战略—知识—组织”三重互动角度，对产学研协同创新模式进行管理[3]，Mcadam 等着重就高校研发中心模式下为提升技术转移效果而采取的管理机制进行了分析[120]；第三，知识转移机制研究方面，一般认为，创立资产分拆公司与新兴创业公司、协议研究及咨询等是隐性知识的主要转移渠道，毕业生与研究人员的流动也是传播隐性知识的重要途径。此外，专利许可对于隐性知识转移缺乏效率，在具有较高 R&D 和 GDP 的区域，高校通过技术许可转移技术的效率是较高的。

(2) 同质性之第二层次：协同创新系统关键要素之间关系的同质性。

高校—企业协同创新系统是一个主要由以高校与企业两大主体为主驱动的自组织系统。通常，协同创新关键元素之间存在着复杂的非线性影响关系，表 1-4 就高校—企业协同创新绩效及其影响因子关系的典型研究作了归纳，从一个侧面说明了该问题的重要性。在国外，例如，Ankrah 对高校—企业协同创新动机、协同形成阶段、组织形式、操作活动、影响因子以及协同创新结果建立了一个概念模型，为直观理解各要素之间的运作逻辑提供了理论借鉴。为了更好地揭示各因子之间的互动关系，同时为了更直观地归纳提升协同创新绩效的关键影响因素，学术界还是运用多种研究工具进行了量化。例如，钱雨等[116]运用扎根理论抽离出高校—企业协同创新系统中的关键要素：协同资源、协同机制、协同环境以及协同效应，并运用实证数据对关键要素之间的数量关系进行了路径分析，对于理解高校—企业协同创新机理具有显著借鉴意义。这些研究都为解析高校—企业协同创新的复杂机理提供了直观理解。

表1－4　高校—企业协同创新系统中关键要素与创新效应关系典型研究

研究对象	文献	研究内容或结论
高校创新绩效及影响因素关系	[121]	管理机制、制度实施与高校创新绩效之间正相关、创新氛围对管理机制与高校创新绩效之间的正相关关系有显著促进作用
企业创新力、企业绩效及其影响因子关系	[122]	关系因子（研发服务、研发合作）及一般关联因子（人力资源转移、科技论文发表、知识产权保护、创新思想产生的非正式渠道等）对企业创新力以及公司绩效有显著影响
高校—企业研发合作绩效及其影响因子关系	[123]	主体间关系、经济因子、技术－科技因子、战略因子、文化因子等对高校—企业研发合作绩效的影响

资料来源：根据文献阅读整理所得。

基于现有研究，如图1－5所示，基本可以对协同创新系统关键要素之间的逻辑关系进行说明：①协同创新过程是高校—企业协同关键要素之间关联关系运作的基础；②协同创新动机是整个高校—企业协同创新过程的引擎，对其他创新要素均有显著的影响，其关系可能正向也可能负向，影响结果取决于两大主体协同创新动机的合适与否以及相互匹配程度；③协同创新资源不仅对协同创新效应有直观影响，同时会通过协同能力、协同创新组织模式对协同创新效应产生间接影响，其关系可能正向、也可能负向，影响结果取决于两大主体协同创新资源的丰富度以及相互匹配程度；④协同能力以及协同创新模式对协同创新效应具有直接影响，其关系可能正向也可能负向，影响结果取决于两大主体协同能力的完备程度、强弱以及相互匹配程度；⑤协同能力对协同创新组织模式的运营产生直接影响，其本身不仅受协同创新资源的直接影响，还取决于协同创新机制的完备度、适宜性等影响；⑥协同资源、协同能力及协同创新组织模式对协同创新效应的影响受到调节变量协同创新环境的影响。

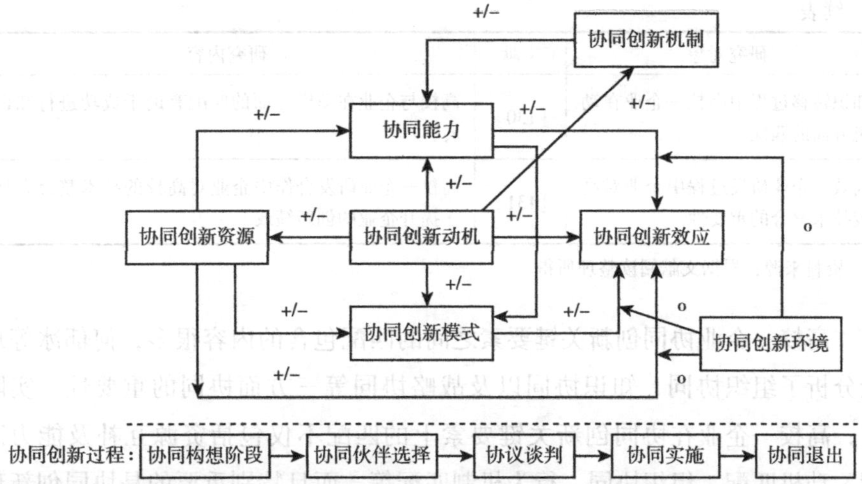

图1－5 高校—企业协同创新系统关键要素及协同创新效应之间的关联关系

注：+：表示正相关影响；－：表示负相关影响；o：表示作为调节变量，其影响可正向或负向。

(3) 同质性之第三层次：协同创新系统关键要素匹配的同质性。

要取得良好的高校—企业协同创新效应，不仅取决于协同创新各关键要素的得宜：环境优良、动机纯正、能力完备、组织得当、机制有效，还取决于高校与企业两大主体在各关键要素之间的兼容与匹配程度。例如，刘克寅认为高校—企业协同应该从匹配机制着手[124]；Isabel 等则以案例反面论证了高校—企业在行为上不匹配以及目标上的不匹配会给协同带来严重阻碍[125]。相关典型研究结果，如表 1－5 所示。

表1－5 高校—企业协同创新系统中关键要素的匹配及其与创新效应间的关系

研究对象	文献	研究内容
高校—企业协同创新组织模式	[126]	高校—企业知识转移渠道中双边交互对于区域经济具有正向影响
高校—企业协同创新组织模式	[127]	高校—企业交互的演化阶段、交互形式及其效益、障碍之间的关系
高校—企业协同创新要素整合	[128]	高校—企业协同创新要素整合有利于提升双方的互信，同时对于地区经济有正向影响
高校—企业协同创新中信任机制的建立及其影响因素关系	[129]	信任机制受到高校—企业交互中的多重因素影响，信任机制的建立有助于产生正向协同效应

续表

研究对象	文献	研究内容
知识转移过程中高校—企业在动机方面的匹配	[130]	高校与企业在动机方面的匹配有助于成功进行知识转移
高效—企业研发过程中企业对高校技术整合的重要性	[131]	高校—企业研发合作中企业对高校的技术整合有利于提升企业的创新绩效

资料来源：根据文献阅读整理所得。

高校—企业协同创新关键要素之间的匹配包含的内容很多，何郁冰等理论分析了组织协同、知识协同以及战略协同等三方面协同的重要性。实际上，高校—企业在协同创新关键要素上的匹配不仅包括资源互补及能力匹配、动机匹配、组织协同、行为机制匹配等，而且特别重要的是协同创新环境中信任机制构建、培育及共同维护，这些都对高校—企业的创新力与组织绩效提升具有核心重要意义。

综上所述，基于同质性视角对高校—企业协同创新机理研究文献梳理，可以发现高校—企业系统创新体系具有如下规律性特征：（1）高校—企业协同创新系统是产学研协同创新系统的核心组成部分，该系统的运作过程就是高校—企业协同创新的过程，该系统主要由协同创新外部环境、资源、协同动机、协同能力、组织模式、机制等六类关键要素共同构成；（2）协同创新外部环境、资源、协同动机、协同能力、组织模式、机制彼此相互作用，从一个层面决定了高校—企业两大主体能否取得良好的协同创新绩效。因此，环境优良、动机纯正、能力完备、组织得当、机制有效可以提升高校—企业系统创新的绩效；（3）高校—企业协同创新绩效还取决于两大主体之间在协同创新关键要素上的匹配：资源互补及能力匹配、动机匹配、组织协同、行为机制匹配、协同创新环境中信任机制构建、培育及共同维护等。

1.3.4 异质性：高校—企业协同创新机理的研究进展

高校—企业协同创新异质性研究的意义在于深入了解不同空间（国别、地区等）与时间维度下高校与企业协同创新的具体实践及依赖情境，同时对于因地因时相机进行科技政策制定提供借鉴。长期以来，高校—企业协同创新的异质性研究一直是该领域的重点[132-133]，典型研究如表1-6所示。通过梳理文献可以看出，异质性研究视角（如实证数据来源），主要包括高校、企业单边或高校—企业双边三个维度；研究层次包括高校或企业整体层面、创新主体内部组织层面以及团队及个体层面；研究内容包括系统各关键元素的异质性：协同创新的外部环境、协同资源、协同动力、协同能力、协同创新的组织模式、协同创新机制、协同创新效应等。下面分别从异质性的四个层次，分别对该领域的研究文献进行归纳说明。

表1-6　高校—企业协同创新异质性研究的典型研究

研究对象	文献	研究层次	研究内容	异质性视角
协同创新动机及组织模式异质	[134]	高校—个体	协同创新动机、组织模式异质及关系	双边
协同创新组织模式异质	[135]	高校—组织层面	协同创新组织模式及其经济效应	单边
高校—企业协同创新要素异质	[136]	企业—组织层面	新型及成熟产业协同创新要素（目标、来源、融资渠道、产出等）异质	单边
高校—企业协同创新组织模式异质	[137]	高校—企业—组织层面	高校—企业协同创新的演化、组织模式、效应及障碍的异质	单边
高校—企业协同创新减少障碍因子的因素	[138]	高校—企业—组织层面	合作经验、交流宽度以及组织间信任对于定位差异导致的障碍因素以及交易导致的障碍因素的影响	双边

资料来源：根据文献阅读整理所得。

(1) 异质性之第一层次：高校—企业在协同创新系统中职能定位的异质性。

高校与企业作为不同创新主体参与协同创新过程，有着不同的利益诉求与出发点，在协同创新过程中表现出不同的管理机制、组织机制以及行为机制，这为协同合作过程及效果带来了挑战。这源于高校与企业两大主体创新主体身份的差异，主体身份的差异必然带来两大主体在产学研协同创新中的职能定位异质。

①高校主体差异导致办学定位的差异。高校是原始创新的源头，承担科学研究、教育、社会服务以及文化传承等多重使命。在创新驱动战略下的高校会从理念、结构、制度等维度着手，构建以高校为知识核心的区域创新系

统。尽管如此，高校主体差异会导致办学定位的异质，如《国家中长期教育改革和发展规划纲要（2010～2020年）》所提出的“引导高校合理定位，克服同质化倾向，形成各自的办学理念和风格”表明，高校办学定位的异质是趋势所向。高校根据其定位不同可分为研究型、教学型以及教学研究并重型等类型，每类高校的定位不同，其在教育目标、科研方向以及社会服务等方面就会存现巨大差异。

②企业主体差异导致企业创新定位的异质。如前所述，不同行业中的企业以及同一行业中的企业由于具体内外部情境——如规模、掌控资源及能力及外部市场竞争环境不同，决定了企业创新主体自身创新战略定位的异质[139-140]。

实际上，通过苏、浙、皖三地企业实际调研，根据技术创新的类型及创新过程的差异性，可将行业中的创新企业归纳为三种典型类型，分别是技术类型密集型企业、高新技术密集型企业以及专业技术密集型企业。三类企业的异质划分主要基于以下标准：产品品种数及各品种产品包括的系列数、产品所含技术的宽度及深度、技术创新的强度。三类企业的划分标准及其内涵如表1-7所示。

表1-7　　三大类企业的划分标准及其内涵

行业类型	内涵				
	产品品种数	各品种产品包括系列数	技术的宽度	技术的深度	技术创新的强度
技术品种密集型	多	多	广	浅	渐进性
高新技术密集型	少	少	广/窄	深	突破性
专业技术密集型	少	少	窄	深	突破性或渐进性

资料来源：研究所得。

理论结合实际，对三类企业技术创新过程及路径的差异性进行分析。经过实际调研可以发现，第一类是以汽车、家电等产业为代表的技术类型密集型企业，该类企业的产品比较复杂，涉及的技术领域比较多，企业规模比较大，创新的主要任务是面向市场需求对复杂产品和生产技术进行渐进性改进；第二类是以生物制药、信息和通讯、新材料等产业为代表的高新技术密集型企业，该类企业的产品中高新技术含量很高，技术主要来自学术研究和基础研究的突破，创新的主要任务是面向新兴和潜在的市场及时有效利用基础研究中出现的重大技术机会，开发新产品；第三类是在元器件、仪器和软件等领域的专业技术密集型企业，这类企业很多是大企业的供应商，其产品及其生产涉及的技术品种比较少，但在其涉及的专业技术领域内要求的技术水平高，创新的主要任务是针对大企业用户的需要，将新技术应用于自己的产品和生产过程。

③高校—企业在产学研协同创新中的职能定位的异质。通过调研以及文献阅读可以发现，高校在产学研协同创新中的职能定位——“知识中心”（Knowledge Hub），企业在产学研协同创新中的职能定位——“创新引擎”（Innovation Engine），在此职能定位下，高校—企业在产学研协同创新中的任务就在于实现各自创新任务的同时，兼顾对方的功能诉求，具体来说，有以下两个方面。一方面，高校作为区域“知识中心”，要求自身不仅在知识创造方面起到引领作用，而且在知识传播，特别是技术知识的传播中起到主导作用。具体到企业技术创新领域，高校须着力解决下面三个方面的任务：第一，在企业技术创新科学决策中起到智囊作用；第二，在技术成果的形成、应用、转化以及传播扩散过程中，起到服务促进作用；第三，在企业新产品商业化推广过程中起到支撑作用。另一方面，企业作为区域经济发展中的“创新引擎”，在技术创新中扮演着创新主体作用，承担着技术创新及扩散双重任务。具体到产学研协同创新领域，企业须着力解决下面三个方面的任务：第一，企业在高校技术的应用性技术研发方向以及人员培训方面起到引领作用；第二，企业为高校的可持续发展，特别是资金供给方面提供资源及动力支持；第三，在技术成果的形成、应用、转化以及传播扩散过程中，积极吸纳高校的技术知识。

尽管如此，国内外有关各类高校以及行业企业在产学研协同创新中职能定位的异质性的相互比较研究，特别是实证研究方面的研究，仍然比较匮乏，这是本书进一步的研究方向。

(2) 异质性之第二层次：协同创新系统关键要素内容的异质性。

高校—企业在协同创新过程中创新身份差异所导致的创新关键要素的异质性。异质性研究具体体现在协同创新外部环境、协同资源、协同创新动机、协同能力、协同创新的组织模式以及协同创新机制等六类要素方面，下面分别说明。

①协同创新外部环境的异质。高校—企业协同创新外部环境的异质主要表现在两个层面：第一，两大主体为主体构建的创新环境的异质；第二，其他主体为主体所构建的外部环境的异质，如资源供给、服务提供以及制度建设等方面。

②高校—企业协同创新动机的异质。高校—企业协同创新动机的异质主要表现在两个层面：第一，高校与企业参与产学研协同创新的动机差异；第二，不同类别高校之间，不同类别企业之间参与产学研协同创新的动机差异。前者的研究 Ankrah 与 Lai 作了积极尝试[130][141]；后者的研究相对比较少，这是本书进一步的研究方向，尤其需要典型案例作深度解析。

③高校—企业协同创新资源的异质。高校—企业协同创新资源的异质主要表现在三个层面：第一，高校与企业之间在产学研协同创新过程中所动用资源的数量、质量方面异质性，如 Ramli 表明，主体所掌控资源的异质会给高校与企业合作带来障碍[142]；第二，高校与企业在产学研协同创新中资源配置模式的异质，如曹霞等将资源配置方式分为随机导向型、关系导向型、合作导向型和关系嵌入型等，分析了其对产学研合作网络演化路径的影响[143]；第三，不同类别高校之间，不同类别企业之间参与产学研协同创新种所掌控资源、资源配置方式的异质及其评价[144]。

④高校—企业协同创新组织模式的异质。这方面的研究相对比较多，高校—企业协同创新组织模式的异质，主要表现在三个方面：第一，高校—企业协同创新组织模式的运行机制、特征、优缺点及其差异性；第二，高校与企业对不同协同创新组织模式选择路径与方法的异质；第三，不同类别高校之间，不同类别企业在协同创新组织模式选择过程上的异质，这方面的研究同样比较少，是本书进一步的研究方向。

⑤高校—企业协同创新机制的异质。所谓机制，是指有机体内各种功能及构造的链接及相互作用关系。所谓高校—企业协同创新机制，即是高校与企业两大创新主体为提升协同度，通过共享资源、能力等所采用链接及相互作用关系。该协同机制涉及两大创新主体之间在战略、组织、知识、资源、行为等全方位的全面整合。一般来说，包括主体机制（组织机制）、客体机制（知识转移机制）及工具机制（管理机制）三个方面。第一，组织机制

的异质性。组织机制的异质主要是高校与企业是否根据各自情境以及协同创新情境设立了相应的组织对接机构，包括参与更广范围的网络化产学研协同创新组织的方式及类型差异。第二，知识转移机制的异质性。知识转移机制异质性主要体现在知识类型（隐性知识/显性知识）及知识共享机制（包括共享过程、共享途径）、知识传播机制（知识的社会化、外部化、组合化以及内部化等）的异质。第三，管理机制的异质性。管理机制的异质主要体现在利益协同机制、关系协同机制、风险协同机制以及沟通机制的异质性等方面，具体包括：一是利益协同机制的异质。利益协同机制异质主要体现在利益的多样性及分配方式的异质性，其中利益分配方式的异质性是核心[145-146]。二是关系协同机制的异质。关系协同机制异质主要体现在关系协同的治理方式差异，学术争论的核心——信任机制与契约机制的重要性。三是风险协同机制的异质。风险协同机制异质主体体现在产学研协同创新中的风险源的多样及管理、风险分担机制及测度方法的异质等[147]。四是沟通机制的异质。沟通机制的异质主要体现有关创新沟通内容及沟通方式的异质方面[148]。

⑥高校—企业协同能力的异质。能力基础理论认为，决定现代组织核心竞争力与组织竞争优势的关键，在于组织能否具备价值性、异质性、非模仿性和难以替代性的核心能力。高校—企业协同创新实践表明，产学研协同创新成功与否的关键在于高校的知识创造能力及传播能力是否得到了加强，企业的技术创新能力是否得到了提升。能力基础理论与高校—企业协同创新实践的结合表明，研究高校与企业在协同创新过程中的协同创新能力的提升路径具有核心重要意义。

高校—企业协同创新能力的异质主要体现在两个方面：一方面，高校与企业在协同创新能力的具体构成上存在显著差异[149]；另一方面，高校与企业在协同创新能力的培养上存在显著差异[150-151]。

(3) 异质性之第三层次：高校—企业协同创新绩效提升路径的异质性。

高校、企业协同创新绩效提升路径的异质研究，关联到具体情境下高校与企业关键要素的学—企互动机理，对于权变制订科技及管理激励政策具有现实意义。该领域研究主要体现在三个方面。

①企业协同创新绩效提升的异质性研究。该异质研究的重点在于了解不

同类别企业运用协同创新提升自身创新绩效的“黑匣子”。该领域的研究相对丰富，典型成果有：刘和东等以高新技术企业实证分析，论证了协同创新路径具有统计意义：提高学研方科技成果转化率→选择合理的合作模式→提升合作绩效[152]；原长弘等则以陕汽个案为例，研究了利益驱动等4个关键点是协同创新成功提升企业竞争力的结论[153]。

②高校协同创新绩效提升路径的异质性研究。该异质研究的重点在于了解不同类别高校运用协同创新提升自身创新绩效的“黑匣子”。典型研究如Huang等[154]用某高校协同创新数据，就协同创新的管理机制、制度实施以及创新文化对于高校学术创新绩效的影响。

③高校之间、企业之间协同创新绩效提升路径异质性的对比研究。这方面的比较相对较少，也是可以进一步研究的方向。

综上所述，基于异质性视角对高校—企业协同创新机理文献的梳理可以发现，高校与企业在协同创新中职能定位的异质性是研究的出发点，其对后续研究起到统御作用；协同创新要素的异质性研究是明确协同创新机理及其依赖情境的关键；协同创新绩效提升路径的异质明确是根本。具体来说，（1）高校—企业在产学研协同创新中的职能定位的异质源自创新主体身份不同，在协同创新过程中，高校应着重在区域经济中发挥“知识中心”的作用，企业在区域经济中应发挥“创新引擎”的作用；（2）协同创新要素的异质性要求理论研究者关注高校—企业协同创新机理的微观情境与实际运作，这是权变科技创新及管理政策制订与实施的基础；（3）高校—企业协同创新绩效提升路径的异质反映了创新主体目标实现的复杂性。总之，在异质性视角中，有关不同类型企业之间、不同高校之间在职能定位、创新系统关键要素以及协同创新绩效提升的对比研究是目前理论研究的薄弱点，是需要重点进行深入研究的关键。

（4）异质性之第四层次——基于创新产品视角协同机理的异质性研究。

众所周知，公共产品创新与私有产品创新存在着本质的不同，但都可以通过高校—企业协同创新过程获取所需的技术与制造产品所需的工艺，但其内在逻辑与运作机理完全不同。如何揭示此种由创新产品差异带来协同创新过程中的异质性，是现阶段及未来一段时间内该领域的主要研究方向，具体如表1－8所示。

表1-8　高校—企业协同创新的差异性——基于创新产品视角

高校—企业协同创新的差异性	公共产品创新	私有产品创新
（1）创新动机	研发公共产品技术、获取社会效益	研发私有产品技术、获取经济利益
（2）创新主体	以政府主导，通过委托高校—企业联盟统筹协同创新过程	以企业或者高校为主导统筹协同创新过程
（3）投资主体	政府	以企业为主体，多种融资方式并存
（4）经济核算	成本中心下的预算约束	利润风险下的预算约束
（5）面临风险	技术风险	技术风险与市场风险
（6）协同创新模式	以政府主导、高校—企业协同参与的创新模式	面向市场、以高校为主导的协同创新模式或者以企业为主导的协同创新模式
（7）协同创新能力	协同研发能力、协同组织能力、技术预见能力	协同研发能力、协同组织能力、市场感知能力、技术预见能力

注：研究所得。

1.3.5　结论

高校—企业协同创新是产学研协同创新的核心内容，对其进行研究一直是技术创新及管理领域的核心研究方向之一。有关该领域的研究文献数量庞大，研究文献质量参差不齐，如何对这些文献的研究方向及内容进行归纳，把握最根本的问题所在是理论关注的焦点。通过文献梳理，结合近年来对苏浙皖三地产学研协同创新实践，本书认为，基于同质性与异质性视角对高校—企业协同创新文献进行归纳，可以把握现有研究文献研究的主脉络，进而对科学制订产学研协同创新政策具有现实意义。

同质性概念指的是高校—企业协同创新中的规律性方面；异质性的概念指的是高校—企业协同创新中的分歧点、异样性；同质性与异质性的结合可以把握产学研协同创新中高校—企业协同创新机理运作的一般规律，同时又能根据情境不同，了解各类高校、各类企业在具体协同创新实践中运行的特殊性及其依赖情境。

高校—企业协同创新机理中的同质性包含三个层次：（1）构成协同创新

系统关键要素的同质性，即都由协同创新外部环境、协同创新资源、协同动机、协同能力、协同创新的组织模式、协同创新机制等六类关键要素构成；（2）协同创新关键要素之间的关系的同质性，即协同创新关键要素彼此相互作用，从一个层面决定了高校—企业两大主体能否取得良好的协同创新效，因此环境优良、动机纯正、能力完备、组织得当、机制有效可以提升高校—企业系统创新的绩效；（3）协同创新关键要素的匹配的同质性，即高校—企业协同创新绩效还取决于两大主体之间在协同创新关键要素上的匹配：资源互补及能力匹配、动机匹配、组织协同、行为机制匹配、协同创新环境中信任机制构建、培育及共同维护等。

高校—企业协同创新机理中的异质性则包含四个层次：（1）高校—企业在产学研协同创新中的职能定位的异质性；（2）协同创新要素的异质性；（3）高校—企业协同创新绩效提升路径的异质反映了创新主体目标实现的复杂性；（4）基于创新产品视角协同机理的异质性。进一步地，在同质性研究方面，大规模的抽样统计以及实证案例研究还比较匮乏，使现有同质性研究缺乏足够的证据支撑；在异质性视角中，有关不同类型企业之间、不同高校之间在职能定位、创新关键要素以及协同创新绩效提升的对比研究是理论研究的薄弱点，这些都是需要进行进一步深入研究的重点。

1.4 本书创新点及研究内容

1.4.1 本书创新点

本书综合运用交易成本经济学、资源基础观、产业组织理论、委托—代理理论、博弈论、实物期权理论等，采用理论分析、数理分析及案例佐证相结合的方法，在前人研究工作的基础上，以高校—企业协同创新为核心，把产学研协同创新研究的核心问题进一步浓缩，解构成“高校—企业协同创新机理及其政策激励体系构建”这一核心研究问题。基于问题驱动视角，相比较已有研究，本书的创新点主要体现在如下几个方面。

创新点1：高校—企业协同创新机理及其内容解构。本书将高校—企业协同创新机理的研究内容解构成七个方面的研究内容：（1）创新主体—企业如何开展技术创新及嵌入校企协同的条件；（2）校企协同联盟能力构建：如何管理高校—企业协同创新联盟；（3）高校—企业协同创新模式选择；（4）高校—企业协同创新具体模式下的运作机理；（5）高校—企业协同创新治理；（6）高校—企业协同创新成功及其影响因素关系；（7）高校—企业协同创新政策体系构建。具体如图1-6所示，七个方面的研究内容形成一个有效整体，避免了单一组成部分研究对高校—企业协同创新系统认知的局限性。

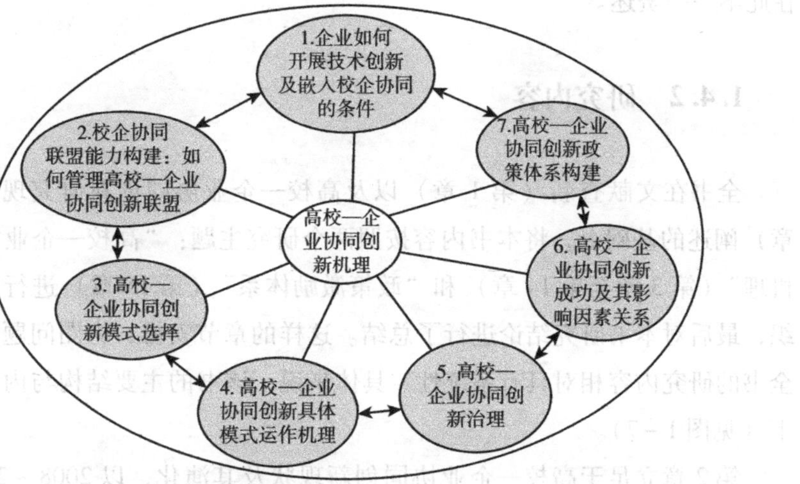

图1-6　高校—企业协同创新机理及其研究内容解构

通过高校—企业协同创新机理研究，得出研究结论：内（协同创新动机、校企资源质量、协同创新治理机制）外（校企协同创新政策）部影响因素、协同创新模式、校企协同联盟能力的培育对于提升校企协同创新绩效都具有显著作用，其中协同创新模式与校企协同联盟能力的培育是校企协同创新绩效提升核心路径。

创新点2：高校—企业协同创新政策激励体系构建研究。尝试从增进校企协同创新动力、提升校企资源质量、构建科学合理的多层次协同创新模式、培育校企协同联盟能力以及优化产学研协同创新政策等五个方面，构建起高校—企业协同创新的政策激励体系。该政策激励体系的构建，主要基于政府—企业—高校三者职能配置及行为优化视角，力图让企业与高校“有动力、有资源、有能力、有路径、有政策”去推动高校—企业协同创新过程，促进校企协同创新成功。

创新点3：探讨了各类治理机制在协同创新模式运作中的作用。鉴于组织协同机制、契约协同机制、关系协同机制以及风险协同机制等机制在协同创新模式协同度提升方面的作用，本书从第9章至第12章两个不同方面系统探讨了此四类机制的作用，分别是具体模式下的运作机理（机制的作用）以及具体治理机制如何运作。

其他各章研究内容相比较已有研究的创新性，在各章小结中分别体现，在此不一一赘述。

1.4.2 研究内容

全书在文献查新（第1章）以及高校—企业协同创新研究现状（第2章）阐述的基础上，将本书内容按照两个研究主题："高校—企业协同创新机理"（第3章至第14章）和"政策激励体系"（第15章）进行了有效组织，最后对本书研究结论进行了总结。这样的章节安排，力图问题驱动，使全书的研究内容相对具有系统性。具体来说，该书的主要结构与内容安排如下（见图1－7）。

第2章立足于高校—企业协同创新现状及其演化，以2008～2020年为时间段，着力分析高校—企业协同创新过程中出现的状况及其演化特征。研究的基础主要基于2008年江苏省制造业产学研调研数据、中国统计年鉴等统计数据（2009～2018年）以及近年来出现的校企协同的调研数据。研究的目的在于明确高校—企业协同创新中存在的现实问题，为后续章节的理论研究奠定基础。

第3章着力对高校—企业协同创新系统及其构成要素进行识别研究。其研究内容为：首先，对高校—企业协同创新系统中的参与主体及职能定位进行了界定；其次，在此基础上，构建2F：P－MM－E概念模型来刻画高校—企业协同创新系统及其构成要素并进行了案例实证。其研究结论为：（1）高校—企业协同创新系统由职能定位、创新动机、创新过程、模式选择、协同创新机制、创新效应六大要素及其相互之间关联构成；（2）高校、企业在协同创新过程中分别承担着"知识中心"以及"创新引擎"的功能，而政府则承担着主导者、参与者以及产学研协同创新政策的制订者的功能；（3）创新动机由外部压力、内在责任/义务、需求产生及目标等要素构成；（4）协同创新过程由协同构想、协同伙伴选择、协议谈判、协同实施与协同退出等阶段构成；（5）协同创新模式包括正式模式与非正式模式两类，协同创新模式的差异性从根本上取决于协同创新模式的"协同度"——整合高校与企业双方资源及能力的强度，其由契约的正式化程度、决策所需的时间/成本、灵活性、合作紧密度、持续期限、组织影响、控制结构等外在特征来表示，一般来说，通常具有明确的契约、决策所需的时间/成本较长、灵活性比较弱、合作紧密度较大、持续期限比较长、组织影响深远、具有比较明确的控制结构模式，其协同度水平也越高；（6）协同创新机制包括资源维要素、能力维要素、战略交互维机制以及环境维机制等；（7）协同创新效应包括积极效应与消极效应两类。

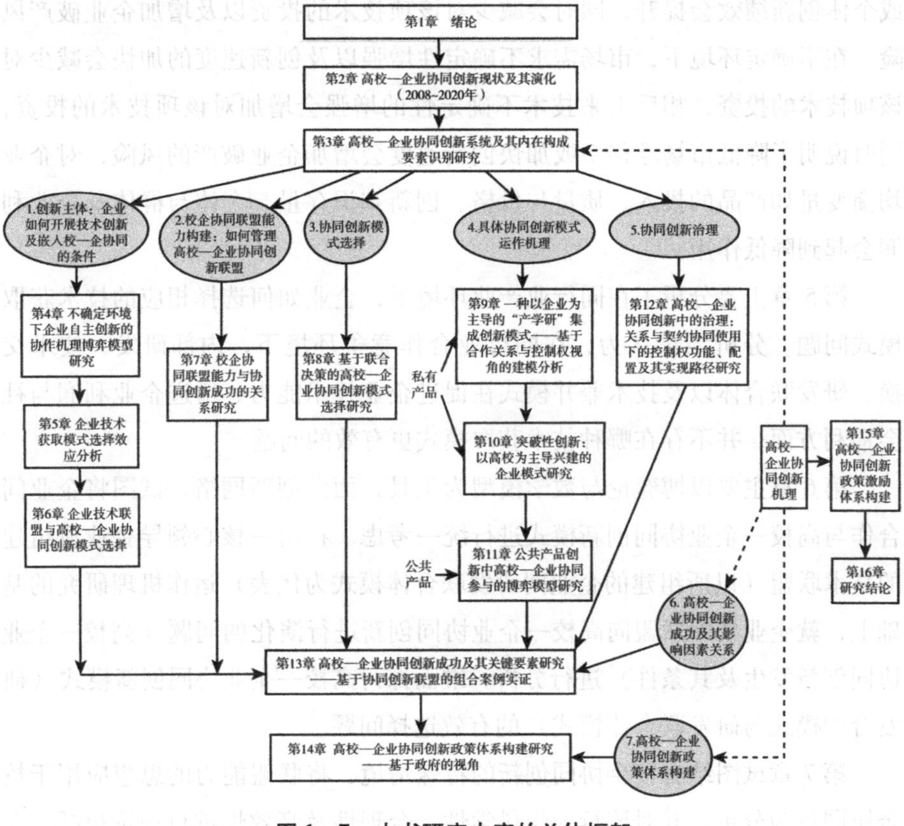

图1－7　本书研究内容的总体框架

高校—企业协同创新系统及其构成要素识别表明，高校—企业协同创新的成功（规避消极效应，获取积极效应），不仅取决于政府、科研院所等其他相关主体在资源、服务以及优化创新环境方面做出的努力程度，更为重要的是两大创新主体在协同创新过程中，能在创新职能定位、动机、模式选择、协同创新机制方面求得良好协作，有序协同。

第 4 章基于自主创新模式建立了一个四阶段动态博弈模型，对企业创新动机与条件，特别是股东、管理人员与员工之间资源共享的前置条件与协同创新过程进行研究。通过研究，得出了该模型的子博弈完美纳什均衡解，并在确定与不确定两种环境下进行了分析。在确定环境下，得出了企业与创新个体参与创新的条件与均衡投入比例。结果表明，创新收益在个体间的有效分配、知识产出弹性会显著影响个体的参与水平与整体投入水平。较中小企业来说，大企业中个体参与水平会有所下降，但总体投入强度会更大，企业或个体创新绩效会提升，同时会减少对该项技术的投资以及增加企业破产风险。在不确定环境下，市场需求不确定性增强以及创新速度的加快会减少对该项技术的投资，相反未来技术不确定性的增强会增加对该项技术的投资，同时说明了降低市场漂移率或加快创新速度会增加企业破产的风险，对企业均衡变量如产品的投入、质量与价格、创新知识存量、个体与群体及企业利润会起到降低作用。

第 5 章主要分析了在同行业产业环境下，企业如何选择相应的技术获取模式问题。分析结论认为，在同行业合作竞争环境下，内部研发、技术交换、研发联合体以及技术兼并模式在促进企业技术能力、增进企业利润与社会福利方面，并不存在哪种技术获取模式更有效的问题。

第 6 章主要以博弈论与数学模型为工具，面向创新网络，试图将企业间合作与高校—企业协同创新模式进行统一考虑。在由一核心领导企业所组建的技术联盟（以所组建的企业间研发联合体模式为代表）运作机理研究的基础上，就企业技术联盟向高校—企业协同创新进行演化的问题（高校—企业协同创新发生及其条件）进行分析，继而探讨高校—企业协同创新模式（研发合约模式与研发联合体模式）的有效选择问题。

第 7 章试图结合校企协同创新的特殊情境，将联盟能力的思想应用于校企协同行为分析，并对该行为的科学性、合理性及高效性进行理论概括。在结合校企协同创新过程，理论推演出校企协同联盟能力的概念，并对其构成及作用机理进行阐述。

理论结合实践，通过研究发现，校企协同联盟能力由伙伴选择能力、资源配置能力、技术协同能力与学习能力等职能子能力来表征；校企协同创新成功可由关系和谐度、协同目标实现度、技术能力提升度、竞争地位提升度等来表征。在此基础上，构建了校企协同联盟能力与校企协同创新成功关系的逻辑模型，指出了校企协同联盟能力的培育应关注下列主要措施：加大研发投入、加强高层次科研人才的引进、在企业内部构建研发平台以及重视技术人才、提高“看门人”的能力，建立技术吸收的激励机制。最后，以扬子江药业集团的高校—企业协同创新案例，论证了理论模型的合宜性。

第 8 章在系统梳理相关文献理论研究的基础上，着重就高校—企业协同创新模式的内涵、分类及特征进行了明确界定，指出各种模式的协同度水平是决定模式多种特征的根本变量，得出高校—企业协同创新模式的选择，从根本上是对模式协同度水平选择的研究结论。在此基础上归纳了以交易成本理论、资源基础理论及产业组织理论为代表的影响高校—企业协同创新模式选择的十大理论，以及各个理论所关注的焦点。

进一步地，该章指出了企业特征维、高校特征维、高校—企业关系维、技术维及产业环境维是影响协同创新模式选择的五大类核心影响因素，并就各个影响因素对于模式选择的内在机理进行了理论推演，得出了相关结论，基于九个组合案例：奇瑞汽车股份有限公司校企协同案例、国内高校——通过兴办新企业模式进行校企协同创新案例、温州医科大学——中国基因药谷案例、扬子江药业集团——药物研究院案例、山东大学——山大地纬校企协同案例、温氏股份——校企协同创新案例、常州爱思特净化设备有限公司——校企协同案例、徐工机械——校企协同案例、沈鼓——大工研究院与聚龙——辽科大国家工程技术中心案例对所得研究结论进行了佐证，论证了理论推论的合宜性。然后基于高校—企业联合决策的视角，提出了一个高校—企业协同创新模式选择的概念模型——R－M－C－G 模型。最后运用案例实证检验了 R－M－C－G 模型的适用性及有关模式选择内在机理的合理性。

鉴于组织协同机制、契约协同机制、关系协同机制以及风险协同机制等在协同创新模式协同度提升方面的作用，本书从第 9 章至第 13 章从两个不同方面探讨了此四类机制的作用，分别是具体模式下的运作机理（机制的作用）以及具体治理机制如何运作。

（1）具体模式下的运作机理（机制的作用）。具体来说，第 9 章阐述了以企业为主导的“产学研”集成创新模式的运作机理；第 10 章阐述了以高校为主导兴建的企业模式的运作机理。第 11 章阐述了公共产品创新中高校—企业协同创新的参与过程及机理分析。

（2）具体机制如何运作。具体来说，首先，第 12 章指出了基于技术转移过程的复杂性所带来技术获取的高度不确定性是协同创新各类障碍产生的根本。其次，从控制权的功能、配置及实现路径阐述的基础上，着重就关系与契约两类治理工具的功能、实现机制及外部环境进行了理论阐述。最后，提出高校—企业协同创新治理的根本途径：以控制权配置为核心，协同使用关系与契约工具的研究结论，同时指出了政府在协同创新治理过程中应扮演的角色提出了建议。

在上述章节研究的基础上，第 13 章指出了高校—企业协同创新成功受到多维因素的综合影响，对其成功机理进行了研究。在高校—企业协同创新成功及其影响因素关系文献综述的基础上，提出了高校—企业协同创新成功及其影响因素关系的理论模型，并运用协同创新联盟的组合案例进行了探讨，进而提出管理建议。

第 14 章在客观回顾高校—企业协同创新政策历史演化的基础上，基于政府视角对高校—企业协同创新政策进行了专章研究。在具体研究内容上，首先，将过去高校—企业协同创新政策的历史划分为四个不同的阶段，分别是促进科技成果产出和转化阶段（1978 ~ 1994 年），构建以知识创新系统、技术创新系统和知识应用系统为主体的国家创新体系阶段（1995 ~ 2004 年），构建以企业为主体的产学研技术创新体系阶段（快速推进期，2005 ~ 2010 年）以及构建以企业为主体的产学研技术创新体系阶段（深度推进期，2005 ~ 2010 年），并对四个阶段的政策目标及政策工具的内容进行了深入的分析。在此基础上，提出了高校—企业协同创新政策的定位。

其次，对高校—企业协同创新政策目标、政策工具的类型及作用机制进行了理论归纳。理论分析表明，高校—企业协同创新政策包括供给型、需求型以及环境型三类政策工具箱组成，每类政策的实施需要注意强度与性质；

政策工具的根本目标在于促成高校—企业协同创新的成功，需要在合作主动性、资源易获性、能力塑造的帮扶性、关系治理的便携性以及环境塑造的公平性等方面作为政策目标，为此，需要发挥好各类政策工具的作用机制：激励驱动机制、支撑保障机制、催化加速机制及传导反馈机制。最后提出了一个基于混合型模式定位的高校—企业协同创新政策体系。

第15章尝试从增进校企协同创新动力、提升校企资源质量、构建科学、合理的多层次协同创新模式、培育校企协同联盟能力以及优化产学研协同创新政策等五个方面，构建起高校—企业协同创新的政策激励体系。该政策激励体系的构建，主要基于政府—企业—高校三者职能配置及行为优化视角，力图让企业与高校“有动力、有资源、有能力、有路径、有政策”去推动高校—企业协同创新过程，促进校企协同创新成功。

第16章对全书的研究进程、研究内容及研究结果进行了总结。

第2章
高校—企业协同创新现状及其演化（2008～2020年）

现有研究多主要集中于对高校—企业协同创新的理论研究进展进行阐述，而对高校与企业的协同创新实践缺乏深入的了解。但是深入了解高校—企业协同创新现状对于开展理论工作研究又特别的重要，因此本章着重围绕该问题进行阐述。本章立足于高校—企业协同创新现状及其演化，以2008～2020年为时间段，着力分析高校—企业协同创新过程中出现的状况及其演化特征。研究的过程主要基于2008年江苏省制造业产学研调研数据、中国统计年鉴等统计数据、近年来出现的校企合作调研数据。研究的目的在于明确高校—企业协同创新中存在的现实问题，为后续章节的理论研究奠定基础。

2.1 高校—企业协同创新状况调研——基于2008年江苏省制造企业产学研的调研数据

本节所运用的样本主要基于课题组于2008年对江苏省制造企业2006～2007年自主创新能力调研数据中产学研数据片段。该调研数据主要通过问卷调研的形式获得，问卷由课题组长期进行技术创新研究的核心人员设计，经过课题组讨论修改，再分发到相关企业进行预调研，经预调研反馈后，重新进行设计完成定稿。该次调研累计收回有效问卷132份。该次调研的对象采取随机抽样的方式进行，涉及江苏省主要的地级市，包括苏州、南通、盐城、泰州、常州、无锡、徐州、连云港、宿迁及扬州。调研企业主要分布于通用设备制造业、专用设备制造业、电气机械及器材制造业、通信设备、计算机及其他电子设备制造业、交通运输设备制造业、化学原料及化学制品制造业、金属制品业、软件业、化学纤维制造业、塑料制品业等制造型产业。

2.1.1　高校—企业协同创新状况

通过调研，这一时期的高校—企业协同创新的状况集中表现在以下三个方面：高校—企业协同创新模式、高校—企业协同创新的功能以及高校—企业协同创新的矛盾，下面分述如下。

（1）高校—企业协同创新的模式。在调研132家企业中，有117家通过产学研合作创新方式进行外部技术开发，其中，104家提供了产学研合作有用的书面信息，且有70家企业有长期稳定合作对象。产学研合作创新方式中技术交流、技术咨询、购买技术、委托开发、联合开发的企业数目分别是17家、38家、8家、24家及102家，占比分别为12.88%、28.79%、6.06%、18.18%及77.27%。整体来看，这一时期所调研江苏主要制造业企业产学研合作创新的方式以联合开发为主、其他合作创新方式为辅的方式进行，这一时期所调研企业产学研合作创新方式还是以中低协同度的高校—企业协同创新模式为主。

（2）高校—企业协同创新的功能。在回收的问卷中，产学研合作创新的功能主要包括为企业提供信息（35家，占比26.52%）、设备资源共享（19家，占比14.39%）、制订更好的创新方案（23家，占比17.42%）、提升技术能力（80家，占比60.06%）、营造创新文化氛围（6家，占比0.05%）、缩短技术创新周期（33家，占比25%）、容易得到政策扶持（4家，占比0.03%）、培养人才（54家，占比40.90%）等方面。由此可以看出，这一时期所调研企业产学研合作创新的主要功能多维，但以提升企业技术能力最为重要。

（3）高校—企业协同创新的矛盾。在回收的问卷中，回复存在产学研合作矛盾的企业有69家，占比58.97%（以117家从事产学研合作创新的企业为基准），占比率相当的高。产学研合作创新的矛盾主要有高校技术不成熟（26 家，占比 19.70%）、利益分配难（8 家，占比 6.06%）、知识产权分配难（11 家，占比 8.33%）、高校的研发速度和质量不能达到要求（18 家，占比 13.63%）、帮助企业能力提升不够（13 家，占比 9.85%）、高校与企业文化观念差异导致合作目标不一致（21 家，占比 25.90%）、研发人员不稳定（3 家，占比 2.27%）、诚信度问题（3 家，占比 2.27%）、高校要价太高（11 家，占比 8.33%）、产学研合作信息平台建设不完善（8 家，占比 6.06%）、配套政策措施不多（8 家，占比 6.06%）等。因此，产学研协同创新双方矛盾主要集中在高校所开发的技术不适应企业（技术不成熟及研发速度和质量不能达到要求两项合计占比 33.33%）以及合作各方合作目标不一致（占比 25.90%）。

2.1.2 政府需要提供的政策与服务

通过调研，这一时期的调研的 132 家企业中，明确自身技术创新需要政府提供的新支持及服务的企业有 110 家（占比 83.33%），集中体现在政府政策、政府服务、环境营造三个方面，下面分述如下。

（1）政府政策。在回收的问卷中，需要政府在下列方面提供相应的政策支持：增加财政科技投入（66 家，占比 50%）、加大税收优惠（52 家，占比 39.39%）、鼓励购买国货（5 家，占比 3.79%）、加大政府采购（15 家，占比 11.36%）、减少享受优惠政策的难度（32 家，占比 24.24%）、公平选择扶持对象（28 家，占比 21.21%）、完善科技成果评价和科研奖励的机制（15 家，占比 11.36%）等。可以看出，企业希望政府在增加财政的科技投入、享受税收优惠（包括加大税收优惠以及减少享受优惠政策难度两项）以及公平选择扶持对象等三个方面需求最为强烈。

（2）政府服务。在回收的问卷中，需要政府在下列方面提供相应的服务：提供更好的自主创新政策和管理等方面的咨询服务（32 家，占比 24.24%）、完善融资机制和拓宽融资渠道（20 家，占比 15.15%）、加强科研人才引进和培养（36 家，占比 27.27%）、构建信息平台和完善技术创新交流机制（37 家，占比 28.03%）、加强行业共性技术研究发展的管理（7 家，占比

5.3%）、提供更好的创新技术实施和服务（26家，占比19.70%）。可以看出，企业希望政府在构建信息平台，完善技术创新交流机制、加强科研人才引进和培养以及提供更好的自主创新政策和管理等方面的咨询服务等三个方面的要求最为强烈。

（3）环境营造。在所回收的问卷中，需要政府在下列方面提供相应的服务：改善知识产权保护环境（29家，占比21.97%）、创造公平竞争的市场环境（22家，占比16.67%）以及营造整个社会创新文化氛围（20家，占比15.15%），占比最高的为改善知识产权保护环境。

2.2　高校—企业协同创新系统中高校的主体现状演化——基于2009~2018年的统计数据

作为高校—企业协同创新系统中的主体之一，高校是科技成果产出的源泉，其科研能力的高低是高校—企业协同创新绩效的重要影响因素。科技人才和研究经费是高校科研的两大投入要素，高校作为知识中心，专利及科技论文发表数是其科研能力的重要表示变量。下面以中国统计年鉴中有关我国高校2009~2018年的科技活动统计数据为例，详细阐述这一时期，我国高校作为知识中心角色的演化。

（1）高校科技人才投入的演化。首先，相比较企业来说，高校在科技人才方面具有相对优势。同时，随着国家对教育重视程度的提高和高等教育的大众化，全国大学的数量在增加，国民的整体素质也在大幅提高。整体上来说，随着高校的扩招，高校所纳入的人才数量大幅增加，带动了科研人员数量的增长。此外，高校对人才的培养更加专业，使很多学者对科技成果研发工作的研发热情保持增长，科研人员的数量大幅提高。

如图2-1所示，我国在2009年全国高校的数字为2305个，截至2018年，全国高校数字为2663个，较2009年增长了15.53%。在这一时期伴随着全国高校个数的增多，高校研发人员的数量也表现出持续增长态势；如图2-2所示，全国高校研发人员数也从2009年的51万人，增长到2018年的98.4万人，增长率为92.94%，几乎增加了近一倍。

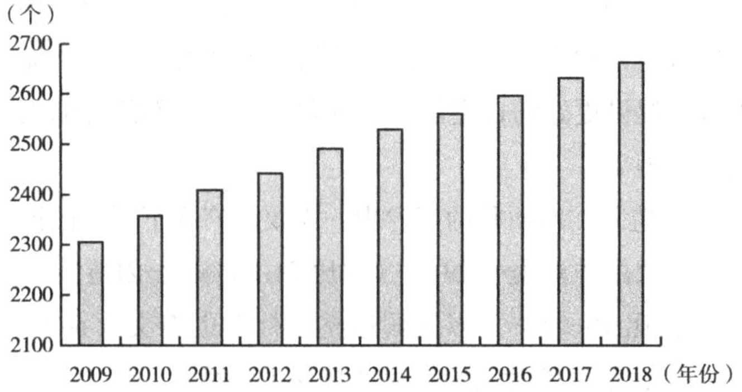

图 2 –1　全国高等学校数（2009 ~ 2018 年）

资料来源：《中国统计年鉴》。

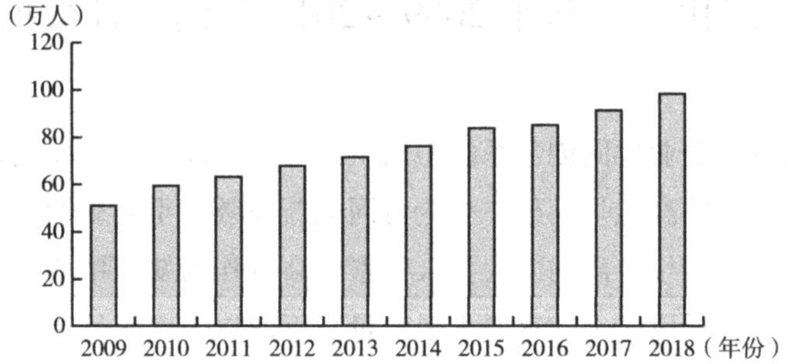

图 2 –2　全国高等学校研发人员数（2009 ~ 2018 年）

资料来源：《中国统计年鉴》。

研发人员全时当量是指从事研发活动的全时人员数加上非全时人员按工作量折算为全时人员数的总和，是比较科技人力投入而制定的可比指标。如图 2 –3 所示，其也呈现出同样的增长轨迹，在 2009 年为 27.5 万人年，到 2018 年其增长到 41.1 万人年，增长率为 49.45%。

进一步地，图 2 –4 对这一时期研发全时当量数的投入分布进行了具体体现，可以看出基础研究与应用研究的投入呈现出持续增长，但试验发展的研发全时当量几乎停滞不前。2009 年全国高校试验发展的研发全时当量为 2.1 万人年，2016 年、2017 年及 2018 年的研发全时当量分别为 2 万人年、1.9 万人年及 2.3 万人年。

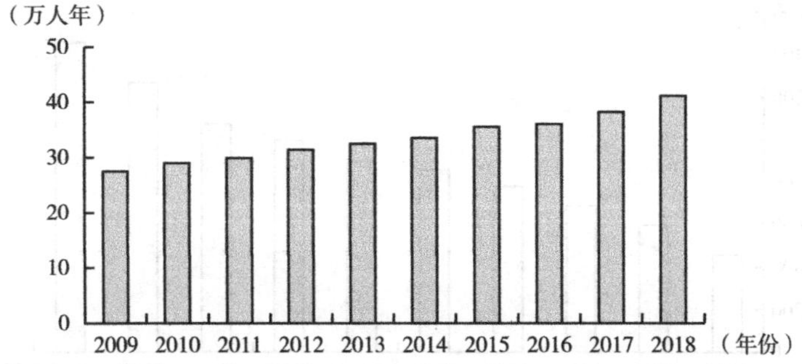

图 2 -3　全国高等学校研发全时当量数（2009 ~2018 年）

资料来源：《中国统计年鉴》。

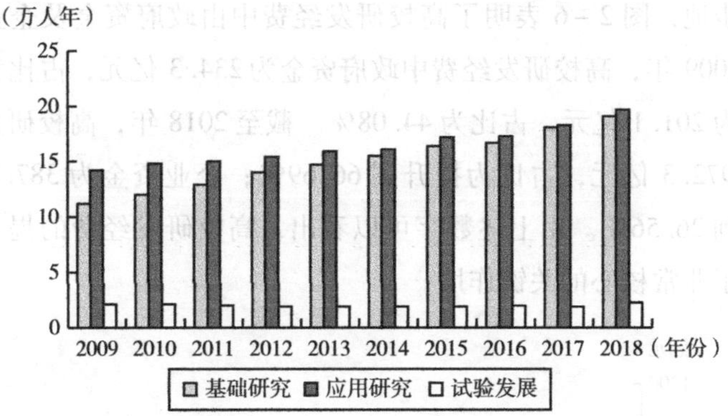

图 2 -4　全国高等学校研发全时当量数分布（2009 ~2018 年）

资料来源：《中国统计年鉴》。

试验发展阶段的人力投入，是高校科技知识转化为创新成果的重要一环，但是我国在这一时期研发投入总量在稳步增长的大背景下，高校试验发展的投入却停滞不前，这也是高校—企业协同创新中高校科研成果转化率不高的重要原因。

（2）高校研发经费投入的演化。如图 2 -5 所示，2009 年全国高校研发经费总量为 456. 2 亿元，至 2018 年，全国高校研发经费总量为 1457. 2 亿元，在 2009 年的基础上增加了 2 倍多。研究经费的提高说明国家对高校科研活动的重视，并且充裕的经费大大提高了高校的科研能力。

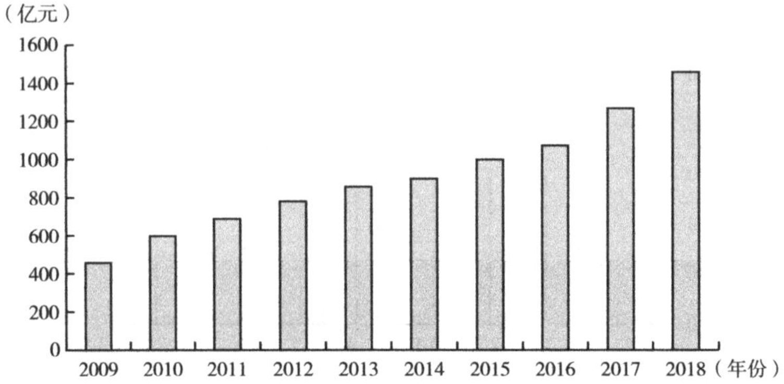

图 2-5　全国高等学校研发经费（2009~2018 年）

资料来源：《中国统计年鉴》。

进一步地，图 2-6 表明了高校研发经费中由政府资金及企业资金的构成变化。2009 年，高校研发经费中政府资金为 234.3 亿元，占比为 51.35%；企业资金为 201.1 亿元，占比为 44.08%。截至 2018 年，高校研发经费中政府资金为 972.3 亿元，占比为提升到 66.69%；企业资金为 387.2 亿元，占比为下降到 26.56%。由上述数字可以看出，高校研发经费的提升，政府在其中扮演了非常核心的关键作用。

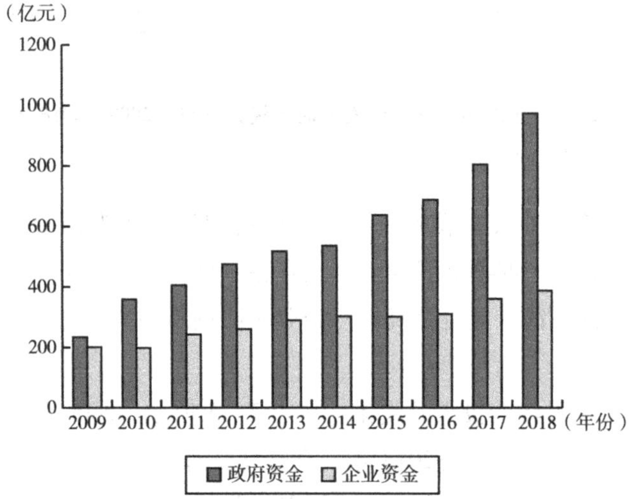

图 2-6　全国高等学校研发经费中政府及企业资金分布（2009~2018 年）

资料来源：《中国统计年鉴》。

（3）高校科技活动产出的演化。高校科技活动产出体现在很多方面，基于数据的可获得性，如图2－7所示，2009年全国高校专利申请授权数及科技论文发表数分别是24708件和1016345篇；至2018年全国高校专利申请授权数及科技论文发表数分别是193027件和1389912篇，较2009年，分别增长了681.23%、36.75%。因此，从科技成果产出情况来看，我国的高校科研能力在逐步提高。

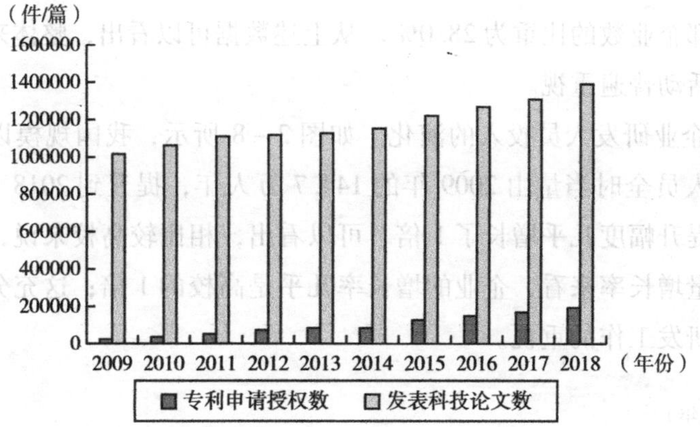

图2－7　全国高等学校科技活动产出（2009~2018年）

资料来源：《中国统计年鉴》。

综上所述，从高校科技创新活动主体数量、投入及产出数据来看，我国高校在过去10多年中科技投入及产出均有比较大幅度的提高，作为知识中心，其知识产出能力及创新能力均显著增强，但科技成果转化率水平还相对弱势。

2.3　高校—企业协同创新系统中企业主体现状演化——基于2009~2018年的统计数据

作为高校—企业协同创新系统中的创新主体，企业不仅是技术创新的投入主体，更是技术创新成果产出的主体，在区域创新中居于中心地位。规模以上工业企业（规模以上工业企业，简称规上企业，其统计范围在2011年前后，分别以年主营业务收入500万元和2000万元为限）在所有工业企业中占有特别重要的地位；其科技活动投入、技术能力及创新产出可以在相当程度上代表全国工业企业技术创新活动的高阶状况。下面以规模以上工业的科技活动数据，阐述我国企业在这一阶段（2009～2018年）的科技活动状况。

根据中国统计年鉴，规上企业2009年有R&D活动企业数为36387个，占全部企业数的比重为8.5%；截至2018年，有R&D活动企业数为104820个，占全部企业数的比重为28.0%。从上述数据可以看出，整体来说我国企业对研发活动普遍重视。

（1）企业研发人员投入的演化。如图2－8所示，我国规模以上工业企业的研发人员全时当量由2009年的144.7万人年，提升到2018年的298.1万人年，提升幅度几乎增长了1倍。可以看出，相比较高校来说，从研发人员全时当量增长率来看，企业的增长率几乎是高校的1倍；这充分反映了企业对技术研发工作的重视。

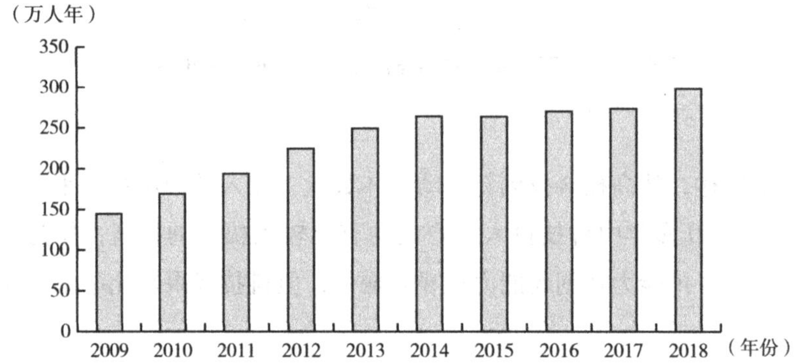

图2－8　规上企业研发人员全时当量（2009～2018年）

资料来源：《中国统计年鉴》。

（2）企业研发经费投入的演化。如图2－9所示，我国规模以上工业企业的研发经费投入由2009年的3775.7亿元，提升到2018年的12954.8亿元，提升幅度几乎增长了3倍。可以看出，相比较高校，从研发经费投入增长率来看，企业的增长率也同样比高校要高，这再次充分反映了企业对技术研发工作的重视。

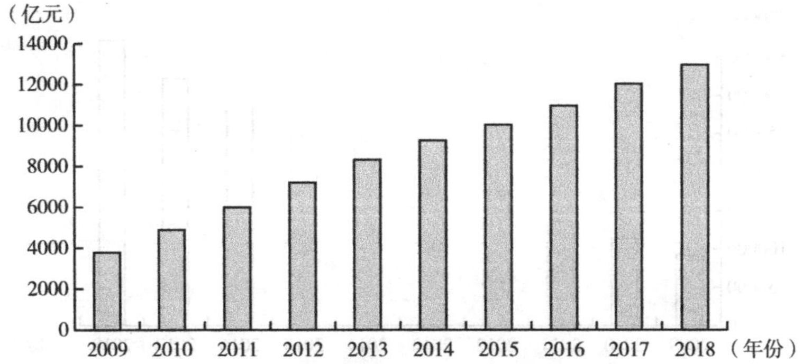

图 2 -9　规上企业研发投入经费（2009 ~2018 年）

资料来源：《中国统计年鉴》。

（3）企业科技活动产出的演化。企业科技活动产出可以用新产品开发项目数与发明专利数来表示。如图 2 -10 所示，我国规模以上工业企业的新产品开发项目数由 2009 年的 237754 个，提升到 2018 年的 558305 个，提升幅度为 134.82%。如图 2 -11 所示，我国规模以上工业企业的发明专利数由 2009 年的 92450 件，提升到 2018 年的 374569 件，提升幅度为 305.16%。

从上述规模以上企业科技活动投入及创新产出的统计数据可以看出，这一时期企业技术能力整体来说得到了非常大的提升，创新产出日益丰富，作为创新主体的核心地位进一步增强。

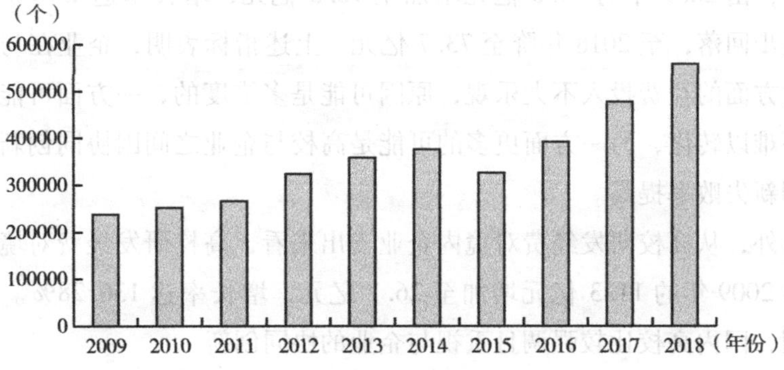

图 2 -10　规上企业新产品开发项目数（2009 ~2018 年）

资料来源：《中国统计年鉴》。

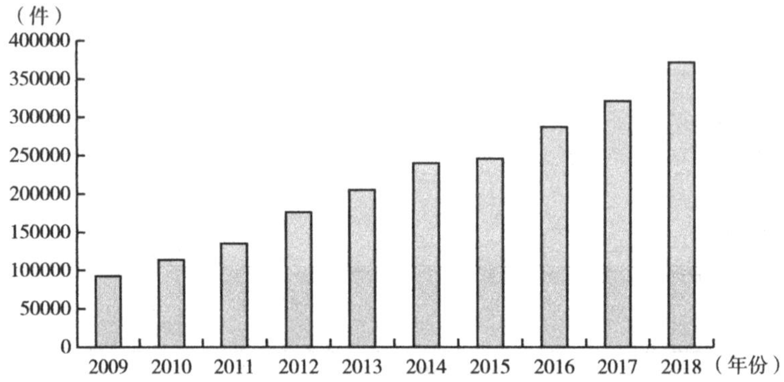

图 2－11　规上企业发明专利数（2009～2018 年）

资料来源：《中国统计年鉴》。

2.4　高校—企业协同创新主体关系的交互演化——基于 2009～2018 年的统计数据

高校—企业协同创新主体关系可以表现在很多方面，基于数据的可获得性，本节主要基于企业研发经费对国内高等学校支出以及高校研发经费对境内企业支出两个指标来体现。

如图 2－12 所示，企业研发经费对国内高校支出 2009～2013 年一直稳步增长，由 2009 年的 66.0 亿元增加至 96.3 亿元，增长率达 45.9%；此后开始逐步回落，至 2018 年降至 73.7 亿元。上述指标表明，企业在与高校协同研发方面的经费投入不太乐观，原因可能是多维度的，一方面可能是高校的成果难以转化，另一方面更多的可能是高校与企业之间因协同创新的矛盾导致创新失败率提高。

另外，从高校研发经费对境内企业支出来看，高校研发经费对境内企业支出由 2009 年的 11.3 亿元增加至 26.7 亿元，增长率达 136.28%。上述数据表明，国内高校比较强调且重视与企业的协同创新。

由上述数据可以发现，尽管国内高校对于企业协同创新充分重视，也投入巨大，但企业的积极性相对较弱，呈“一边热”的情形。因此，整体来说，我国高校—企业协同创新的态势不够乐观。

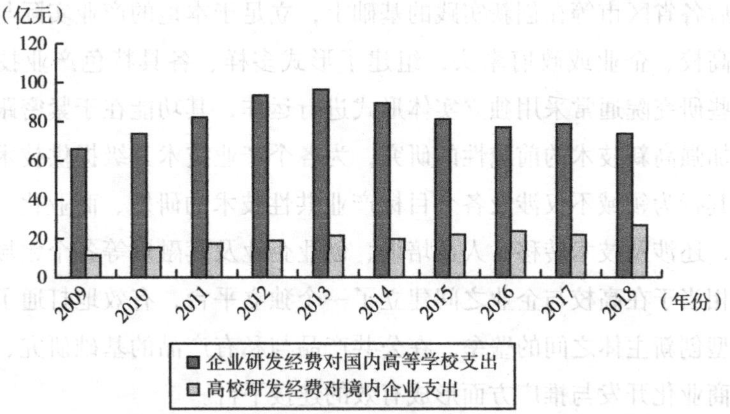

图 2-12　高校—企业协同创新关系交互（2009 ~ 2018 年）

资料来源：《中国科技统计年鉴》。

2.5　高校—企业协同创新最新实践及存在的问题

2.5.1　高校—企业协同创新最新实践及其特征

在高校—企业协同创新过程中，除了传统的科技园、孵化器等蓬勃发展以外，新形势下的高校—企业协同呈现出以下新的特征。

（1）高校—协同创新模式日益向协同度更高的模式演化，且日益多元化。高校—企业协同创新模式现阶段仍然以企业与高校共同进行技术开发为主，在此背景下多种高校—企业协同创新模式并存，且日益采用协同度更高的模式的组织模式，如共建实体（产业技术研究院、科技园、孵化器）、兴办新企业等模式。理论及实证研究表明，协同度低的创新模式，如高校采用技术咨询及交流、技术许可等模式，对企业技术能力的提升效果相对有限，而协同度高的创新模式，则对企业技术能力的提升相对显著。

这方面最突出的表现是产业技术研究院的兴起。2010 年 1 月 10 日，我国第一家以新兴产业为主旨的研究院——紫竹新兴产业技术研究院在上海成立，此后各省区市等在创新实践的基础上，立足于本地的产业实际与目标规划，由高校、企业或政府牵头，组建了形式多样、各具特色产业技术研究院。这些研究院通常采用独立实体形式进行运作，其功能在于紧密跟踪国际前沿，加强高新技术的前瞻性的研究，为各个产业技术升级提供技术及人才支撑；其行为领域不仅涉及各个目标产业共性技术的研发、商业化、创业企业孵化，还涉及技术转移、人员培训、创业企业及其融资等各个领域。其实际功能相当于在高校与企业之间建立了一个独立平台，有效地打通了产学研不同类型创新主体之间的壁垒，在公共产品与私有产品的基础研究、应用研究以及商业化开发与推广方面形成有效的连接平台。

以四川省为例，2014 年由四川省科技厅牵头，在总结全国产业技术研究院建设经验的基础上，结合四川省的产业实际，牵头相关高校、企业统筹构建了 10 家产业技术研究院试验点，分别是四川科创饲料产业技术研究院、四川科领生猪产业技术研究院、四川东坡中国泡菜产业技术研究院、四川钒钛产业技术研究院、四川高新轨道交通产业技术研究院、四川虹电数字家庭产业技术研究院有限公司、四川宏石油气产业技术研究院、四川联合环保装备产业技术研究院、四川生物医药产业技术研究院、四川省科建煤炭产业技术研究院有限公司。此后该种模式在全省范围内得到推广，如乐山市也相继组建了乐山创新储能技术研究院、乐山太阳能研究院、乐山石墨烯创新产业技术研究院、乐山乐高表面技术及新材料研究院、乐山乐高电磁空间信息技术研究院、乐山智能微网技术创新研究院等。这些产业技术研究院的成立，不仅极大地聚集了高校与企业的创新资源，而且以更大的推动当量提升了高校的办学层次和企业的技术能力。2018 年 5 月，为了规范运行各地相继组建的产业技术研究院，四川省科技厅推出了《四川省产业技术研究院认定管理暂行办法》（征求意见稿），在此基础上，同年 10 月草拟并实施了《四川省产业技术研究院备案工作指引》。

（2）由企业主导控制，联合外部众多高校在企业内部共同兴建的工程研究院/工程中心/研发中心广泛成立，大幅度提升企业技术能力。为了提升企业的技术能力，各省区市鼓励企业以自身为主体，牵头高校建立完善工程技术研究中心等技术创新平台。如湖北省制定了“湖北省校企共建研发中心管理办法”，支持重点骨干企业凝练创新方向和重点，通过合建平台、联合攻关等各种方式，与高校开展形式多样的技术合作，仅仅 2016 年共支持建设“校企”共建研发中心、工程技术研究中心 40 多家[155]。

如表 2 -1 所示，各个农业骨干企业在企业部门业已建立了相应的研发中心或平台；2020 年，这些研发中心或平台被浙江省科技厅公布为 2021 年度省级重点农业企业研究院，在科技厅的推动下，继续加强农业领域的产学研合作。

表 2 -1　2021 年度省级重点农业企业研究院

序号	省级重点农业企业研究院名称	主办企业	所在地区
(1)	托普智慧农业重点农业企业研究院	浙江托普云农科技股份有限公司	杭州市拱墅区
(2)	汇能新型兽药与生物饲料重点农业企业研究院	浙江汇能生物股份有限公司	海宁市
(3)	诗华诺倍威动物新型疫苗重点农业企业研究院	浙江诗华诺倍威生物技术有限公司	杭州市钱塘新区
(4)	惠嘉绿色动物保健品重点农业企业研究院	浙江惠嘉生物科技股份有限公司	安吉县
(5)	三锋智能现代农林装备重点农业企业研究院	浙江三锋实业股份有限公司	永康市
(6)	安厨农业大数据重点农业企业研究院	浙江安厨大数据技术有限公司	桐庐县
(7)	禾本绿色农药重点农业企业研究院	浙江禾本科技股份有限公司	温州市鹿城区
(8)	原野园林植物重点农业企业研究院	浙江原野建设有限公司	永嘉县
(9)	新银象生物食品保鲜技术重点农业企业研究院	浙江新银象生物工程有限公司	天台县
(10)	惠嘉绿色动物保健品重点农业企业研究院	浙江惠嘉生物科技股份有限公司	安吉县
(11)	顶味复合调味料重点农业企业研究院	浙江顶味食品有限公司	瑞安市
(12)	青风现代农业工厂化重点农业企业研究院	浙江青风环境股份有限公司	景宁县

注：资料来源于浙江省科技厅网站。

（3）由高校主导控制，由高校联合企业共同兴建的校—企合作服务平台广泛构建并日益发挥功效。这类校企合作平台通常利用高校的高水平人才资源、优势学科、实验设施设备等创新资源，联合企业就某一产业领域内的技术共性难题而建立的协同创新合作平台[156]。以温州大学为例，学校建有各级、各类校企合作服务平台。据调研，温州大学现有国家级科研平台 3 个（电气数字化设计技术国家地方联合工程实验室、城镇水污染生态治理技术国家地方联合工程研究中心、激光加工机器人国际科技合作基地）、浙江省协同创新中心 2 个（浙江省海涂围垦及其生态保护协同创新中心、浙江省生物医药协同创新中）、浙江省科技创新服务平台 2 个（浙江省皮革行业科技创新服务平台、浙江省温州低压电器技术创新服务平台）、温州市工程技术研究中心（行业技术研究中心、实验室）11 个（温州市皮革行业技术研究中心、温州市智能电子电器行业技术研究中心、温州市制笔行业技术研究中心、温州市新材料行业技术研究中心、温州市机械制造系统与自动化工程技术研究中心、温州市建筑节能与防灾减灾工程技术研究中心、温州市水环境与海洋生物资源保护重点实验室、温州市健康体适能重点实验室、温州市激光制造技术与装备重点实验室、温州市新能源微电网工程技术研究中心、温州市视觉大数据智能计算与应用重点实验室等）以及各级省属实验室、省部级科研平台 16 个。这些合作平台的构建，有力地提升了温州大学在浙南地区服务地方经济的能力。乐清市天正电气生产车间构建的自动生产流水线；原本一条需要 70 人的生产线，现在只需要 15 个人。这条生产流水线即是由温州大学低压电器技术创新服务平台主导完成的结果。

（4）全流域技术转移服务网络初步形成，特别是各类促进高校—企业协同创新成果转移的服务组织涌现，有力地促进了校企合作创新的发展。长期以来，高校与企业进行协同创新的力度疲软，一个很重要的原因是服务功能，并承担促进科研成果转化的组织体系的缺失，但这一现状在当下得到了相当大的缓解。近年来，各省区市纷纷启动科技成果转化工程，以“出成果、促转化”为目标，科技系统、高校院所、中介服务机构、企业和投资机构协作联动，相继成立促进高校—企业协同创新成果转移的服务组织，有力地支撑了高校—企业协同创新进程。这些服务组织有的挂靠在高校或企业内部，有的作为独立的运营主体单独运作。

当下，全国各省区市初步构建了全流域技术转移服务网络。以湖北省为例，截至2016年，湖北省在全省17个市州、102县市区建立了技术转移服务中心或工作站，初步形成了覆盖全省的技术转移服务网络。

在此基础上，各地区纷纷成立有影响力的地区技术转移中心。以北京为例，2019年，全市就建立了各类技术转移中心或平台10多个，分别是北京交通大学技术转移中心、新医药北京市技术转移中心、华北电力大学技术转移中心、北京科大科技园有限公司新材料技术转移中心、北京海淀中科计算技术转移中心、中国兵器工业新技术推广研究所、中国科学院微生物研究所技术转移转化中心、化工行业生产力促进中心、中科合创（北京）科技推广中心、先进制造北京技术转移中心、北京大学医学部技术转移办公室、北京中农博乐科技开发有限公司、全国农业科技成果转移服务中心、中国科学院北京国家技术转移中心、中国科学院自动化研究所技术转移中心、清华大学国家技术转移中心等（全国技术市场年报，2019）。

2.5.2　高校—企业协同创新存在的核心问题

基于结果导向的原则，现有高校—企业协同创新的根本问题是如何最大限度地鼓励高校与企业参与协同创新过程，最大限度地提升高校—企业协同创新绩效。但是产学研协同创新实践表明，现有高校—企业协同创新仍然存在以下问题。

（1）未出台以高校—企业协同创新为核心的产学研综合性法律，使各类政策体系难以形成政策合力。尽管以高校—企业协同创新为核心的产学研合作行为受到各级政府的重视，并且各级政府从政策文件的颁布以及实际的支持力度都比较大，但因为政出多门，同时各级政府所出台的政策往往针对产学研合作的某个环节或某个主体的权利与义务规范，使产学研系统内的主体在实际协同创新活动中往往面临无所适从的状况。产学研协同创新实践，急需一部综合性法律，用以调整产学研协同创新系统内相关主体在协同创新过程中所产生的权利（力）及义务关系。例如，高校与企业通过共建实体进行运作，这些实体由于法人资格无法确定，因而不能得到相关管理部门的法律许可，造成难以收取联盟成员的会费，致使参与高校或企业只能依靠实体运作单位自身业务收益来维持运营，长此以往很容易导致实体组织形式松散或形同虚构。再如，协同创新成员在风险投资、成果转化、科技投入等方面的冲突机制，缺少法律协调和处理机制。这些问题使一部《中华人民共和国产学研合作促进法》的制定尤为关键。

（2）高校—企业协同创新模式多以协同度比较低的模式为主，协同度高的模式相对较少，且多处于刚起步阶段。现有产学研协同创新实践表明，大部分高校—企业协同创新模式目前还主要停留在合作开发、委托开发和技术购买等较低层次的协同创新模式上，而以高校和企业入股、合资共建企业，或其他实体型机构的这类较高协同度的模式则较少[157]。

多数高校—企业协同创新模式协同度较低表明，高校与企业进行协同创新还有很大的提升空间。只有高校与企业之间的合作能够以长期、紧密、稳定的形势展开，才能从根本上对企业竞争力的提升以及高校的办学层次起到相当大的提振作用。

在现有协同度高的创新模式中，多数处于刚起步阶段或快速成长期。以全国第一家上海紫竹新兴产业技术研究院为例，其年限也仅10周岁。因此，对于协同度高的模式，在整合高校与服务企业数量、技术开发的深度、技术商业化的提升率上需要花更多更大的气力。正是基于已有协同度高模式的运作实践、示范效应，同时又注意到其运作的问题所在，在这样的背景与现实考虑下，浙江省科技厅2020年8月出台《关于加快建设新型研发机构的若干意见》，提出到2025年，构建建设省级新型研发机构150家，逐步实现研发机构从重数量到数量质量并举，逐步向高质量、高水平迈进的奋斗目标。

（3）高校与企业参与协同创新的动力不足，仍然需要大幅度提升双方协同创新的动力。在高校—企业协同创新框架体系下，由于高校与企业的目标不尽一致，加之治理机制等主客观因素的影响，使高校与企业缺乏有效的动力机制和共同的合作目标，于是造成难以调动各方积极性。如前所述，企业自2013年以后研发经费用于高校的支出呈现出衰减的趋势，表明企业对协同创新的动力意愿在减少，这成为当下高校—企业协同需要重视的核心环节。同时，高校研发经费用于企业的支出呈现上升的趋势，但是高校研发经费中用于试验发展的经费徘徊不前，阻碍了高校参与协同创新能力。因此，现阶段高校—企业协同创新的核心问题之一是提升高校与企业参与协同创新的动力。

（4）高校—企业协同创新的治理能力需要大幅度提升。高校与企业开展协同创新，并一定保证协同创新的最终结果是成功的。协同创新成员如何对协同创新过程进行有效治理，确保创新过程有序、顺畅开展，最大限度地提升协同创新绩效，是高校与企业都将面对的核心课题。

（5）需要优化现有的以高校—企业协同创新为核心的产学研创新政策。理论与实证研究表明，产学研协同创新政策对于提升高校—企业协同创新绩效至关重要。尽管现有产学研协同创新政策对高校—企业协同创新的支持力度很大，但在政策体系的丰富度、具体政策的着力点选择上仍然有非常大的提升空间。通过后续案例可以发现，现有企业在校企合作过程中在资源获取、环境营造以及收益提升方面仍然需要政府出台更多的促进产学研合作的创新政策。

2.5.3 案例

下面罗列3个行业典型企业对于高校—企业协同创新及其存在问题的反馈材料，作为案例强化对高校—企业协同创新现状的了解。调研的时间为2008年，后于2020年8月进行了案例追踪，调研的对象为企业技术部门主管，调研采用提纲问答形式进行，主要涉及的问题包括四个方面：合作的高校与合作的内容、合作的方式、合作的作用以及校企合作的主要矛盾。下面分述如下。

案例2－1 阿特斯光伏电子（常熟）有限公司：企业成立于2001年11月23日，为加拿大外商独资企业，属于太阳能光伏行业，已获得江苏省高新技术企业称号，其产品太阳能电池组件性能优良，远销欧美，深得用户的一致好评。其对高校—企业协同创新的反馈意见为：（1）合作的高校与合作的内容。企业近几年与清华大学、东南大学等国内知名院校积极开展产学研合作，在产品开发和人才引进等方面取得了一定的成效。（2）合作的方式。企业开展产学研合作的主要方式为委托高校和科研院所进行技术开发、联合进行技术开发、人才培训等，陆续开发出一系列应用型组件，企业也从知名院校中引进了几名太阳能光伏领域的人才，有力地增强了公司的研发力量。

(3) 合作的作用。企业与高校合作，符合当今技术发展的潮流；通过合作，企业的新产品不断推出，提高了企业的经济效益，增强了公司的整体实力。(4) 校企合作的主要矛盾。企业在与高校合作过程中面临的主要矛盾是合作的力度还不够大，技术与生产的实际情况的脱节现象还比较严重，需要产学研各单位的共同努力。

案例2-2 江苏海狮机械集团有限公司：企业始建于1969年，是中国最早的商用洗涤设备生产厂家，至今已有近五十年的洗涤设备生产历史，积累了丰富的研究、开发和生产洗涤设备的经验。目前“海狮”洗涤机械产品已有8大系列、18个品种、80多种规格，是目前国内规模最大、品种最全的洗涤机械专业生产企业。(1) 合作的高校与合作的内容。为进一步提高工业洗衣机的自动化、智能化程度，海狮技术中心与湖北工学院在海狮建立了产学研基地。针对企业发展中的实际需求，进行新产品开发、产品结构调整中的关键技术研究开发、新技术的使用并再创新等工作。(2) 合作的方式。企业主要是委托高校进行技术开发、联合进行技术开发、人才培训、获得技术咨询服务等。(3) 合作的作用。海狮集团通过校企合作对本企业的技术创新能力和市场竞争力发挥了重要作用。在技术创新过程中，通过校企合作这条捷径，以新材料、新技术、新工艺为突破口，促使产业技术升级，推动了企业高新技术产业化。(4) 校企合作面临的主要矛盾。由于科技创新本自具有技术开发不确定性、复杂性、系统性等特点，项目在后续的产业化过程中，若不能保证资金的供给，合作成效就无法显现，并会直接影响到具体合作项目的推进程度。

案例2-3 江苏双达泵阀集团有限公司：企业成立于1980年，经营范围包括泵、阀门、管道、环保设备、水处理设备、金属压力容器、食品机械、电力设备、耐热耐磨钢制品、矿山设备及配件的制造、销售、维修等，注册资本1.2亿元。(1) 合作的高校与合作的内容。企业主要与江苏大学、浙江工业大学等进行了合作，合作的内容包括新材料、新工艺、新结构引进和人才培养工程。(2) 合作的方式。产学研共建合作任务包括是完成对煤化工领域特种泵的研究和开发，使中心成为国内在煤化工特种泵方面的技术达到国内领先和国际领先的水平。辐射的范围包括特种泵的研发、试验及提供国内特种泵产品的验收等。公司将江苏大学和浙江工业大学作为技术合作单位，将其开放的技术服务平台作为项目的资源，实现共享，双达集团提供完善的试验设施和加工手段对所有的成果予以转化，对取得的科研成果、效益三方按照合作协议予以分配；同时江苏大学和浙江工业大学将长期派驻技术骨干对项目进行重点支持和倾斜，保证基地具有服务能力强、设备先进、技术权威的省内一流的特种泵方面产学研机构。（3）合作的作用。通过校企合作，企业已从一个产值不足1000万元企业迅速成长为国家高新技术企业，在国内特种泵行业具有较高知名度，并先后承担了国家和省部级项目20多项，开发了包括SDZA等国家重点新产品项目产品7项，大大提升了企业在特种泵领域的自主技术创新能力。（4）校企合作面临的主要矛盾。人才的引进一直是困扰公司发展的瓶颈。2010年以来，企业先后引进了近20位大学生，但是高素质的科研机构建设需要稳定的科技队伍。目前由于企业地处偏僻，大量的新鲜血液在学成后相继跳槽导致人才梯队出现一定的断层。

2.6　本章小结

基于2008～2020年的实证数据：2008年江苏省制造业产学研调研数据、中国统计年鉴等统计数据、近年来出现的校企合作调研数据，详细阐述了高校—企业协同创新的现状及其演化。

首先，基于2008年的实证调研数据所得结论。该部分的内容主要有以下几个部分构成：基于2008年对江苏省制造企业2006～2007年度自主创新能力调研数据中产学研数据片段，着重从高校—企业协同创新状况（包括高校—企业协同创新模式、高校—企业协同创新的功能以及高校—企业协同创新的矛盾）与政府需要提供的政策与服务（包括政府政策、政府服务、环境营造）两个方面，对该时期的高校—企业协同创新状况进行了阐述。基于此，得出了相关研究结论：（1）高校—企业协同创新的模式还是以中低协同度的高校—企业协同创新模式为主。（2）高校—企业协同创新功能多维，但主要以提升企业技术能力为核心目的。（3）高校—企业协同创新的矛盾。高校—企业协同创新矛盾主要集中在高校所开发的技术不适应企业（技术不成熟及研发速度和质量不能达到要求两项合计占比33.33%）以及合作各方合作目标不一致（占比 25.90%）。(4) 企业希望政府在产学研协同创新政策的着力点上，集中体现在财政的科技投入、享受税收优惠（包括加大税收优惠以及减少享受优惠政策难度两项）以及公平选择扶持对象等三个方面。(5) 在政府服务方面，企业希望在构建信息平台，完善技术创新交流机制、加强科研人才引进和培养以及提供更好的有关自主创新政策和管理等方面的咨询服务等要着重加强。(6) 在环境营造方面，企业希望政府在下列方面改善创新环境：改善知识产权保护环境、创造公平竞争的市场环境以及营造整个社会创新文化氛围，其中改善知识产权保护环境诉求最高。

然后，基于 2009～2020 年的统计数据以及实证调研数据所得结论。对该时期高校、企业等主体地位及高校—企业协同状况进行了统计分析，指明了新形势下的高校—企业协同创新呈现出的新的重要特征，同时指明了当下高校—企业协同创新存在的核心问题，并用阿特斯光伏电子（常熟）有限公司等高校—企业协同创新案例作为佐证材料进行了阐述。

| 第3章 |

高校—企业协同创新系统及其内在构成要素识别研究

“十三五”规划中提出，“四大要务”及“十大重点突破任务”，其中把推动创新驱动发展作为核心课题提出来。为此，各级政府为加强区域经济发展纷纷制订科技与创新政策，不仅着力推进国家创新系统中各类社会主体创新职能的发挥，如推动高校的创新—创业精神、强化企业创新主体功能、提升科研机构的研发产出效率及效果、夯实各级科研服务机构的桥梁及平台嫁接功能，而且更为重要的是促进高校与企业、科研机构及其他社会主体之间的创新联动，最为重要的是加强高校—企业之间在合作领域的协同创新。实践证明，加强高校—企业之间的协同创新，不仅契合党中央提出的：“依赖资源与知识共享强化协同创新”的战略决策，而且对于加强产业和学术两大部门之间资源及能力的共享、推动产业升级及区域经济发展具有重要意义。

在国家创新系统环境下，如何发挥高校—企业两大创新主体的功能，不同学者分别从高校或企业单方面提出了相应的政策性主张。高校方面，例如，王志强提出，以大学为中心构建起以创新为导向的区域创新系统，从理念、结构、维度三个维度入手，重塑大学的创新功能[158]；为提升高校的创新能力，项杨雪等就协同创新中心的价值创造提出了实践操作的建议[159]。企业方面，则应构建起以企业为主体的区域创新系统[160]。然而，现阶段多数创新实践结果表明的却是高校创新效率不高，主体功能定位不清，科技成果转化率低，企业竞争力没能得到显著提升。因此，在协同创新战略背景下，为真正发挥高校与企业在国家及区域创新系统中的功能，切实推进高校—企业之间的联动，仅仅从高校或企业单方面研究其创新能力的提升是不够的，更深入的问题是应从机理上对高校—企业协同创新系统进行理解，进而提出有针对性的政策措施；其首要前提是对高校—企业协同创新系统及其构成要素进行系统研究。

现有高校—企业协同创新研究主要以创新学及协同学等相关理论为基础，辅之以产业组织理论、资源基础理论、代理理论等理论，以计量经济学、博弈论及案例分析为手段，着重围绕：（1）高校—企业联结的概念、动因、有效行为及创新组织模式选择；（2）高校—企业协同创新的机制；（3）高校—企业协同创新中的技术特性与知识管理；（4）高校—企业协同创新的地理因素、制度环境及政府行为；（5）协同创新背景下高校—企业创新能力的提升；（6）高校—企业协同创新的效率评价及影响因素等六个方面展开，并且取得了丰富的成果。然而，现有研究更多是以具体产业、具体学校类型为依托，对高校—企业协同创新系统及其构成要素的研究，更多是孤立的，片段式的，并未就该系统及其构成要素形成一个系统性的、完整性的理论。

综上所述，本章试图为高校—企业协同创新系统提供一个整合性理论框架，并对该系统的构成要素及其逻辑关系提供一个理论认知视角。如图3－1所示，该系统应重点关注高校、企业等创新主体在系统中的职能定位、创新动机、协同创新模式、协同机制及创新效应等要素。

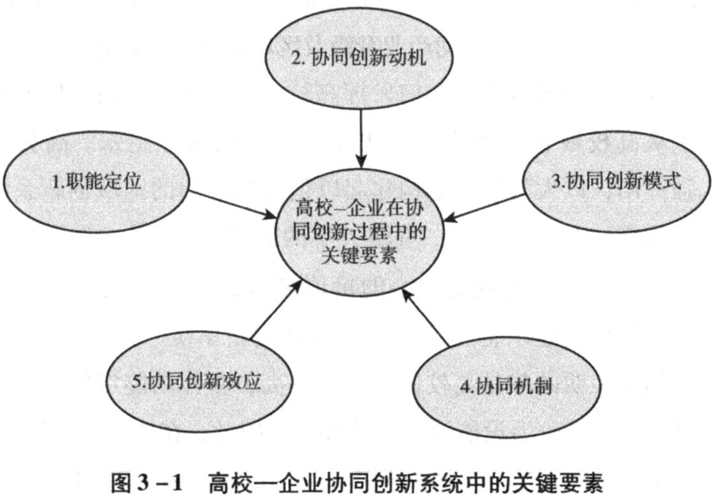

图3－1　高校—企业协同创新系统中的关键要素

3.1　高校—企业协同创新系统中的参与主体及职能定位

高校—企业协同创新中的参与主体很多，核心参与主体包括政府、企业、学校三个方面，各个主体的作用均非常重要，如果一方出现问题则协同不能顺利进行。正确把握各合作主体在协同中的职能定位，有利于校企协同创新长期有效地进行。

（1）高校在高校—企业协同创新系统中的职能定位——知识中心（Knowledge Hub）。在传统意义上，高校需要具备“教学、科研、社会服务”的三大功能。但在知识驱动、开放及更加交互的创新系统中，高校需要对其职能进行重新定位。

一方面，高校是高等教育的摇篮，是人才培养和科学研究的基地，相比较其他社会主体，高校在知识势差上存在绝对优势；另一方面，在产学研协同创新实际过程中，高校参与的主体主要是两类：教师与学生。教师负责具体的技术研发项目，而后通过技术许可、技术转让、技术参股或直接受雇于企业，抑或直接成立高校创新企业等；学生受雇于企业或直接成立创业企业。两类主体的功能作用主要体现了高校知识资本输出的属性。

在强调多元主体、相互作用、协同递进的、以非线性模式为核心的高校—企业协同创新系统中，高校的主体功能集中体现在对所有涉及的创新知识进行生成、转化与扩散[161]。图3-2显示了高校职能定位的时间演化轨迹。

高校知识中心的职能定位的一个重要特征不仅重视编码知识，而且研发并转移隐性知识[2]。文献［158］通过研究指出，高校在创新系统中的主体功能主要通过三条路径实现：第一，以高校为核心空间形成创新的集群效应；第二，以高校知识核心构成的扁平化创新网络；第三，以高校为交互核心形成主体间的协同效应。可以看出，高校—企业协同创新系统是高校发挥职能作用的重要载体。

在高校—企业协同创新系统中，高校把自己的职能定位为知识中心的角色，即通过教学、科研把自身演绎为多种知识源的集合，即掌握各种通用性

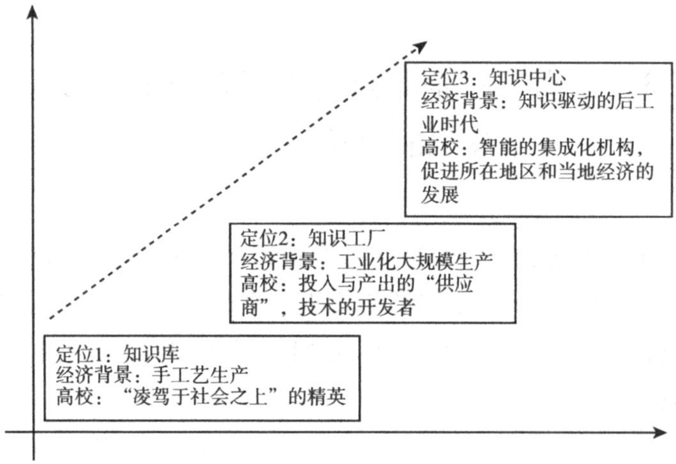

图3－2　高校“职能定位”的演化

资料来源：文献［2］。

知识、专业性知识、技术手段与方法、技术人才、技术成果（包括原型、样品、样机等）的集合体。在公共产品创新与私有产品创新通过高校—企业协同创新系统来实现时，高校知识中心的职能主要通过两个方面来起作用：一方面，直接获取知识成果用于启动创业项目并进行商业化运作，如兴办企业形式；另一方面，借助于高校的知识能力，解决其他主体在创新过程中遇到的各种问题，也就是说，高校对企业主导的私有产品创新以及政府所主导的公共产品创新活动提供技术支持。

（2）企业在高校—企业协同创新系统中的职能定位——创新引擎（Innovation Engine）。相比较其他社会主体，企业在技术商业化以及市场需求领域具有优势，一种新产品能进入市场并产生经济效益必须综合考虑技术、质量、成本和价格、服务、进入市场时机等多种因素，需要在技术先进性、质量稳定性、价格低廉性、服务优质性等之间综合平衡。这里主要体现出企业创新引擎的功能——既是创新资源投入、技术获取以及商业化的主体，也为创新承担着引领方向的功能。

企业创新引擎的职能定位，在私有产品与公共产品创新中的表现形式是不同的。现有研究表明，企业在私有产品创新中具有主体地位，即企业不仅是私有产品创新投入的主体、创新过程有效组织的主体，同时也是创新收益与风险承担的主体。而在公共产品创新领域，企业所发挥的功能目前仍存在争议。一般而言，由于公共产品的提供者是政府部门，因此公共产品创新的主体也应是政府部门，但在实施过程中却可以让企业参与。目前，许多国家都在公共产品创新中，积极采购企业开发的各种技术，或者让有实力的企业参与公共产品创新，取得了非常好的成效。例如，美国在武器装备等国防产品的创新和生产过程中，特别强调充分利用企业拥有的技术和技术研发能力，实现军民融合，既带动了国防武器装备创新水平的提升，又促进了企业技术创新能力的增强。

在公共产品创新中，政府利用企业已有的技术或技术研发能力，可以通过两种机制搜寻到合适的企业参与，分别是竞赛机制和谈判机制。所谓竞赛机制，是指政府部门为获取所需的某项技术，组织一场由企业参与的研发竞赛，从中挑选出最优研发成果，如美国国防部为研发“联合攻击战斗机”(JSF) 而在各大飞机制造企业之间举办研发竞赛。所谓谈判机制，即政府在备选企业中挑选出一家研发能力较强的企业，直接委托其研发所需要的技术，并且就其研发的技术水平和价格进行谈判。

（3）政府在高校—企业协同创新系统中的职能定位。政府在高校—企业协同创新系统中主要承担三种角色：①在涉及公共利益方面，组织实施公共产品创新活动，主导有能力的高校与企业积极参与；②在私有产品领域，政府通过实施产学研协同创新政策，在创新要素提供、环境塑造与需求拉动方面为高校—企业协同提供政策支持；③产学研协同创新政策的制定者。

三螺旋理论整体概括了政府、企业、学校三大主体在知识经济社会内复杂的关系。在此基础上，进一步地，在私有产品创新/公共产品创新通过高校—企业协同创新系统来实现时，为了更好地理解三大主体在创新过程中的职能定位，表3-1进行了尝试性回答。

表3-1 高校—企业协同创新系统中各主体的职能定位

职能定位	创造知识	作用机制	
		私有产品创新	公共产品创新
高校：知识中心	通过研究创造知识，是各种通用性知识、专业性知识、技术手段与方法、技术人才、技术成果（包括原型、样品、样机等）的集合体	参与者：（1）直接利用自身知识成果，用于启动创业项目，如兴办企业 （2）利用知识能力配合企业进行协同创新	参与者：利用自身知识成果或知识能力与企业协同，参与公共产品创新过程

续表

<table>
<tr><th rowspan="2">职能定位</th><th rowspan="2">创造知识</th><th colspan="2">作用机制</th></tr>
<tr><th>私有产品创新</th><th>公共产品创新</th></tr>
<tr><td>企业：创新引擎</td><td>通过业务经验产生知识</td><td>主导者：寻找合适高校、组织实施私有产品创新</td><td>参与者：利用自身技术创新能力与高校协同，参与公共产品创新过程</td></tr>
<tr><td rowspan="2">政府：主导者、参与者以及产学研协同创新政策的制定者</td><td rowspan="2">通过规则建立的过程产生知识</td><td>参与者：在创新要素提供、优质环境塑造与需求拉动方面提供政策支持</td><td>主导者：主导并组织高校—企业参与公共产品创新过程</td></tr>
<tr><td colspan="2">制定者：引导高校、企业及其他社会主体参与产学研协同创新政策的制定</td></tr>
</table>

注：理论概括所得。

3.2 高校—企业协同创新动机及其主要理论

高校—企业协同创新动机可以由不同的基础理论进行解释，主要有：①交易成本理论；②资源基础理论；③价值链理论；④组织学习理论等。如表3－2所示，各种理论对于协同创新的动机所提供的主张不尽相同，关注的核心影响因素与立论基础也存在显著差异。尽管如此，各种理论之间并不是相互排斥的，而是相互补充的，其有效整合可以为全面阐述高校—企业协同创新动机奠定了丰富的理论基础。

表3－2　各种理论应用于高校—企业协同创新动机的主要观点

理论流派	主要观点	关注的核心影响因素
交易成本理论	在高速变化的内外部环境下，技术创新的不确定性使双方协同实现各自目标的交易成本远远少于各自依靠组织内部管理和资源配置所需要的成本	交易成本主要受到不确定性（包括技术不确定性、行为不确定性以及需求不确定性）、交易频率以及资产专用性三类因素的交叉影响
资源基础理论	企业—高校自身技术资源的充裕度与内在能力的不同，单一组织不可能做技术创新各个环节所有的工作，因此，需要协同	资源—能力的异质性及互补性

续表

理论流派	主要观点	关注的核心影响因素
价值链理论	企业在技术需求及商业化方面具有优势；而高校则在科学研究、创新人才以及学科方面具有优势，双方协同可以实现价值链系统的优化和高效运行，降低价值活动成本，达到增值效应最大化	技术创新各个环节的有效分工
组织学习理论	协同创新是组织学习的一种重要方式，其核心在于学习协同创新单位的先进经验知识	先进技术知识、先进文化和经验

资料来源：根据文献阅读后研究所得。

实际上，动机的定义有广义及狭义之分。广义动机是引起个体活动、维持并促使活动朝向某一目标进行的内部动力；其基本构成要素包括内外部诱因（压力、责任/义务）、需求产生及目标设定等方面。因此，高校—企业协同创新动机具有丰富的内涵，其中高校—企业协同创新的目标（狭义动机）包括要素供给、能力提升及福利效应三个方面，具体如表 3－3 所示。

表 3－3　高校—企业协同创新动机

协同创新动机	高校	企业
①外部压力	①响应政府协同创新政策； ②其他社会主体，如企业协同创新的需求	①响应政府协同创新政策； ②其他社会主体，如高校协同创新的需求
②内在责任/义务	①提升高校在区域创新系统中的影响力； ②增强学科及专业的影响力； ③增加高校教师等主体的福利； ④培养高质量的毕业生，提升毕业生就业水平	①提升企业在区域创新系统中的影响力； ②增强企业技术创新能力； ③增加企业员工的福利
③需求产生	作为创新中心，高校有服务区域创新系统的需求	作为创新主体，企业有服务区域创新系统的需求
④目标	①要素供给：提升科研人员收入；获取政府资助的项目；获取研究支撑，包括科研设备/仪器、新的技术创新的机会等 ②能力提升：提升科研人员的研究能力；公开发表论文；申请技术专利；更好地进行课程开发；更好地发现与验证科学理论；提升毕业生培养质量；增强专业的影响力 ③福利效应：增强高校在区域创新系统中知识创新中心的职能	①要素供给：获取高校优质的创新人才；获取高校优质的技术资源，包括科学技术、先进技术设备及科研成果；获取政府资助的项目 ②能力提升：增强企业技术能力；降低研发成本；减少研发风险；联合培养企业研发人员，提升研发人员的研发能力；更好地发现与验证科学理论；提升毕业生培养质量；增强技术的影响力 ③福利效应：增强企业在区域创新系统中创新引擎功能

注：研究所得。

无论基于何种项目或平台，高校与企业开展协同创新的关键成功要素之一，就在于协同双方能够在创新动机上达成更多的一致，处理好各自的分歧点，从根本上处理好协同双方在动机方面的匹配性。

3.3 高校—企业协同创新过程及机制

3.3.1 高校—企业协同创新过程

实际上，高校—企业协同创新过程，是理解全面理解校企协同创新行为的基础。基于协同创新过程的生命周期，按照运营行为及其任务的不同，将高校—企业协同创新过程划分为五个阶段，分别为协同构想、协同伙伴选择、协议谈判、协同实施与协同退出等阶段。高校—企业协同创新过程的阶段划分，主要是从理论上着力解决高校与企业两大创新主体随着时间的演化，揭示运营行为在内容上差异性。现就各个阶段任务的内容详述如图 3－3 所示。

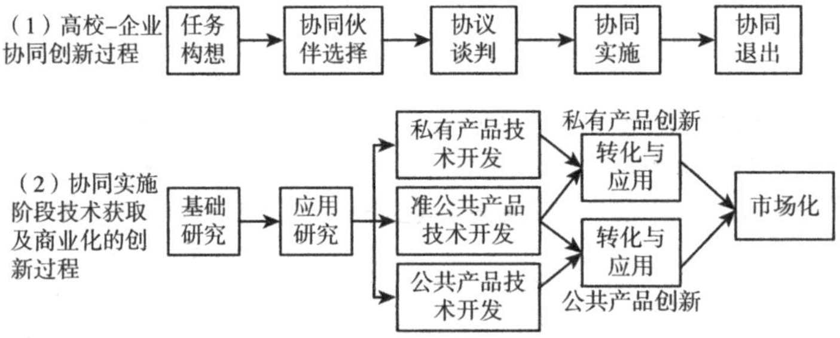

图 3－3 高校—企业协同创新过程

（1）协同创新构想阶段。

首先，协同创新构想阶段属于协同运营过程的首要阶段；该阶段的主要任务在于设定合作的技术获取目标、设计并论证技术协同运行的可行方案，其通常是由协同思维、创新技术获取目标的确立、技术获取方案的可行性分析三个组织活动内容所组成。其中协同思维强调高校—企业高管层应该不断加深对协同创新价值和作用的认识和理解，通过传播、学习和交流，在高校—

企业内形成整体的协同思维，从而加速推进两大创新主体协同创新行为。

其次，技术获取目标的确立，其意义在于对协同创新运行进行有效定位，避免后续运作过程中技术获取方向的偏离。

最后，协同创新技术方案的可行性分析，是完整形成协同创新构想的必要条件。一般来说，创新技术获取方案的可行性分析需要做到以下几点：组建一个专家小组分析企业的技术获取问题，进一步地从需求、结构、人事等方面论证运作的可行性，主要包括协同创新建立的支持力量与潜在的破坏因素等；详细列出协同创新的需要和期望；厘清协同创新的结构性与程序性问题；充分估计不可预测因素——在朝最好结果努力的同时做最坏的打算；勾画出一个协同创新的初步方案；估计合作技术获取过程中的风险因素；分析技术合作所需的人力资源；考虑竞争对手和政府对协同创新运作的反应及政策支持等。

（2）协同创新伙伴选择阶段。

伙伴选择阶段的主要任务是根据协同创新的目标，从众多高校—企业中选择具有潜在技术开发能力或拥有目标技术对象的能力。实践证明，合作伙伴的选择影响着所有可以利用的技术与资源、经营与程序，是决定协同创新成功与否的核心影响因素之一。校企双方在资源与文化上的兼容性（Compatibility）、技术能力（Capability）与投入能力（Cost）是协同创新伙伴选择的最重要的影响因素。

高校与企业之间的兼容性主要表现在资源与文化两个方面。资源兼容性是指合作伙伴之间的在资源方面的互补程度，文化兼容性则是指合作伙伴之间在组织文化方面的匹配程度。技术能力的具备是合作伙伴选择的核心标准，因为大部分协同创新联盟构建的目标都在于寻求具备互补技术能力的合作对象，以发挥彼此在技术能力方面的互补优势。资源基础理论认为，合作对象之间如果具有互补资源与能力，在文化与价值取向方面越是接近，合作过程中越是有可能进行有效协同，其技术获取成功的可能性也越高。寻求与自身具有同样投入意识的合作对象是合作伙伴选择的第三个基石，即使合作伙伴具有技术能力且与本企业在资源拥有与文化上兼容，如果其不愿向联盟投入时间、精力和资源，联盟也很难应付多变的市场环境。

（3）协同创新协议谈判阶段。

协议谈判阶段的主要任务在于通过组建谈判团队，与潜在合作对象之间签订符合目标的技术获取协议。在此过程中，谈判团队与协议条款是该阶段需要注意的核心要素。谈判团队的组建应坚持能力主导、职权与责任相匹配的原则，担任协同创新团队的人员不仅应明确联盟协议的内容对于企业的战略意义，而且更要明确联盟协议内容对于企业后续联盟技术获取行为的影响。其通常应由精通法律、技术评估、技术开发、资产价值与未来现金流的估计且具备谈判技能的专业人员充任，而且谈判人员本身应具备相应的职权，对谈判的结果负有责任。协议条款的内容是谈判的标的与核心，联盟技术获取目标的明确、联盟技术获取模式的界定、财务与纳税方面的考虑、红利和公司交易的记录，双方资源投入价格的标出，互利互惠原则的坚持，应付重大变化权变条款的说明以及退出事项等，都是协同创新协议签订时必须注意的关键事项。

（4）协同实施阶段。

良好的协同创新绩效来源于高校—企业之间有效的组织实施与贯彻落实。协同实施阶段的主要任务在于按照协同协议协商的条款，在高校—企业内有效实施与技术获取相关的一系列有目的的、协同的过程、活动与行为。由于行业差别，联盟实施的内容与表现形式各样，但资源投入、以技术知识与管理知识为主体的知识交互、关系管理是影响协同创新实施能力强弱的根本因素。高校—企业在该阶段技术获取及商业化的过程的逻辑概念如图 3 – 3 所示，该行为应着力解决技术需求及类型、技术界定及解决方案、产品市场化等核心问题。

（5）协同创新退出阶段。

协同创新退出阶段是高校—企业协同创新过程的最后一个环节；其根本任务在于将协同终止战略有效实施。协同创新过程退出的原因有多方面。直接原因主要有两个方面，一方面是协同技术获取目标的兑现，协同组织自然解体；另一方面，协同因中途失败而宣告结束。在协同创新退出阶段，企业与企业须在资源回收、人员调配、财务结算、合同签订以及关系维护等做好细致的工作，避免对两大创新主体其他事务造成不必要的冲击。

综上所述，为保障协同创新的顺利开展，协同运营的各个阶段分别承担着不同的组织任务，如表 3 – 4 所示，为确保协同创新的成功运作，协同运营各阶段须关注不同的关键因素。

表3-4 高校—企业协同创新过程各阶段任务及其关键因素

协同创新过程的阶段	关键因素
（1）协同创新构想阶段	协同思维、技术获取目标的设定、技术获取方案的可行性分析
（2）协同创新伙伴选择阶段	3C：兼容性、技术能力与资源投入能力
（3）协同创新协议谈判阶段	谈判团队与以技术获取为核心的协议条款
（4）协同创新实施阶段	资源投入、以技术为核心的知识交互与关系管理
（5）协同创新退出阶段	协同终止战略及其有效实施

资料来源：整理所得。

3.3.2 高校—企业协同创新机制

所谓机制，是指有机体的构造、功能及其相互关系。所谓高校—企业协同创新机制，是高校与企业两大创新主体之间为整合双方资源、能力的协同度水平进而创新成功，所采取的各种有利于目标达成所采取的手段。通过梳理文献，可以发现该机制通常包括两大创新主体之间在战略、组织、知识、资源、行为等全方位的全面整合。

综合已有理论研究，如表3-5所示，本章对高校—企业协同创新机制按照功能进行了归纳，概括为四类，分别是资源维机制、能力维机制、战略交互维机制以及环境维机制四个不同的方面。按照功能来说，四类机制的相互关系概括如下：在环境维机制的影响下，在已有的资源维机制奠定的基础上，运用战略交互维机制，高校与企业通过提升相应的能力维机制来达成高校—企业协同创新的目标。各类机制的操作结果如表3-5所示。

表3-5 高校—企业协同创新机制归纳

协同创新机制的类别	协同创新机制	概念解释	机制操作结果
（1）资源维机制	有形资源	资金投入、物质资本、人力资本等	校企资源质量
	无形资源	技术专利、软硬件诀窍、品牌及经验等	
（2）能力维机制	校企协同联盟能力	协同伙伴选择能力、资源配置能力、技术协同能力、学习能力	校企协同联盟能力的水平

续表

协同创新机制的类别	协同创新机制	概念解释	机制操作结果
(3) 战略交互维机制(治理机制)	组织协同机制	通过设置相应的组织机构，主导创新过程	协同创新模式的“协同度”
	契约协同机制	签订契约，对利益分配要素、原则及方式进行约定	
	关系协同机制	高校—企业之间的相互信任、关系承诺	
	风险协同机制	风险评估、风险监测及风险应对方式	
(4) 环境维机制	内部环境因素	技术因素、组织因素	内外部环境优渥程度
	外部环境因素	政治因素、社会因素等	

注：环境维机制的补充解释：(1) 技术因素指高校—企业所掌握技术/知识水平（默会知识或显性知识、一般知识与专业知识、学术型知识或与产业相关知识等）；(2) 组织因素包括领导力/最高管理者/创新团队的行为及支持、创新文化及氛围等等；(3) 政治因素主要指支持/指导/鼓励高校—企业合作的政策/法律/规章等（如技术研发费用税收抵免优惠、信息网络构建以及给高校—企业协同提供配套服务等）；(4) 社会因素主要指高校—企业以外的创新环境营造，配套基础设施的构建程度等。

下面重点对战略交互维机制的概念作重点阐述。战略交互维机制，又称治理机制，是高校与企业在协同创新过程中，为加强双方资源及能力的统一调度所可能采取的各种手段集合。如表 3 – 5 所示，该类机制主要有组织协同机制、契约协同机制、关系协同机制以及风险协同机制等四类机制构成。此四类机制主要阐明高校与企业在协同创新过程中，是否设立了相应的组织结构（如设立正式的实体组织）、是否有正式的合作合同、是否着眼于长久合作关系构建、是否有共同的风险（技术风险、市场风险等）分摊及应对方式等。高校与企业通过该类机制对协同双方所掌握的资源或能力进行制度安排，其操作的直接结果决定了高校与企业以怎么样的方式（何种路径）进行协同——高校—企业协同创新模式及其协同度水平。

目前，学术界最为关注以下两个方面的机制组合：高校—企业协同创新模式（模式选择的具体内容参看第 8 章）以及校企协同联盟能力（校企协同联盟能力的具体内容参看第 7 章）。本章接下来着重对高校—企业协同创新模式及其内涵进行重点阐述。

3.4　高校—企业协同创新模式

高校—企业协同创新模式，是指在一定的创新体制下，基于创新类型以及对高校、企业等主体的角色进行有效的职能定位，围绕协同创新过程，对高校及企业之间的资源及能力进行协同优化进而达到组织协同、战略协同、知识协同的一种跨组织制度安排，目的主要在于推进技术的商业化运作，满足公共需求或者私有需求。

有关高校—企业协同创新模式分类标准及分类结果研究，可以参看本书第1章。从现有协同创新模式的分类研究可以看出，高校—企业协同创新模式存在多种可能的正式与非正式形式，如会议披露成果的获取、技术咨询与服务、培训、市场交易、研发联合体、研发契约、技术许可、合约研究、科技园、研究院或者孵化器，甚至高校成员兴办新企业等。国内外学者围绕产学研合作及其协同创新模式问题虽然进行了大量的研究，但是对协同创新模式并没有形成一个比较完整的分类体系。

（1）高校—企业协同创新模式分类——基于“协同度”的视角。基于结果导向的视角，高校—企业协同创新的本质是以何种方式更好地促使协同创新过程实现创新成功，达到协同双方的预期目标。因此，协同创新模式的本质任务是高校与企业两大主体采用怎么样的组织方式对双方拥有的资源及能力进行有效整合，以更加高效率、高效果的方式进行运作。因此，高校—企业协同创新模式的差异性，从根本上取决于具体模式在整合校—企双方资源及能力的力度及效果上。

如表3-6所示，可以认为非正式模式：合作举办学术会议、企业雇用高校毕业生、校企合作对员工进行培训、博士与硕士论文共同指导、由公司成员举办的高校演讲、出版物、技术专利的阅读、共办期刊等。尽管这些模式属于校—企合作的范畴，但没有涉及具体的产品或工艺技术创新过程。因此，这些模式通常属于产学研协同创新过程的外围层次，主要在创新要素获取方面发挥作用：如提升人力资源质量以及更好地进行技术信息获取，从根本上对协同创新绩效提升所起的作用有限。

表3-6　　　　高校—企业协同创新模式的特征

协同创新模式类型	契约正式化程度	决策所需时间/成本	灵活性	合作紧密度	持续期限	组织影响	控制结构
非正式模式：							
合作举办学术会议	+	-	+	+	-	-	-
企业雇佣毕业生	+/-	-	+	+/-	-	-	-
企业员工培训	+	-	+	+/-	-	-	-
博士与硕士论文共同指导	+	-	+	+/-	-	-	-
由公司成员举办的高校演讲	-	-	+	+/-	-	-	-
出版物、技术专利的阅读	-	-	+	+/-	-	-	-
共办期刊	+	+	-	+	+	+/-	+
正式模式：							
高校与企业研究人员流动及交流	+/-	-	+	+/-	-	-	-
咨询及技术服务提供	+	-	+	-	-	-	-
市场交易	+	-	+	-	-	-	-
技术外包	+	-	+	-	-	-	-
许可证协议	+	+/-	+/-	+/-	+/-	+/-	+/-
研发合约	+	+/-	+/-	+/-	+/-	+/-	+/-
共同研发（研发联合体）	+	+	-	+	+	+	+
共建实体，如研究院、孵化器、创业园等	+	+	-	+	+	+	+
创办新企业	+	+	-	+	+	+	+

注：+：表示模式明确存在相应的特征；+/-：表示模式的特征在各种情境下会有不同程度的变化；-：表示模式的相应特征会比较弱。

至于咨询及技术服务提供、高校与企业研究人员流动及交流等对协同创新提升有作用，同样因为其高校与企业资源及能力整合有限，其作用也不会太大。进一步地，对于市场交易、技术外包、许可证协议、研发合约等模式，因为更多的情形是通过项目运作的形式，针对单元技术进行开发及商业化。对于企业来说，其对于高校资源及能力整合力度也一般。因为项目运作过程中，双方组织相对独立、整个项目持续期限相对较短、技术知识单元化、投入强度也不大。在此过程中，企业对高校人员一般采用契约式管理，即对创新的要求更多的是基于技术获取的结果导向，对创新过程的控制有限，凡此种种，导致该类模式下高校与企业协同效果也一般。

双方资源及能力整合力度比较强的当属于共同研究、共建实体甚至是以股权形式存续的创新企业模式，且这些模式对双方资源及能力整合力度依次递增。其原因在于，在这些模式下，高校与企业在协同创新过程中协作更紧密，具体表现在：资金投入强度更大，持续期限更长，技术交流更频繁，创新主体对于彼此投入、过程管理及结果管控的控制权也更多，更主要的是需要协同双方在组织层面进行相应的调整。这些模式的运作成功，不仅创新效果非常显著，而且对于提升学校办学层次和构建企业竞争优势非常有帮助。当然，若创新失败，其对企业或高校的组织影响也非常大。

结合调研可以发现，最近几年，国内学术界与产业界协同创新的层次明显提升，不仅在高校或企业内部构建有双方协同创新的平台或载体（如图3-4所示，在永固集团内部成立了由永固集团与浙江工贸职业技术学院共同兴办的永固输配电装备重点企业研究院；或如在温州大学内部成立的温州大学新材料与产业技术研究院——致力于提升温州新材料与新能源领域自主创新能力与产业化发展水平），而且面向产业共性、关键技术由高校、企业或政府推动兴办产业技术研究院，该类产业技术研究院通常作为独立个体进行产业化运作，有力地推动各地产学研协同创新工作向高质量水平进行发展。表3-7列示了现阶段产业技术研究院的典型个案，这些产业技术研究院通常以前瞻性技术、产业共性技术或关键技术为对象，集创新、资本、创业孵化和科技中介服务为一体，不仅有力地推动了参与主体技术能力的提升，而且推动了区域经济的发展。

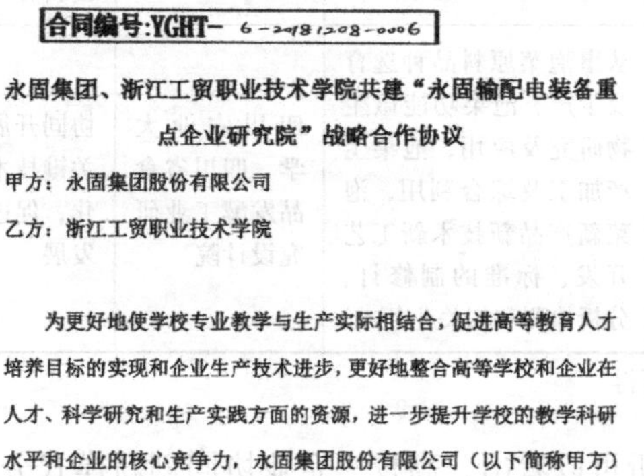
合同编号:YGHT- 6-20181208-0006

永固集团、浙江工贸职业技术学院共建“永固输配电装备重点企业研究院”战略合作协议

甲方：永固集团股份有限公司

乙方：浙江工贸职业技术学院

为更好地使学校专业教学与生产实际相结合，促进高等教育人才培养目标的实现和企业生产技术进步，更好地整合高等学校和企业在人才、科学研究和生产实践方面的资源，进一步提升学校的教学科研水平和企业的核心竞争力，永固集团股份有限公司（以下简称甲方）

图3-4　永固输配电装备重点企业研究院

表 3-7　　典型产业技术研究院的建设现状

产业技术研究院	共性技术、关键技术所属的战略性新兴产业	依托的主要高校、科研院所	战略目标
上海交通大学苏州人工智能研究院	人工智能领域的开发及应用	上海交通大学	整合上下游资源发展人工智能+产业，定位于“技术枢纽”“产业枢纽”“创业枢纽”和“资金枢纽”，支撑苏州乃至全国传统产业升级转型
广州智能工程研究院	智能科技，包括人工智能、智能制造、无人技术、机器人、微纳米材料及器件制造、高端装备制造、工业大数据、智能装备及检测等	华南理工大学	吸引高端国际要素向广州聚集、建设成为集高层次人才培养、高水平科研创新、国际高端人才汇集、国际合作办学、创新创业和科技成果转化为一体的创新枢纽
厦门产业技术研究院	电子信息、新材料、新能源	已建立了联系的国内一流工科院校	整合资源形成以产业技术研究院和产业基地为核心，以创新服务中心、专业孵化器为支撑，产权交易、创业资本、中介服务等市场要素为纽带的“大科技”区域创新体系
清华山东智慧化工产业技术研究院	智慧化工领域的开发及应用	清华大学	促进清华大学化工科技成果转移转化，加快德州市化工产业转型升级、新旧动能转换
浙江大学滨海产业技术研究院	围绕智能制造、医药健康等产业共性技术	浙江大学	引进浙江大学的科技、教育、人才、国际化等优势资源，建成集产业化、集约化、国际化为一体的科技研发平台、产业创新和服务平台
四川泡菜产业技术研究院	从事泡菜原料品种选育及生产、泡菜功能微生物研究及应用、泡菜生产加工及综合利用、泡菜新产品新技术新工艺开发、标准的制修订、分析检测和相关业务	四川农业大学、四川省食品发酵工业研究设计院	协同开展泡菜产业共性技术和关键技术的研究开发和成果转化，促进泡菜产业的健康快速发展

资料来源：调研所得。

通过上述分析可以看出，高校—企业协同创新模式分类的关键在于从整合双方资源及能力强度的视角去分析。为此，本章引入“协同度”的概念，用以表达参与协同创新主体双方资源及能力的整合强度。图3－5列示了常见正式模式协同度的强弱。

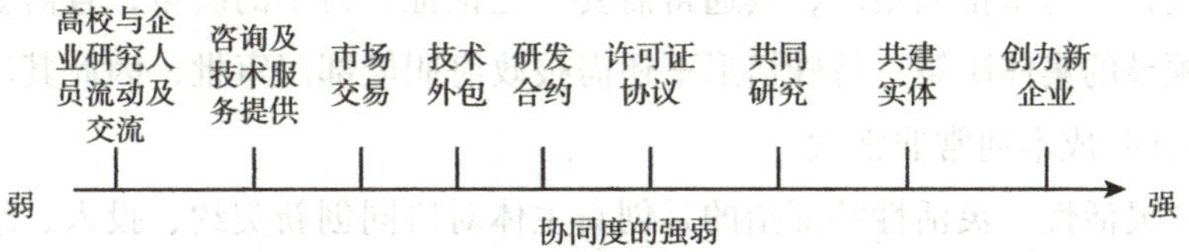

图3－5　各类高校—企业协同创新模式协同度强弱分布

可以看出，高校与企业研究人员流动及交流对双方资源及能力的整合强度最弱，而共建实体与创办新企业则对双方资源及能力的整合强度最大，处于中间过程中的协同度水平呈现出差异化的分布特征。

(2) 高校—企业协同创新模式“协同度”的特征。如表3－6所示，按照是否直接参与高校—企业协同技术开发过程，可以将高校—企业协同创新模式分为两类：正式模式与非正式模式。其中，非正式模式主要有合作举办学术会议、企业雇佣毕业生、企业员工培训、博士与硕士论文共同指导、由公司成员举办的高校演讲、出版物、技术专利的阅读、共办期刊等，这些模式尽管属于产学研合作的范畴，但从根本上直接涉及具体的高校—企业协同创新过程，属于协同创新的外围层次。相比较非正式模式，正式模式则涉及具体的高校—企业协同创新过程，其具体实现模式主要有高校与企业研究人员流动及交流、咨询及技术服务提供、市场交易、技术外包、许可证协议、研发合约、共同研究、共建实体、创办新企业等模式。

下面着重对于高校—企业协同创新模式协同度的内涵进行解构。如前所述，各类模式的协同度呈现出显著差异性。模式协同度的不同，具体可以通过以下外部特征表现出来，具体包括：契约的正式化程度、决策所需的时间/成本、灵活性、合作紧密度、持续期限、组织影响、控制结构。

①契约的正式化（Formalization）程度。契约的正式化特征是指高校与企业协同创新是否有正式的合同；该合同通常对研发目标、研发内容、创新主体的权利、义务以及具体的研究时间进行了约定。

②决策所需的时间/成本。该特征指的是校—企双方为了开展协同创新，对是否进行协同、具体协同项目、内容及形式进行决策所需的时间或成本的

大小。一般来说，协同度低的模式，需要合作双方决策的时间周期通常比较短，所花费成本也相对有限，因而会比较快速地进行决策。但对于协同度高的模式，因为牵扯面很广，其通常需要广泛论证、科学的决策，且需要双方高层领导的集体决策，特殊情形下还需报政府职能部门审批，因此其决策所需的时间/成本通常非常大。

③灵活性。灵活性特征指的是创新主体对协同创新契约、投入、组织过程根据创新环境不同，进行重新调整的可能性。协同度低的模式，可以根据创新情境，对契约、投入及组织过程进行灵活调整；而协同度高的模式，其调整的可能性则缺乏弹性。如已经政府部门批准设立的产业技术研究院，其不太可能中途因创新环境变化而轻易进行终止。

④合作紧密度。合作紧密度特征指的是高校与企业在创新启动、进行、结果分享过程中，双方链接的程度。协同度低的模式，协同双方链接的程度较低；反之，对于协同度高的模式，因为双方资源、能力整合力度大，创新人员之间链接程度则较高。

⑤持续期限。持续期限指的是协同的起止时间段。协同度低的模式，其通常持续时间较短，反之，则较长。

⑥组织影响。该特征指的是校—企双方为了推进项目，对组织结构进行变动的程度。一般来说，协同度高的模式，通常会要求高校与企业对原有业务流程、组织架构进行了重大调整，直至在原有组织之外，建立第三方实体组织平台。

⑦控制结构。该特征指的是企业—高校对于合作资源、活动及结果的控制与影响程度。一般来说，协同度低的模式，创新主体对于对方资源、活动及结果的控制与影响程度都较低，反之，则有较大的控制权。

案例3－1 浙江省重点研发计划项目“基于智能电网建设的轻量高强铝合金节能电力金具的研发”项目是由永固集团股份有限公司、浙江大学以及浙江工贸职业技术学院三方采用共同研究模式推进。该项目具有如下特征：

（1）有正式合同。合同中对研发目标、研发内容、创新主体的权利、义务以及具体的研究时间进行了约定。首先，项目的研发目标。项目的研发目标有四项，分别是铸造铝合金［抗拉强度 Rm≥330MPa，延伸率 A≥6%（依据 GB/T228－2010 检测）；布氏硬度≥90HBW（依据 GB/T231.1－2018

检测)]；锻造铝合金[抗拉强度 Rm≥380MPa，延伸率 A≥10%（依据 GB/T228－2010 检测)；布氏硬度≥120HBW（依据 GB/T231.1－2018 检测)]；在模拟高寒低温环境下（－60℃)，铸造铝合金冲击功≥20J（GB/T229－2007 检测)；平均单个金具能耗 P'_f≤0.5W（依据 DL/T1288－2013 检测)。其次，项目的研发内容。项目的研发内容包括五项具体内容，分别是取代可锻铸铁的铸造铝合金材料与工艺研究，替代低碳钢的锻造铝合金材料与工艺研究，电力金具的结构设计、加工成型及产品示范线，铝合金金具在电力线路中的节能降耗研究等。再次，合同的研究时间为：2020 年10 月至2023 年12 月。最后，合同中对双方的工作任务进行了明确的分派。

（2）决策所需的时间。该项目隶属于浙江省科技厅主管的科研合作项目，项目从合作意向、具体申报及正式报批前后花费半年左右时间。

（3）灵活性。该项目在实施过程中截至调研，按照三方合同的进程组织实施；另外，根据项目组成员披露，项目的核心标的事项通常不能变更，且有省科技厅刚性管理，因此合同具有比较强的刚性，但属于项目研究实施过程中的事项需要经三方协商后可以执行。违反合同条款，需要依据合同进行追责。

（4）合作的紧密度。截至目前，项目由浙江大学谷教授牵头实施。具体实施流程为：首先，谷教授所在浙江大学团队负责制订项目方案、技术路线，同时负责电力金具用铝合金的力学性能及环境适应研究，协助浙江工贸职业技术学院林博士完成电力金具用铝合金材料的成分、组织及加工工艺优化研究以及项目专利的申请及论文撰写。其次，浙江工贸职业技术学院林博士所在技术团队负责电力金具铝合金材料的成分、组织及加工工艺优化研究，同时协助项目负责人进行专利申请、文章撰写等工作。永固集团股份有限公司则负责生产设备采购，提供试验所需材料等与项目有关的配套实施，公司相关人员负责中试及产业化研究、产品性能检测。进一步调研可以发现，项目研究所需材料主要在各个高校的实验室中产生，而中试及产业化则永固集团技术部与车间完成。可以看出，共同研发的三方合作的紧密度中等。

（5）项目持续期限。项目持续期限为三年。

（6）组织影响。永固集团股份有限公司、浙江大学以及浙江工贸职业技术学院三方在合作过程中，并不涉及原有组织结构发生变动，项目推进只以项目制链接。

(7) 控制结构。合作三方基于契约对于合作资源、活动及结果进行控制，相互之间彼此制约，控制结构强度中等。如企业方主要在项目投入(2000万元)、后续中式以及产业化方面主导权以及知识产权方面的共同所有权方面有控制力。而其他两方则在铝合金材料技术研制及工艺改良技术的掌控方面具有控制权。

综上所述，该共同研究模式的协同度中等。

总之，各种模式具有各自的特征，在契约的正式化程度、决策所需的时间/成本、灵活性、合作紧密度、持续期限、组织影响、控制结构等方面都存在显著的差异。尽管如此，现有研究表明，决定各种协同创新模式特征不同的决定性变量在于各种模式协同度水平的差异，其有效决定了高校与企业对于合作双方资源及能力的整合程度。一般来说，模式的协同度水平高，通常具有明确的契约、决策所需的时间/成本较长、灵活性比较弱、合作紧密度较大、持续期限比较长、组织影响深远、具有比较明确的控制结构，具体参看表3-6。因此，尽管各种模式具有差异化特征，但是可以用模式的协同度水平来有效测度各种模式，进而从根本上观测相应模式在整合双方资源及能力方面的差异性。

3.5 高校—企业协同创新效应

高校—企业协同创新效应，是指高校—企业协同创新过程所带来的结果与影响。如表3-8所示，本章将高校—企业协同创新的正向积极效应概括为经济效益、技术效益及社会效益三个不同方面。

表3-8　　　　高校—企业协同创新效应——积极效应

效益类型	高校	企业
(1) 经济效益 (Economic Benefit)	共享企业仪器设备	共享高校先进技术设备
	获取研究资助	开发新产品、新工艺
	增加收入来源	提升新老产品市场绩效及财务绩效

续表

效益类型	高校	企业
(2) 技术效益 (Technological Benefit)	引导学生/教职人员提出新的创新想法	跟进主要技术更新方向，提升创新能力
	对研究方向、进程及结果提供检验	加快技术商业化/提升创新面向市场的速度
	获取专利技术等研发成果	获取专利、原型、专有技术等研发成果
	期刊发表、论坛举办	期刊发表、论坛举办
(3) 社会效益 (Social Benefit)	为学生创造培训与就业机会	为员工创造培训机会与提升就业质量
	为区域经济发展服务	为区域经济发展服务
	高校声誉的提升	提升更加具有社会责任感的企业形象

注：理论研究所得。

如表3-9所示，本章将高校—企业协同创新的消极效应概括为背离组织使命与目标、资源占用、协同冲突及风险等四个不同方面。

表3-9　　高校—企业协同创新效应——消极效应

消极效应类型	高校	企业
(1) 背离使命与目标	商业化会伤害研究独立性与完整性，进而对高校创造与传播知识的使命产生负面影响	背离公司目标，如增加股东财富
	阻碍日常教学	
	基础研究薄弱或衰退	
(2) 资源占用	日常教学、基础研究投入不足	公司自主研发投入不足
	协同创新本身资源使用效率低下	协同创新本身资源使用效率低下
(3) 协同冲突	在研发活动中出现不协调及不一致性	在研发活动中出现不协调及不一致性
	知识产权冲突	知识产权冲突
	技术商业化收益分成及其方式冲突	技术商业化收益分成及其方式冲突
(4) 风险	研发风险	研发风险、技术商业化风险及财务风险
	技术私有化导致高校职员在受到学术欺诈调查时，面临风险	私有信息丧失控制与泄露

注：理论研究所得。

3.6 高校—企业协同创新系统及其关键构成要素识别——基于2F：M－PMM－E模型的整合框架

高校—企业协同创新重点应关注两大类创新主体在职能定位（Focus）、创新动机（Motive）、创新过程（Process）、协同创新机制（Mechanism）、模式（Mode）选择及创新效应（Effect）上的协同。为有效刻画两大主体为核心构成的协同创新系统及其构成要素，采用首字母进行概念模型设立，称为2F：M－PMM－E模型。如图3－6所示，现详细说明如下。

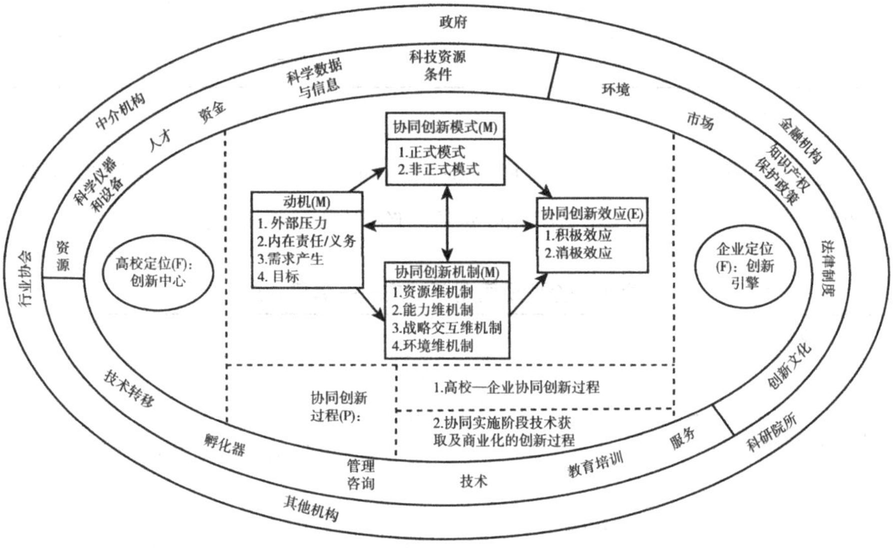

图3－6　高校—企业协同创新系统及其内在构成要素识别

（1）高校—企业协同创新的环境。在产学研协同创新过程中，高校—企业协同创新是核心。但并不能排除其他社会主体的功能，除了两大创新主体之外，还有政府、中介、行业协会、金融机构、科研院所以及其他社会主体，其承载着为高校—企业协同创新提供创新资源、公共服务以及优化创新环境的功能。

（2）高校—企业协同创新系统中的关键构成要素。职能定位是核心，创新动机是促发因子，协同创新过程是基础。在协同创新过程中，模式选择及协同创新机制是关键，其中协同创新模式是路径，校企协同联盟能力是保障，协同创新效应是结果。六者作为高校—企业协同创新系统的关键构成要素，共同形成高校—企业协同创新系统，这些关键要素内在之间的内在逻辑关系详见图3-6。

(3) 政策启示及讨论。该概念模型具有重要政策启示。①政府及其他创新主体，应积极在资源、服务以及优化创新环境方面，为高校—企业协同创新提供支撑，在具体政策引导方面，应着力发挥高校的“知识创新中心”功能，落实好企业的“创新引擎”功能。②高校—企业协同创新在整个国家创新体系中居于核心重要地位，两大主体在协同过程中应着力发挥协同创新的积极效应，规避消极效应。③为促进协同创新取得成功，平稳推进协同创新过程，高校—企业之间须协同创新动机、协同创新模式选择、校企业协同联盟能力的培育方面良好协作。

3.7　案例实证——数字电视产学研战略合作联盟的协同实践

案例3-2　数字电视产学研战略合作联盟是由深圳清华大学研究院作为牵头单位发起设立的产学研协同创新联盟[162]，成立于2007年9月。参与单位包括华中科技大学、深圳国家电子技术工业试验中心（研究所）以及华为、TCL通讯等业内知名企业。该联盟的成立及后续运作有力地阐述了本章所述高校—企业协同创新系统及其关键要素模型的合宜性，下面就该联盟成立及运作中的详细元素分述如下。

(1) 联盟主导组织。联盟主导组织是深圳清华大学研究院，该研究院成立于1996年12月，是由深圳市政府和清华大学共建的以企业化方式运作的事业单位。该研究院作为大学主导型产业技术研究院的典范，致力于充当清华大学推进区域科技经济社会发展的典范、珠三角高科技上市公司的摇篮和华南地区人才培养的重要基地。经过20多年发展，截至2019年年末，该研究院包括宽带无线通讯研究所、新材料与生物医药研究所、光机电与先进制造研究所、电子信息技术研究所、新能源与环保技术研究所、航空航天研究所等九个研究所及公共技术服务平台。

（2）高校—企业协同创新系统及其关键要素识别。①联盟的职能定位。该联盟成立的目的主要是获取数字电视技术及其标准研究，建立该领域共享技术服务平台，并推动数字电视技术成果的产业化。②协同创新动机。外部压力：国家提出了数字电视战略，使行业内企业迫切需要进行产业技术升级，以更有效地提供网络服务。内在责任与义务：清华大学、华中科技大学等高校有学科、人才培养及服务地方的内在责任与义务；华为及TCL等企业有提升数字服务的内在责任。需求产生：获取数字电视技术及其标准。目标：参与各方希望通过组建技术联盟，在数字电视要素获取、能力构建及福利提升方面获得实质提升。③协同创新过程。联盟任务层协同创新过程主要围绕联盟的组建，在深圳清华大学研究院的主持下，分别经历了联盟运营目标的明确，潜在联盟伙伴的筛选以及合作协议的签订。在联盟运营层面，联盟成员的创新活动主要采用如下链式创新过程：数字电视关键技术研发→标准制定及测试验证→知识产权保护→标准产业化。④协同创新模式选择。根据数字电视市场需求、政府管制及技术达成的综合研判下，采用正式模式中的共同研究模式，因而模式的协同度适度。⑤协同创新机制。为有效获取相应技术，联盟成员综合运用了资源维机制、能力维机制、战略交互维机制以及环境维机制等四个不同方面的机制，有效保障了联盟运营的成功。首先，资源维机制方面。在联盟成立初期，联盟运作资源中的经费方面主要靠是联盟单位自筹，同时积极争取各类科技计划项目作为补充；在联盟运营后期则以所获取的数字电视知识产权交易费供给联盟运行。其次，在能力维机制方面。联盟成员围绕协同创新过程，构建了基于链式创新过程各个阶段的联盟职能能力。联盟动态能力方面，联盟组成员成功地培育联盟运营的学习能力，即通过技术研发、知识产权运营、产业化项目和标准制定项目，为联盟成员提供了基于项目协作的正式、非正式学习机会。特别地，在战略交互维机制方面，参与联盟各方在相互信任的基础上就利益分配方面，规定了合作各方参与合作申请的项目按照契约分配，同时制定了相应的风险分担机制。在环境维机制方面，该联盟在外部得到了当地政府的大力支持，尤其是科技计划项目的支撑，在内部组织方面，主要在深圳清华大学研究院的主持下，将数字电视技术及其标准研究分解为数字电视发射机技术标准工作组、传输和复用和接口技术标准工作组、接收机及终端技术标准工作组以及数字电视内容服务技术标准工作组等四个主要的项目小组。⑥创新效应。通过该联盟的成功运营，参与协同的各方业已构建了基于数字电视地面传输技术，并制定了相应的国家标准，有效支撑了国家数字电视战略的实施。

3.8　本章小结

多年来，产学研协同创新领域的研究一直是技术创新及管理领域的核心方向之一，国内外学者对此开展了大量的研究，取得了丰富的研究成果，这为本书的研究提供了基础。因高校—企业协同创新在产学研协同创新中的核心地位，对该系统及其构成要素进行有效识别是理解高校—企业协同创新机理研究的前提。本章研究的主旨在于对高校—企业协同创新系统及其构成要素进行有效识别，该问题研究不仅关系到企业以技术能力为核心的创新能力提升，同时也关系到作为高校三大职能之一的产学研协同创新职能能否正常实现。

基于创新实践，本章在对高校—企业协同创新系统中的参与主体及职能定位进行了系统阐述，得出基本研究结论：企业、高校与政府是高校—企业协同创新系统的核心参与者。其中，企业是创新的引擎，其是私有产品创新的主体，是公共产品创新的核心参与者；高校是知识中心，其主要职能是对创新知识进行生成、转化与扩散，是公共产品创新与私有产品创新的核心参与者；政府是产学研协同创新政策的制定者，同时是公共产品创新的主导者、私有产品创新的参与者。

在此基础上，本章在系统梳理相关文献理论研究的基础上，认为高校—企业协同创新系统由职能定位、创新动机、创新过程、模式选择、协同创新机制、创新效应六大要素及其相互之间关联构成，通过2F：M－PMM－E概念模型来刻画。该模型表明，（1）高校、企业在协同创新过程中分别承担着“知识中心”以及“创新引擎”的功能。（2）创新动机由外部压力、内在责任/义务、需求产生及目标等要素构成。（3）协同创新过程是由协同构想、协同伙伴选择、协议谈判、协同实施与协同退出等阶段构成。(4) 协同创新模式包括正式模式与非正式模式两类，协同创新模式的差异性从根本上取决于协同创新模式的“协同度”——整合高校与企业双方资源及能力的强度，其由契约的正式化程度、决策所需的时间/成本、灵活性、合作紧密度、持续期限、组织影响、控制结构等外在特征来表示；一般来说，模式的协同度水平较高，通常具有明确的契约、决策所需的时间/成本较长、灵活性较弱、合作紧密度较大、持续期限较长、组织影响深远、具有比较明确的控制结构。(5) 协同创新机制包括资源维要素、能力维要素、战略交互维机制以及环境维机制等。(6) 协同创新效应包括积极效应与消极效应两类。该模型同样表明，高校—企业协同创新的成功（规避消极效应，获取积极效应），不仅取决于政府、科研院所等其他相关主体在资源、服务以及优化创新环境方面做出努力，更为重要的是两大创新主体在协同创新过程中，能在创新职能定位、动机、模式选择、协同创新机制方面求得良好协作，有序协同。最后，以数字电视产学研战略合作联盟的协同实践为例，对该协同创新系统及其构成要素进行了佐证。

本章着重就高校—企业协同创新系统及其主要构成要素识别进行了理论分析，并提出了一个概念框架，并佐证了一个案例，为后续章节的研究奠定基础。

| 第4章 |

不确定环境下企业自主创新的协作机理博弈模型研究

企业技术创新系统作为国家创新系统研究的基础，其核心内容在于对以技术能力为核心的创新能力系统的研究，围绕获取、整合与提升企业创新能力来构筑竞争优势与增强企业竞争力。创新组织模式是在特定技术创新体制下，基于创新过程，对主体所掌握的资源与能力进行优化配置的一种制度设置；创新组织模式不同，企业创新过程的运作机理也呈现显著差异。实践证明，创新模式有效组织是维系创新成败的关键环节之一，是增强企业创新能力及构筑企业竞争优势的关键。

企业创新模式存在多种具体实现形式，如内部研发、企业并购、合资企业、少数股权投资、研发联合体、共同研究开发、网络组织、研发合约、技术交换协议、许可证协议等。按照不同标准，如参与主体的供应链位置、契约形式、是否涉及产权等，其有不同的分类。典型地，按照依赖主体的不同，企业创新模式大体可分为自主创新、合作创新与企业并购三大类型。目前，出于交易成本、战略管理及产业组织等维度的系统考虑[163]，在科技与技术创新研究领域，片面强调组织间合作创新模式在技术知识获取、增进企业创新能力方面的重要性，结果自主创新模式研究不足，导致对技术创新过程在组织内的微观机理缺乏系统深入理解。

企业自主创新过程是一个复杂的过程，需要多个创新主体相互支持与合作才能完成。对企业技术创新主体的研究，经历了从熊彼特时代的“企业家作为唯一的创新个体”到德鲁克时代的“从单一个体到多个体”，从多个体向组织作为创新主体转变的过程。自主创新过程主要是企业内不同个体间的协同，强调培养个体间的协作精神，同时也强调企业家在创新决策中的重要作用。目前对于创新个体在创新过程中的作用及相互关系的研究主要集中在企业创新个体的类型[164]、创新个体间相互关系及有效激励[165-166]、法人治理结构与创新控制权[167]等方面。上述研究对于理解创新个体在创新过程中的作用具有借鉴作用，但由于脱离具体创新过程来强调彼此间的协同关系，因而缺乏逻辑基础与系统性。资源基础与核心能力理论认为，企业所控制或可利用的资源及能力会引导企业经营战略的方向，并成为企业利润的主要来源[168-169]；因此，作为创新企业物质资本投入的股东以及作为人力资本投入的管理人员及员工，其在创新过程中动机与行为的相互协调是制约创新成败的关键。目前，网络经济所具有的时空压缩、双向互动以及虚拟空间等特征，使原本复杂的技术创新过程变得更趋于动态性、复杂性以及不确定性。因此，为保障创新成功，如何在动态不确定环境下基于自主创新过程制订有效策略来协调不同创新个体的创新动机与行为，以便可以共享创新资源与能力，对此展开研究具有重要意义。

首先，本章在对自主创新模式的内涵进行界定的基础上，从创新过程、创新个体的作用及相互关系、创新环境三个维度阐述了相关领域的理论构架；其次，在此基础上，从系统论的角度出发，运用实物期权与动态博弈工具，对企业自主创新过程建立了一个包含股东、管理人员与员工决策的四阶段动态博弈模型，得出了该模型的子博弈完美纳什均衡解，并在确定与不确定两种环境下进行了分析；最后进行了总结。

4.1 内涵界定与理论框架

所谓自主创新模式是指在一定的创新体制下，企业为提升创新能力及增强企业竞争力主要依靠自身科技资源与能力，对创新过程进行优化配置的一种制度安排；其通常具备两个特征：一是技术突破的内在性，以独立研发为主要表现形式；二是市场突破的率先性[170]。以下三个方面研究内容为在自主创新模式下探讨创新个体资源共享与协作机理奠定了基础。

（1）企业创新过程研究。主要探讨创新过程概念、概念模型、创新模式有效选择及影响因素、创新模式治理及创新结果评价等问题，其中概念模型研究最为基础与关键[171]。创新过程理论认为，创新过程是对创新构想产生、支撑、开发以及实施所涉及的一系列管理、沟通及控制活动的总称；目前由于行业差别，对创新过程的概念模型，不同研究人员提出了不同的模型架构且先后经历了五代；尽管如此，研发、制造与营销活动是创新过程构成的核心环节，这一理念已为众多学者所赞同。

(2) 创新个体的作用及相互关系研究。自主创新过程主要是企业内不同个体间的协同，强调培养个体间的协作精神，同时也强调企业家在创新决策中的重要作用。如前所述，目前在此方向的探讨，主要集中在企业创新个体的类型、创新个体间相互关系及有效激励、法人治理结构与创新控制权等方面。典型研究如杨建军将创新过程参与个体分为股东、企业家与研发人员三类，得出了股东应从物质激励、能力激励和权力激励等方面对企业家进行创新激励，企业家应从物质激励和环境激励等方面对研发人员进行激励的结论[172]。除此以外，在创新个体激励方面，王玉霞等考察了不同领导权结构下 CEO 激励对企业创新投入的影响[173]；王昌林等则认为企业创新决策体现了股东、经理和员工之间利益的均衡；为防范创新中的机会主义行为，基于契约性质探讨了企业控制权激励机制问题[167]。

(3) 创新环境研究。该方面研究主要探讨了企业创新环境的构成元素及其变动幅度对于前述两个方面以及企业创新绩效的影响。其中，创新环境的不确定性研究，近年来日益受到重视。在网络经济环境下，典型的不确定性因素主要包括 R&D 成功与否、投入时机、未来技术创新速度与创新程度所构成的技术不确定性以及创新产品市场需求的不确定性等；研究的方法也从数理分析、案例分析到大样本实证分析；特别地，由于创新投资决策环境的不确定性和投资决策的不可逆性，使用实物期权方法来研究企业技术创新投资活动得到日益推广[174]。

本章后续研究在自主创新模式的基础上，将创新过程、创新个体的作用及相互关系、创新环境三个因素进行统一考虑，建立后续博弈模型。

4.2 基本假设与模型建立

4.2.1 符号说明与模型假设

为简化分析，进行如下假设：

（1）市场结构与消费者效用函数假设。产品市场上单位生产成本皆为 c 的一领导企业 L 欲生产不同质量的产品与 n 个相同的跟随企业 F 进行差异化竞争，且现有市场中仅领导企业具备组织创新的能力。考虑在产品市场上消费者以价格 p 购买一单位产品所获得的效用为 $U=\theta s-p$，其中系数 θ 为消费者对产品质量偏好的一种度量，且均匀分布于区间 $[\theta_l, \theta_h]$ 上同时满足 $\theta_h-\theta_l=1$，$\theta_l<1$，s 表示产品质量；若消费者不购买产品，则其所获得的效用为零。

（2）初始设置假设。企业 L 有 μ 个股东、m 个管理人员和 k 个员工①；现考虑投入 x 的研发成本进行技术创新，由于技术创新从开始投资研发到最终产投放市场需要一段时间，设定此时间间隔为 $\delta(\delta<T_{L2}-T_{L1})$ 年，其中 T_{L1} 与 T_{L2} 分别表示 L 投资与破产时刻。

（3）知识存量与产品质量决定假设。创新的知识生产函数一般须满足：①$K(0)=0$，$\partial K/\partial x>0$，$\partial^2K/\partial x^2<0$；②$\lim\limits_{x\to\infty}K'(x)=0$，$\lim\limits_{x\to0^+}K'(x)=\omega$，其中 ω 足够的大。由此为依据，简要设定 $K(x)=x^\gamma+\varepsilon$，其中 K 为通过研发所获取的知识存量，x 为创新投入，$\gamma\in(0, 1)$ 为投入的准投资弹性系数，用来衡量创新投入对于知识存量的影响程度，当 γ 在 (0, 1) 越大，则影响程度也越大，ε 为随机环境变量且 $\varepsilon\sim N(0, \varphi^2)$，知识的溢出率为 β。创新的知识存量用于产品质量的提高，且假设满足简单的线性关系 $s=K$。

（4）市场需求规模假设。产品市场的需求规模为 M(t)（以下简称为 M），其是对产品市场维度的一种度量且 $dM=\alpha Mdt+\sigma Mdz-Md\eta$，其中，$\alpha\in(0, \rho)$ 是 M 的瞬时漂移率；σ 是市场波动的瞬时标准差；dt 为时间增量；dz 是标准维纳过程的增量，服从均值为零、方差为 dt 的正态分布；$d\eta=\begin{cases}u & \text{概率为 }\lambda dt\\0 & \text{概率为 }1-\lambda dt\end{cases}$ 表示未来技术对于当前产品市场所形成的冲击；dM 中右端的前两项描述了产品的需求规模受到需求不确定影响的动态过程，第三项则体现了未来创新技术对产品市场的影响程度，其中 λ 和 u 分别体现了未来技术创新的速度和创新的程度。

（5）创新个体收益与参与比率假设。单个股东、管理人员及员工的参与比

① 本书没有考虑金融市场债务融资的情形，这样就排除了企业的债权对创新投资决策的影响。

率分别为 $t_i(i=1, \cdots, \mu)$，$t_j(j=\mu+1, \cdots, \mu+m)$ 与 $t_l(l=\mu+m+1, \cdots, \mu+m+k)$，收益比例分别为 r_i、r_j 与 r_l，且满足 $\sum t_i + t_j + t_l = 1$，$\sum r_i + r_j + r_l = 1$。

(6) 其他相关假设。企业 L 通过创新所获得的利润分别为 $V_L(M)$，所有股东、管理人员及员工分割创新利润与研发成本所获得的利润分别为 $V_\mu(M)$、$V_m(M)$ 和 $V_k(M)$。

4.2.2　四阶段动态博弈模型的建立

企业股东与管理人员之间、管理人员与普通员工之间的关系，据契约理论来说是层递的双层委托—代理关系，其中企业的股东是终极委托者，其对管理人员实施激励，并对管理人员主导实施的创新项目的投资决策保留最终否决权；管理人员在创新过程中的作用则主要表现为创新的投资决策、过程的组织与协调，员工的作用则是管理层的主导下参与创新并负责贯彻落实。

如图 4－1 所示，创新主体进行两期四阶段动态博弈：在博弈的第一阶段，企业股东各自确定自身的参与水平，即参与率 t_i；在博弈的第二阶段，管理人员确定各自的参与率 t_j，以此作为对股东决策的反应；第三阶段，股东各自确定自身的参与水平 t_l 及创新投入的规模 x；在博弈的第四阶段，管理人员选择产品的价格 p_L，其中前三阶段分属创新过程的研发阶段，而第四阶段属于创新过程的销售阶段。

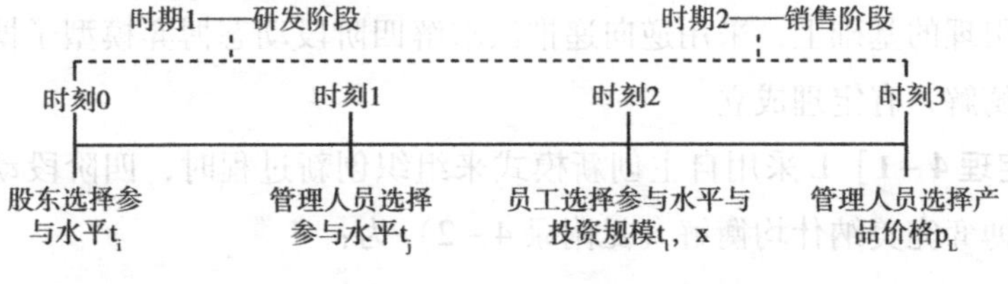

图 4－1　自主创新模式下企业内部创新主体的决策顺序

在求解动态博弈模型子博弈完美纳什均衡解之前，须求出企业 L 创新项目的价值函数，有引理成立。

[**引理 4－1**] 为提升产品质量，企业 L 采用自主创新模式进行技术创新，其

创新项目的价值函数（见附录4-1）为：$V_L(M)=\begin{cases}\frac{x}{\beta-1}\left(\frac{M}{M_o}\right)^{\beta} & t<T_{L1}\\ (p_L-c)\frac{D_L(p_L)}{\rho-\alpha}e^{-(\rho-\alpha)\delta}-x, & T_{L1}\leqslant t\leqslant T_{L2}\end{cases}$

其中，$T_{L1}=\inf\{t\mid M\geqslant M_o\}$，$T_{L2}=\inf\{t\mid M\geqslant M_1\}$，$M_o=\frac{\beta}{\beta-1}\frac{x(\rho-\alpha)}{(p_L-c)(\theta_h-\theta^*)}e^{(\rho-\alpha)\delta}$，$M_1=\frac{xe^{(\rho-\alpha)\delta}}{(p_L-c)(\theta_h-\theta^*)}(\rho-\alpha)$，$M_o$与$M_1$分别表示L的投资门槛值与破产临界值。

上述引理表明，当市场状况第一次超过或等于M_o时，企业有条件开始投资，若投资创新则实现的利润流为：$(p_L-c)\frac{D_L(p_L)}{\rho-\alpha}e^{-(\rho-\alpha)\delta}-x$，为保证在创新后能获取相应利润，市场状况应好于$M_1$，为此要求$T_{L1}\leqslant t\leqslant T_{L2}$；若市场状况始终比较差且低于$M_o$，即在$t<T_{L1}$时，企业L将持有投资期权，且期权价值为：$\frac{x}{\beta-1}\left(\frac{M}{M_o}\right)^{\beta}$。

4.3 模型求解与结果分析

4.3.1 模型求解

在引理的基础上，采用逆向递推法求解四阶段动态博弈模型子博弈完美纳什均衡解，有定理成立。

[定理4-1] L采用自主创新模式来组织创新过程时，四阶段动态博弈模型子博弈完美纳什均衡解（见附录4-2）为：

$$t_i^*=\begin{cases}\frac{r_i+(\gamma-1)\left\{\sum r_j+[m(\gamma-1)+1]\sum r_l\right\}}{\sum r_i+[\mu(\gamma-1)+1]\left\{\sum r_j+[m(\gamma-1)+1]\sum r_l\right\}}, & 当\ \phi=\phi_o\ 时\\ 0, & 其他\end{cases}\tag{4-1}$$

$$t_j^* = \begin{cases} \dfrac{r_j + (\gamma - 1)\sum r_l}{\sum r_i + [\mu(\gamma-1)+1]\left\{\sum r_j + [m(\gamma-1)+1]\sum r_l\right\}}, & \text{当 } \phi = \phi_o \text{ 时} \\ 0, & \text{其他} \end{cases} \quad (4-2)$$

$$t_l^* = \begin{cases} \dfrac{[\mu(\gamma-1)+1]r_l}{\sum r_i + [\mu(\gamma-1)+1]\left\{\sum r_j + [m(\gamma-1)+1]\sum r_l\right\}}, & \text{当 } \phi = \phi_o \text{ 时} \\ 0, & \text{其他} \end{cases} \quad (4-3)$$

$$x^* = \{(\rho - \alpha)t_l^* / Ne^{-(\rho-\alpha)\delta}(1-\beta)\gamma r_l\}^{\frac{1}{\gamma-1}} \quad (4-4)$$

$$p_L = \frac{\theta_h}{2}(1-\beta)K(x^*) + c \quad (4-5)$$

其中 $\phi_o = r_i \geqslant (1-\gamma)\left\{\sum r_j + [m(\gamma-1)+1]\sum r_l\right\}$ 且 $r_j \geqslant (1-\gamma)\sum r_l$。

在上述定理的基础上易有推论4-1成立。

[推论4-1] 单个创新主体所获得的利润为：

$$V_{\mu i}^*(M) = r_i \frac{Ne^{-(\rho-\alpha)\delta}}{(\rho-\alpha)}(1-\beta)K[x^*] - x^* t_i^*, (i = 1, \cdots, \mu) \quad (4-6)$$

$$V_{mj}^*(M) = r_j \frac{Ne^{-(\rho-\alpha)\delta}}{(\rho-\alpha)}(1-\beta)K(x^*) - x^* t_j^*, (j = \mu+1, \cdots, \mu+m) \quad (4-7)$$

$$V_{kl}^*(M) = r_l \frac{Ne^{-(\rho-\alpha)\delta}}{(\rho-\alpha)}(1-\beta)K(x^*) - x^* t_l^*, (l = \mu+m+1, \cdots, \mu+m+k) \quad (4-8)$$

由推论4-1可求出L创新项目均衡利润为 $V_L^*(M)$，三大群体总的投资利润 $V_\mu^*(M)^*$、$V_k^*(M)$、$V_l^*(M)$，均衡投资门槛值与破产临界值 M_o^* 与 M_l^*，其中相应时刻分别设定为 T_{L1}^* 与 T_{L2}^*。

4.3.2　模型结果的静态分析

该基于实物期权的动态博弈模型可在确定与不确定两种环境下进行分

析，首先在确定环境下对不同个体参与创新共享自身资源及能力的均衡结果进行静态分析。

[**推论4-2**] 在确定环境下，企业自主创新的充要条件须满足 $T_{L1}^{*} \leqslant t \leqslant T_{L2}^{*}$ 且 $\phi = \phi_o$。其中，任一股东参与创新的条件则 $r_i \geqslant (1-\gamma)\left\{\sum r_j + [m(\gamma-1)+1]\sum r_l\right\}$，对应地，任一管理人员参与创新的条件是 $r_j \geqslant (1-\gamma)\sum r_l$。

上述推论表明，在自主创新模式下企业创新的充要条件须满足 $T_{L1}^{*} \leqslant t \leqslant T_{L2}^{*}$ 且 $\phi = \phi_o$，其中 $T_{L1}^{*} \leqslant t \leqslant T_{L2}^{*}$ 是企业创新投资必要的外围需求环境，其为企业提供了创新项目投资的可能。在此基础上，企业内相关利益主体还须有合适的创新动力，即：$\phi = \phi_o$，为此任一股东则要求其个人收益是所有管理人员收益和与所有员工收益和 $[m(\gamma-1)+1]$ 倍差值的 $(1-\gamma)$ 倍，而任一管理人员则要求参与的条件其个人收益是所有员工收益之和的 $(1-\gamma)$ 倍。

资源基础理论认为，企业所掌握的异质性资源及能力的动态使用是企业利润源的主要来源，下面三推论用于说明企业个体创新资源投入水平、比例及其主要的影响因素。

[**推论4-3**] 在确定环境下，当 $T_{L1}^{*} \leqslant t \leqslant T_{L2}^{*}$ 且 $\phi = \phi_o$ 时，企业自主创新均衡投入水平与股东及管理人员均衡参与水平呈正相关，与员工参与水平呈负相关。

由式（4-4）以及附录4-2中的式（4-13）可知，对于创新总体投入来说总有 $\partial x^{*}/\partial t_i^{*} > 0$，$\partial x^{*}/\partial t_j^{*} > 0$，$\partial x^{*}/\partial t_l^{*} < 0$ 成立。上述结果表明，在企业实际的创新过程中，当企业需要加大创新投资时，片面地对企业包括研发人员在内的普通员工实施激励的方式不一定有效，因为员工的努力程度在一定范围内由于资源及能力相对有效；相反，通过股票市场的融资以及对管理人员实行激励可能是更可取的方式。

[**推论4-4**] 在确定环境下，当 $T_{L1}^{*} \leqslant t \leqslant T_{L2}^{*}$ 且 $\phi = \phi_o$ 时，任一股东、管理人员及员工研发投入规模的比例恒定不变且为：$\left\{r_i + (\gamma-1)\sum r_j + (\gamma-1)[m(\gamma-1)+1]\sum r_l\right\} : \left\{r_j + (\gamma-1)\sum r_l\right\} : \{[\mu(\gamma-1)+1]r_l\}$。

可以发现，上述结论在不确定环境下也是成立的。

[**推论4-5**] 在确定环境下，当 $T_{L1}^{*} \leqslant t \leqslant T_{L2}^{*}$ 且 $\phi = \phi_o$ 时，任一股东、管

理人员与员工的均衡参与水平与自身收益、创新投入的产出弹性呈正相关，与全体股东收益和、管理人员收益与员工收益和以及企业规模（企业的股东数、管理人员数以及员工数目之和）呈负相关。

上述推论表明，创新主体的收益是影响均衡主体参与水平的主要因素之一，但在技术投资项目价值相对固定的情形下，创新主体的收益分配存在根本的对立，这就要求在实际的创新过程中做好所有者与管理者、管理者与员工之间收益的有效分配，遵循效率为先、兼顾公平的原则。

进一步地，有如下推论成立。

[推论4-6] 在确定环境下，当 $T_{L1}^* \leqslant t \leqslant T_{L2}^*$ 且 $\phi = \phi_o$ 时，企业均衡产品质量与价格、创新知识存量、单个或群体创新主体的利润、公司利润及投资门槛值与破产临界值与股东及管理人员参与水平呈正相关，与员工参与水平负相关。

由推论4-4可知，$\partial x^*/\partial t_l^* < 0$，进一步地，由推论4-3知晓 $\partial t_l^*/\partial \mu < 0$，$\partial t_l^*/\partial m < 0$，$\partial t_l^*/\partial k < 0$，所以 $\partial x^*/\partial(\mu + m + k) > 0$，相似的推理过程适合于均衡创新产品的质量与价格、创新知识存量、单个或群体创新主体的利润及公司利润以及投资门槛值与破产临界值，故有如下推论成立，

[推论4-7] 在确定环境下，当 $T_{L1}^* \leqslant t \leqslant T_{L2}^*$ 且 $\phi = \phi_o$ 时，相对于中小企业来说，大企业中创新个体的均衡参与水平会有所下降，而总体的投入强度会更大，创新产品质量与价格会更高，创新知识存量、单个或群体创新主体及公司所得利润会提升，但会提升均衡的投资门槛值与破产临界值。

上述结论表明，企业规模是影响创新均衡变量的重要因素之一，其具有分散创新成本投入、增大投入强度以及改善创新绩效的功能，但由于企业规模的扩大会因提升均衡投资门槛值与破产临界值会促使融资困难的企业减少对该项目的投资以及增加投资项目的风险进而更容易破产。

4.3.3　模型结果的动态分析

上述结论是在确定环境——即在影响产品需求规模等参数 α、σ、λ、u 以及企业创新速率参数 δ 等不变的状态下对模型均衡结果所作的分析。下面探讨 α、σ、λ、u、δ 等参数变动的情形对上述均衡结果的影响。

容易看出，α、σ、λ、u、δ 等任一参数的变动都会引起均衡投资门槛值的联动，而仅有参数 α、δ 的变动才会对其他均衡变量的变动产生影响（因为投资项目的价值去除了投机贴水的部分）。首先，分析上述参数对于投资门槛值与破产临界值的影响，由于参数 σ、λ、u 通过 β 值的中介继而对投资门槛值产生影响，进一步分析可知，$\partial M_o^*/\partial\sigma>0$，$\partial M_o^*/\partial u<0$，$\partial M_o^*/\partial\lambda<0$，说明随着产品市场波动程度加剧、未来新一代创新技术来到的速度缓慢以及随之而来的对目前创新技术的替代程度的减小，新技术项目的投资门槛值会变大。通过简要分析可以发现，$\partial M_o^*/\partial\alpha>0$，$\partial M_o^*/\partial\delta>0$，$\partial M_1^*/\partial\alpha<0$，$\partial M_1^*/\partial\delta>0$，说明创新产品的投资门槛值随着漂移率的增大以及公司创新速率的加快而变大，而破产临界值则随着漂移率的增大以及公司创新速率的放慢而变小，故有如下推论成立：

[推论 4-8] 在动态不确定环境下，当 $T_{L1}^*\leqslant t\leqslant T_{L2}^*$ 且 $\phi=\phi_o$ 时有：（1）均衡投资门槛值会受到创新产品的市场漂移率 α 与波动程度 σ、未来新一代技术的创新速度 λ 与创新程度 u 参数以及企业自身创新速度 δ 等参数的综合影响，且满足：$\partial M_o^*/\partial\alpha>0$，$\partial M_o^*/\partial\sigma>0$，$\partial M_o^*/\partial\lambda<0$，$\partial M_o^*/\partial u<0$，$\partial M_o^*/\partial\delta>0$；（2）均衡破产临界值会受到 α 以及 δ 两个参数的综合影响，且满足 $\partial M_1^*/\partial\alpha<0$，$\partial M_1^*/\partial\delta>0$。

上述结论表明，市场需求不确定性增加以及企业创新速度的加快会因投资门槛值的抬高从而减少对该项技术的投资；相反，未来技术不确定性的增加会因投资门槛值的降低从而增加对该项技术的投资。同时，市场漂移率的降低或企业创新速度的加快会因抬升破产临界值从而增加项目停止的可能，进而扩大企业破产的风险。

进一步地，有如下推论成立。

[推论 4-9] 在动态不确定环境下，当 $T_{L1}^*\leqslant t\leqslant T_{L2}^*$ 且 $\phi=\phi_o$ 时，均衡研发投入、产品质量与价格、创新知识存量、个体或群体创新主体利润、企业利润会受到创新产品的市场漂移率 α 及企业自身创新速度 δ 等参数的综合影响，且满足：（1）$\partial x^*/\partial\alpha>0$，$\partial s_L^*/\partial\alpha>0$，$\partial p_L^*/\partial\alpha>0$，$\partial K^*/\partial\alpha>0$，$\partial V_{\mu i}^*(M)/\partial\alpha>0$，$\partial V_{mj}^*(M)/\partial\alpha>0$，$\partial V_{kl}^*(M)/\partial\alpha>0$，$\partial V_L^*(M)/\partial\alpha>0$；（2）$\partial x^*/\partial\delta<0$，$\partial p_L^*/\partial\delta<0$，$\partial s_L^*/\partial\delta<0$，$\partial K^*/\partial\delta<0$，$\partial V_{\mu i}^*(M)/\partial\delta<0$，$\partial V_{mj}^*(M)/\partial\delta<0$，$\partial V_{kl}^*(M)/\partial\delta<0$，$\partial V_L^*(M)/\partial\delta<0$。

模式分别是内部研发模式、技术联盟（典型如技术交换模式、研发联合体模式）以及技术兼并模式。例如，宁波海天集团股份有限公司，作为一家专业生产塑料注射成型机的国家级重点高新技术企业，其在 1992 年与世界上注塑机生产技术最为先进的德国德马格公司合作，采用技术交换模式，通过联合设计，开发出了当时处于领先世界水平的全液压式注塑机。而其在 1998 年所研制的我国第一台液压式注塑机，则是与上海轻工研究所采取研发联合体模式合作研制的。在后续注塑机系列产品的研制过程中所用到的注塑机人机操作面板、变量泵控制系统、新型插装阀和新型编码器等技术，均是该企业采取内部研发模式，运用自身独特的技术能力，在企业内部成立专属部门独立研制的。其在 2000 年之后所获得的一系列的注塑机制造的生产基地则更多的是依赖技术兼并模式。

（2）模式分析比较的前提。通常，企业技术获取模式选择过程存在如下分析逻辑：首先，少数几个关键性影响因素就决定了企业在多种技术获取模式中只能选择某种类型的技术获取模式，不能选择其他类型的技术获取模式，因而不存在多种技术获取模式谁优谁劣的比较分析的问题。其次，在众多影响因素下，多种技术获取模式选择都是可行的，此时可以结合创新企业自身的状况及外部环境，对这些模式进行分析比较，判断谁优谁劣，最终选择一种对创新企业最有利的技术获取模式。本章在对常见的企业间技术获取模式（内部研发模式、技术交换模式、研发联合体模式以及技术兼并模式）进行分析比较时，是建立在第二种分析逻辑假设的基础上的。

（3）企业技术获取模式选择问题界定。在同行业产业环境下，企业之间的关系从根本上来说是一种合作竞争关系。这种关系主要通过资源占用、技术与产品互补替代性来反映：同行业企业之间所掌握的技术资源在相当大程度上具有同一性，所使用的技术及最终的产品都具有较大的替代性。因此，在企业技术获取模式选择中，本书主要考虑了同行业企业技术资源投入溢出度与互补度，创新产品替代度以及合作诚信度等四个参数对于模式选择的影响。除此之外，结合现有理论研究，在企业技术获取模式选择建模过程中，技术的不确定性、市场的不确定性以及动态性等不确定性因素对于模式选择的作用也被纳入考虑的范围。

5.2 企业技术获取模式选择效应分析

5.2.1 模型假设

为简化分析，进行如下模型假设。

(1) 市场结构与需求函数假设。初始单位生产成本为 c 的两对称企业 A 与 B 进行产品价格竞争，且有需求函数：

$$q_i(p_i,p_j)=Y(t)-p_i+dp_j,d\in(-1,1),i,j=A,B,i\neq j \tag{5-1}$$

其中，q_i 为企业 i 的产量，p_i，p_j 为产品价格，$d(0<d<1)$ 为创新产品替代度，其替代程度随着 d 的增大而增大。为保证模型有意义，有 $0\leqslant p_i-dp_j\leqslant Y(t)$。

(2) 基于 CES 函数的研发投入产出生产模型假设。研发投入产出模型采用 CES 函数形式：

$$k_i=[(z_i)^\rho+(z_j)^\rho]^{\frac{1}{\rho}},0\leqslant\rho\leqslant1,i,j=A,B,i\neq j \tag{5-2}$$

其中，k_i 为技术成果的知识水平，z_i 为从企业 i 进入生产函数的有效技术资源投入规模，ρ 表示企业所投入资源之间的互补程度，通常，互补程度随 ρ 减小而增大。$\beta(\beta\in[0,1])$ 为资源投入的溢出度，在内部研发模式下，有 $z_i=x_i$，$z_j=\beta x_j$，此时，$k_i=k_i(x_i,x_j)=[(x_i)^\rho+(\beta x_j)^\rho]^{\frac{1}{\rho}}$，其中 x_i 表示企业 i 的实际投入。

在技术交换与 RJV 模式下，研发合作双方对自身研发的技术成果（Know-how）都有隐匿与不隐匿两种策略可供选择，为此引进概率 s，$s\in[0,1]$ 称为合作诚信度，反映合作过程中的机会主义水平。当 s=1 时说明合作双方完全相互信任；相反，当 s=0 时则说明合作双方完全不信任。所以在区间中随着 s 的增大合作的成本越来越低。如表 5-1 所示，合作双方博弈存在四种可能结果；当双方都披露自己专有知识时，由于双方无保留知识存量，此时企业所获知识为 $k_i^{YY}=[(x_i)^\rho+(x_j)^\rho]^{\frac{1}{\rho}}$；如果双方都不披露，对于每一主体来说，由于投入溢出的存在，所获得的知识为：$k_i^{NN}=[(x_i)^\rho+(\beta x_j)^\rho]^{\frac{1}{\rho}}$。如果仅有一方如A披露，则其获得的知识为：$k_A^{YN}=[(x_A)^\rho+(\beta x_B)^\rho]^{\frac{1}{\rho}}$，而另一方不披露的，对应为B，所获得的知识则为：$k_B^{YN}=[(x_A)^\rho+(x_B)^\rho]^{\frac{1}{\rho}}$。基于上述分析，两公司所获知识的期望为：$k_i = s[(x_i)^\rho+(x_j)^\rho]^{\frac{1}{\rho}}+(1-s)[(x_i)^\rho+(\beta x_j)^\rho]^{\frac{1}{\rho}}$。

表5-1　技术交换与RJV模式下，研发主体技术知识披露策略博弈得益矩阵

A \ B	以概率s不隐匿	以概率1-s隐匿
以概率s不隐匿	$(k_A^{YY},\ k_B^{YY})$	$(k_A^{YN},\ k_B^{YN})$
以概率1-s隐匿	$(k_A^{NY},\ k_B^{NY})$	$(k_A^{NN},\ k_B^{NN})$

（3）不确定性假设。通常，技术的不确定性、市场的不确定性以及动态性是构成所要获取创新技术有关不确定性的核心维度。为有效刻画这些因素在模式选择效应比较分析中的作用，假设企业研发成功的概率为λ，用以表示技术的不确定性。而市场的不确定性与动态性则需要通过需求函数中Y(t)（简称为Y）来表达，Y是对企业创新产品市场维度的一种度量，假设其服从混合的几何布朗运动/跳跃过程：

$$dY=\alpha Ydt+\sigma Ydz-Yd\theta \tag{5-3}$$

其中，$\alpha\in(0,\ r)$是Y的瞬时漂移率，r表示无风险现金流的贴现率，σ是市场波动的瞬时标准差，dt为时间增量，dz是标准维纳过程的增量，服从均值为零、方差为dt的正态分布；$d\theta=\begin{cases}u & \text{概率为}\ \varpi dt\\ 0 & \text{概率为}\ 1-\varpi dt\end{cases}$表示未来技术对于当前技术所形成的冲击；dY中右端的前两项描述了新技术产出品产量受到市场不确定性影响的动态过程，第三项则体现了未来创新技术对企业产出品需求的影响程度，其中ϖ和u分别体现了未来创新技术的速度和创新的程度。

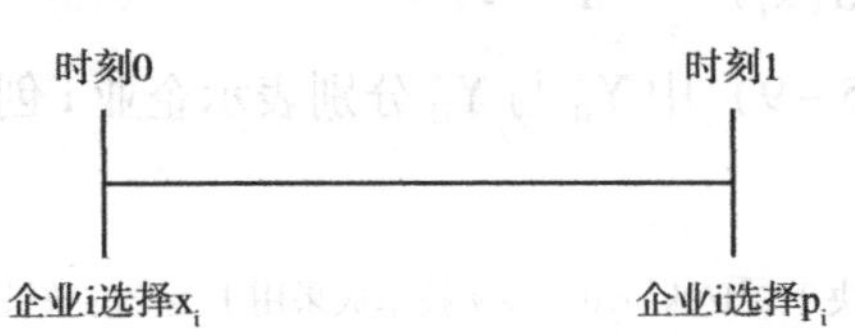

图5-1　企业技术获取模式选择动态博弈模型的决策顺序

(4) 合理化假设。一般来说，边际收益递减是普遍规律，以此为基础，假设 $\partial T(k)/\partial k<0$ 成立①，其中：

$$T(k)=\left[\frac{rY}{r-\alpha}+(d-1)c+(1-d)\lambda f(k)\right]\frac{\partial f}{\partial k} \tag{5-4}$$

5.2.2 模型建立

如图 5-1 所示，现两企业在动态博弈的两阶段上先后选择策略集 $\{x_i, p_i\}$ $(i=A, B)$ 进行博弈，其中，x_i 为研发投入，p_i 为企业价格；采用任一模式所获得的研发成果 k_i，用于生产的结果表现为单位生产成本的降低，为保证市场竞争的结果有唯一纳什均衡，要求：$f(0)=0$，对于任意 k 有 $0\leqslant f(k)\leqslant c$，且 $\lim\limits_{k\to\infty}f(k)<\min\{p_A-c, p_B-c\}$，$\lim\limits_{k\to\infty}f'(k)=0$。

首先，求出企业 i 创新后的期望价值函数，有如下引理成立。

[引理 5-1] 企业 i 创新产品的期望价值函数为（见附录 5-1）：

$$V_i(Y)=\begin{cases}\dfrac{1}{(\varepsilon_1-1)}\left[\dfrac{(p_i-dp_j)[p_i-c+\lambda f(k_i)]}{r}+x_i\right]\left(\dfrac{Y}{Y_{i1}^*}\right)^{\varepsilon_1} & t<T_{i1}\\[2ex] [p_i-c+\lambda f(k_i)]\left(\dfrac{Y}{r-\alpha}-\dfrac{p_i-dp_j}{r}\right)-x_i & T_{i1}\leqslant t\leqslant T_{i2}\end{cases} \tag{5-5}$$

其中有：

$$T_{i1}=\inf\{t \mid Y(t)\geqslant Y_{i1}^*\} \tag{5-6}$$

$$T_{i2}=\inf\{t \mid Y(t)\geqslant Y_{i2}^*\} \tag{5-7}$$

$$Y_{i1}^*=\frac{\varepsilon_1}{\varepsilon_1-1}\left[\frac{p_i-dp_j}{r}+\frac{x_i}{p_i-c+\lambda f(k_i)}\right] \tag{5-8}$$

$$Y_{i2}^*=\left[\frac{x_i}{p_i-c+\lambda f(k_i)}+\frac{p_i-dp_j}{r}\right](r-\alpha) \tag{5-9}$$

式（5-8）与式（5-9）中 Y_{i1}^* 与 Y_{i2}^* 分别表示企业 i 创新产品的投资门槛值

---

① $\partial T(k)/\partial k<0$ 取决于 $\partial^2 f/\partial k^2<0$，表明技术成果用于生产的效果是边际递减的；当然若 $\partial^2 f/\partial k^2\geqslant 0$，则 $\partial T(k)/\partial k>0$，表明技术成果用于生产的效果是边际递增的，则此时分析的结果与本书所述的相反。

与破产临界值。

上述引理表明，当企业 i 创新产品的市场状况第一次超过或等于 Y_{i1}^* 时，企业开始投资进行技术研发，并实现期望利润流为 $\pi_i = [p_i - c + \lambda f(k_i)]\left(\frac{Y}{r-\alpha} - \frac{p_i - dp_j}{r}\right) - x_i$，为保证在创新投资后能获取相应利润，市场状况应好于 Y_{i1}^*，因此要求 $T_{i1} \leqslant t \leqslant T_{i2}$；若市场状况始终比较差且低于 Y_{i1}^*，即在 $t < T_{i1}$ 时，企业 i 将持有投资期权，且期权价值为：$\frac{1}{(\varepsilon_1 - 1)}\left\{\frac{(p_i - dp_j)[p_i - c + \lambda f(k_i)]}{r} + x_i\right\}\left(\frac{Y}{Y_{i1}^*}\right)^{\varepsilon_1}$。

上述引理说明了在市场环境确定情形下状况，在动态不确定环境下，由文献［174］有如下推论成立。

［推论5-1］在动态不确定环境下，（1）均衡投资门槛值会受到创新产品的市场漂移率 α 与波动程度 σ、未来新一代技术的创新速度 ϖ、创新程度 u 以及企业研发成功概率 λ 等参数的综合影响，且满足：$\partial Y_{i1}^*/\partial\sigma > 0$，$\partial Y_{i1}^*/\partial\alpha > 0$，$\partial Y_{i1}^*/\partial u < 0$，$\partial Y_{i1}^*/\partial\varpi < 0$，$\partial Y_{i1}^*/\partial\lambda < 0$；（2）均衡破产临界值主要受到 α 与研发成功概率 λ 等参数的影响，且满足 $\partial Y_{i2}^*/\partial\alpha < 0$，$\partial Y_{i2}^*/\partial\lambda < 0$；（3）创新产品的期望利润主要受到 α 与研发成功概率 λ 等参数的影响，且满足 $\partial\pi_i/\partial\alpha < 0$，$\partial\pi_i/\partial\lambda > 0$。

上述命题并不受企业对称与否的影响。在引理的基础上，企业 i 在 $T_{i1} \leqslant t \leqslant T_{i2}$ 条件下开始投资并进行技术研发，采用逆向递推法求解两阶段动态博弈模型。在内部研发、技术交换以及研发联合体三种技术获取模式下，在模型的第二阶段，价格竞争要求：$\partial\pi_i/\partial p_i = 0$，求导得到对称均衡解：

$$p_i = \frac{1}{(2-d)}\left[\frac{rY}{(r-\alpha)} + c - \lambda f(k_i)\right], i = A, B \tag{5-10}$$

将式（5-10）代入式（5-5）中，得到：

$$\pi_i = \frac{1}{r(2-d)^2}\left\{\frac{rY}{r-\alpha} + (1-d)[\lambda f(k_i) - c]\right\}^2 - x_i, i = A, B \tag{5-11}$$

而在技术兼并模式下，设定 A 与 B 合并后的企业为 A^*，类似地，A^* 所经营产品的价格与利润为：

$$p_A = p_B = p = \frac{rY}{2(1-d)(r-\alpha)} + \frac{c - \lambda f(k)}{2} \tag{5-12}$$

$$\pi = \frac{1}{2r(1-d)}\left\{\frac{rY}{r-\alpha} + (1-d)[-c + \lambda f(k)]\right\}^2 - x_i - x_j, i, j = A, B, i \neq j \tag{5-13}$$

5.2.3 四种模式下的技术获取行为分析

（1）内部研发模式下的技术获取行为。

在内部研发模式下，$k_i = k_i(x_i, x_j) = [(x_i)^{\rho} + (\beta x_j)^{\rho}]^{\frac{1}{\rho}}, i, j = A, B, i \neq j$。由于两企业对称，设定企业均衡研发投入水平为 $x_A = x_B = \tilde{x}$，第一阶段研发投入最大化要求：$\partial\pi_i / \partial x_i |_{(x_A = x_B = \tilde{x})} = 0$，因此均衡研发产出与求导均衡条件可被写为：

$$\tilde{k}_A = \tilde{k}_B = \tilde{k} = m_1 \tilde{x} \tag{5-14}$$

$$T(\tilde{k}) = \frac{r(2-d)^2(2+d)}{2\lambda(2-d^2-d\beta^{\rho})m_1^{1-\rho}} \tag{5-15}$$

其中 $m_1 = (1+\beta^{\rho})^{\frac{1}{\rho}}$。

（2）技术交换模式下的技术获取行为。

在技术交换模式下，$k_i = s[(x_i)^{\rho} + (x_j)^{\rho}]^{\frac{1}{\rho}} + (1-s)[(x_i)^{\rho} + (\beta x_j)^{\rho}]^{\frac{1}{\rho}}$，同样设定企业均衡研发投入水平为 $x_A = x_B = \hat{x}$，则有：$\partial\pi_i / \partial x_i |_{(x_A = x_B = \hat{x})} = 0$，因此，均衡研发产出与求导所得均衡条件可被写成：

$$\hat{k}_A = \hat{k}_B = \hat{k} = [sm_2 + (1-s)m_1]\hat{x} \tag{5-16}$$

$$T(\hat{k}) = \frac{r(2-d)^2}{2\lambda(1-d)[sm_2^{1-\rho} + (1-s)m_1^{1-\rho}]} \tag{5-17}$$

其中 $m_1 = (1+\beta^{\rho})^{\frac{1}{\rho}}$，$m_2 = 2^{\frac{1}{\rho}}$。

（3）RJV 模式下的技术获取行为。

在 RJV 模式下，同样 $k_i = s[(x_i)^{\rho} + (x_j)^{\rho}]^{\frac{1}{\rho}} + (1-s)[(x_i)^{\rho} + (\beta x_j)^{\rho}]^{\frac{1}{\rho}}$。设定企业均衡研发投入水平为：$x_A = x_B = \breve{x}$，则有：$\partial(\pi_A + \pi_B) / \partial x_i |_{(x_A = x_B = \breve{x})} = 0$，因此均衡研发产出与求导所得均衡条件可被写成：

$$\breve{k}_A = \breve{k}_B = \breve{k} = [sm_2 + (1-s)m_1]\breve{x} \tag{5-18}$$

$$T(\breve{k})=\frac{r(2-d)^2}{4\lambda(1-d)[sm_2^{1-\rho}+(1-s)m_1^{1-\rho}]} \tag{5-19}$$

其中 $m_1=(1+\beta^\rho)^{\frac{1}{\rho}}$，$m_2=2^{\frac{1}{\rho}}$。

(4) 技术兼并模式下的技术获取行为。

在技术兼并模式下，$k_i=[(x_i)^\rho+(x_j)^\rho]^{\frac{1}{\rho}}$。设定企业均衡研发投入水平为：$x_A=x_B=\widehat{x}$，则有：$\partial\pi/\partial x_i|_{(x_A=x_B=\breve{x})}=0$，因此均衡研发产出与求导所得均衡条件可被写成：

$$\widehat{k}_A=\widehat{k}_B=\widehat{k}=m_2\widehat{x} \tag{5-20}$$

$$T(\widehat{k})=\frac{r}{\lambda m_2^{1-\rho}} \tag{5-21}$$

其中 $m_2=2^{\frac{1}{\rho}}$。

5.2.4　模型结果分析

(1) 均衡研发产出比较。

比较在内部研发、技术交换、RJV 以及技术兼并四种模式下的均衡研发产出水平，即企业采用何种技术获取模式会对企业技术能力增强更有效果？由假设条件，$T(k)$ 是 k 的减函数，所以比较式（5-15）、式（5-17）、式（5-19）以及式（5-21），即可得出均衡研发产出的大小。

首先，比较式（5-15）与式（5-17），有如下命题成立。

[命题5-1] 在动态不确定环境下（见附录5-2），对于参数满足：$\beta\in[0,1]$，$\rho\in[0,1]$，$s\in[0,1]$，$d\in(0,1)$ 的条件下，有系数 $L_{12}=\frac{2-d^2-d}{2-d^2-d\beta^\rho}\left[s\left(\frac{m_2}{m_1}\right)^{1-\rho}+(1-s)\right]$存在，使当 $L_{12}\geq1$ 时，有 $\hat{k}\geq\tilde{k}$，反之，有 $\tilde{k}>\hat{k}$。

上述命题表明，当 $L_{12}\geq1$ 时，有 $\hat{k}\geq\tilde{k}$。这说明，相比较内部研发模式而言，技术交换模式通过契约安排能够激励出更高的研发产出和导致更低的单位生产成本；反之，当 $L_{12}<1$ 时，有 $\tilde{k}>\hat{k}$，这表明，相比较技术交换模式而言，内部研发模式可以通过契约安排，能够产生出更高的研发产出和导致更低的单位生产成本。

参数 L_{12} 独立于函数 f 的选择，综合反映了四个变量：技术资源投入溢出度与互补度、创新产品替代度以及合作诚信度，在内部研发与技术交换两种模式技术成果产出上的交互作用。现代产业组织理论认为，内部研发与技术交换两种模式仅存在一种差别——技术溢出度：β 的不同，其存在表明，技术获取投资收益不能够完全被投资主体所吸收，由此会产生所谓的利他现象，从而会产生“吸收效应”（Appropriability Effect）。正如 Kamien[176] 所指出的，当 β 很低时，由于投资溢出较少，而吸收效应较大情形下，相比较技术交换模式来说，内部研发模式能够激励出更大的投资水平，所以此时内部研发模式会更有效率。相反，也有学者提出企业技术投资除了吸收效应外，还有互补效应，即 ρ 的作用；认为相比较内部研发模式，技术交换模式的最大优势就在于资源投资互补所产生的协同作用。因此，两种技术获取模式研发产出比较的最终比较结果取决于 ρ 与 β 之间的交互。在此基础之上，本章进一步地认为，两种技术获取模式研发产出的最终比较结果，除取决于研发投入的吸收效应与互补效应外，还取决于创新产品替代度 d 以及合作诚信度 s 等因素，且有上述命题成立。

其次，比较式（5－17）与式（5－19），有如下命题成立。

［命题 5－2］ 在动态不确定环境下（见附录 5－3），对于参数满足：$\beta\in[0,1],\rho\in[0,1],s\in[0,1],d\in(0,1)$ 的条件下，有系数 $L_{23}=2$ 存在，使 $\breve{k}>\hat{k}$ 恒定成立。

上述命题表明，相比较技术交换模式来说，RJV 模式通过契约安排总能够激励出更高的研发产出和导致更低的单位生产成本。

再次，比较式（5－15）与式（5－19），同理可得出如下命题成立（证明从略）。

［命题 5－3］ 在动态不确定环境下，对于参数满足：$\beta\in[0,1],\rho\in[0,1]$，$s\in[0,1],d\in(0,1)$ 的条件下，有系数 $L_{13}=\frac{2(2-d^2-d)}{2-d^2-d\beta^{\rho}}\left[s\left(\frac{m_2}{m_1}\right)^{1-\rho}+(1-s)\right]$ 存在，使当 $L_{13}\geqslant 1$ 时，有 $\breve{k}\geqslant\tilde{k}$，反之，则有 $\breve{k}<\tilde{k}$。

类似地，上述命题表明，当 $L_{13}\geqslant 1$ 时，有 $\breve{k}\geqslant\tilde{k}$，这说明，相比较内部

研发模式来说，RJV 模式通过契约安排能够激励出更高的研发产出和导致更低的单位生产成本，反之，亦然。

最后，顺次比较式（5－21）与式（5－15）、式（5－17）以及式（5－19），有如下命题成立。

［**命题5－4**］在动态不确定环境下，对于参数满足：$\beta\in[0,1],\rho\in[0,1],s\in[0,1],d\in(0,1)$ 的条件下，①有系数 $L_{14}=\frac{(2-d^2)(2+d)}{2(2-d^2-d\beta^{\rho})}\left(\frac{m_2}{m_1}\right)^{1-\rho}$ 存在，使当 $L_{14}\geqslant 1$ 时，有 $\overset{\frown}{k}\geqslant\tilde{k}$；反之，则 $\overset{\frown}{k}<\tilde{k}$；②有系数 $L_{24}=\frac{(2-d^2)}{2(1-d)\left[s+(1-s)\left(\frac{m_1}{m_2}\right)^{1-\rho}\right]}$ 存在，使当 $L_{24}\geqslant 1$ 时，有 $\overset{\frown}{k}\geqslant\hat{k}$；反之，则有 $\overset{\frown}{k}<\hat{k}$；③有系数 $L_{34}=\frac{(2-d^2)}{4(1-d)\left[s+(1-s)\left(\frac{m_1}{m_2}\right)^{1-\rho}\right]}$ 存在，使当 $L_{34}\geqslant 1$ 时，有 $\overset{\frown}{k}\geqslant\breve{k}$；反之，则有 $\overset{\frown}{k}<\breve{k}$。

命题5－2、命题5－3、命题5－4中的系数 L_{23}、L_{13}、L_{14}、L_{24}、L_{34}，其经济含义与命题5－1中的 L_{12} 相同，都是综合反映了 β、ρ、s、d 等四个变量的交互作用。技术研发产出，即是企业通过技术创新所获取的技术知识存量，其水平表明了企业技术能力的强弱。哪种技术获取模式更能有效地提升企业的技术能力？通过上述分析，命题5－1至命题5－4所得出的结论，为判别技术获取模式选择在提升企业技术能力方面提供了重要指标。表5－2系统归纳了命题5－2至命题5－4的结论。

表5－2　四种技术获取模式下，企业所获得的技术成果水平比较

均衡研发产出比较	$\tilde{k}$		$\hat{k}$		$\breve{k}$		$\overset{\frown}{k}$	
	条件	结果	条件	结果	条件	结果	条件	结果
$\tilde{k}$	√	√	$L_{12}<1$	$\hat{k}<\tilde{k}$	$L_{13}<1$	$\breve{k}<\tilde{k}$	$L_{14}<1$	$\overset{\frown}{k}<\tilde{k}$
$\hat{k}$	$L_{12}\geqslant 1$	$\hat{k}\geqslant\tilde{k}$	√	√	任何时刻	$\breve{k}>\hat{k}$	$L_{24}<1$	$\overset{\frown}{k}<\hat{k}$
$\breve{k}$	$L_{13}\geqslant 1$	$\breve{k}\geqslant\tilde{k}$	任何时刻	$\breve{k}>\hat{k}$	√	√	$L_{34}<1$	$\overset{\frown}{k}<\breve{k}$
$\overset{\frown}{k}$	$L_{14}\geqslant 1$	$\overset{\frown}{k}\geqslant\tilde{k}$	$L_{24}\geqslant 1$	$\overset{\frown}{k}\geqslant\hat{k}$	$L_{34}\geqslant 1$	$\overset{\frown}{k}\geqslant\breve{k}$	√	√

(2) 均衡企业利润、消费者剩余与社会福利比较。

本节进一步地分析四种模式在均衡企业利润、行业利润以及社会福利间的差异。由于社会福利是由消费者剩余与所有厂商利润之和两个部分所组成。通过前述分析，更高的技术能力可以显著地降低单位生产成本，从而会降低均衡产品价格，提高企业产品产量，这无疑对于提高消费者剩余具有正向作用。但技术能力的提升对于企业利润却有正向或负向影响之别，因而对于行业利润也相应地有正向与负向影响。因此，从福利经济学的角度出发，四种技术获取模式对于提高整个社会福利谁更有效，结果不明，尚待分析，其最终结果取决于技术成果对于企业利润与消费者剩余的影响方向及其效果的比较（见表5-3）。

表5-3　四种技术获取模式下，企业利润、消费者剩余以及社会福利的比较

条件	均衡企业利润、消费者剩余以及社会福利比较
$L_{12} \geqslant 1$	$\hat{\pi} > \tilde{\pi}$，$\widehat{cs} > \tilde{c}\tilde{s}$，$\hat{W} > \tilde{W}$
$L_{13} \geqslant 1$	$\breve{\pi} > \tilde{\pi}$，$\breve{c}\breve{s} > \tilde{c}\tilde{s}$，$\breve{W} > \tilde{W}$
$L_{14} \geqslant 1$	$\overset{\frown}{\pi} > 2\tilde{\pi}$，$\overset{\frown}{c}\overset{\frown}{s} > \tilde{c}\tilde{s}$，$\overset{\frown}{W} > \tilde{W}$
任何时刻	$\breve{\pi} > \hat{\pi}$，$\breve{c}\breve{s} > \widehat{cs}$，$\breve{W} > \hat{W}$
$L_{24} \geqslant 1$	$\overset{\frown}{\pi} > 2\hat{\pi}$，$\overset{\frown}{c}\overset{\frown}{s} > \widehat{cs}$，$\overset{\frown}{W} > \hat{W}$
$L_{34} \geqslant 1$	$\overset{\frown}{\pi} > 2\breve{\pi}$，$\overset{\frown}{c}\overset{\frown}{s} > \breve{c}\breve{s}$，$\overset{\frown}{W} > \breve{W}$

注：cs 表示消费者剩余，W 表示整个社会的福利水平。

命题5-1可以用另外一种方式来表述，当 $L_{12} \geqslant 1$ 时，产生同样的技术进步要求 $\hat{k} = \tilde{k}$，从而企业利润与消费者剩余以及整个社会福利相同的情形下，内部研发模式所需的研发投入要高于技术交换模式，从而 $\tilde{x} > \hat{x}$，从而所花费的成本更高，因此有如下命题成立。

［**命题5-5**］在动态不确定环境下（见附录5-4），相比较于内部研发模式来说，技术交换模式如果在命题5-1中能够激励更高的研发产出的同时，也能产生出更高的企业利润、行业利润以及更大的社会福利。

值得注意的是，在命题5－1的条件下，较技术交换模式来说，当内部研发模式能够激励出更高研发产出时，很容易明确上述命题就不一定成立。原因就在于在上述四个参变量的交互影响下，当 $L_{12}<1$ 时，尽管内部研发模式能够获得更大的技术进步，从而能够给消费者带来福利，但此时由于企业投资过度，进而使企业利润减少。最终社会福利的变化取决于产业利润与消费者福利之间的变动幅度。

同样，对应于命题5－2有如下命题成立。

［**命题5－6**］ 在动态不确定环境下（见附录5－5），相比较于技术交换模式来说，RJV模式能够激励出更高的研发产出的同时，其必然会产生出更高的企业利润、行业利润以及更大的社会福利。

从命题5－2与命题5－6可以看出，相比较技术交换模式来说，RJV技术获取模式由于可以最大限度地调度企业参与技术研发的努力水平，从而可以给企业带来极大的技术进步，结果是企业产品价格下降，产量增长，消费者福利明显增加；同时，由于企业竞争博弈的结果，也给企业带

所以也最终提升了整个社会的福利水平。

同理，对应于命题5－3也有如下命题成立（证明过程可参考命

这里从略）。

［**命题5－7**］ 在动态不确定环境下，相比较于内部研发模式来说，RJV模式在命题5－3的条件下能够激励更高的研发产出的同时，也能产生出更高的企业利润、行业利润以及更大的社会福利。

最后，对应命题5－4也有如下命题成立。

［**命题5－8**］ 在动态不确定环境下（见附录5－6），①相比较内部研发模式来说，技术兼并模式在命题5－4条件下能够激励更高的研发产出的同时，也能产生出更高的企业利润、行业利润以及更大的社会福利；②相比较技术交换模式来说，技术兼并模式在命题5－4条件下能够激励更高的研发产出的同时，也能产生出更高的企业利润、行业利润以及更大的社会福利；③相比较RJV模式来说，技术兼并模式在命题5－4条件下能够激励更高的研发产出的同时，也能产生出更高的企业利润、行业利润以及更大的社会福利。

当然，若 $L_{13}<1$，$L_{14}<1$，$L_{24}<1$，$L_{34}<1$ 时，最终社会福利的大小，

取决于消费者剩余的增长与利润下降之间的比较。所以综合来看，命题5-1至命题5-8说明，企业选择不同的技术获取模式会对企业技术能力、利润及整个社会的福利状况产生截然不同的影响。作为创新主体的企业，通常会在动态不确定环境下，基于创新过程的具体特点，根据内外部环境中的不同影响因素，依据利润最大化的准则，选择能给企业带来最大利润的技术获取模式。而作为社会的管理者，政府则通常会以社会福利最大化为原则，来设计进行经济运行的环境。所以两者之间有时会出现对立的现象，具体情境主要受β、ρ、s、d等参数的影响。

5.2.5 算例

在本章相关假设条件下，对相关参数进行赋值：$r=0.05$，$\alpha=0.025$，$Y=100$，$c=50$，$\lambda=0.5$，由于均衡变量如企业均衡研发产出、企业利润、产业利润、消费者剩余以及社会福利会受到β、ρ、s、d等四个参数的不同影响。这里以均衡研发产出为例，图5-2至图5-5显示了在四种技术获取模式下，β、ρ、s、d等四个参数分别对企业均衡研发产出影响的比较静态分析的模拟结果［令$f(k)=k^{\frac{1}{2}}$］。可以看出，随着β的增大，内部研发与研发联合体模式下的均衡研究产出水平呈现递减的趋势，技术交换模式下的均衡研发产出水平呈现递增的趋势，而在技术兼并模式下均衡研发产出水平则保持不变。参数ρ的作用表现在：随着ρ的增大，四种技术获取模式下的均衡研究产出水平统一呈现出先递增，在中值附近达到波峰，然后呈现递减的趋势。参数s对于内部研发与技术兼并模式下的均衡研发产出并无影响，随着s的增大，对技术交换模式下的均衡研发产出具有持续拉升作用，但有违常规的是，随着s的增大，研发联合体模式下的研发产出却呈现持续递减的趋势。参数d的作用主要表现在：随着d的增大，技术交换与研发联合体模式下的均衡研发产出呈现持续走低的趋势，但对于内部研发模式的作用呈现出先递增而后递减的趋势，对于技术兼并模式则呈现出持续递增的趋势。

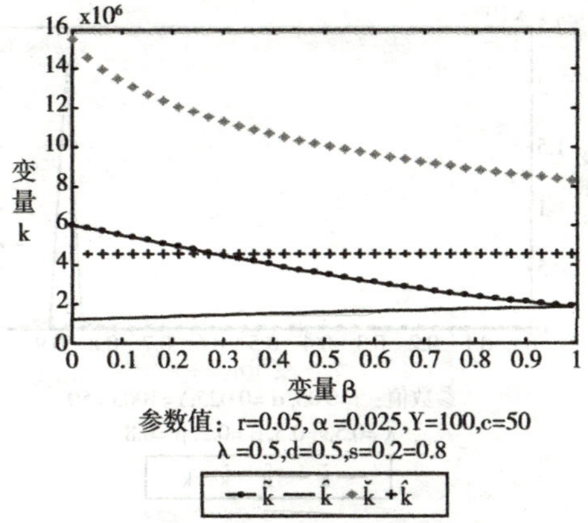

图5-2　投资溢出度β与研发产出水平k的关系

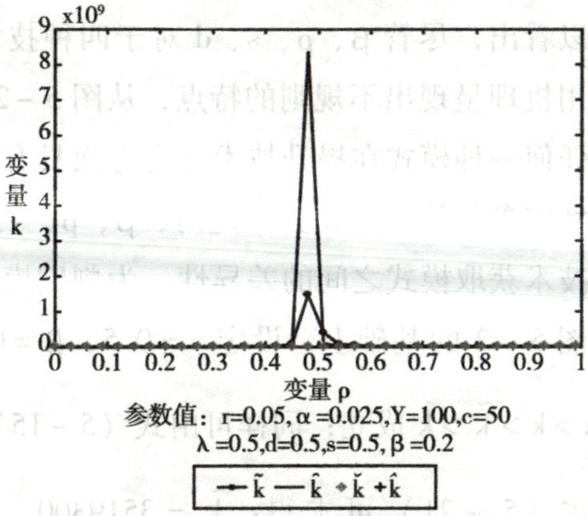

图5-3　投资互补度ρ与研发产出水平k的关系

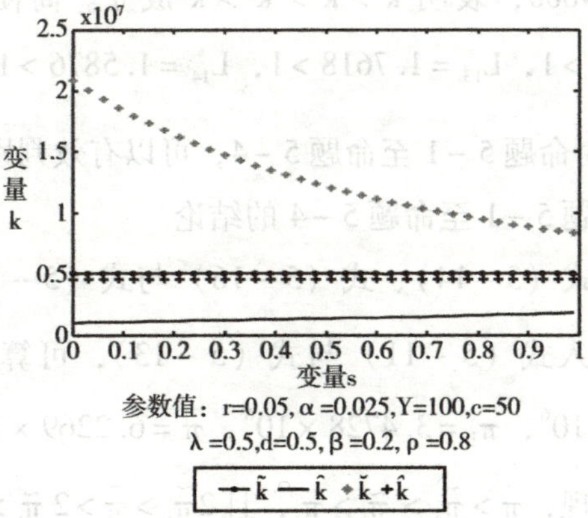

图5-4　合作诚信度s与研发产出水平k的关系

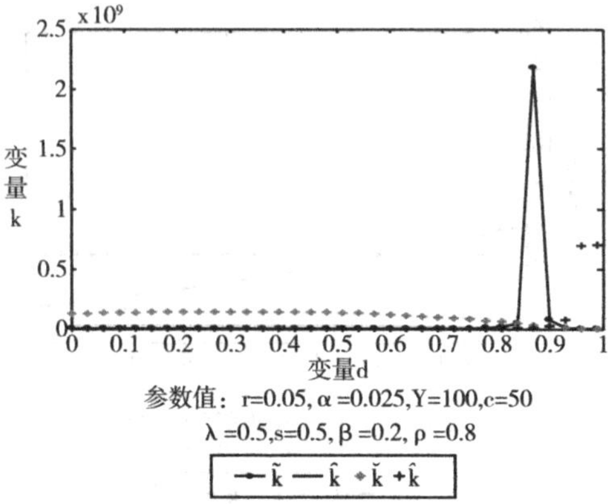

图 5 – 5　产品互补度 d 与研发产出水平 k 的关系

从前述分析可以看出，尽管 β、ρ、s、d 对于四种技术获取模式下企业研发产出水平的作用机理呈现出不规则的特点，从图 5 – 2 至图 5 – 5 的算例也可以看出，没有任何一种模式在提升技术能力方面具有绝对的优势，四种模式的优劣取决于特定参数的初始设置。此时，β、ρ、s、d 作为一个整体，可以有效测度各种技术获取模式之间的差异性，为判别模式之间的优劣提供依据。特殊地，在图 5 – 2 的基础上，设定 s = 0.5，β = 0.5，ρ = 0.8，d = 0.5，可以看出有 $\breve{k} > \overset{\frown}{k} > \tilde{k} > \hat{k}$ 成立；同样可由式（5 – 15）、式（5 – 17）以及式（5 – 19）、式（5 – 21）可求得：$\tilde{k} = 3519300$，$\hat{k} = 1568800$，$\breve{k} = 10072000$，$\overset{\frown}{k} = 4574600$，表明 $\breve{k} > \overset{\frown}{k} > \tilde{k} > \hat{k}$ 成立。简便地，可算得 $L_{12}^* = 0.8809 < 1$，$L_{23}^* = 2 > 1$，$L_{13}^* = 1.7618 > 1$，$L_{14}^* = 1.5876 > 1$，$L_{24}^* = 1.8023 > 1$，$L_{34}^* = 0.9012 < 1$，由命题 5 – 1 至命题 5 – 4，可以有效判别 $\breve{k} > \overset{\frown}{k} > \hat{k} > \tilde{k}$ 同样成立，从而证实命题 5 – 1 至命题 5 – 4 的结论。

进一步地，将式（5 – 14）、式（5 – 16）与式（5 – 18）及式（5 – 20）解出的 x，分别代入式（5 – 11）与式（5 – 13），可算得：$\tilde{\pi}_i = 1.6908 \times 10^6$，$\hat{\pi}_i = 1.3604 \times 10^6$，$\breve{\pi}_i = 3.4728 \times 10^6$，$\overset{\frown}{\pi} = 6.2269 \times 10^6$，比较相关均衡利润的水平可以发现，$\overset{\frown}{\pi} > \breve{\pi}_i > \tilde{\pi}_i > \hat{\pi}_i$，且 $2\breve{\pi}_i > \overset{\frown}{\pi} > 2\tilde{\pi}_i > 2\hat{\pi}_i$。结合 L_{12}^* 等参数值，一方面，可有效说明算例是符合命题 5 – 5 至命题 5 – 8 的结论的；另

一方面，可以说明此时行业中的企业更有内在的动机，去组建企业间的研发联合体模式来获取此项创新技术。

5.3　本章小结

本章的主要研究任务是分别分析在同行业产业环境，哪种技术获取模式对于提升企业技术能力与增进社会福利最为有效。理论分析的结果表明，企业横向技术获取模式选择之间呈现出显著的差异性，这种差异性归根到底受制于创新环境的差异性。在企业横向技术获取模式选择中，企业之间的关系从根本上来说是一种合作竞争的关系，是一种以竞争为主、合作为辅的关系。

首先，从企业横向技术获取模式选择效应来说，将技术不确定性、市场的不确定性以及动态性所组成的不确定性概念引入创新过程；其次，在由两个厂商所组成的 Bertrand 竞争市场中，运用战略实物期权、动态博弈等工具，对企业技术创新过程建立了一个两阶段动态博弈模型，得出了创新产品的价值函数，考察了不确定性参数对企业创新投资门槛值与破产临界值的影响；最后，在技术资源投入溢出度与互补度、创新产品替代度以及合作诚信度等四个参数的综合交互作用下，分析内部研发、技术交换、RJV、技术兼并四种典型技术获取模式，在均衡研发产出、企业利润、行业利润、消费者剩余及社会福利等方面的差异性。研究结论认为，内部研发、技术交换、研发联合体以及技术兼并等四种技术获取模式在提升企业技术能力方面，并不存在哪种技术获取模式具有压倒性的优势，具体比较分析的结果依赖于技术资源投入溢出度与互补度、创新产品替代度以及合作诚信度等四个参数的初始状态。均衡企业利润、消费者剩余以及社会福利分析的结果表明，企业提升技术能力的结果，有时会使企业利润提升与社会福利增长相一致，有时则背道而驰；具体企业会选择何种技术获取模式，以及此时的选择是否与社会福利增进的方向相一致，同样取决于四种技术资源投入溢出度与互补度、创新产品替代度以及合作诚信度等四个参数的初始状态。

| 第 6 章 |

企业技术联盟与高校—企业协同创新模式选择

一方面，在企业技术创新实践中存在这样一种经济现象，很多规模较大的高校—企业合作联盟，其发展之初都是由几个核心企业兴建，不断吸纳外围中小企业及高校（科研院所）发展而来的。例如，为恢复美国在微电子和计算机产业的竞争地位并保持未来的领先优势，以日本第五代计算机合作项目为潜在竞争对手，由政府牵头，1983 年，当时美国几个重要跨国企业合作组建了著名的企业间合作创新联盟 MCC，在其后发展过程中，美国多所著名高校随之加入，组建了规模宏大的高校—企业协同创新联盟。同样，以日本电子计算机开发和信息技术开发为例，1972 年成立的富士通—日立、日本电气—东芝、三菱电气—冲电气研究联盟都是单纯的企业间以进行技术交流与开发为目的的技术联盟，后来在 1976 年，吸纳了日本著名的东京大学、早稻田等高校科研人员后，成立了超大规模集成电路研究开发联盟（VLSI）。因此，企业技术创新实践存在着单纯的企业技术联盟向更大规模的高校—企业协同创新联盟过渡的问题。

另一方面，在理论研究过程中：现有研究在对企业间技术联盟进行研究时，缺乏对企业之间进行合作创新条件的探讨。同时，在高校—企业协同创新过程中，以企业为主导的集成创新模式被普遍采用，在其运作过程中，企业为获取高校或科研院所的单元技术，可采取研发合约或研发联合体的方式进行，如何选择这两种模式具有典型意义。

针对上述现象，结合技术获取模式选择，本章试图将企业间与高校—企业协同创新模式进行统一考虑，除了分别探讨企业技术联盟合作创新的条件与高校—企业协同创新模式（以研发合约模式与研发联合体模式）选择外，还着重考察企业技术联盟向更大规模的高校—企业协同创新联盟进行演化的问题。具体来说，主要以博弈论与数学模型为工具，解决如下问题：（1）在何种条件下，企业不再进一步地进行高校—企业协同创新，而单纯地构建企业技术联盟来获取创新技术；（2）在何种条件下，企业技术联盟将进一步地选择与高校进行协同创新，如果选择合作，何时选择研发合约模式，何时选择研发联合体模式；（3）如果不进行高校—企业协同创新，在企业技术联盟模式下，企业间资源共享进行合作技术开发须具备什么条件；（4）如果企业技术联盟与高校进行高校—企业协同创新，在研发合约与研发联合体两种模式下，合作各方资源共享须具备什么条件。

鉴于上述分析，本章首先构建了企业研发联合体模式动态博弈模型，在投入规模、投入比例、产品价格与创新利润等均衡变量的基础上，探讨了企业间资源共享进行合作研发的条件；其次，在此基础上，以该模型为基础，进一步构建了高校—企业协同创新模式选择动态博弈模型，目的在于探讨研发合约与研发联合体两种模式的有效选择问题，研究由企业技术联盟向高校—企业协同创新联盟进行演化的过程及条件；最后，给出数字释例与结论。

6.1　动态博弈模型的建立

6.1.1　符号说明与模型假设

为简化分析，进行如下符号说明与模型假设：

（1）市场结构与创新主体假设。在产品市场上，单位生产成本皆为 c 的领导企业 L 与众多相同的跟随企业 F 进行产品质量的差异化竞争。同时，存在高校 R。现 L 欲开发某项新产品，但在产品技术开发上能力不足，故作为创新的组织者欲邀请行业内的 n 个跟随企业 F 与高校 R 参与此项技术的合作研发。

（2）消费者效用函数假设。创新产品市场上消费者以价格 p 购买一单位产品所获得的效用为：$U=\theta s-p$，其中，系数 θ 为消费者对单位产品质量偏好的一种度量，且在区间 $[\theta_l, \theta_h]$ 上服从均匀分布，设定 $\theta_h - \theta_l = 1$，$\theta_l < 1$；s 表示产品质量；如果消费者不购买产品，设定其所获效用为零。

（3）企业创新产品质量决定及差距假设。技术成果应用于生产的结果是企业产品质量的提高，有 $\Delta s = s_L - s_F = (\psi_L - \psi_F)V$，其中，V 表示技术成果的专利价值水平，$s_L$、$s_F$ 分别表示 L、F 采纳此项创新技术所生产的产品质量，$\psi_i(i = L, F)$ 反映了 L 或 F 技术成果的转化能力，上式表明，企业间创新产品质量的差异与企业间技术成果水平及其转化能力的差异呈正相关。

（4）研发生产函数假设。研发生产函数一般有 $V = V(k)$，且满足 $V(0) = 0, \frac{\partial V}{\partial k} > 0, \frac{\partial^2 V}{\partial k^2} < 0$，同时 $\lim\limits_{k \to \infty} V'(k) = 0, \lim\limits_{k \to 0^+} V'(k) = \eta$，其中 η 足够的大。由此，设定研发生产函数为 $V(k) = k^\gamma$，$\gamma \in (0, 1)$ 成立，系数 γ 为准投入弹性，用来衡量知识投入 k 对于技术成果的影响程度，当 γ 在（0，1）越大，则影响程度也越大。

（5）其他相关假设。设定 t_L、t_F、p_L、p_F、D_L、D_F、π_L、π_F 分别为领导与跟随企业的参与水平、创新产品的价格、需求函数及创新利润，创新产品的市场需求规模为 M；同时，设定高校技术成果的开发成本为 C，在技术转让与商业化协作两种创新模式下高校的成果转让价格所得以及收益分成比例分别设定为 P 与 r，$r \in (0, 1)$，π_C 为高校所获利润。

6.1.2 模型 1——企业间研发联合体模式动态博弈模型的建立

如图 6-1 所示，在研发联合体模式下，整个博弈进程分为三个阶段：在博弈的第一阶段，L 决定参与水平 t_L；在博弈的第二阶段，作为反应，跟随企业 F 决定自身的参与水平 t_F 与投入规模 k；在博弈的第三阶段，L 与 F 分别在产品市场上选择自己的价格 p_L、p_F 以获取利润。

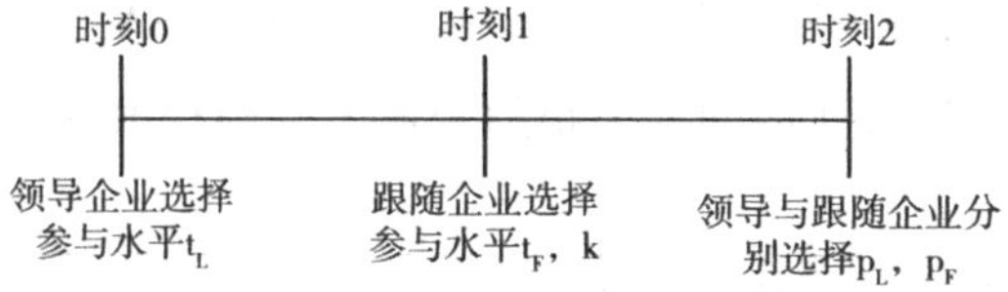

图 6-1　研发联合体模式下领导与跟随企业的决策顺序

采用逆向递推法求解此动态博弈的子博弈完美纳什均衡解。首先在产品市场价格博弈阶段，消费者当产品的度量系数 θ^* 时对以价格 p_L 从 L 处购置质量为 s_L 的产品与以价格 p_F 从 F 处购置质量为 s_F 的产品，其取得的效用是无差异的，此时 $\theta^*=\frac{p_L-p_F}{\Delta s}$，其中 $\Delta s=s_L-s_F$。对于整个消费者群体来说，对产品质量偏好高于产品质量无差异偏好系数 θ^* 时将选择从 L 处购买产品，相反则选择从 F 处购置。由此 L 的创新产品需求函数为：$D_L(p_L,p_F)=[\theta_h-\theta^*]M=\left[\theta_h-\frac{p_L-p_F}{\Delta s}\right]M$，而 F 市场需求函数则为：$D_F(p_L,p_F)=[\theta^*-\theta_l]M=\left[\frac{p_L-p_F}{\Delta s}-\theta_l\right]M$。

在博弈的第三阶段，理性的 L 与 F 将选择价格 p_L 和 p_F 使自身的利润最大化，即：$\pi_L=\max\limits_{p_L}(p_L-c)D_L(p_L,p_F)-kt_L$ 以及 $\pi_F=\max\limits_{p_F}(p_F-c)D_F(p_L,p_F)-kt_F$，求解上述等式，得到：$\pi_L=N_L\Delta s-kt_L$，$\pi_F=N_F\Delta s-kt_F$，其中 $N_L=\frac{(1+\theta_h)^2M}{9},N_F=\frac{(1-\theta_l)^2M}{9}$；因为 $\Delta s=s_L-s_F=(\psi_L-\psi_F)V$，所以 $\pi_L=N_L(\psi_L-\psi_F)V-kt_L,\pi_F=N_F(\psi_L-\psi_F)V-kt_F$。可以发现系数 $N_i(i=L,F)$ 指的是在整个消费市场中，消费者对高质量或低质量创新产品偏好的一种度量，反映了消费者对创新产品质量的认可程度。进一步地，成员企业的利润函数表明，领导企业与跟随企业的利润取决于合作双方产品质量的差异状况以及双方在研发阶段的合作知识创新过程之中的成本分担决策。

由于 $V(k)=k^\gamma$，此时 L 与 F 的均衡利润可以进一步地写为：$\pi_L=N_L(\psi_L-\psi_F)k^\gamma-kt_L,\pi_F=N_F(\psi_L-\psi_F)k^\gamma-kt_F$。在博弈的第二阶段，在 L 给定的参与率 t_L 之下，所有跟随企业 F 进行博弈决定各自最优的参与水平 t_F 以及整体投入 k。此时单个企业 F 的优化问题为：

$$\max_{t_F,k}\pi_F=N_F(\psi_L-\psi_F)k^\gamma-kt_F$$
$$\text{s. t. } t_L+nt_F=1 \tag{6-1}$$

由此构造拉格朗日函数：$H_1=N_F(\psi_L-\psi_F)k^\gamma-kt_F+\lambda(t_L+nt_F-1)$，$H_1$ 对参数 t_F、λ 及 k 最优化得到均衡研发投入与跟随企业的参与水平为：

$$k^*=[(1-t_L)/n\gamma N_F(\psi_L-\psi_F)]^{1/(\gamma-1)} \tag{6-2}$$

$$t_F^* = (1 - t_L)/n \tag{6-3}$$

在博弈的第一阶段，领导企业 L 选择最佳的参与水平 t_L 以最大化自身的收益。为此，可求解如下最优化问题：

$$\max_{t_L} \pi_L = N_L(\psi_L - \psi_F)k^{\gamma} - kt_L, 0 \leqslant t_L \leqslant 1 \tag{6-4}$$

把式（6－2）代入式（6－4）可进一步得到：

$$\max_{t_L} \pi_L = N_L(\psi_L - \psi_F)\left(\frac{1 - t_L}{n\gamma N_F(\psi_L - \psi_F)}\right)^{\gamma/(\gamma-1)} - \left(\frac{1 - t_L}{n\gamma N_F(\psi_L - \psi_F)}\right)^{1/(\gamma-1)} t_L,$$

$$0 \leqslant t_L \leqslant 1 \tag{6-5}$$

求解式（6－5）可得出 L 均衡参与水平 t_L^*，将所求结果代入式（6－2）、式（6－3）中可求得均衡投入水平 k^* 与 t_F^*，进一步地，将 t_L^* 代入式（6－5），将 t_F^* 与 k^* 代入式（6－1）可分别求得均衡的 π_L^* 与 π_F^* 以及企业整体最优收益水平 π^*。

综上所述，有如下命题成立。

［命题 6－1］ 在企业研发联合体模式下，三阶段动态博弈子博弈完美纳什均衡解为：

$$t_{L1}^* = \begin{cases} \dfrac{N_L + n(\gamma - 1)N_F}{N_L + n\gamma N_F}, & \text{当} \dfrac{N_L}{N_F} > n(1-\gamma) \\ 0, & \text{其他} \end{cases} \tag{6-6}$$

$$t_{F1}^* = \begin{cases} \dfrac{N_F}{N_L + n\gamma N_F}, & \text{当} \dfrac{N_L}{N_F} > n(1-\gamma) \\ 0, & \text{其他} \end{cases} \tag{6-7}$$

$$k_1^* = [\gamma(N_L + n\gamma N_F)(\psi_L - \psi_F)]^{1/(1-\gamma)} \tag{6-8}$$

$$p_{L1} = \frac{1 + \theta_h}{3}(\psi_L - \psi_F)(k_1^*)^{\gamma} + c \tag{6-9}$$

$$p_{F1} = \frac{1 - \theta_l}{3}(\psi_L - \psi_F)(k_1^*)^{\gamma} + c \tag{6-10}$$

此时企业的均衡利润分别为：

$$\pi_{L1}^* = N_L(\psi_L - \psi_F)(k_1^*)^{\gamma} - \frac{N_L + n(\gamma - 1)N_F}{N_L + n\gamma N_F}k_1^* \tag{6-11}$$

$$\pi_{F1}^* = N_F(\psi_L - \psi_F)(k_1^*)^{\gamma} - \frac{N_F}{N_L + n\gamma N_F}k_1^* \tag{6-12}$$

$$\pi_1^* = (N_L + nN_F)(\psi_L - \psi_F)(k_1^*)^{\gamma} - k_1^* \tag{6-13}$$

此时高校的利润为：

$$\pi_{C1}^* = 0 \tag{6-14}$$

6.1.3　模型2——高校—企业协同创新模式选择动态博弈模型的建立

此时，研发联合体成员企业欲邀请高校R参与创新产品的进一步开发，如图6-2所示，联合体成员企业与R进行两阶段动态博弈。在博弈的第一阶段，联合体成员企业首先行动，选择是否与高校合作研发，如果创新技术研发只选择在企业间完成，则博弈过程结束；如果选择进行高校—企业协同创新，博弈进入第二阶段。在博弈的第二阶段，高校选择是否接受合作请求，若拒绝，则博弈结束，若接受，则博弈双方按照相应的模式进行运作，博弈过程结束。下面主要求解两种高校—企业协同创新模式下合作各方的支付函数。

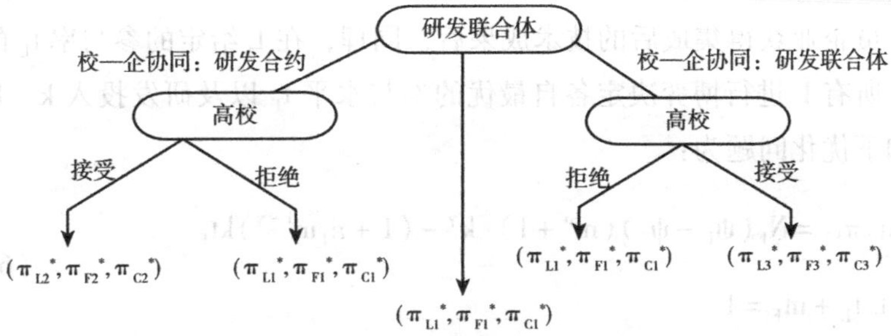

图6-2　高校—企业协同创新模式选择动态博弈扩展式表述

在研发合约模式下，核心问题是高校技术成果转让价格的确定问题。由于联合体成员企业获取高校技术成果，目的在于结合成员企业所开发技术成果，利用双方成果的互补性进行集成，以开发出全新的技术成果并商业化。因此，对于企业来说，高校技术成果的有用性与商业价值从根本上取决于其蕴涵知识的规模及其与联合体开发成果的互补性。

基于上述分析，假设有函数成立：$V(V_0, V_2) = [(V_0)^{\rho} + (V_2)^{\rho}]^{\frac{1}{\rho}}$，其中，V表示技术集成后的技术知识存量，$V_0$为高校技术成果所蕴涵的知识存量，$V_2$ 为联合体成员企业技术成果所蕴涵的知识存量，设定 $V_0=mV_2$，系数 m 表示双方技术成果知识存量间的差异；系数 $\rho\in[0,1]$ 用来表示双方成果知识间的互补性，当 $\rho=0$ 时双方成果具有完全的互补性，当 $\rho=1$ 时则表示双方技术成果之间完全替代；故随着 ρ 的增大，双方成果间的互补性在减弱而替代性却在增强。

在研发合约模式下，由于 $V_0=mV_2$，$V_2(k)=k^{\gamma}$，因此 $V=(m^{\rho}+1)^{\frac{1}{\rho}}k^{\gamma}$。进一步地，可明确高校技术成果的商业价值为 $V(V_0,0)=mk^{\gamma}$，从联盟企业的角度，假设规模收益不变，其开发的机会成本为 $m^{1-\gamma}k$，而这是衡量高校技术成果转让价格的依据，故有 $P=\varepsilon_1 m^{1-\gamma}k$。此时，容易得到领导企业与跟随企业的利润分别为：$\pi_L=N_L(\psi_L-\psi_F)(m^{\rho}+1)^{\frac{1}{\rho}}k^{\gamma}-(1+\varepsilon_1 m^{1-\gamma})kt_L$，$\pi_F=N_F(\psi_L-\psi_F)(m^{\rho}+1)^{\frac{1}{\rho}}k^{\gamma}-(1+\varepsilon_1 m^{1-\gamma})kt_F$。而高校所获利润为：$\pi_{C2}=\varepsilon_1 m^{1-\gamma}k-C$。容易明确，从高校角度出发，出售技术成果 $V(V_0,0)$ 要求：$1<\varepsilon_1<(N_L+nN_F)(\psi_L-\psi_F)$；而从成员企业角度出发，购买 $V(V_0,0)$，领导企业要求 $0<\varepsilon_1<N_L(\psi_L-\psi_F)$，而跟随企业则要求 $0<\varepsilon_1<N_F(\psi_L-\psi_F)$，所以双方讨价还价的结果是：$\varepsilon_1$ 合理的区间应满足 $1<\varepsilon_1<N_F(\psi_L-\psi_F)$。联合体成员企业获得集成后的技术成果后，同理，在 L 给定的参与率 t_L 的条件之下，所有 F 进行博弈决定各自最优的参与水平 t_F 以及研发投入 k。所以 F 求解如下优化问题为：

$$\max_{t_F,k}\pi_{F2}=N_F(\psi_L-\psi_F)(m^{\rho}+1)^{\frac{1}{\rho}}k^{\gamma}-(1+\varepsilon_1 m^{1-\gamma})kt_F \quad (6-15)$$
$$s.t.\ t_L+nt_F=1$$

由此目标函数及其约束条件，同样可构造拉格朗日函数，求得：

$$k^*=[(1+\varepsilon_1 m^{1-\gamma})(1-t_L)/n\gamma N_F(\psi_L-\psi_F)(m^{\rho}+1)^{\frac{1}{\rho}}]^{1/(\gamma-1)} \quad (6-16)$$

$$t_F^*=(1-t_L)/n \quad (6-17)$$

L 将选择最佳参与水平 t_L 以最大化自身的收益，为此，求解如下问题：

$$\max_{t_L}N_L(\psi_L-\psi_F)(m^{\rho}+1)^{\frac{1}{\rho}}k^{\gamma}-(1+\varepsilon_1 m^{1-\gamma})kt_L \quad (6-18)$$

将式（6-16）代入式（6-18）可求得 t_L^*，仿效上述 RJV 模式下求解过程，可得到其他变量的均衡结果，有如下命题成立。

［命题 6-2］在高校—企业协同——研发合约模式条件下，相关变量均

衡结果为：

$$t_{L2}^{*}=\begin{cases}\dfrac{N_L+n(\gamma-1)N_F}{N_L+n\gamma N_F}, & 当\dfrac{N_L}{N_F}>n(1-\gamma)\\ 0, & 其他\end{cases} \tag{6-19}$$

$$t_{F2}^{*}=\begin{cases}\dfrac{N_F}{N_L+n\gamma N_F}, & 当\dfrac{N_L}{N_F}>n(1-\gamma)\\ 0, & 其他\end{cases} \tag{6-20}$$

$$k_2^{*}=[\gamma(m^{\rho}+1)^{\frac{1}{\rho}}(N_L+n\gamma N_F)(\psi_L-\psi_F)/(1+\varepsilon_1 m^{1-\gamma})]^{1/(1-\gamma)} \tag{6-21}$$

$$p_{L2}=\frac{1+\theta_h}{3}(\psi_L-\psi_F)(k_2^{*})^{\gamma}+c \tag{6-22}$$

$$p_{F2}=\frac{1-\theta_l}{3}(\psi_L-\psi_F)(k_2^{*})^{\gamma}+c \tag{6-23}$$

$$\pi_{L2}^{*}=N_L(\psi_L-\psi_F)(m^{\rho}+1)^{\frac{1}{\rho}}(k_2^{*})^{\gamma}-(1+\varepsilon_1 m^{1-\gamma})\frac{N_L+n(\gamma-1)N_F}{N_L+n\gamma N_F}k_2^{*} \tag{6-24}$$

$$\pi_{F2}^{*}=N_F(\psi_L-\psi_F)(m^{\rho}+1)^{\frac{1}{\rho}}(k_2^{*})^{\gamma}-(1+\varepsilon_1 m^{1-\gamma})\frac{N_F}{N_L+n\gamma N_F}k_2^{*} \tag{6-25}$$

$$\pi_2^{*}=(N_L+nN_F)(\psi_L-\psi_F)(m^{\rho}+1)^{\frac{1}{\rho}}(k_2^{*})^{\gamma}-(1+\varepsilon_1 m^{1-\gamma})k_2^{*} \tag{6-26}$$

$$\pi_{C2}^{*}=\varepsilon_1 m^{1-\gamma}k_2^{*}-C \tag{6-27}$$

同样，研发联合体模式下的核心问题，是高校技术成果的利润分成问题。为简化分析，假定高校最终所获利润是联合体成员企业利润总和的一定比率，并设定为参数 r，$r\in(0,1)$。很容易知晓，联合体成员企业此时的利润将是：$\pi_L=(1-r)N_L(\psi_L-\psi_F)(m^{\rho}+1)^{\frac{1}{\rho}}k^{\gamma}-kt_L,\pi_F=(1-r)N_F(\psi_L-\psi_F)(m^{\rho}+1)^{\frac{1}{\rho}}k^{\gamma}-kt_F$，而高校所获的利润则为：$\pi_{C3}=r(N_L+nN_F)(\psi_L-\psi_F)(m^{\rho}+1)^{\frac{1}{\rho}}k_3^{\gamma}-C$。

此时跟随企业 F 建立并求解如下优化问题为：

$$\max_{t_F,k}\pi_F=(1-r)N_L(\psi_L-\psi_F)(m^{\rho}+1)^{\frac{1}{\rho}}k^{\gamma}-kt_L \tag{6-28}$$
$$s.t.\ t_L+nt_F=1$$

构造拉格朗日函数，求得：

$$k^* = [(1-t_L)/n\gamma(1-r)N_F(\psi_L-\psi_F)(m^\rho+1)^{\frac{1}{\rho}}]^{1/(\gamma-1)} \tag{6-29}$$

$$t_F^* = (1-t_L)/n \tag{6-30}$$

在此基础之上，领导企业 L 将选择最佳的参与水平 t_L 以最大化自身的收益，为此，须求解如下问题：

$$\max_{t_L}\pi_L = (1-r)N_L(\psi_L-\psi_F)(m^\rho+1)^{\frac{1}{\rho}}k^\gamma - kt_L \tag{6-31}$$

将式（6-29）代入式（6-31）可求得 t_L^*，同理，仿效 RJV 模式下的求解过程可得到其他变量的均衡结果。由此，有如下命题成立。

［**命题 6-3**］在高校—企业协同——研发联合体模式条件下，相关变量的均衡结果为：

$$t_{L3}^* = \begin{cases} \dfrac{N_L+n(\gamma-1)N_F}{N_L+n\gamma N_F}, & 当\dfrac{N_L}{N_F}>n(1-\gamma) \\ 0, & 其他 \end{cases} \tag{6-32}$$

$$t_{F3}^* = \begin{cases} \dfrac{N_F}{N_L+n\gamma N_F}, & 当\dfrac{N_L}{N_F}>n(1-\gamma) \\ 0, & 其他 \end{cases} \tag{6-33}$$

$$k_3^* = [\gamma(1-r)(m^\rho+1)^{\frac{1}{\rho}}(N_L+n\gamma N_F)(\psi_L-\psi_F)]^{1/(1-\gamma)} \tag{6-34}$$

$$p_{L3} = \frac{1+\theta_h}{3}(\psi_L-\psi_F)(k_3^*)^\gamma + c \tag{6-35}$$

$$p_{F3} = \frac{1-\theta_l}{3}(\psi_L-\psi_F)(k_3^*)^\gamma + c \tag{6-36}$$

$$\pi_{L3}^* = (1-r)N_L(\psi_L-\psi_F)(m^\rho+1)^{\frac{1}{\rho}}(k_3^*)^\gamma - \frac{N_L+n(\gamma-1)N_F}{N_L+n\gamma N_F}k_3^* \tag{6-37}$$

$$\pi_{F3}^* = (1-r)N_F(\psi_L-\psi_F)(m^\rho+1)^{\frac{1}{\rho}}(k_3^*)^\gamma - \frac{N_F}{N_L+n\gamma N_F}k_3^* \tag{6-38}$$

$$\pi_3^* = (1-r)(N_L+nN_F)(\psi_L-\psi_F)(m^\rho+1)^{\frac{1}{\rho}}(k_3^*)^\gamma - k_3^* \tag{6-39}$$

$$\pi_{C3}^* = r(N_L+nN_F)(\psi_L-\psi_F)(m^\rho+1)^{\frac{1}{\rho}}(k_3^*)^\gamma - C \tag{6-40}$$

6.2 模型结果分析

基于上述两动态博弈模型的分析结果，可以很方便地得出如下结论。

[**命题6-4**] 在任一合作模式下，领导企业与跟随企业参与合作技术研发条件不变；领导企业参与合作的条件是在整个新产品消费市场中，消费者对其与跟随企业创新产品的认可程度之比，要大于跟随企业数目的 $1-\gamma$ 倍，而跟随企业在自身无创新能力的条件之下，则总是愿意参与合作研发。

比较 t_{L1}^*、t_{L2}^*、t_{L3}^*三式中的限制条件$\frac{N_L}{N_F}>n(1-\gamma)$ 可明确，领导企业 L 参与合作的条件是消费者对其与跟随企业创新产品的认可程度之比要大于跟随企业数目的 $1-\gamma$ 倍；否则，其没有组织创新的动机。同时，跟随企业在无创新能力的前提之下则更愿意参与合作，以 RJV 合作模式为例，要达到 $N_F(\rho_L-\rho_F)k_1^\gamma$ 的创新绩效，合作时仅需要投入 $t_{F1}^* k_1^*$，而独自创新则需要 k_1 的投入。

[**命题6-5**] 在满足企业参与合作的条件之下，在任一合作模式下，领导企业与跟随企业的绝对参与比例不变，有 $t_{L1}^*=t_{L2}^*=t_{L3}^*$，$t_{F1}^*=t_{F2}^*=t_{F3}^*$。领导企业的参与率与创新的投入弹性、消费者对高质量商品的认可程度正相关，与参与合作的跟随企业数目以及消费者对低质量商品的认可程度负相关；跟随企业的参与率与消费者对低质量商品的认可程度正相关，而与创新的投入弹性、参与合作的跟随企业数目以及消费者对高质量产品的认可程度负相关。

[**命题6-6**] 在满足企业参与合作的条件之下，在任一合作模式下，领导企业与跟随企业的相对参与比例不变，有$\frac{t_{L1}^*}{t_{F1}^*}=\frac{t_{L2}^*}{t_{F2}^*}=\frac{t_{L3}^*}{t_{F3}^*}=\frac{N_L}{N_F}+n(\gamma-1)$。其相对参与比率与消费者对高质量产品的认可程度，创新的投入弹性正相关，而与参与合作的跟随企业数目、消费者对高质量产品的认可程度负相关。

从 t_{L1}^*、t_{L2}^*、t_{L3}^*、t_{F1}^*、t_{F2}^*、t_{F3}^*等式的分析结果，通过简要的数学推理，可明确上述两个命题成立。上述两个命题有助于在实际的合作研发过程中分析主体创新投入动态变化影响因素及方向，从财务特别是联盟融资方面加深对各主体的投资积极性的理解。

[**命题6-7**] 在任一合作模式下，领导企业与跟随企业总的创新投入规模都与领导企业的参与率水平正相关，而与跟随企业的参与率水平负相关；

且：①在$(m^{\rho}+1)^{\frac{1}{\rho}}/(1+\varepsilon_1 m^{1-\gamma})>1$且$(1-r)(m^{\rho}+1)^{\frac{1}{\rho}}>1$条件下，当$(1-r)(1+\varepsilon_1 m^{1-\gamma})>1$时，有$k_3^*>k_2^*>k_1^*$，当$(1-r)(1+\varepsilon_1 m^{1-\gamma})<1$时，有$k_2^*>k_3^*>k_1^*$；②在$(m^{\rho}+1)^{\frac{1}{\rho}}/(1+\varepsilon_1 m^{1-\gamma})<1$且$(1-r)(m^{\rho}+1)^{\frac{1}{\rho}}>1$条件下，有$k_3^*>k_1^*>k_2^*$；③在$(m^{\rho}+1)^{\frac{1}{\rho}}/(1+\varepsilon_1 m^{1-\gamma})>1$且$(1-r)(m^{\rho}+1)^{\frac{1}{\rho}}<1$条件下，有$k_2^*>k_1^*>k_3^*$；④在$(m^{\rho}+1)^{\frac{1}{\rho}}/(1+\varepsilon_1 m^{1-\gamma})<1$且$(1-r)(m^{\rho}+1)^{\frac{1}{\rho}}<1$条件下，当$(1-r)(1+\varepsilon_1 m^{1-\gamma})>1$时，有$k_1^*>k_3^*>k_2^*$，当$(1-r)(1+\varepsilon_1 m^{1-\gamma})<1$时，有$k_1^*>k_2^*>k_3^*$；⑤在$(m^{\rho}+1)^{\frac{1}{\rho}}/(1+\varepsilon_1 m^{1-\gamma})=(1-r)(m^{\rho}+1)^{\frac{1}{\rho}}=1$条件下，有$k_1^*=k_2^*=k_3^*$。

由于三种模式下的分析相似，以企业间研发联合体模式为例，从式（6-2）中的k^*表达式可以看出，不管领导企业参与率怎样变化，对于创新投入的最优值来说总有：$\partial k^*/\partial t_L>0$，即在研发联合体模式下，知识创新投入总体规模是领导企业参与水平的增函数，同时也易明确，创新投入是跟随企业参与水平的减函数。

比较k_1^*、k_2^*、k_3^*三式，通过简单比较可明确上述命题6-7中①~⑤成立。上述命题主要阐述了三种模式下创新投入规模的大小，进一步可以明确，在同样的条件下，类似的结论适用于创新产品的价格分析。

下面比较三种模式下各主体的创新收益，有如下三个命题成立，从而知晓模型2——动态博弈子博弈完美纳什均衡的存在。

［命题6-8］ 从单个领导企业或跟随企业出发与从研发联合体角度所得出的结论相同，在$(m^{\rho}+1)^{\frac{1}{\rho}}(1+\varepsilon_1 m^{1-\gamma})^{-\gamma}<1$且$(1-r)(m^{\rho}+1)^{\frac{1}{\rho}}<1$条件下，当$(1-r)(1+\varepsilon_1 m^{1-\gamma})^{\gamma}>1$时，有$\pi_{L1}^*>\pi_{L3}^*>\pi_{L2}^*$，当$(1-r)(1+\varepsilon_1 m^{1-\gamma})^{\gamma}<1$时，有$\pi_{L1}^*>\pi_{L2}^*>\pi_{L3}^*$，所以在前述条件下企业将不进行高校—企业协同创新，而选择成立单纯的研发联合体模式进行创新，此时企业间的［企业研发联合体］为模型2动态博弈的子博弈完美纳什均衡解，此时各方得益为$(\pi_{L1}^*, \pi_{F1}^*, \pi_{C1}^*)$。

［命题6-9］ 在$(m^{\rho}+1)^{\frac{1}{\rho}}(1+\varepsilon_1 m^{1-\gamma})^{-\gamma}>1$且$(1-r)(1+\varepsilon_1 m^{1-\gamma})^{\gamma}<1$条件下，当$(1-r)(m^{\rho}+1)^{\frac{1}{\rho}}<1$时，有$\pi_{L2}^*>\pi_{L1}^*>\pi_{L3}^*$，当$(1-r)(m^{\rho}+1)^{\frac{1}{\rho}}>1$时，有$\pi_{L2}^*>\pi_{L3}^*>\pi_{L1}^*$，故在此条件下，企业将在联合体模式的基础上考虑

与高校进行高校—企业协同创新，且采用技术转让方式进行运作；此时，当 $1<\varepsilon_1<N_F(\psi_L-\psi_F)$ 且 $\varepsilon_1 m^{1-\gamma}k_2^*>C$ 时，高校将同意通过技术转让方式进行高校—企业协同创新，此时［校—企协同—研发合约，接受］为模型2动态博弈的子博弈完美纳什均衡解，此时各方得益为（π_{L2}^*，π_{F2}^*，π_{C2}^*）。

［命题6-10］ 在 $(1-r)(m^\rho+1)^{\frac{1}{\rho}}>1$ 且 $(1-r)(1+\varepsilon_1 m^{1-\gamma})^\gamma>1$ 条件下，当 $(m^\rho+1)^{\frac{1}{\rho}}(1+\varepsilon_1 m^{1-\gamma})^{-\gamma}>1$ 时，有 $\pi_{L3}^*>\pi_{L2}^*>\pi_{L1}^*$，当 $(m^\rho+1)^{\frac{1}{\rho}}(1+\varepsilon_1 m^{1-\gamma})^{-\gamma}<1$ 时，有 $\pi_{L3}^*>\pi_{L1}^*>\pi_{L2}^*$，故在此条件下，企业将在联合体模式的基础上考虑与高校进行“产学研”合作，且采用研发联合体模式进行运作。此时，当 $r(N_L+nN_F)(\psi_L-\psi_F)(m^\rho+1)^{\frac{1}{\rho}}(k_3^*)^\gamma>C$ 且 $r\in(0,1)$ 时，高校将同意共同研究开发，此时［校—企协同-研发联合体，接受］为模型2动态博弈的子博弈完美纳什均衡解，各方得益为（π_{L3}^*，π_{F3}^*，π_{C3}^*）。

命题6-8至命题6-10说明了企业在组建研发联盟的同时，并不一定在此基础上与高校进行协同创新；相反，由企业与高校之间进行高校—企业协同创新须具备特定的条件，即使企业方面有进行高校—企业协同创新的意愿；高校方面须具备相应的技术能力且满足命题中所述条件。上述命题从另一个角度说明了，由企业间联盟向更大规模高校—企业协同创新联盟合作进行演化需要具备特定的条件。

6.3　数字释例

假设市场中一领导企业L欲邀请行业内的众多跟随企业F参与合作研发，且在适合状况下与高校R进行“产学研”合作；初始参数设置为：$\theta_h=1.5$，$\theta_l=0.5$，$M=200$，$n=10$，$\psi_L=0.8$，$\psi_F=0.5$，$\gamma=0.5$，$m=0.4$，$\rho=0.5$，$C=400$。在上述参数条件下，由于 $\frac{N_L}{N_F}>n(1-\gamma)$ 满足成员企业参与合作的要求，通过求解得到成员企业的投入比率为：$t_{L1}^*=t_{L2}^*=t_{L3}^*=0.6667$，$t_{F1}^*=t_{F2}^*=t_{F3}^*=0.0333$，且 $\frac{t_{L1}^*}{t_{F1}^*}=\frac{t_{L2}^*}{t_{F2}^*}=\frac{t_{L3}^*}{t_{F3}^*}=20$，符合命题6-5与命题6-6的结论。由于 $1<\varepsilon_1<N_F(\psi_L-\psi_F)$，可知：$\varepsilon_1\in(1,5/3)$，而 $r\in(0,1)$，故取

$\varepsilon_1 = 1.1$，$r = 0.4$，仿效上述运算过程可得：$k_1^* = 625$，$k_2^* = 737.7458$，$k_3^* = 1597.9$，故 $k_3^* > k_2^* > k_1^*$；通过命题6－7可进行直观判断，此时$(m^\rho + 1)^{\frac{1}{\rho}} / (1 + \varepsilon_1 m^{1-\gamma}) = 1.5716 > 1$；而 $(1 - r)(m^\rho + 1)^{\frac{1}{\rho}} = 1.5989 > 1$，$(1 - r)(1 + \varepsilon_1 m^{1-\gamma}) = 1.0174 > 1$，所以 $k_3^* > k_2^* > k_1^*$ 同样成立，进而符合命题6－7的结论。

进一步地，考虑均衡企业利润，以领导企业为代表，通过数值计算有：$\pi_{L1}^* = 624.9792$，$\pi_{L2}^* = 2181.9\pi_{L3}^* = 1597.8$，表明 $\pi_{L2}^* > \pi_{L3}^* > \pi_{L1}^*$；同样可根据命题6－8至命题6－10来进行直观判断，由于$(m^\rho + 1)^{\frac{1}{\rho}} (1 + \varepsilon_1 m^{1-\gamma})^{-\gamma} = 2.0465 > 1$，$(1 - r)(1 + \varepsilon_1 m^{1-\gamma})^{\gamma} = 0.7813 < 1$，$(1 - r)(m^\rho + 1)^{\frac{1}{\rho}} = 1.5989 > 1$，由命题6－9，有 $\pi_{L2}^* > \pi_{L3}^* > \pi_{L1}^*$成立；因此，此时联盟企业考虑研发合约模式作为高校—企业协同创新的策略。此时，由于 $1 < \varepsilon_1 < N_F(\psi_L - \psi_F)$且 $\varepsilon_1 m^{1-\gamma} k_2^* = 513.2506 > C = 400$，高校方面将同意通过技术转让方式进行高校—企业协同创新，故模型2动态博弈子博弈完美纳什均衡解为［校—企协同—研发合约，接受］存在且各方得益为（π_{L2}^*，π_{F2}^*，π_{C2}^*），故完全符合命题6－9的结论。

6.4　本章小结

在新形势下，合作创新正成为众多企业提升技术能力与创新能力的重要手段，反映在技术获取层次，由企业与企业之间、企业与高校之间所成立的技术联盟数量日益增长。已有关于合作技术获取模式的理论研究，多将企业间合作与高校—企业协同创新进行割裂，分别阐述各自运作机理，且对高校—企业协同创新模式的有效选择问题缺乏探讨。为弥补上述研究的不足，面向创新网络，本章主要以博弈论与数学模型为工具，试图将企业间与高校—企业协同创新模式进行统一考虑；在由一核心领导企业所组建的技术联盟（以所组建的企业间研发联合体模式为代表）运作机理研究的基础上，探讨高校—企业协同创新模式（研发合约模式与研发联合体模式）的有效选择问题，并就企业技术联盟向高校—企业协同创新进行演化的问题进行分析。

研究结论主要体现在企业、高校参与技术联盟的条件、投入比例与投入规模以及不同模式之间的比较研究等方面。研究结论认为：

（1）在任一合作模式下，领导企业与跟随企业参与合作技术研发条件不变；领导企业参与合作的条件是在整个新产品消费市场中，消费者对其与跟随企业创新产品的认可程度之比，要大于跟随企业数目的 $1-\gamma$ 倍，而跟随企业在自身无创新能力的条件之下，则总是愿意参与合作研发。

（2）在满足企业参与合作的条件之下，在任一合作模式下，领导企业与跟随企业的绝对参与比例不变，且领导企业的参与率与创新的投入弹性、消费者对高质量商品的认可程度正相关，与参与合作的跟随企业数目以及消费者对低质量商品的认可程度负相关；而跟随企业的参与率与消费者对低质量商品的认可程度正相关，而与创新的投入弹性、参与合作的跟随企业数目以及消费者对高质量产品的认可程度负相关。

（3）在满足企业参与合作的条件之下，在任一合作模式下，领导企业与跟随企业的相对参与比例不变。其相对参与比率与消费者对高质量产品的认可程度，创新的投入弹性正相关，而与参与合作的跟随企业数目、消费者对高质量产品的认可程度负相关。

（4）在任一合作模式下，领导企业与跟随企业总的创新投入规模都与领导企业的参与率水平正相关，而与跟随企业的参与率水平负相关。

（5）企业技术联盟与高校—企业协同创新模式的选择问题，与高校所掌握技术的规模及其与企业技知识的互补性有关，与不同模式下各方的收益与投入成本有关。具体模式的最终选择取决于参与各方之间的讨价还价过程。

本章所得的结论，有着内在的假设条件，首先，本章并没有考虑领导企业技术研发的溢出效应问题，即假设跟随企业不存在模仿创新的可能，而会一味地参与合作研发。其次，规避了技术获取过程中的不确定性，特别是高校—企业协同创新过程中的不确定性问题。因此，如何在不确定性的条件下，探讨高校—企业协同创新模式选择是进一步的研究方向。

| 第 7 章 |

校企协同联盟能力与协同创新成功的关系研究

企业技术创新系统作为国家创新系统研究的一个重要内容，其核心在于对以技术能力为核心的创新能力系统的研究，围绕获取、整合与提升企业创新能力来构筑竞争优势与增强企业竞争力。随着产品生命周期的日益缩短，为有效利用外部技术资源，分散创新成本、降低技术获取过程中不确定性与风险性、加快技术更新的程度与速度。在新形势下，很多企业正试图通过校企协同创新的方式来实现这一目标。与此同时，很多高校为增强服务地方经济的能力，出于个人、专业、学科甚至高校整体战略的考虑，也纷纷通过校企协同创新的模式对外进行技术输出，甚至通过兴办企业的方式实现产品与工艺制造技术的商业化。校企协同创新的方式正日益被高校与企业所接纳。

通常来说，校企协同创新的方式是由企业与高校采取特定的组织模式完成，如采用整合度比较低的技术许可、技术购买、委托开发等模式，也可能采用整合度比较高的模式，如共同开发、兴办创业园、科技园、共办企业等模式，更可能采用共同举办学术会议、校企人员个人交流等非正式模式。然后，校企协同并非一帆风顺，由于高校与企业在协同动机上的差异、模式选择的失当等造成的失败案例固然不少，在实际运作过程中，因为行为失当造成的失败案例也比较常见，如合作伙伴选择适当、配备的资源及能力不达预期，尤其典型的是学研方的科技成果转化率不高，沟通缺乏、企业内部的学习能力欠弱等都极容易造成校企协同的失败。因此，抛开协同动机、协同创新模式、政府政策支持因素，单纯地从校企协同创新行为层面的角度出发，探讨如何构建科学、合理、高效的校企协同行为，对其进行研究具有意义。

关于协同行为的作用，目前已有学者关注到其在校企协同创新过程中的功能与作用。例如，刘和东[152]等关注了产学研合作行为：决策的程序化水平、双方交流的频率、非正式交流的运用、高层领导的重视度、相互分享经验与技术、学研方资源的利用度等在产学研合作绩效中的作用，并就其作用机理进行了实证分析。钱雨[116]等则比较系统地对产学研协同创新成员协同行为进行了质性分析，并从协同机制与协同能力的视角，高度概括了协同创新行为的作用。

实际上，通过查阅战略联盟的文献可以发现，基于资源基础观的核心能力及动态能力理论的观点应用于战略联盟，催生了联盟能力的概念，这为校企协同行为的理解提供了学术基础。本章试图结合校企协同创新的特殊情境，将联盟能力的思想应用于校企协同行为分析，并对该行为的科学性、合理及高效性进行理论概括。在结合校企协同创新过程中，理论推演出校企协同联盟能力的概念，并对其构成及作用机理进行阐述。

7.1 校企协同联盟能力

7.1.1 校企协同联盟能力的概念

校企协同联盟能力是一组能力的综合体，是高校—企业为确保协同创新成功，在协同创新过程中，对以技术知识与管理知识为主要构成的知识，进行获取、吸收、整合、传播与共享基础上形成的一套用于指导日常联盟创新行为的操作型惯例。在该概念中，需要明确以下几点：首先，协同创新体（以高校—企业为核心构成主体）具备联盟能力的根本目标在于提升联盟创新成功率与联盟绩效，在于确保通过校企协同这一类合作技术获取模式的有效运营，成功获取所需的创新技术，以提升企业—高校技术能力与创新能力。其次，校企协同联盟能力是一组能力的综合体，从根本上属于指导日常联盟创新行为的操作型惯例，其通常以基于生命周期的技术联盟运营过程为媒介，主要功能在于完成协同创新过程各个阶段：协同创新构想、协同创新伙伴选择、协同协议谈判、协同实施与协同结束等的运营任务。

通常，这些能力是存在于企业—高校为核心的协同体内部的、非常难于获取与模仿的高阶资源，可以潜在地提升协同创新体所掌握的其他的资源的绩效。因为校企协同联盟能力主要包括或通过惯例来体现，不仅可以提升联盟日常运营行为的效率与效果，如识别合作伙伴、伙伴关系开展、单个联盟或联盟群体结构的重组、技术的高效开发与获取等，更重要的是，这些行为机制的存在，可以作为组织原则或者高阶惯例，可以促使知识与行为在企业—高校内主体之间进行转移与传播。因此，校企协同联盟能力是一组能力的综合体，能显著地提升与保持校企协同创新联盟活动的成功率与创新绩效。

7.1.2 校企协同联盟能力的结构——基于联盟运营过程的识别

（1）伙伴选择能力。焦点企业在搜寻合作伙伴、构建和管理产学研协同创新网络过程中起主导作用，企业根据自身战略目标和资源特质可能会采用不同的合作战略，并通过搜寻和选择不同的高校伙伴得以体现。一般来说，伙伴选择能力集中体现在两个环节：伙伴选择途径及合作伙伴评估。伙伴选择途径一般有两种途径，分别是关系导向型与市场导向型。关系导向型伙伴选择途径着眼于市场环境不确定性，焦点企业更愿意选择可靠的、值得信赖的高校伙伴，如朋友、熟人或是推荐形成的关系选择合作高校，因为信任及个人关系，其合作的成本更低。市场导向型伙伴选择，则着眼于企业资源视角，焦点企业期望能够从高校处获得稀缺、难以模仿且对自身能力跃迁至关重要的资源，突破自身内部资源局限，提升企业技术能力；在此途径下，企业更愿意通过媒体/广告/公开技术信息等渠道，寻找潜在高校作为合作对象。在实际实务中，这两种途径寻找合作伙伴都有广泛的应用。

潜在合作伙伴确定以后，其是否是企业需要的，还需要企业进行相应的评估。合作伙伴的评估是一项系统工程，需要企业进行充分的调研与论证。论证的维度很多，如前所述，校企双方在资源与文化上的兼容性（Compatibility）、技术能力（Capability）与投入能力（Cost）是评估内容的重要方面。

总之，焦点企业在伙伴选择途径及合作伙伴评估两个方面，有比较成熟的组织流程或制度，继而形成操作惯例，表明焦点企业具有伙伴选择能力。

（2）资源配置能力。所谓资源配置能力，是指企业能够很好地根据创新情境，为了最大限度地达成协同目标，灵活地按照契约或者双方事先达成一致的口头约定，对双方资源、能力及任务进行合理分派的行为惯例。一般来说，在协同创新达成之初，高校与企业会有契约或者双方事先会达成一致的口头约定，这是资源配置的基础及前提。但是，在实际执行环节，资源配置怎么合理、科学、有效且富有弹性，是校企协同体面对的一项重要课题。

为此，需要协同体重点做好三个方面的资源配置工作：首先，在高校—企业间的工作任务分派合理；其次，在高校—企业间任务分派与其分配的资源及自身能力相契合；最后，高校—企业之间任务/资源的分派更有利于协同创新目标的实现。总之，当协同体的资源配置在上述三个方面，有比较成熟的组织流程或制度，继而形成操作惯例，表明协同体的运作具有了资源配置能力。

（3）技术协同能力。技术协同能力反映校企双方整合资源共同完成技术开发并进行共享的能力，主要包括技术协同及渠道协同两个方面的内容。首先，技术协同要求合作双方对项目技术目标、开发方案及风险、风险及应对进行了充分的评估、交流并达成了一致的技术解决方案。其次，要求协同双方能够开发出联盟所需的核心技术。渠道协同要求合作双方设立了良好的互动机制或渠道，且为双方认可，在协同过程中双方定期与不定期进行了技术交流会议。渠道协同要求双方在技术开发过程及结果的过程中，能够适时共享，彼此交流。总之，技术协同能力要求校企协同体在技术获取过程中，能够做到技术协同以及过程协同，对联盟绩效提升具有显著作用。

（4）学习能力。学习能力是创新主体根据已积累的知识去认识新知识，并对新知识进行消化、吸收、转化为商业应用的能力集合。在校企协同创新过程中，学习能力集中体现在对新的产品与工艺技术知识的特征、市场需求、操作规范等能够快速识别、掌握、消化并应用到企业生产实际的能力上。学习能力更加突出企业员工在个体技巧与心智模式上的改善，其中内部培训与导师制是实现学习能力的常见培育形式。学习能力使校企合作开发的技术知识能够快速地被企业所掌握，能够真正实现技术知识的商业化。

（5）职能子能力间的相互关系。鉴于动态能力与核心能力之间的关系，将之引入校企协同联盟能力各职能子能力之间关系的界定。通常，学习能力是“能力的能力”，其在校企协同联盟能力中属于高阶能力，直接决定了伙伴选择能力、资源配置能力、技术协同能力的产生、变更及运作的方式；而伙伴选择能力、资源配置能力、技术协同能力等属于低阶能力，主要完成协同创新过程各个阶段的任务。

总之，伙伴选择能力、资源配置能力、技术协同能力与学习能力等职能子能力是协同创新成功的基础，由此四种操作型惯例为基石，共同构成了校企协同联盟能力。

7.2 校企协同联盟能力与校企协同创新成功之间的关系

7.2.1 校企协同创新成功

协同创新成功（Innovation Success）在Kale[177]有关联盟成功的指标体系的基础上，借鉴高正[178]、Hagedoorn[179]等研究，着重通过"关系和谐度、协同目标实现度、技术能力提升度、竞争地位提升度"四个题项进行衡量。校企协同创新成功具体的测量项及测量指标如表7-1所示。

表7-1 高校—企业协同创新成功的测量项及测量指标

协同创新成功	测量项	测量指标
协同创新成功	①关系和谐度	通过合作，校企合作关系的和谐程度进一步提升
	②协同目标实现度	合作达到了此前双方订立的目标
	③技术能力提升度	企业通过合作提升了自身的技术能力
	④竞争地位提升度	企业通过合作提高了自身的市场竞争地位

注：设计所得。

7.2.2 校企协同联盟能力与校企协同创新成功之间的关系

如图7-1所示，校企协同联盟能力是由四种职能子能力共同构成的。由理论推演得出，校企协同创新成功与否，取决于基于联盟生命周期各个阶段的行为惯例的发挥方向与水平，概括起来，分别是伙伴选择能力、资源配置能力、技术协同能力以及学习能力。其中，学习能力属于高阶能力，而其他三种能力属于低阶能力。四种职能子能力作为行为惯例，共同主导了校企协同创新过程的结果成功与否。

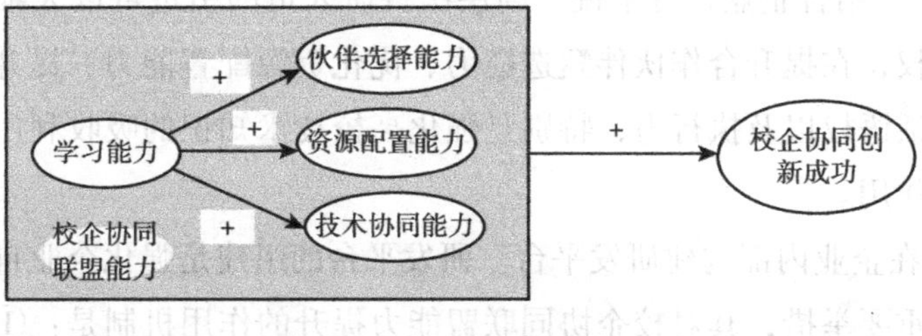

图 7 – 1　校企协同联盟能力与校企协同创新成功之间的关系模型

7.3　校企协同联盟能力的培育

从企业视角出发，如何培育起强大的校企协同联盟能力，是强化高校—企业协同创新成功的关键。基于已有理论，结合协同创新实践，一般认为，下列因素可以有效提升校企协同联盟能力。

（1）加强研发投入。有研究表明，企业研发投入能力与合作创新的频度呈倒“U”形二次曲线关系，那些拥有中等研发投入能力的企业是最易发生合作创新行为的企业类型[180]；另一些学者则认为，技术投入能力越高的企业，其合作的倾向性越强，协同创新行为也越强。实际上，加强研发投入对提升校企协同联盟能力的作用主要体现在下列方面：①加大研发投入可以为校企协同项目注入资金，解决协同创新过程中研发经费的短缺问题，而这正是高校科研人员在协同创新中面临的现实问题；②加强研发投入可以吸引高校高质量的科研项目，而这些高质量的科研项目通常也只存在于高质量的合作伙伴中；③加强研发投入可以改善科研人员资源配置环境、提高协同的基础以及提升学习能力。

（2）加强高层次科研人才的引进。资源基础理论认为，组织实质上是一个资源集合，包括技术、人力、市场经验、社会关系、资金和设备等。组织资源根据不同的标准具有不同的类型，以企业资源为例，其通常包括有形资源（企业的人力资本、物质资本、资金投入）与无形资源（如企业技术专利、软硬件诀窍、制造技术、隐性知识、品牌及经验等）两类。学界通常认为，合作主体资源的丰沛度及异质性资源的互补匹配度是资源质量的核心度量指标[178]。结合企业自身来说，高层次科研人员的引进可以大幅度提升企业的话语权，在提升合作伙伴甄选能力、优化资源配置能力、提升合作技术研发中的话语权以及执行力，特别是强化高校技术知识的吸收利用方面都有核心重要作用。

（3）在企业内部构建研发平台。研发平台的组建是强化企业自身基础设施建设的重要举措，其对校企协同联盟能力提升的作用机制是：①研发平台的构建为校企协同联盟能力提供培育主体。②研发平台的构建可以为高校—企业协同创新过程争取到政府产学研协同创新政策的支持。目前，国内主管科技企业主管部门如科技部、各省区市科技厅都有各类研发平台建设的专项经费，其他如财政部门也都有相应的平台建设专项经费。企业搭建研发平台，特别是联络高校一起组建校企合作平台可以有效争取到产学研协同创新政策的支持。③研发平台的构建过程，可以和高校一起组建；在建设研发平台的过程中，拉近与高校的技术距离，培育信任关系，可以降低伙伴选择的成本，提升技术开发协同度。

（4）重视技术人才、提高“看门人”的能力，建立技术吸收的激励机制。在高校—企业协同创新过程中，“看门人”可能是企业科研平台的负责人，也可能是高校—企业协同项目的负责人，同时也可能是企业中与高校频繁联系的人员；“看门人”的存在对高校—企业协同创新的成功至关重要，他是企业与高校的接口。“看门人”的作用主要体现在两个方面：一方面，“看门人”往往对高校—企业协同创新项目具有比较全面的信息，因而在合作伙伴甄别、资源配置以及协同开发方面具有比较优势；另一方面，部分“看门人”还是高校—企业协同创新项目的负责人或执行主体，对于高校的知识甄别、获取、使用具有主体功能。因此，企业应该寻找或培养合适的“看门人”，“看门人”的专业知识与高校的知识越相似，他就越适合这个角色，从而从根本上提升校企协同联盟能力。在企业内部应该鼓励及强化科研创新的氛围，特别是提升技术人员的工资水平，要建立起相应的组织机制，提升“看门人”的激励机制，最大限度地提升“看门人”的积极性、主动性及创造性。

7.4 案例实证

本节在上述关于校企协同联盟能力与校企协同创新成功的基础上，以扬子江药业集团的校企协同案例为研究对象，运用描述性案例的研究方法，经过案例选择、数据收集、案例描述、案例分析结果和讨论，对图7-1所示的理论进行验证。

7.4.1 研究设计

(1) 案例选择。案例选择是决定案例研究要选择什么样的单位作为研究案例，以及选择多少个案例的方法。为了使被选择的案例与本章所提出的研究主题高度契合，本章由研究对象和研究问题驱动作为案例选择的标准，主要根据以下标准选择案例：①案例的选择对象是经常从事高校—企业协同创新项目运作的企业或高校；②企业或高校已经进行了许多高校—企业协同创新项目的运作，而且已经取得了一系列研究成果；③校企协同联盟能力在高校—企业协同创新过程中发挥了相应的作用；④校企协同联盟能力是如何培育的。基于上述逻辑，本章选择扬子江药业集团作为目标案例，原因在于该公司进行的300多项产学研合作项目，其中有近百项是2008年以前完成的，且几乎都取得了成功，这表明该企业所拥有的校企协同联盟能力是稳定的，且适宜做目标案例。

(2) 数据收集。该案例的选择采用的数据分析主要是采用访谈、观察和文档分析。个人访谈主要通过与企业管理层、研究院负责人或技术人员进行面对面交流，获得更加临近现实的丰富信息。其中访谈是在主题提供的基础上完成的，部分与访谈主题相关的问题如下：①企业概况信息。主要包括企业名称、成立时间、企业主导业务所属行业、登记注册类型、2019年年底企业员工数量、企业与高校是否进行过合作，获取新产品或新工艺的技术、企业与高校合作创新的成果等。②校企协同联盟能力的表现形式。具体包括企业如何选择高校作为合作伙伴的？企业对于研发项目是如何管理的（研发项目管理是基于合同/关系还是其他机制？研发资源如何分派的）？项目合作过程中是如何组织实施的？企业怎么将研发项目的成果利用起来？③校企协同创新的成果。④企业内部采取的措施。具体包括研发投入、研究人员配备情况、研究平台构建状况以及研发人员的使用和激励方式。

7.4.2 案例描述

扬子江药业集团创建于1971年，是科技部命名的全国首批创新型企业。集团总部位于江苏省泰州市，现有员工16000余人，旗下20多家成员企业分布于泰州、北京、上海、南京、广州、成都、苏州、常州等地；营销网络覆盖全国各省区市。集团践行“高质 惠民 创新 至善”的核心价值观，致力向社会提供优质高效的药品和健康服务。继2016年品牌强度、品牌价值双双名列中国品牌价值榜生物医药板块第1名后，2020年扬子江药业集团以品牌强度945分、品牌价值505.95亿元的优异成绩再次夺得中国品牌价值榜医药健康板块品牌强度、品牌价值双第一，还相继荣获“中国质量奖提名奖”“全球卓越绩效奖”“亚洲质量创新奖”“全国重合同守信用企业”“全国文明单位”等称号。企业发展与企业坚定不移地走自主创新及产学研协同创新发展战略的路径高度相关。

7.4.3 校企协同联盟能力的表现形式

（1）伙伴选择能力。该企业的伙伴选择能力集中体现在两个环节：伙伴选择途径及合作伙伴评估。首先，在伙伴选择方面。该企业的潜在高校合作伙伴选择通常从下列三类中进行筛选：①与在专业上有积累、有能力的高校。②与高校有专业能力的人才共同组建项目团队，开展相关研发工作；③前期已有成熟技术或已有知识产权成果的引进。其次，在伙伴评估方面。企业与高校的合作通常成立校企合作平台，而与团队或个人的合作则主要以项目制的形式呈现。对于合作平台与项目，企业内部有完善的合作伙伴的评估机制。通常是由企业内的技术管理委员会负责，该委员会通常由研究院技术人员和外聘专家组成，对研究平台设立的可行性、研究开发工作计划、试验方案等进行研讨和审议。

（2）资源配置能力。研究院的研发活动主要依托各类平台，采用项目制形式开展。在项目来源上采用集团指定项目及研究院调研论证确认项目。除此以外，企业官方网站设立有开放性课题，供潜在合作高校进行项目合作。例如，2020年企业在企业国家重点实验室官方平台上公开征集药物制剂领域前沿技术合作研究项目，研发项目主要三个研究方向，分别是缓控释给药系统、微粒载药给药系统以及难溶性药物增溶技术的应用基础、制备技术与相关产品开发研究。

项目经过技术委员会诊断，研究院审批后，通常与高校合作团队签订合作研发协议或引进合同。通常，该合同采用企业—高校/政府部门固定格式，详细规定了研究目标、研究内容、双方合作与分工情况、经费投入及成果知识产权分配事项。企业技术研究院内有专设技术部持续跟踪项目的进展以及按照合同时段分拨经费等。

（3）技术协同能力。企业所属中药研究院长期与中国药科大学、沈阳药科大学、北京大学医学部、哈尔滨医科大学、上海中医药大学曙光医院、龙华医院、北京宽街医院、河南中医学院第一附属医院等30余家科研院所和医院建立了以项目为基础进行了产学研合作创新。企业所属仿制药研究中心长期以来一直与中国人民解放军军事医学科学院、中国科学院上海药物所、天津药物所、北京大学、中国药科大学等高校及科研院所保持紧密联系。协同对象的固定，加之前期的研究基础，使参与协同体的企业科研人员与高校人员，彼此非常熟悉，关系总体融洽，这为各类协同创新项目的顺利开展奠定了坚实基础。

药物的研发不同于其他产品，其开发过程需要经过漫长的流程，一款新药上市前通常经过药物探索（新药提取、合成、衍生物合成等）、药学研究（有效成分分析确证、药效级机制、药物代谢动力学）、临床前研究（安全型评价、毒代动力学）、临床研究（Ⅰ期、Ⅱ期以及Ⅲ期临床等）以及审批与上市等环节。通常，高校科研人员在药物开发的前端环节，如药物探索、药学研究方面比较有优势，而在药物开发的后续环节则相对薄弱。为此，企业采取了下列措施加强双方的协同能力的提升：①鼓励研究院研发人员与高校人员组成项目团队，彼此合作，协同完成；②在项目进行的每个阶段，都由双方研发人员就项目分阶段技术目标、开发方案定期或不定期的方式进行讨论，讨论确定后再实施，并做好药物研发各个阶段的研究数据及技术文档的归档工作；③企业会定期邀请合作高校教师到企业进行学术讲座，进行现场指导，解决企业的技术难题；④企业为配合药品的研发、中试、制造与销售，建立了非常严格的质量管理体系，严把过程“六关”：新品研发关、物料进场关、过程控制关、产品放行关、储存运输关及售后运输关等。

（4）学习能力。企业医药技术力量的提升与学习能力密不可分，企业所持有的学习能力可以使企业能够积极地识别、同化、转化并应用外部主体——高校的技术知识。①通过多渠道进行知识获取。企业通常会定期举办医学会议，力邀学界名教授、医院的临床医生参加，积极了解临床需求以及关注最新药学领域的最新研究进展，同时通过博士后流动站等博士生的培养，关注最新药科领域的最新研究进展。②企业内部开展多渠道活动，来进行知识表达及知识明码化。企业所属于各个企业会根据部门实际，编制操作流程手册，便于员工上位，通过举办沙龙进行制药经验交流、分享心得体会，同时积极鼓励团队研发以及采取学徒制。这些措施的采取增加了员工的群体意识，更重要的是将制药技术进行了分享，便于企业内部技术能力的提升。③企业内部开展多渠道活动，鼓励员工基于问题驱动，基于团队形式联合攻关，这些渠道活动包括内部培训、联合试制与研发。

7.4.4 校企协同联盟能力培育措施

通过调研，下列因素是企业采取的培育校企协同联盟能力关键措施，现分述如下。

（1）研发投入的持续支持。扬子江药业集团历年来非常重视创新研发投入，仅在“十五”期间集团投资于研发活动的资金就达10多亿元；“十一五”“十二五”以及“十三五”期间平均每年投资于创新研发的经费占到年销售额的5%以上。研发投入规模持续增加，投入强度相比较同业高出数个百分点，不仅为企业招揽科研人才奠定了基础，同时显著地增强了企业对于外来技术的学习能力。

（2）优质高校毕业生的招聘以及高层次科研人才的持续招揽。截至

2007年，企业拥有研发人员数256人，其中博士与硕士生人数分别是22人与66人，合计占研发人员数为34.38%，这在当时的江苏省民营医药工业领域的人力资源质量处于领先水平。经过10多年的发展，截至调研截稿，企业拥有研发人员总数近500人，其中博士以上学历60余人，硕士200余人，科研人员数几乎增长了1倍，博士与硕士比例增长了近2倍。特别是最近几年，企业持续加大高层次人才引进力度，2011年从美国引入某跨国企业研发副总担任研究院院长，邀请了15名国内外高校学者担任企业顾问，同时成功引进了30多名高层次科研人才加入企业研究队伍。这些优质科研人才的持续加入，为企业与高校在持续合作过程中提升了话语权，同时也加强了高校合作伙伴的辨识能力、与协同能力以及对高校科研成果的吸纳力。

（3）组织平台的构建且不断迭代更新。①第一阶段：2000年以前，初步构建了独立的研发中心。最初创建时只有5人，学历最高水平也就是大专文化水平，科研设备也比较落后，只有几台分析、制剂国产设备。经过10多年的发展，1998年扬子江药业集团成立国家认定技术中心，同时科研硬件条件也有极大提高，每个分中心均有独立研发场所，所有科研设备大部分为进口设备。1998年企业在泰州成立博士后科研工作站，并于2000年南京大学、北京中医药大学、南京中医药大学、南京理工大学、中科院上海药物研究所等5家高校、研究所共同参与组建的"南京海陵中药制造工程研究中心"。②第二阶段：2001~2004年，强化企业组织平台搭建。企业构建了上海海尼药业有限企业和四川海蓉药业有限企业博士后科研工作站，进一步强化了企业的组织平台建设。③第三阶段：2005年至今，企业迎来了平台构建的丰富期。这一阶段，在国家自主创新能力提升的大背景以及政策支持下，企业相继组建了中药制药工艺技术国家工程研究中心（国家发改委、2006）、药物制剂新技术国家重点实验室（国家科技部，2007）、中药集成创新技术平台（国家科技部，2008）、江苏省企业院士工作站（江苏省科技厅，2009）、创新药物研究与开发技术产学研联盟（国家科技部，2010）、中药质量控制重点研究室（国家中医药管理局，2011）、江苏细胞毒抗肿瘤原料药工程技术研究中心（江苏省科技厅，2014）、北京市呼吸疾病药物工程技术研究中心（北京市科委，2015）。

不仅如此，企业所有研发中心及平台接受研究院统一管理，研究院管理体制上实行独立建制，使之成为独立核算的实体。尽管江苏省（泰州）新药研究院的各技术中心建设地点较分散，但在管理体制上是统一接受江苏省（泰州）新药研究院的管理，不接受建设地所在的项目依托单位全资子企业的管理。同时，研究院将结合省共性研究实施平台的相关管理规定，建立适应科研机构特点的产权清晰、管理科学、激励和约束相结合的内部管理体系。

（4）构建研发人员激励体系，重视技术人才、关注“看门人”已有的技术积累。从研究院院长、各级研究中心的负责人，特别是研究院下属的技术管理委员会的人员组成都是具有深厚药学研发及制造的专业人员，这些具有丰富研发能力的“看门人”的选拔及培育对于提高企业与高校项目识别能力，研发过程中的沟通及执行能力以及对高校技术知识的学习能力具有核心重要作用。

不仅如此，企业还构建了相应的研发人员激励体系，最大限度地提升技术人才的积极性。研究院采用从上到下的两级承包制，即管理层和技术层的两级承包制，这样可以充分调动管理层的管理协调能力，又可充分调动技术层的科研工作积极性。在承包利益分配让研究院有成套可行的承包方案，同时对利益分配结果实行公示制，这样在最大程度上体现了公平、公正、公开的原则，另外，在该方案下可充分突出多劳多得、不劳不得、按劳计酬的精神。在考核上我们采用目标考核与过程考核相结合的考核体系，并将目标考核与承包奖挂钩、过程考核与月度工资奖金挂钩。

同时，在机制上研究院采用竞争上岗制，能者上，庸者下，采取理论考试与实践考试相结合的方针，对员工岗位进行重组，优化人员结构，使员工能够将自己的特长发挥得淋漓尽致。

7.4.5 高校—企业协同创新的结果

企业通过与众多高校开展协同创新的直接结果就是使企业的技术能力得到了大幅度的提升，随之而来的是高校合作伙伴越来越多（关系和谐度提升）、企业竞争地位越来越强。具体可以从扬子江药业集团的发展历程可以看出。

该企业的校—企协同创新大致经历了如下三个阶段：(1) 第一阶段：2000 年以前，该阶段集团技术创新方式主要是以产学研合作创新为主，兼有技术外购；该阶段形成的主导产品有胃苏颗粒、罗红霉素胶囊、板蓝根颗粒、银杏叶片、左克、碘海醇注射液等。刚起步的扬子江制药厂（扬子江药业集团前身）以板蓝根与速效伤风胶囊起家，因为自主研发能力比较弱，随之而来的企业技术获取只能通过外部引进，且产学研合作占了相当的权重。后经过中医泰斗董建华教授献方的基础上，二次研发成功开发出国家级纯中药新药胃苏颗粒；随即与南京大学、北京中医药大学、南京中医药大学、南京理工大学等高校合作，迅速成功获取地获取了罗红霉素胶囊、左克、碘海醇注射液等产品的研发及制造工艺，奠定了企业在中药研制、提纯及制造领域的初始技术。

(2) 第二阶段：2001 ~ 2004 年，该阶段集团技术创新方式主要是以产学研合作及自主创新并重。该阶段的合作对象除了依托原有的海陵中药制造工程研究中心以外，企业还构建了上海海尼药业有限企业和四川海蓉药业有限企业博士后科研工作站，通过博士后的培养，积极吸纳中药及生物药的技术知识，该阶段所形成的主要导产品有乳糖酸阿奇霉素、加替沙星注射液、达克罗宁胶浆等，进一步加强了企业在中药与生物药领域的技术力量。

(3) 第三阶段：2005 年至今，该阶段集团技术创新方式主要是以自主创新为主，产学合作创新为辅。该阶段形成的在研品种有 L - A、新型复方降血脂药等 20 多个一类新药。截至目前，该企业业已拥有仁苏等 5 个单独定价产品、胃苏颗粒等 5 个中国知名品牌产品以及秦苏等 51 个江苏省高新技术产品；产品经营范围涵盖呼吸/抗过敏、抗感染、麻醉镇痛、内分泌、心血管、消化、中药呼吸、肿瘤、中枢神经、中药消化与妇儿、造影剂及其他等 10 多个系列、涵盖 20 多种剂型、200 多个品规的产品体系。从中可以看出，产学研合作尤其是与高校的合作对该企业的成长与发展起到了非常重要的作用。这一时期企业高校合作对象则更加广泛，涉及北京大学、南京大学等国内众多药科类高校。

7.5　本章小结

优化协同创新行为是积极推进高校—企业协同创新过程，提升协同创新成功率的核心措施之一。理论界基于核心能力视角和战略联盟管理的背景，对优化协同创新行为提出了联盟能力的概念。本章试图结合校企协同创新的特殊情境，将联盟能力的思想应用于校企协同行为分析，并对该行为的科学性、合理性及高效性进行理论概括。在结合校企协同创新过程，理论推演出校企协同联盟能力的概念，并对其构成及作用机理进行阐述。

理论结合实践，通过研究发现，校企协同联盟能力是由伙伴选择能力、资源配置能力、技术协同能力与学习能力等职能子能力共同构成；校企协同创新成功可由关系和谐度、协同目标实现度、技术能力提升度、竞争地位提升度等来表征；在此基础上，构建了校企协同联盟能力与校企协同创新成功关系的逻辑模型，指出了校企协同联盟能力的培育应关注下列四类主要措施：加大研发投入、加强高层次科研人才的引进、在企业内部构建研发平台以及重视技术人才、提高“看门人”的能力，建立技术吸收的激励机制。最后以扬子江药业集团的高校—企业协同创新案例，论证了理论模型的合宜性。

| 第8章 |

基于联合决策的高校—企业协同创新模式选择研究

作为国家战略的顶层设计，产学研协同创新是多方联合行动的系统工程，其目的在于整合企业、高校、科研院所、政府等产学研各方及社会其他方面资源，是提升国家及区域创新能力的重要战略举措之一。产学研协同创新的关键措施之一在于加强高校—企业两大创新主体之间的联接与互动；这是产业和学术部门之间在知识的异质性、知识的公共物品属性和新制度选择逻辑的必然结果[181]。产学研创新实践表明，高校不仅是技术知识的生产者，而且是技术知识的传播者，在知识与技术存量的掌握上具有比较优势，企业在公共知识的吸收且产业化方面具有比较优势，因此企业与高校之间进行深度联接与互动，不仅可以在协同创新中实现资源与能力互补，而且可以推动经济结构调整及区域经济的持续发展。

现有产学研协同创新研究主要以产业组织理论、资源基础理论、交易成本理论等理论为基础，综合运用计量模型、以博弈论为代表的数理模型及案例分析为手段，以高校—企业联接（University - Industry Lingkage，UIL）为核心，着重围绕：(1) 概念、动因、机理及模式选择；(2) 产学研协同创新中的技术特性与知识管理；(3) 产学研协同创新的地理因素、制度环境及政府行为；(4) 产学研协同创新的效率评价及影响因素等四个方面展开[3]。

本章以高校—企业关系为对象，着重就其协同创新模式选择进行有针对性的研究，原因在于高校—企业协同创新模式是联接高校—企业两大创新主体所有匹配机制的桥梁，是落实职能定位与实现创新动机的物质基础、是整合各种实现机制（组织协同机制、知识协同机制及战略协同机制）的纽带，是实现创新效应的自然载体；从根本上说，高校—企业协同创新模式，是以两类主体协同创新过程为纽带，对高校—企业之间的协同创新资源及能力的一种制度安排，其有效选择对于高校及企业具有十分重要的战略意义。一方面，企业在协同创新过程中的模式选择会显著地影响其自身技术能力及创新能力的演化方向，如从高校进行技术许可通常只能对自身单元技术的提升具有显著的提升作用，但对于企业产品性能的整体改良、生产工艺的显著革新的影响却比较有限；相反，与高校共建实体则会涉及企业多项可能的生产工艺及产品技术，对企业的影响效应要广泛与深远得多。另一方面，高校在协同创新过程中的模式选择也会对自身教学、科研产生的显著的不同影响，如对企业进行技术许可为例，有相关研究表明，至多只能给参与许可的科研人员提供必要的研究资金，而在教学方面的影响有限；相反，与企业共同建立创新实体，不仅可以有利于高校学生的学习与毕业就业，让高校科研人员在获取必要科研资金的同时，也深刻理解企业实际技术需求，对于科研方向的拓展及研究生产率的提升具有显著促进作用。

总之，高校—企业协同创新模式有效选择不仅是维系企业创新成功与否的关键因素之一，同时也是高校实现教学、科研、产学研协同创新职能三大职能协同发展的关键因素之一[182]，对其进行理论研究具有重要意义①。

8.1 高校—企业协同创新模式及其选择理论

高校—企业协同创新模式，是指在一定的创新体制下，基于创新类型以及对高校、企业等主体的角色进行有效的职能定位基础上，围绕协同创新过程，对高校及企业之间的资源及能力进行协同优化进而达到组织协同、战略协同、知识协同的一种跨组织契约安排，目的主要在于推进技术的商业化运作，满足公共需求或者私有需求。高校—企业协同创新模式具有如下特点：(1) 创新体制是高校—企业协同创新的运作环境。创新体制主要反映高校—

① 也有学者认为，现代高校的三大职能是教学、科研、商业化；有关高校职能的探讨不是本书的研究重点，故不赘述。

企业协同创新下特定的国家创新体系，主要表现为如政府、中介机构、行业协会、科研院所等创新主体能够提供的资源（如科学仪器或设备、人才、资金、科学数据与信息、科技资源条件等）、环境（如市场、知识产权保护政策、法律制度、创新文化等）及服务（如技术转移、孵化器、管理咨询、教育培训等）等。创新实践表明，高校—企业协同创新模式的有效运作，创新体制具有极其重要的影响。(2) 高校—企业协同创新模式是围绕协同创新过程，跨越产业与学术部门之间的一种契约安排。大学和公共研究机构主要从事基础研究，基础研究的成果为公共知识形态，具有商业化目的的研究成为应用研究，将应用研究成果进一步转化为特殊的产品和工艺，这些是由企业来完成的。从基础研究到应用研究并商业化的过程中，不同的产学研创新模式下，创新主体高校及企业承担的创新角色及功能是不同的，这由参与合作的双方用契约的形式加以界定。(3) 高校—企业协同创新模式的核心在于对创新主体所掌握的资源及能力进行优化配置，遵循"互补性—差异性"和"成本—效率"的原则，充分调度合作双方的积极性，达到组织协同、战略协同及知识协同的运作水平[2]。(4) 高校—企业协同创新模式运作的根本目标，就在于推进技术的商业化运作，满足公共需求或私有需求。从创新的类型、特点及目的不同，可以把高校—企业协同创新分成公共产品协同创新、私有产品协同创新两个方面，其中公共产品协同创新主要是开发出公共产品，满足社会公共需求，获取社会效益兼顾部分经济效益；而私有产品协同创新则主要开发出创新产品，满足私有需求，获取经济利益兼顾社会效益。高校—企业协同创新模式的概念是一个由创新环境、过程、运作水平及目标构成的严密逻辑整体；如有研究按照创新的类型、主体以及创新过程中资源与能力的优化配置的角度出发，从高校—企业关系出发，归纳出两种典型的"产学研"协同创新模式：以高校为主导兴建的企业模式以及以企业为主导的集成创新模式[183]-[184]。

8.1.1　高校—企业协同创新模式选择的影响因素

高校—企业协同创新模式的选择受多种影响因素的综合影响，国外研究可以参看第1章表1-2，这里不再赘述。在国内，学界多认为企业战略及规模、研发强度、技术能力、高校的声誉、学科特点及研究人员的专业特质是常见的产学研协同创新模式选择的典型影响因素。综合现有研究来看，有关高校—企业协同创新模式选择的影响因素归纳并没有形成一个完整的系统性体系。

8.1.2 高校—企业协同创新模式的类型、特征及特征的综合表征

高校—企业协同创新模式的类型、特征及特征的综合表征可以参看第3章3.4节的内容，这里不再赘述。

8.1.3 高校—企业协同创新模式选择的理论

高校—企业协同创新模式选择决策无论是对企业生存与发展，还是高校服务区域经济都起到了重要的推动作用。其有效选择过程受到众多因素的综合影响。目前，有多种理论就各种因素对模式选择的作用机理进行了有效解释，归纳起来，主要有：(1) 交易成本理论；(2) 资源基础观；(3) 产业组织理论；(4) 内部化理论；(5) 组织学习理论；(6) 社会嵌入理论；(7) 实物期权理论；(8) 非对称信息理论；(9) 代理理论；(10) 消化理论等。如表8-1所示，各种理论对于模式选择所提供的主张不尽相同，关注的核心影响因素与立论基础也存在显著差异。尽管如此，各种理论之间并不是相互排斥的，而是相互补充的，其有效整合可以为全面阐述高校—企业协同创新模式选择行为奠定了丰富的理论基础。

表8-1 各种理论应用于高校—企业协同创新模式选择的主要观点

理论流派	主要观点	关注的核心影响因素
①交易成本理论	协同创新模式选择的关键在于不同的模式带来交易成本降低程度不同	交易成本主要受到不确定性（包括技术不确定性、行为不确定性以及需求不确定性）、交易频率以及资产专用性三类因素的交叉影响
②资源基础理论	企业—高校自身技术资源的充裕度与内在能力的不同充分决定了模式的选择，企业—高校通常会选择自身最擅长一种模式	各种模式有效运作对资源投入量与研发能力的要求等

续表

理论流派	主要观点	关注的核心影响因素
③产业组织理论	企业—高校的创新环境将显著影响模式选择的结果	吸纳体制、市场规模、政府对特定模式的支持力度以及市场竞争程度等
④内部化理论	在市场调节不完全情形下，企业—高校更有可能选中自己能够高度掌控的模式，降低协同过程中所花费的内在组织成本	管理能力、组织规模、市场竞争程度
⑤组织学习理论	技术能力积累具有累积性特征，协同创新模式的选择具有显著的路径依赖性，这取决于企业—高校自身特定组织学习行为	创新模式的运营经验及选择历史
⑥社会嵌入理论	行为主体所嵌入的网络为行为主体的行为提供了各种资源，同时也限制了行为主体行为可能选择的范围，反映在创新模式选择上，即协同创新模式选择具有强烈的路径依赖特征	协同创新模式运营经验及选择历史
⑦实物期权理论	企业在固定投入与相机选择投入方面存在收益的差距，由于不同模式自身柔性不同，在面对协同创新过程中各种不确定性时其可塑性存在差异，因此需要加以选择；当不确定性很低时，选择高控制固化的模式，相反则选择更加柔性的模式	技术不确定性、商业的不确定性与技术的动态性等
⑧非对称信息理论	信息的不对称程度会有效影响模式的有效选择；各种协同创新模式在降低潜在合作双方信息不对称方面存在差异	技术距离、空间距离等
⑨代理理论	委托—代理行为会显著提升创新模式选择的成本；通常，相比较无委托—代理行为时，委托—代理行为下的企业经理或高校管理人员更倾向于选择更加偏离组织控制的模式，以扩大可控资源的数量	所有权结构、差异化战略的水平
⑩消化理论	当潜在合作双方的任何一方能够有效整合对方资源时，偏向于采取高控制固化的模式，相反则选择更加柔性的模式	经营规模的平衡性

资料来源：根据文献阅读整理所得。

8.2 高校—企业协同创新模式选择

8.2.1 高校—企业协同创新模式选择及其影响因素关系的内在机理——案例实证

明确各类高校—企业协同创新模式内在特征方面的差异性是正确且有效选择适宜模式的前提与关键。进一步地，高校—企业协同创新模式选择问题研究，核心在于弄清影响模式选择的关键因素，明确影响因素对模式选择的作用机理。考虑到此研究目的，加之协同创新模式选择问题通常处于技术项目层次，属于技术创新过程中微观决策的范畴，因此，非常适合用案例研究的方法进行探讨，正如 Eisenhardt[185] 所述，案例研究方法主要适合进行解释性与探索性的研究。由于高校—企业之间针对单一技术项目，其协同创新模式选择决策所考虑的核心影响因素是非常有限的，具有典型性与个案特征，无法对模式选择决策的所有环节进行解析，在此情形下，运用多个高校—企业组合案例的方式将更为合适。

表8-2列示了本章研究所要用到的主要的校—企协同创新样本：案例8-1是在文献［186］的基础上整理、案例8-9来源于文献［187］，其余样本主要基于课题组对我国校—企协同创新实证调研的结果整理所得。多样化的研究信息可以使案例研究基础更加坚实有效。

表8-2 高校—企业协同创新模式选择及其影响因素关系研究的样本

案例名称	标识	高校—企业协同创新模式类型	关注的影响因素
奇瑞汽车股份有限公司校企协同案例	案例8-1	非正式模式：企业员工培训；正式模式：技术外包、研发合约、共同研发等模式共建实体模式	已累积的无形资源、先前模式运作经验
国内高校——通过兴办新企业模式进行校企协同创新案例	案例8-2	兴办新企业模式	高校商业化定位水平
温州医科大学——中国基因药谷案例	案例8-3	共建实体模式	院、系质量及研究人员水平

续表

案例名称	标识	高校—企业协同创新模式类型	关注的影响因素
扬子江药业集团——药物研究院案例	案例8-4	共建实体模式	技术距离
山东大学——山大地纬校企协同案例	案例8-5	兴办新企业模式	先前关系紧密度
温氏股份——校企协同创新案例	案例8-6	兴办新企业模式	创新技术的水平
常州爱思特净化设备有限公司——校企协同案例	案例8-7	咨询、技术服务提供	与技术相关的不确定性
徐工机械——校企协同案例	案例8-8	共建实体模式	资产专用性
沈鼓——大工研究院、聚龙——辽科大国家工程技术中心	案例8-9	共建实体模式	政府支持

资料来源：企业调研及查阅文献所得。

以下就影响因素对高校—企业协同创新模式选择作用机理所作的探讨，主要按照以下顺序进行：首先，基于绪论的相关理论与实证研究成果，归纳出影响模式选择的关键因素，并就各因素对模式选择的作用机理归纳出相应的推论，在此基础上，运用案例进行佐证。

如图8-1所示，高校—企业协同创新模式的选择可以用式（8-1）来表示，即：

$$Y=f(E,U,E-U,T,I) \tag{8-1}$$

其中，Y表示高校—企业协同创新模式，E，U，E-U，T，I分别表示影响模式选择的五大类影响因子：企业特征维（Enterprise Characteristic Dimension）、高校特征维（University Characteristic Dimension）、高校—企业关系维（University-Enterprise Relationship Dimension）、技术维（Technology Dimension）及产业环境维（Industry Environment Dimension）。企业特征维中包括的影响因子主要有无形资源、所有权结构、先前模式运作经验及差异化战略等；高校特征维主要包括高校的商业化定位、院、系特征及研究人员个人特征；高校—企业关系维主要包括技术距离、空间距离、规模的平衡型以及先前关系的紧密度等；技术维主要包括新技术的水平、新技术的不确定性、新技术开发成本、资产专用性及新技术标准化需要等；产业环境维主要包括新产品需求规模、新产品市场竞争程度、新产品市场变动程度、吸纳体制及政府对具体模式支持程度等。

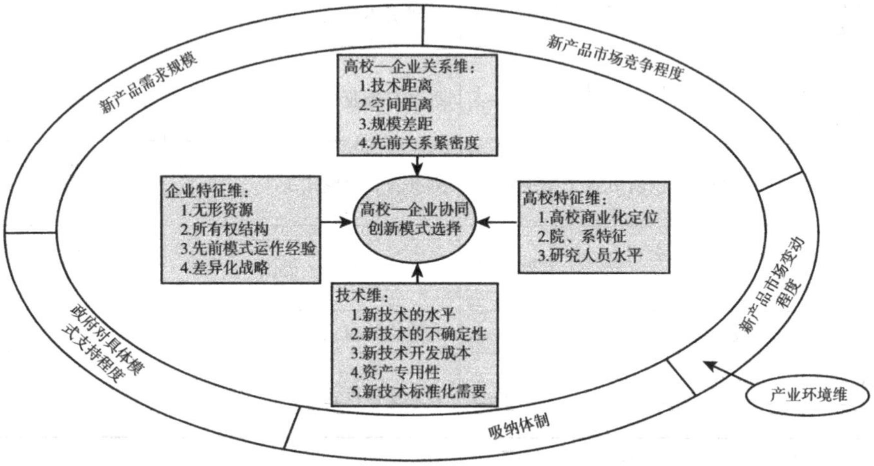

图 8－1　高校—企业协同创新模式选择的关键影响因素

各类影响因子对模式的影响机理主要表现在对各类模式的协同度水平的要求上，反映了各类因子对于模式选择的内在要求。下面具体阐述各种因素对于模式选择的作用机理。

（1）企业特征维。

企业自身状况及特点会显著影响协同创新模式的选择。企业特征维影响因素主要包括企业所掌控的无形资源质量、所有权结构、先前模式运作经验、企业差异化战略水平等。这些因子对协同创新模式选择的影响主要反映了资源基础理论、演化经济学的核心主张。

①已累积的无形资源。企业所累积的无形资源涵盖广泛，与具有实体的有形资源相比，无形资源主要指拥有价值但没有物理实体的一系列资产，其是市场成功的主要驱动力。在技术创新及管理领域，企业所掌控的技术能力是无形资源最典型的代表，其通常可以用企业研发人员数量及专利数来衡量。

技术能力是企业综合利用各种技术资源及其相关的其他资源，帮助企业增强竞争力的能力。杰出的企业之所以能够通过技术创新，成功地提升企业绩效并增强企业竞争力；其直接原因在于企业内部具有价值性、异质性、难以模仿性和难以替代性的，且能够承担创新过程各阶段任务的内在技术能力。企业竞争优势的根源在于利用有价值的、稀缺的、难以模仿的和难以替代的技术能力；其是建立在能力异质分布和能力差异可以长期保持的两个假设的基础上。

技术能力的价值性、稀缺性、难以模仿性和难以替代性等特征对协同创新模式的选择影响巨大；其对模式选择的影响正是因为技术能力的异质分布和差异性。当企业参与协同创新时，参与企业为防止技术能力的转移或外泄，同时更是为了能够更好地在优势技术进一步加强的考虑，越不可能采取协同度低的创新模式。

［**推论 8－1**］当已累积的无形资源（技术能力）会对企业绩效促进作用越大时，企业通常会选择协同度高的协同创新模式。

②先前模式运作经验。企业技术水平是不断提升的，技术能力的增强呈现明显的累积性特征；Arthur 和 Garud[188－189] 的研究进一步表明，技术获取和创造具有路径依赖性；企业新的产品与工艺技术开发多始于以往成功开发技术的相邻领域，企业技术能力有可能被局限在过去的技术成果里。实际上，技术知识分为两种，包括显性技术知识与隐性技术知识，两种知识都是嵌入组织内部，具有路径依赖特征；因为从组织学习的角度来看，组织需要在现有知识及能力开发与新知识探索之间求得平衡[190]。技术能力的累积性和路径依赖性与各种模式的运作经验紧密联系；因为协同创新模式选择对技术能力的增强具有导向性作用；技术能力的获取、保持与提升不仅是模式选择与有效实施的结果，而且是在多次事务处理过程中，由运作经验所形成的、能够重复执行的、稳定的和可以预测的诀窍（Know－how）或程序性知识。

企业参与和高校的协同创新过程，其协同创新模式运作的经验，一方面可以有效帮助企业快速而准确地界定技术获取的目标，减少创新标的搜索成本；另一方面，在技术开发过程中，员工因为具有相似的技术期许与诀窍认知，因而可以降低技术获取的风险，避免很多不必要的投入浪费，模式的运作绩效考核规范化也会推动员工参与技术开发过程的积极性、主动性与创造性。以校企合作开发技术为例，协同创新模式的运作经验一方面可以减少合同签订过程中隐性成本；另一方面，模式的运作经验体现为特定的组织惯例——协同联盟能力，由此也可以更好地实现组织间的有效协同，降低技术开发合约的履约成本。先前校企协同创新模式运作经验可以用该协同创新模式运作的数量来衡量。

[**推论8-2**] 先前校企协同创新模式运作经验，会显著地影响企业对同样模式的选择。

案例8-1 奇瑞汽车股份有限公司成立于1997年，注册地位于安徽省芜湖市经济技术开发区长春路8号。经营范围包括生产、销售汽车产品，生产、销售发动机；经营其自产产品的出口业务，同时生产所需的原辅材料、仪器仪表、机械设备、零配件的进口业务；技术服务及技术交易；汽车及机械设备租赁；实业投资，金融投资，增值电信业务经营。经过20多年的坚持不懈，奇瑞业已成为自主创新的典范，自主品牌的旗帜；目前，奇瑞汽车股份有限公司对外投资36家公司，具有4处分支机构。

奇瑞之所以能在短短的20余年时间内，发展成为目前地企业的规模。通过深入调研发现，该企业始终坚持构建以企业为主体的“产学研”技术联盟，通过与高校或科研院所的合作，走依靠合作技术创新的企业发展之路是重要原因之一。表8-3为奇瑞汽车股份有限公司在其发展过程中主要的技术获取资料。

通过表8-3中2003~2009年的奇瑞校企合作进行技术获取的资料可以看到，企业在这一主要通过技术外包、研发合约及共同研发等模式，与包括上海交通大学、安徽大学、华中科技大学、合肥工业大学、复旦大学及哈工大等国内多所学校进行校企合作，获取与汽车整车及零部件有关关键技术，合作形式主要以项目制方式开展，模式选择具有继承性，论证了推论8-2的研究结论。

表8-3　奇瑞汽车股份有限公司通过校企合作进行技术获取数据

时间	技术获取核心事件	协同创新模式
1997~2002年	与合肥工业大学实行联合办学，成立合肥工业大学奇瑞研究生研修班，进行员工培训	企业员工培训
2003~2009年	①与上海交通大学的纯电动轿车整车开发；②与安徽大学的汽车机器人技术、发动机控制系统程序设计、自动变速系统程序设计、控制系统的功能测试仪器开发、漏气检测技术等合作项目；③与华中科技大学的电机及其控制系统研究与开发；④与合肥工业大学的混合动力轿车研究；⑤与复旦大学的汽车智能照明系统控制的开发；⑥与哈工大联合制造智能机器人合作项目等	技术外包、研发合约、共同研发等模式
2010年至今	组建汽车工程研究总院、中央研究院、规划设计院、汽车试验技术中心等，构建与国内外大专院校、科研院所等进行产学研联合开发的研发体系	共建实体模式

同时，该企业在校企合作过程中，虽综合采用了多种高校—企业协同创新模式来增强自己的技术能力，且在技术能力成长的不同阶段，该企业根据自身实际情况，灵活多变地选择了不同的高校—企业协同创新模式；但是可以看出，伴随着自身技术能力的增强，所掌控的技术资源越来越丰富，该企业所选择的协同创新模式，其协同度呈现明显递增的趋势。如在企业发展之初，由于规模小，实力不强，很难吸引到一定量的高水平技术人才，但是为了能够实现汽车整车的制造，采取与合肥工业大学等合作进行员工培训等非正式模式来获取人力资本。伴随着公司实力的进一步增强，其开始采取了技术外包、研发合约及共同研发等模式等协同度较低的协同创新模式，从高校获取所需的技术；这样做的原因，既能获取所需的技术，同时又能节省创新的成本，分散创新的风险，加快技术创新的速度。但当该企业达到一定规模、技术能力的进一步增强以后，开始组建汽车工程研究总院、中央研究院、规划设计院、汽车试验技术中心等组织实体，与国内外大专院校、科研院所开展长期合作，致力于汽车技术的持久升级换代。奇瑞校企协同创新模式的历史表明，论证了推论 8－1 的合宜性。

③所有权结构。所有权结构对模式选择决策的影响，主要体现了委托—代理理论的核心主张。委托—代理理论认为，企业股东与经理之间是典型的委托—代理关系。职业经理人通常为提升自身的工作绩效、扩大自己在组织的影响力与控制范围，容易出现“短视”行为，会片面追求企业在短期内的膨胀。这一特征反映在技术获取层面，通常会促使企业选择协同度高的模式来获取创新技术。这种行为主要由于代理成本所致，其根源在于企业的所有权结构。企业所有权结构通常可以用内部人或机构投资者持股比例来衡量。

在企业技术获取过程中，内部人持股比例的增加与大的外部机构投资者持股比例的增加，都会显著降低职业经理人的此种行为，原因在于两者都能够很敏锐地对职业经理的技术获取决策进行监督，较之分散的小股民以及规模较小的利益相关者，相对来说，可以有效规避代理成本过度上升。

［推论 8－3a］当内部人持股的比例越高时，企业通常会选择协同度越低的协同创新模式。

［推论 8－3b］当外部机构投资人持股的比例越高时，企业通常会选择

协同度越低的协同创新模式。

④差异化战略的水平。企业差异化战略的水平对协同创新模式的影响主要表现在正反两个方面，从正向影响来看，主要原因有三个：第一，资源基础理论认为，企业创新绩效不仅依赖于企业资源，而且依赖于跨行业之间，资源的有用性以及不同资源在整合方面所表现出的潜在规模经济特征。交易成本理论也认为，当交易活动多样性增加时，组织结构需要频繁变更，内部的组织成本会显著提升；协同度高的高校—企业协同创新模式可以为组织结构的变更提供了更大的空间。资源整合的经济性及交易成本的节约是此因子对协同创新模式选择决策正向影响的主要原因。第二，代理理论研究认为，由职业经理人所制定与实施的企业差异化战略，通过组织业务的多元化可以有效降低组织的运营风险进而可以稳固职业经理人的回报、威望与组织地位。因此，企业差异化战略的水平与职业经理人在企业的持股比例是负相关的，由推论 8 -2 的研究结论可以有效支持此种结论。第三，企业的差异化战略通常源自先前的组织兼并，由此，差异化战略的企业通常具有丰富的组织兼并经验，反映在技术获取层次，即表现出丰富的技术兼并模式运作经验，由此，会促使企业选择协同度高的高校—企业协同创新模式。

一些研究人员则表示，在 20 世纪 80 ~ 90 年代所发生的一系列企业重组活动，从根本上讲，在于扭转企业战略的过分差异化，假如这一现象属实，反映在技术获取层次，企业将会选择协同度低的协同创新模式。企业差异化战略的水平可以用新产品与旧有产品的关联度指标来衡量。

[推论 8 -4a] 当差异化战略的水平越高时，企业通常会选择协同度越高的协同创新模式。

[推论 8 -4b] 当差异化战略的水平越高时，企业通常会选择协同度越低的协同创新模式。

（2）高校特征维。

高校自身状况及特点会显著影响协同创新模式的选择。高校特征维影响因素主要包括高校商业化定位、院、系质量及研究人员水平等。

①高校商业化定位。高校商业化定位对协同创新模式的影响主要表现在两个层面：首先，从高校的战略定位的影响来看，高校利用其优势，单独或与企业共同提出有价值的、满足社会需求、解决技术难题的技术方案，并实

现商业化应用，是高校对产业创新的主要贡献方式。因此，高校商业化定位水平不仅要求高校在人才培育以及科学研究等传统职能上更加重视，而且要求高校将现有的科研成果转化为商业应用上。因此，商业化定位浓厚的高校，更愿意与企业在合作教育、实验室共建、协同创新等领域进行广泛的合作，也更有动机同时也更有经验采用协同度高的协同创新模式来实现高校成果或专利的商业化。其次，从高校的商业化定位的执行层面来看，商业化定位浓厚的高校更有可能采用开放式创新战略，在人才选聘的应用导向、专业设置、配套管理机制等方面更加契合企业运行的需要；较之传统教学或科研定位高校来说，其更有能力采用协同度的协同创新模式。

［**推论 8－5**］当高校商业化定位的水平越高时，其通常会选择协同度越高的协同创新模式。

案例 8－2　以高校为主导兴建的企业模式是校企协同创新模式的高阶模式，属于协同度非常高的高校—企业协同创新模式。A 股上市公司中如紫光股份、紫光国微、信立泰、方正科技、方正证券、东软集团、华工科技、启迪环境、山大地纬等都是国内著名高校产学研协同创新的典型标杆。图 8－2 列示了国内高校控股上市公司的数量，可以看出清华大学与北京大学控股的上市公司数量排名靠前，其中尤以清华大学为最。著名的同方股份、诚志股份、紫光股份、启迪股份、阳光能源、紫光集团、博奥生物、科技创投、华环电子、赛尔网络、泽华化工、辰安伟业等都是清华大学控股或参股的上市公司。国内高校控股上市公司的数量基本反映了各高校在校办专业、学科以及产业商业化定位上的差距。图 8－2 有力论证了推论 8－5 的正确性。

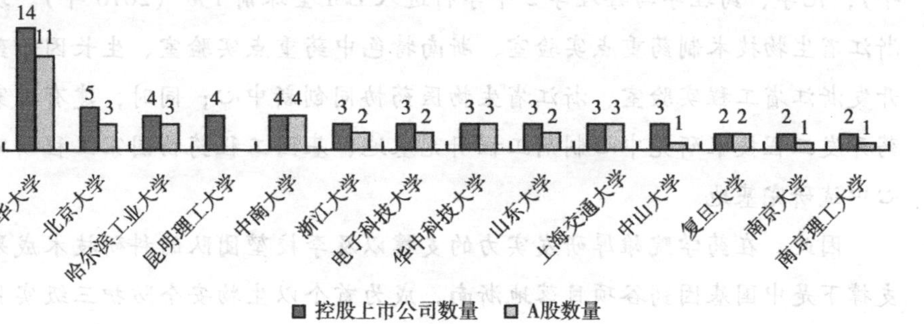

图 8－2　国内高校控股上市公司数量

数据来源：数据宝。

②院、系质量及研究人员水平。院、系质量及研究人员水平可以反映高校在某一领域业已累积的技术能力；前者可以用院、系拥有的经费数及研究水平，后者可以用研究人员拥有的经费数及声誉来衡量。通常，高校所累积的技术能力，是企业选择协同创新模式的核心变量之一。其技术能力的强弱及其与创新主体企业所累积的技术能力之间的互补性是选择此种模式的关键。由前述主体企业所累积的技术能力的概念的阐述，有如下推论成立。

[推论8-6] 高校院、系质量及研究人员水平越高时，其通常会选择协同越高的模式来获取新技术。

案例8-3 中国基因药谷项目是温州医科大学高校—企业协同创新的重要项目，该项目总面积约为148亩，总投资20.1亿元，将围绕中国工程院院士、温医大校长李校堃团队的科研技术成果，以重组蛋白药物、抗体药物、高端生物制剂的研发孵化和人才培养聚集为核心，打造国内一流、国际领先的国家级生物医药研发创新工程中心和产教融合基地。

可以看出，该项目属于协同度非常高的高校—企业协同创新模式；究其原因在于李校堃团队长期致力于以成纤维细胞生长因子为代表的基因工程蛋白药物的基础研究、工程技术和新药研发、临床应用和转化医学研究，并且在国际上首次将成纤维细胞生长因子开发为临床药物，并掌握了相关技术。其所在温州医科大学药学院科研实力雄厚：现有药学一级学科博士后科研流动站、药学一级学科博士点、药学和中药学一级学科学术型硕士点、药学专业学位硕士点；药学学科先后入选浙江省重中之重一级学科（2013年）、浙江省一流A类学科（2015年）、浙江省重点建设大学优势特色学科（2016年）；化学、药理学与毒理学2个学科进入ESI全球前1%（2016年）。现有浙江省生物技术制药重点实验室、浙南特色中药重点实验室、生长因子药物开发浙江省工程实验室、浙江省生物医药协同创新中心；同时，建有国家新药开发工程技术研究中心制剂工程研究基地、基因工程药物国家工程研究中心中试研究基地。

因此，在药学院雄厚研发实力的支撑以及李校堃团队的科研技术成果的支撑下是中国基因药谷项目落地浙南，成为首个以生物安全防护三级实验室为依托的重大单体制造业项目的核心原因，论证了推论8-6的合宜性。

(3) 高校—企业关系维。

高校—企业关系特征维也是影响协同创新模式的关键类因素。其主要包括高校与企业之间的技术距离、规模差距、先前关系的紧密度以及空间距离等。

①技术距离。技术距离是指高校技术研发与企业需求的差异性。企业与高校研发技术的差异性，对于高校—企业协同创新模式选择的影响可以用三种理论来解释：交易成本理论、资源基础理论与非对称信息理论。一方面，交易成本理论与资源基础理论都赞同，技术距离越接近，因协同度较高的模式越接近层级式组织，因此，其所具有的规模经济特征，技术整合所花费的成本就很低。同时，企业与高校的技术相关性强，则表明高校可以和其他竞争企业之间进行技术合作，进而对主体企业竞争力产生影响，因此，采用协同度高的模式以加强控制权，更加适用。另一方面，Balakrishnan 等[191]的研究表明，相比较联合体，对于兼并模式来说，企业因信息不对称的缘故，高估合作对象的成本会提升，所以联合体模式在信息披露方面优于兼并模式。同样，Gilson[192]在技术购买与联合体模式之间，就信息不对称因素也得出了类似的结论。将上述现象引入高校—企业协同创新领域，有理由相信，消除信息不对称的程度与模式协同度之间呈现正相关关系。因此，当企业与高校之间技术距离很近时，信息不对称的程度会下降很快，在此情形下，协同度高的组织模式，相对来说更加占优。

[推论 8-7] 企业与高校之间的技术距离越近时，双方通常会采用协同度越高的模式来获取技术知识。

案例 8-4　扬子江药业集团创建于1971年，是科技部命名的全国首批创新型企业。集团总部位于江苏省泰州市，现有员工16000余人，旗下20多家成员公司分布在泰州、北京、上海、南京、广州、成都、苏州、常州等地。2020年，扬子江药业集团以品牌强度945分，品牌价值505.95亿元的优异成绩再次夺得中国品牌价值榜医药健康板块品牌强度、品牌价值双第一。

药物研究院是扬子江药业集团旗下核心产学研研发合作平台（协同度高的协同创新模式）。该平台除了与中国人民解放军军事医学科学院、中国科学院上海药物所、天津药物所合作外，长期以来与北京大学、中国药科大学、沈阳药科大学等高校保持紧密联系，开展共建技术平台、技术合作、联合培养研究生等产学研合作，力图使新技术、新产品尽快走出实验室，真正实现其社会价值。目前，该平台下设化学药物研发技术中心、中药制造工艺技术研究中心、药物制剂技术工程研究中心及生物药物研发技术中心等四大技术中心，专职从事创新化学药物、现代中药、药物制剂新技术产品及创新生物药的研发。

药物研究院管理体制上实行独立建制，使之成为独立核算的实体。尽管集团内药物研究院的各技术中心建设地点较分散，但在管理体制上是统一接受药物研究院的管理，不接受建设地所在的项目依托单位全资子公司的管理。同时研究院将结合省共性研究实施平台的相关管理规定，建立适应科研机构特点的产权清晰、管理科学、激励和约束相结合的内部管理体系。在技术上，该研究院设立技术管理委员会，由研究院技术人员和外聘专家组成，对研究院的规划、研究开发工作计划、试验方案等进行研讨和审议，并向研究院提供技术、市场信息和经济咨询等。

通过咨询该平台刘博士，知晓该平台产学研合作机制主要是以项目为龙头，以成果的市场价值为标的，以责、权、利要统一为原则，按市场化方式运作，形成紧密型产学研合作。在具体项目选择上关注：第一，与在专业上有积累、有能力的大学、研究所共建实验室或工程技术中心；第二，与研究院所内有专业能力的人才共同组建项目团队，开展相关研发工作；第三，前期技术成果或已有知识产权的引进（推论 8 -7）。

②规模差距。高校与企业规模的差距对于协同创新模式选择的影响，反映了消化理论与非对称信息理论的主张。Hennart[193]所提出的“消化”理论认为，因规模的不经济性，若两企业合并，合作的两个企业中的任何一方都无法有效地“消化”对方，在此情形下，联合体模式更加有效。在此基础上，Hennart 等[194]通过实证研究认为，在同一行业中，当规模对称时，联合体模式相对兼并模式更加普遍。这一结果与 Balakrishnan[191]等的信息不对称主张是呼应的，所以 Reuer 等[195]认为消化理论与信息不对称理论是互补的。借鉴 Villalinga 等[196]的观点，并将“消化理论”引入高校—企业协同创新领域认为，高校与企业之间的规模差距越大，其越有可能采用协同度高的模式。

［推论 8 -8］ 当企业与高校之间的规模越大时，双方会选择协同度越高

的模式来获取创新技术。

③先前关系紧密度。很多理论都表明，企业与高校先前的合作关系对于协同创新模式的选择会产生显著的影响，可以用先前某一模式运作的数量来衡量。社会嵌入理论认为，若高校与企业先前存在合作创新经历，则他们之间更可能采用同样的合作创新方式继续合作，这一论断被众多实证研究所证实[197-198]。因为高校或企业社会关系的嵌入性，先前的合作经历可以进一步提升彼此之间的信任程度。实物期权理论也认为，先前具有合作创新，采用技术联盟历史的企业，在其随后的企业行为中，通常会采用联盟模式，因为先前的经历给当下的运作提供更有价值的选择[199]。Villalonga 等[196]的研究表明，不仅联盟方式的采纳具有历史继承性，组织兼并或其他模式都具有这种历史传承特点。将上述分析引入高校—企业协同创新模式选择领域，有如下命题成立。

[推论 8-9] 当企业与高校之间先前更多地选择某一模式来运作，双方通常会选择相同或相似协同度的模式来获取创新技术。

案例 8-5　山大地纬为 A 股上市公司，作为新兴软件开发企业，该公司是专注于政务、医保医疗、用电等领域信息化建设的行业软件解决方案提供商和服务商，主要面向政府部门、医疗机构、国家电网及下属企业等客户提供行业新兴应用软件开发、技术服务及系统集成等。山大地纬是山东大学所属的上市平台，因为属于校企上市平台，其技术获取过程中也与山东大学母体进行了产学研合作。表 8-4 列示了该公司与山东大学功过共同研发模式推进的校企合作研究项目。这些项目的推进表明高校—企业协同创新模式的选择具有"继承性"特征（推论 8-9）。

表 8-4　　山大地纬通过校企合作进行技术获取数据

序号	项目名称	起止时间	合作内容	承担单位
①	云计算大数据分析 PaaS 平台研发与应用示范	2015.7～2017.12	公司作为项目承担单位，负责牵头组织项目实施，对项目整体负责。负责设计基于云计算的大数据分析 PaaS 平台模式，制定 PaaS 平台应用开发规范，进行 PaaS 平台研发，并完成应用示范工作。山东大学电子商务研究中心作为项目合作单位，负责攻克 PaaS 平台的相关技术	山大地纬

续表

序号	项目名称	起止时间	合作内容	承担单位
②	基于“互联网+”的智能用电海量数据分析与全社会公共服务平台	2016. 1 ~ 2019. 12	公司提供配套资金1000万元，配备50人以上技术团队，提供稳定可靠的技术研究、软件开发、测试等环境；山东大学将为本项目配备具有多年项目研究经验的优秀团队，协助申报人完成项目相关技术攻关	山大地纬
③	基于云计算的智能用电大数据分析与公共服务平台	2016. 1 ~ 2017. 12	山东大学负责关键技术研究、系统架构设计；公司负责平台的开发及推广	山东大学
④	基于分布式计算框架的大图数据分析平台研发	2016. 1 ~ 2017. 12	山东大学负责关键技术研究、系统架构设计；公司负责平台的开发及推广	山东大学
⑤	支持应用敏捷自适应与互动创新的高可信大数据应用支撑平台关键技术研发	2016. 1 ~ 2018. 12	山东大学总体负责项目组织实施，负责支持应用敏捷自适应与互动创新的高可信大数据应用支撑平台关键技术研究；公司负责支持应用敏捷自适应与互动创新的高可信大数据应用支撑平台研发，并完成应用示范工作	山东大学
⑥	自主可控的许可区块链支撑平台研发及其应用示范	2017. 7 ~ 2019. 12	公司作为项目的牵头单位和项目责任单位，负责组织项目申报材料的准备，提交，协调答辩准备等相关事宜；牵头组织项目实施，对项目整体负责。山东大学负责相关技术研究	山大地纬
⑦	基于区块链技术的“互联网+社会保障”智慧可信服务平台及产业化应用项目	2017. 1 ~ 2019. 12	公司作为项目承担单位负责牵头组织项目实施，山东大学作为协办单位负责相关技术研究	山大地纬
⑧	大数据驱动的全流程智能医疗健康服务关键技术与平台研发	2018. 6 ~ 2020. 12	山东大学负责研究精准个人健康画像、医疗健康知识图谱、个人医疗健康大数据特征表示学习，临床路径挖掘技术，基于深度学习的疾病预测模型与方法及医疗服务监控与流程优化关键技术；公司负责智能医疗健康服务平台研发与应用示范，医疗服务流程优化技术的应用等	山东大学

续表

序号	项目名称	起止时间	合作内容	承担单位
⑨	基于机器学习的智能创新方法关键技术研究与应用示范 – 智能创新方法集成与推广应用	2018.10 ~ 2021.9	山东大学负责牵头组织项目的申报工作，并根据申报时间具体协调参与单位进行项目申报；公司负责智能创新方法推广与应用示范	山东大学
⑩	可自主进化的智能软件平台研发及产业化项目	2019.1 ~ 2021.12	公司作为项目的牵头单位和项目责任单位，对项目整体负责，山东大学作为项目参与单位，委派专人参与项目部分技术研究	山大地纬

资料来源：公司招股说明书。

④空间距离。空间距离指的是高校与企业在地理位置上的毗邻程度。通常，高校与企业在地理位置上距离越近，其信息交互的途径相对会越多，这无形之中会降低协同创新过程中的信息不对称，促进高校与企业之间的协同。同时，双方在协同的过程中，因为距离较近，信任度也会较高；在双方协同的过程中，为了防止协同不良效应的产生，双方也会尽力达成协同创新目标。因此，高校与企业之间空间距离越近，其通常会选择协同度越高的模式，反之，亦然。

[推论8–10] 高校与企业空间距离越大时，其通常会选择协同度越低的模式来获取创新技术。

（4）技术维。

所要获取创新技术自身属于协同创新模式选择的核心类影响因素，其主要包括创新技术的水平、与技术相关的不确定性、投入成本、资产专用性以及新技术标准化的需要等。

①创新技术的水平。获取创新技术是高校与企业进行协同创新的根本动机之一。其刻画了协同创新模式选择的基本方向与活动的主要内容，对模式选择具有导向性作用。由此，所要获取的创新技术水平直接决定了协同创新模式可能的选择范围。从知识论的角度看，技术知识的水平通常用新技术与已有技术相比的突破性程度来衡量，具体来说，可由其宽度、深度、速度与清晰度等四个维度来表达。宽度指的是高校与企业通过模式运作所要获取技术知识的多样化程度，一般地，知识宽度与创新过程的覆盖面呈正相关；深度代表了技术知识的专业化程度；速度代表了技术知识获取的时限；而清晰

度则界定了企业与高校对所要获取的技术知识宽度、深度、速度以及关联度的认知程度。一般来说，创新技术的水平与技术知识的宽度、深度、速度正相关，与清晰度负相关。

［推论 8－11a］ 高校与企业所要获取的创新技术水平与其宽度、深度、速度正相关，与清晰度负相关。

一般来说，技术知识获取的宽度越广，其越可能采用内部研发或股权型技术联盟等协同度高的模式；相反，比较单一的技术知识获取则可能采用协同度较低的模式，实证研究同样证明了此点[200]。随着技术知识获取深度的加强，技术开发的复杂性、不确定性以及创新主体行为的不确定性会相对提升，资产专用性会提升，同时交易的频率不会太频繁，因此会拉升交易成本，需要协同度高的模式来匹配。而技术知识获取的速度则通常与模式的协同度呈现负相关，例如，自 20 世纪 80 年代以前，企业间的合作研发主要以股权型技术联盟为主要表现形式。在此以后，特别是在网络经济的发展的影响下，技术开发的过程更加强调时效性，促使更多企业关注技术知识获取的速度，在此状况下，企业间的合作研发所采取的模式，则以非股权—整合型或非股权—交易型技术联盟为主要表现形式。同样的逻辑可以应用到高校—企业协同创新领域。

［推论 8－11b］ 企业与高校通常采用协同高的模式来获取宽度广的技术知识。

［推论 8－11c］ 企业与高校通常采用协同度高的模式来获取深度强的技术知识。

［推论 8－11d］ 企业与高校通常采用协同度低的模式来获取速度快的技术知识。

进一步地，技术知识获取的宽度、深度、速度可以有效表明知识获取的复杂性程度。交易成本理论认为，技术知识越是复杂，由于信息不对称，简单的市场交易形式越容易出现机会主义行为，从而导致交易成本提升。同时，由于知识获取的复杂性程度的提高，创新的投入水平与风险水平也会相应提升，为分散技术风险与市场风险，资源基础理论认为，企业与高校不太可能通过内部研发的方式来获取知识。因此，随着创新复杂度的提高，企业与高校通常会通过技术联盟的方式来获取技术知识。

[推论 8－11e] 企业与高校通常采用技术联盟模式来获取宽度广、深度强且速度快的技术知识。

一般地，企业与高校对创新过程的熟悉程度越强，由于技术获取过程风险的降低，其通常会对模式的灵活性要求降低，而越关注于对模式运作的控制以及更强调关系的紧密性，此时协同度高的创新模式会越适合。

[推论 8－11f] 企业与高校通常采用协同高的模式来获取清晰度高的技术知识。

实际上，推论 8－11 的结论可以说明很多实证研究成果，特别是技术生命周期对企业协同创新模式选择的影响。有实证研究表明，技术生命周期对协同创新模式选择会产生显著的影响。例如，Ford[201]的研究曾表明，在技术生命周期的早期阶段，内部研发模式通常被采纳；在技术生命周期的中期，研发合作模式通常会被采用；而在其晚期，则会采用技术购买模式。有学者指出，企业所要获取的创新技术，其越是先进，通过技术联盟进行合作创新越缺乏吸引力[202]。上述实证表明，技术生命周期所处的阶段通常与模式的协同度呈正比。实际上，技术生命周期的模式选择的作用机理，其本质上取决于所要获取的创新技术的水平，技术生命周期越早，其所要获取的技术水平也越高，其所采用的创新模式协同度也越高，反之，亦然。所以由推论 8－11 可以直观地获得此结论。

案例 8－6　温氏股份是我国 A 股上市公司中肉鸡、肉猪年出栏量最大的企业，同时也是首批 151 家农业产业化国家重点龙头企业之一，目前已通过农业产业化国家重点龙头企业第八次监测（有效期至 2019 年 12 月底）。公司的主要业务是黄羽肉鸡和商品肉猪的养殖和销售；兼营肉鸭、奶牛、蛋鸡、鸽子、肉鹅的养殖及其产品的销售。同时，公司围绕畜禽养殖产业链上下游，配套经营屠宰、食品加工、现代农牧装备制造、兽药生产、生鲜食品流通连锁经营以及金融投资等业务。2019 年公司实现营业收入 731.2 亿元，同比增长 27.75%，实现归属于上市公司股东的净利润 139.67 亿元，同比增长 252.94%；公司销售肉鸡 9.25 亿只，销售肉猪 1851.66 万头。

温氏股份成功要素有很多，从技术层面来说，其更多得益于长期与高校的技术合作。作为养殖业来说，养殖技术的获取是关键；其涵盖范围广泛，主要有家畜（禽）育种、饲料营养研究、猪（禽）病疫情监测和疾病防治、经营管理、技术培训等（技术知识宽度广），且每一项技术又需要足够的专业壁垒（技术知识深度强），且一旦掌握可以长期循环使用（技术知识速度变化相对较慢）。以生猪养殖为例，查阅相关资料可以发现，我国生猪养殖产业和国外的差距主要在于：(1) 育种方面：育种技术总体上仍有3~5年的差距，且育种技术的应用面不广；育种企业普遍规模较小，实力不强；种猪性能尚有一定差距，市场上种猪质量参差不齐。(2) 饲料加工：国内数字化、信息化的饲料加工技术还不成熟，尚未智能化管理；原料及成品料的散装储运技术、饲料热敏原料后喷涂技术等在国外应用广泛，国内还有较大差距。(3) 育肥方面：国内肉猪饲养规模小，猪舍自动化程度低，生物安全硬件不足，饲养主体以散户为主，饲养水平和效率偏低。(4) 屠宰加工方面：国内屠宰行业准入门槛低，规模企业少，生产的自动化程度低，产品附加值不高。因此，公司为了克服养殖技术短板（技术清晰度很差），1992年主动与华南农业大学动科系签订了长期技术合作协议——温氏拿出公司10%股权换取对方的技术支持；在此基础上，1994年和2002年成立了广东温氏南方家禽育种有限公司和广东华农温氏畜牧股份有限公司育种分公司两个产学研合作研究机构。在此两个校企实体（协同度高的创新模式）的支撑下，公司经过多年的努力，终于品种繁育、商品种苗生产、饲料生产、商品肉鸡和商品肉猪生产四个关键环节实现了国内养殖技术的领先水平（推论8-11a至推论8-11f）。

②与技术相关的不确定性。企业与高校对协同创新模式的选择除了受到创新技术的水平影响以外，与技术相关的不确定性也是重要的影响因素。不确定性是一个多维概念，Chakravarthy[203]将风险因素纳入考虑范围，认为该不确定性主要包括技术不确定性与商业不确定性两个维度；Steensma等[204]在此基础上，添加了另外一个维度，认为该不确定主要包括技术不确定性、商业不确定性与动态性三个维度。本章采纳Steensma的观点。

首先，技术不确定性主要是指技术开发的投入、开发过程与结果与原先预想的背离程度，这里主要包括三个层次：其一，技术开发的成本与原先预想的财政预算可能有很大的偏离；其二，技术是否能够如原先预想的得以顺利开发；其三，技术开发后，是否如预想的能够合用。技术不确定性现象在企业广泛存在，为进行技术开发，企业与高校等相关主体须花费大量资金投入，最终可能却没有多少适用的价值。例如，AT&T 与苹果公司曾吹捧为“个人数字助手”的技术开发项目，其最终结果被证明为严重失败，且与预先的设计思想背离甚远。

其次，与技术相关不确定性的第二个层次，是指商业的不确定性。技术的成功开发并不意味着该技术能够被成功地进行商业推广。市场需求的快速变动、顾客需求的差异化与个性化等都是造成技术不能成功商业化的重要原因。

最后，技术的动态性是构成该不确定性第三个层次，是指技术本身得以维持其自身竞争能力的程度。案例研究表明，从整个产业集群来说，技术进步一般是呈现出缓慢演化的特征，偶尔会被技术的连续革新所阻断。但在特殊的情形下，非连续的技术变革所引发的突破性创新，会使按照旧有“技术范式”进行开发的技术，在短期之内丧失市场价值。例如，VCD 机相对录像机、电子表相对机械表、数码照相机相对传统照相机、晶体管收音机与真空管收音机相比等都是技术动态性的集中表现。

与技术相关的不确定性对高校—企业协同创新模式选择的影响，可以由实物期权理论来分析。实物期权理论认为，创新主体在固定投入与灵活性投入两个方案选择上存在收益差额[205]。当高校与企业自身介入技术开发的程度越大，其面临的不确定性与失败的可能性也越大[206]。因此，当不确定性程度较低时，企业与高校采用固定投入的方式可以获得最大的投资回报；相反，当不确定性程度较高时，企业与高校则应采用灵活投资的方式。因此，实物期权理论分析的核心焦点在于保持投资的灵活性、高校与企业应该能够根据环境的变化相机决策。为了抵消技术不确定性、商业不确定性以及技术动态性等的负面影响与可能存在的风险，高校与企业在每期的投资数量、投资时间等方面都应该能够充分把握；极端的情形，创新主体所收集到的信息认为，所开发的技术没有市场价值，则应该可以收回进一步投资的权利，这样做可以仅损失先前投入的沉没成本。

在实物期权理论的指引下，当与技术相关的不确定性程度提升时，创新主体应该选择灵活性强的模式，因此协同度低的创新模式成为选择的焦点。例如，许可证协议模式可以有效避免因所有权问题而发生的风险，相反，协同度高的模式因存在较大的沉没成本与转换成本，其灵活性就比较差。正如Porter[207]所言，与技术的非连续性相关的不确定性，催生了技术开发的跟随现象（Followership），导致了外部技术获取现象的发生。

［推论8－12］ 技术不确定性、商业不确定性以及技术动态性是构成与技术相关不确定性的核心维度；当不确定性程度提升时，高校与企业通常采用协同度低的模式来获取技术知识。

案例8－7 常州爱思特净化设备有限公司成立于2001年2月，属于江苏省高新技术企业，该公司长期致力于专业研究、设计、开发、制造电吸附水处理技术和水净化设备以及工程应用的高科技民营企业，致力于电吸附实用化、产业化、系列化、规模化。目前，该公司是我国唯一拥有电吸附净化技术自主知识产权单位。通过调研发现，该公司技术获取主要采用开放式创新战略，以“自主研发为主，产学研协同为辅”的方式进行。

通过调研发现，该公司核心技术完全由企业自主研发，企业主导产品主要用于水净化领域，包括：工业废水回用、市政/民用水、农村苦咸水净化等领域，其核心技术“电吸附水净化技术”为企业独创，在世界上处于领先地位；其设备的生产工艺水平，处在国内先进水平。在技术获取过程中，爱思特与清华大学建立了长期合作关系，清华大学主要对企业研发、技术产业化推广起指导、咨询作用；同时爱思特还与北京理工大学等高校也建立了合作关系。当被问及企业核心技术获取策略时，下列为其回答内容：“爱思特核心技术由企业自主研发，高校主要是技术咨询或解决某个技术难题；爱思特形成以高校为技术依托核心，企业以产业化推广为主的模式既不现实，也非必要”；究其原因在于高校所研发的技术，公司“拿来主义”实际投入使用的不确定性较大，其商业化的不确定性也较大（推论8－12）。

③投入成本。技术开发成本的高低，对于高校—企业协同创新模式的选择也有重要影响，特别是对于资金比较短缺的中小企业与财力淡薄的高校而言，尤其如此。以研发模式选择为例，通常在开发成本方面，先前研究表明，技术开发成本越高，合作研发模式越受青睐；最新的合作创新实证研究证明了此点，为分散高额开发成本所带来的风险，很多企业开始通过开展“产学研”合作技术研发。Hamel[208]等的研究认为，内部研发模式通常与中

等投入规模相联系，而技术购买模式则通常发生在低成本技术获取上。

［**推论8-13**］当技术开发的投入成本提升时，高校与企业通常采用协同度低的模式来获取技术知识。

④资产专用性。资产专用性是指投入后难以重新调遣的人力、物力与资产，如专用于生产特定产品或为特定用户服务的厂房、设备，特定品牌的无形资产，特定的知识和专业技能力。因此，资产专用性可以用专用设备投入的数量及成本来衡量。

专用性资产的投入一方面提高了创新主体的竞争能力，形成了市场进入壁垒；另一方面，由于这些专用性资产的重新调配将造成大量的价值损耗，也为创新主体自身形成了退出壁垒。资产专用性在解释技术获取是内部开发，还是外部获取（如产学研合作）——即Make-or-Buy决策时，表现出强大的解释能力。在技术联盟模式下，企业与高校一旦签订了合作契约并相应投入了专用性资产，就建立起一种相互依赖的关系，此时机会主义行为将难以避免，为了降低由机会主义行为引起的契约风险，创新主体通常会制订防范措施。尽管如此，实力较弱的创新主体仍然面临较大的风险，自身实力的不足使他们对联盟具有较大的依赖性，因此，他们常常在讨价还价时处于不利的地位。契约的不完全性和对机会主义行为的防范努力，将提升技术联盟的交易成本。

通常，某项技术对企业或高校越重要（相应地，其在这一领域的专用性投资也越多），其越可能采取进行内部技术开发，而不会采取技术联盟的方式。事实上，对某一领域的大量投资使高校或企业积累了丰富的知识和经验，高校或企业在选择内部研究开发，还是将积累的知识与伙伴共享时有了很大的灵活性，但机会主义风险会迫使高校或企业选择自主进行技术开发。以企业为例，这是因为：合作伙伴可能通过各种途径模仿自身的先进技术，最终对企业自身构成竞争威胁。由于技术联盟的技术成果在合作伙伴间具有很高的外部性，如果研究内容涉及本企业的核心技术，那么技术成果很可能被其他企业所滥用，使企业很快失去竞争能力。许多企业对涉及核心能力的技术总是采取自主创新战略。高校的情境也是一样，如果其在该领域投入了大量的专用性资产，后来的创新实践也表明该技术的商用前途，其也会采用协同度高的模式如创办新企业的方式推进该技术的商业化。

因此，当高校与企业已经在某一技术领域投入了很大的力量，现存资产的专用性水平较高时，内部技术开发是节省交易成本的治理结构。资产专用性越高，创新主体越有可能趋向于自主技术开发，而不是建立技术联盟。

[推论8-14] 当资产专用性较高时，高校与企业通常采用协同高的模式来获取技术知识。

案例8-8 徐州工程机械集团有限公司成立于1989年3月，该公司以工程机械为主导的产品多元化发展战略，建立了以国家级技术中心为核心的纵向有层次、横向有联系的技术开发体系，在引进、消化、吸收国外先进技术的同时，自主创新，不断开发出高附加值、高技术含量的新产品。主要产品有系列工程起重机械、高空消防设备、特种专用车辆、路面机械、压实机械、铲土运输机械、混凝土机械、建筑机械以及工程机械专用汽车底盘、驱动桥、回转支承、液压件、驾驶室、柴油机、齿轮箱、齿轮泵等工程机械主机和基础零部件产品，其中60%的产品为国内领先水平，20%产品达到国际当代先进水平，起重机械、压实机械、路面机械、铲土运输机械、混凝土机械、驱动桥、回转支承等产品，在国内行业中具有较大优势，并位居行业前茅。

为充分利用高校及科研院所的技术优势，公司在总结多年来走产学研联合攻关的经验，不断扩展与高校、科研院所合作范围的基础上，选择了部分高校作为重点合作伙伴，联合进行技术开发、人才培训、获得技术咨询服务等。目前，该公司已与东南大学签订了战略合作伙伴关系，双方在车辆工程、机电一体化、计算机应用等领域的合作关系已全面展开；与清华大学、东南大学联合组建了江苏省工程机械智能控制工程技术研究中心。

为何该公司与东南大学、清华大学建立长期稳定的合作关系（协同度高的协同创新模式），除了这两个学校在公司所在的行业领域有强大的技术储备外（推论8-6），最重要的是该公司在三大主机（装载机、压路机、汽车起重机）领域前期投入了巨量的专用性资产，且专用性资产投入的根本目标是锁定世界同类产品的最高水平，跟踪研究其最新的技术发展动态，确保公司主业产品能紧跟国外同类产品的技术发展水平，保持在国内技术的领先地位。因此，需要在校企协同创新领域采用协同度高的模式，以便加强控制。为此，通过产学研合作进行关键技术（既包括产品技术也应包括工艺技术）的研究，产品技术主要包括：液压、电器控制、结构强度分析、设计理论、检测及故障诊断、工业设计等，这些技术是产品能否具有专有技术的关键，是企业核心技术；工艺技术主要研究工艺标准、工艺路线和工艺方案，为集团各项技术改造提供依据。

徐工工程技术研究中心成立后，围绕攻克工程机械产品的核心技术，重点建立和完善智能控制试验研究、液压传动技术试验研究、结构及整机试验研究三个科研平台，引进和培养该领域的专业人才，形成了具有国际先进水平的试验和研发能力（推论8-14）。

⑤新技术标准化的需要。创新技术的差异化可以有效促进竞争优势的构建，提升企业的竞争能力。典型的索尼公司就是例证，其为了自身的生存与发展，不断加大技术创新投入，走自主创新战略之路。但是，在行业中，也出现了另一种发展趋势，即创新技术的标准化。例如，在信息系统开发领域，新近的一些开发系统如Ingres等多使用面向对象的开发技术。创新技术标准化的需要，对协同创新模式的选择也存在着显著的影响，如Bailetti等[209]的研究表明，在创新技术的标准化的前提条件之下，通过技术联盟进行合作创新是最理想的方式。Riedle[210]与Oliver[211]的研究则分别表明，当企业在创新技术标准化要求很低时，内部研发模式较为理想；而当创新技术标准化的需要中等时，技术购买模式比较适中。所以有理由相信，当创新技术的标准化需要很明显时，技术联盟模式比较理想。同样的逻辑也适用于高校。

[推论8-15] 当创新技术标准化的需要很高时，高校与企业通常会选择协同度低的模式来获取技术知识。

（5）产业环境维。

高校与企业创新环境是影响模式选择的核心要素之一；通常，市场需求规模、竞争程度、变动程度、吸纳体制（Appropriability Regime）以及政府支持系统等是构成创新环境的核心维度。一般地，而股权型技术联盟以及非股权—整合型技术联盟则通常与规模巨大的市场相联系；非股权—交易型技术联盟则与规模狭小的市场相匹配。例如，Rosenbloom等[212]通过实证调查认为，内部研发的企业通常面临中等规模的市场需求环境，而合作研发则主要存在于大规模市场需求环境中。

竞争程度也是影响模式选择的关键环境维度之一。在竞争比较激烈的市场环境中，企业为减少自身技术知识的溢出效应，通常会选择协同度比较高的组织模式以加强控制。而在变动程度比较高的创新环境下，企业为减少创新风险，通常会选择协同度低的组织模式。

国家的专利制度（Patent）、商业秘密以及专有技术保护等法律是构成吸纳体制的核心内容。吸纳体制对高校与企业协同创新模式选择决策的影响，取决于两种效应的对比水平：一方面，吸纳体制的松软会引致创新主体间溢出效应的增加、鼓励创新主体进行相互合作，因为自主创新的成果不能完全被创新主体自身获取，导致内部研发模式下创新投入下降；另一方面，吸纳体制松软，也会对内部研发起到拉升作用，因为创新主体为吸纳知识溢出，通常会增加内部研发投入以增强吸纳能力。实际上，相比较内部研发模式，吸纳体制的强化可以有效促进技术联盟的方式来获取技术知识。因为创新主体在强有力的法律制度保护下，不用过分担心自己技术知识的溢出，而须对技术联盟施加额外的控制与监督成本。因此，在吸纳体制比较强健的产业，更加有利于通过协同度低的联盟方式来获取技术。政府科技公共服务在企业技术获取模式选择中同样扮演着重要角色。在条件许可的情形下，高校与企业通常会选择政府支持的协同创新模式。

[推论 8－16a] 股权型—技术联盟与非股权—整合型技术联盟通常与大规模需求市场相匹配，而非股权—交易型技术联盟则与小规模需求市场相匹配。

[推论 8－16b] 竞争强度比较激烈的行业，高校与企业通常选择协同度高的模式来获取技术。

[推论 8－16c] 变动程度比较剧烈的行业，高校与企业通常选择协同度低的模式来获取技术。

[推论 8－16d] 吸纳体制比较强健的行业，高校与企业通常选择协同度低的模式来获取技术。

[推论 8－16e] 高校与企业通常会选择政府支持的模式来获取技术。

案例 8－9 沈鼓—大工研究院、聚龙—辽科大国家工程技术中心是目前国内高校—企业协同创新的典范。沈鼓—大工研究院，是由沈鼓集团与大连理工大学建立；聚龙股份与辽宁科技大学于 2002 年联合建立了“国家金融安全及系统装备工程技术研究中心。这两个校企协同创新实体除了两大主体自身利益诉求驱动外，政府的宏观引导与支持是重要推手。

综上所述，各类影响因子对模式的影响机理主要表现在对各类模式的协同度水平的要求上，反映了各类因子对于模式选择的内在要求，其影响机理可以用表8－5来综合反映。

表8－5　各类因子对于高校—企业协同创新模式选择的影响机理

因子分类	影响因子	度量指标	因子变动方向	模式协同度水平	运用相关理论
企业特征维	无形资源	研发人员数量、专利数等	↗	▲	②
	所有权结构	内部人或机构投资者持股比例	↗	▼	⑨
	模式运作经验	先前某一模式运作的数量	↗	■	⑤、⑥
	差异化战略	新产品与旧有产品的关联度	↗	▲	②、⑨
高校特征维	高校商业化定位	横向经费占总科研经费比重	↗	▲	④、⑥
	院、系质量	院、系拥有的经费数及研究水平	↗	▲	④、⑥
	研究人员水平	研究人员拥有的经费数及声誉	↗	▲	②、④、⑥
高校—企业关系维	技术距离	高校—企业技术研发与需求差异	↗	▼	⑧、⑩
	空间距离	高校—企业之间的空间距离	↗	▼	⑧、⑩
	规模差距	高校—企业之间的规模差异	↗	▲	⑩
	先前关系紧密度	先前某一模式运作的数量	↗	■	⑤、⑥
技术维	新技术水平	新技术与已有技术相比的突破性程度	↗	▲	①、⑦
	新技术不确定性	技术获取的不确定性、商业需求的不确定性、需求变动不确定性	↗	▼	①、⑦
	新技术开发成本	技术获取需要投入的成本	↗	▼	①、⑦
	资产专用性	专用设备投入的数量及成本	↗	▲	①、⑦
	新技术标准化的需要	新技术标准化的可能性	↗	▼	⑦
产业环境维	新产品需求规模	新产品面临的潜在市场需求	↗	▲	③
	新产品市场竞争程度	创新主体直接竞争者数量	↗	▲	③、④
	新产品市场变动程度	产品更新迭代速度	↗	▼	③
	吸纳体制	创新主体的研发人员数	↗	▼	③
	政府对具体模式支持程度	政府对于特定模式支持数量	↗	■	③

注：第一，↗：表示影响因子提升时；▲：表示模式的协同度化水平越高；▼：表示模式的协同度水平越低；■：选择同样或相似模式，或模式的协同度水平不变；运用的相关理论一列的数字编号源于表8－1，如无形资源一行中②表示资源基础理论。第二，根据文献阅读整理及表8－1中的相关理论推演所得。

8.2.2 高校—企业协同创新模式选择决策过程——R-M-C-G 概念模型

实际上，高校—企业协同创新模式选择是一项复杂的系统工程，其受到多样化因素的综合影响。对于企业—高校来说，选择不同的创新模式意味着完全不同的管理与组织含义。如图 8-3 所示，其选择的具体过程大致可分为四个阶段。

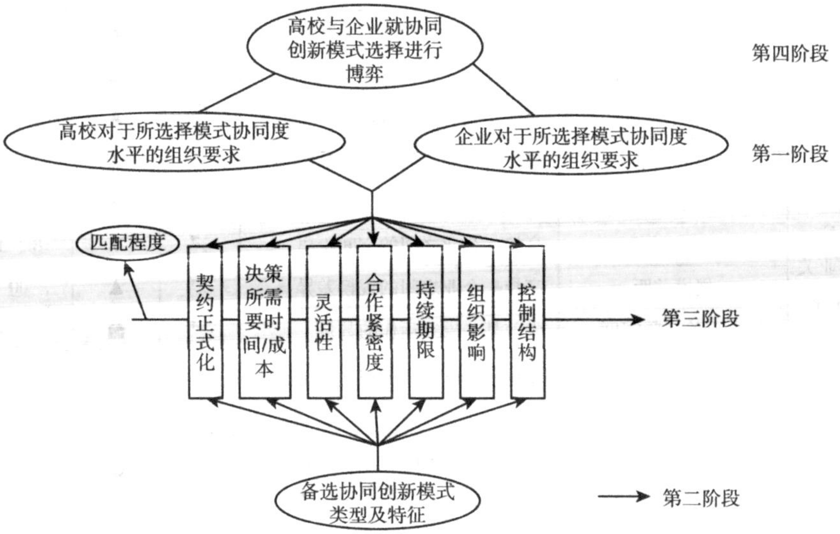

图 8-3 高校—企业协同创新模式选择决策的过程模型——R-M-C-G 模型

阶段 1（R：Requirements）——该阶段的主要任务是明确高校—企业所处的组织情境，分别探明创新主体——高校—企业对所要选择创新模式的内在要求。其主要流程如下：首先，基于企业的技术战略或高校的商业化战略，对企业或高校内外部环境进行有效审计；其次，在此基础上，重点考察企业或高校自身的特点、所需开发或转移的新技术、高校—企业关系以及产业环境等四个方面，探明具体因子对所选创新模式制度化水平的内在需求；最后，将所有因子对模式选择的影响进行整体考虑，系统考察高校—企业对于所选模式协同度水平的内在要求，具体表现在契约的正式化程度、决策所需的时间/成本、灵活性、合作紧密度、持续期限、组织影响以及控制结构等方面。

阶段2（C：Characteristics）——明确现有环境，特别是从高校—企业协同创新实际出发，探明备选的典型高校—企业创新模式在具体行业中表现形式的特点，可以从契约的正式化程度、决策所需的时间/成本、灵活性、合作紧密度、持续期限、组织影响以及控制结构等方面归纳。

阶段3（M：Matching）——高校—企业协同创新模式的最终取舍，取决于创新模式选择的内在需求与备选模式在具体特征方面的有效匹配，反映了各创新主体所面对的影响因素对于模式选择的作用机理，通过以“协同度水平”为中介体现在模式具体特征上。

阶段4（G：Game）——高校—企业最终获取模式选择，不仅取决于高校—企业上述三个阶段的决策选择结果，还取决于双方决策结果之间的匹配与博弈，这取决于协同对象之间就模式选择结果所进行的谈判与博弈进程。

为有效刻画上述四阶段模式选择的流程，特将创新模式选择流程按各自阶段任务英文首写字母命名，称为R－M－C－G模型。

8.3　案例实证

A能源工程设计院有限公司是以中国B大学与C环保科技有限公司联合组建的高科技企业。公司成立于2002年5月，主营新能源、环保项目的投资建设、技术研发、总承包、设计、设备成套与制造。公司拥有环境工程设计甲级资质、电力设计乙级资质、化工设计乙级资质等，设计力量强大，设计水平跻身国内先进，在电力、新能源、烟气脱硫、水处理、固体废弃物处理、可再生能源开发利用及控制系统等方面，公司拥有多项自主知识产权技术及相关产品和成套设备，具备设备的研发、设计和制造能力（见表8－6和表8－7）。

表 8-6　C 环保科技有限公司在协同创新模式选择中关注的主要因素

因子分类	影响因子	度量指标	五级量表					因子重要性
			1	2	3	4	5	
企业特征维	无形资源	技术人员数量、专利数等				※		⊙
	所有权结构	内部或机构投资者持股比例			※			⊕
	模式运作经验	先前某一模式运作的数量			※			⊙
	差异化战略	新产品与旧有产品的关联度					※	⊙
高校—企业关系维	技术距离	高校技术研发与企业需求差异		※				⊙
	空间距离	高校—企业之间的空间距离		※				⊙
	规模差距	高校—企业之间的规模差异			※			⊕
	先前关系紧密度	先前某一模式运作的数量			※			⊕
技术维	新技术水平	已有技术相比的突破性程度				※		⊙
	新技术不确定性	技术获取的不确定性、商业需求的不确定性、需求变动不确定性		※				⊙
	新技术开发成本	技术获取需要投入的成本		※				⊙
	资产专用性	专用设备投入的数量及成本					※	⊙
	新技术标准化需要	新技术标准化的可能性	※					⊕
产业环境维	新产品需求规模	新产品面临的潜在市场需求				※		⊙
	新产品市场竞争程度	创新主体直接竞争者数量				※		⊙
	新产品市场变动程度	产品更新迭代速度			※			○
	吸纳体制	企业研发人员数			※			○
	政府对具体模式支持程度	政府对于特定模式支持数量			※			○

注：⊙表示在模式选择中非常重要的影响因子；⊕：表示在模式选择中影响因子的重要性一般；○：表示在模式选择中影响因子的重要性不明显。

该案例主要说明为何 B 大学与 C 环保科技有限公司会采用兴办新企业的模式进行产学研协同创新，为此分别通过访谈 + 问卷填写的方式，对 B 大学与 C 环保科技有限公司的主管技术工作的人员进行调研。调研过程中发现，C 环保科技有限公司在产学研协同创新中主要关注无形资源、模式运作经验、差异化战略、技术距离、空间距离、新技术水平、新技术不确定性、新技术开发成本、资产专用性、新产品需求规模及新产品市场竞争程度等变量的影响。而 B 大学则主要研究人员水平、技术距离、空间距离、新技术水平、

表8－7　　B大学在协同创新模式选择中关注的主要因素

因子分类	影响因子	度量指标	五级量表 1	2	3	4	5	因子重要性
高校特征维	高校商业化定位	横向经费占总科研经费比重				※		⊕
	院、系质量	院、系拥有的经费数及研究水平					※	⊕
	研究人员水平	研究人员拥有的经费数及声誉					※	⊙
高校—企业关系维	技术距离	高校技术研发与企业需求差异			※			⊙
	空间距离	高校—企业之间的空间距离			※			⊙
	规模差距	高校—企业之间的规模差异			※			⊕
	先前关系紧密度	先前某一模式运作的数量				※		⊙
技术维	新技术水平	已有技术相比的突破性程度			※			⊙
	新技术不确定性	技术获取的不确定性、商业需求的不确定性、需求变动不确定性		※				⊙
	新技术开发成本	技术获取需要投入的成本		※				⊙
	资产专用性	专用设备投入的数量及成本					※	⊙
	新技术标准化需要	新技术标准化的可能性	※					○
产业环境维	新产品需求规模	新产品面临的潜在市场需求					※	○
	新产品市场竞争程度	创新主体直接竞争者数量				※		○
	新产品市场变动程度	产品更新迭代速度			※			○
	吸纳体制	高校研发人员数			※			○
	政府对具体模式支持程度	政府对于特定模式支持数量			※			○

注：⊙表示在模式选择中非常重要的影响因子；⊕：表示在模式选择中影响因子的重要性一般；○：表示在模式选择中影响因子的重要性不明显。

新技术不确定性、新技术开发成本、资产专用性等变量的影响。双方在模式选择影响因子关注点的差异说明，在产学研协同创新过程中，一方面企业关注技术获取的可能性，另一方面也更加关注产品对企业战略的影响及商业化的可能，而高校科研人员则主要关注技术的可获得性。

通过第3章表3－6可以看出，兴办新企业的模式具有以下显著特征：契约的正式化程度高、决策所需的时间很长/所花费成本高、灵活性很差、合作紧密度高、持续期限很长、组织影响很大以及具有明确的控制结构等特点。从根本上来说，该模式属于协同度水平非常高的协同创新模式。基于表8－6、表8－7中实际调研数据，结合表8－5与R－M－C－G概念模型，可以发现兴办新企业的模式符合B大学与C环保科技有限公司对模式选择的内在要求及双方共同利益，从一个侧面表明了R-M-C-G概念模型的适用性及表8-5有关协同创新模式选择及其影响因素关系的理论阐述。

8.4 本章小结

多年来，产学研协同创新模式及其选择问题一直是国际科技创新管理学界的重要研究问题之一，其核心在于高校—企业协同创新模式的有效选择，该问题不仅关系到企业能否获取所需要的创新技术，进而提升自身以技术能力为核心的创新能力，同时也关系到作为高校三大职能之一的产学研协同创新职能能否正常实现。

本章在系统梳理相关文献理论研究的基础上，着重就高校—企业协同创新模式的内涵、分类及特征进行了明确界定，指出各种模式的协同度水平是决定模式多种特征的根本变量，得出高校—企业协同创新模式的选择，从根本上是对模式协同度水平选择的研究结论。在此基础上归纳了以交易成本理论、资源基础理论及产业组织理论为代表的影响高校—企业协同创新模式选择的十大理论，以及各个理论所关注的焦点。

进一步地，本章指出了企业特征维、高校特征维、高校—企业关系维、技术维及产业环境维是影响协同创新模式选择的五大类核心影响因素，并就各个影响因素对于模式选择的内在机理进行了理论推演，得出了相关结论，基于九个组合案例：奇瑞汽车股份有限公司校企协同案例、国内高校——通过兴办新企业模式进行校企协同创新案例、温州医科大学——中国基因药谷案例、扬子江药业集团——药物研究院案例、山东大学——山大地纬校企协同案例、温氏股份——校企协同创新案例、常州爱思特净化设备有限公司——校企协同案例、徐工机械——校企协同案例、沈鼓—大工研究院与聚龙—辽科大国家工程技术中心案例对所得研究结论进行了佐证，论证了理论推论的合宜性。

然后基于高校—企业联合决策视角，提出了一个高校—企业协同创新模式选择的概念模型——R-M-C-G模型。最后，运用案例实证检验了R-

M－C－G 模型的适用性及有关模式选择内在机理的合理性。本章着重就高校—企业协同创新模式选择过程进行了理论分析，并提出了一个概念框架，在此基础上运用典型案例进行了论证；但缺乏大规模实证数据检验，这是今后进一步理论研究拓展方向。

| 第 9 章 |

合作关系与控制权：一种以企业为主导的“产学研”集成创新模式建模分析[183]

企业对市场把握和技术商业化方面存在比较优势，而高校则在知识与技术方面具有比较优势，因此企业与高校之间采用有效的“产学研”合作技术创新可以实现资源与能力互补。我国科技资源相对集中在高校，加之企业自主创新能力较弱、技术水平较低的现状，决定了我国在很长时间内更需要依靠“产学研”协同创新以提升自主创新能力。

实践证明，有效的合作技术创新模式是成功进行“产学研”合作创新的关键。其有效采纳是企业获取技术知识提升技术能力与创新能力的核心手段之一，同时也是高校提升自身科研成果转化率的关键[1]。所谓“产学研”合作技术创新模式是对具体合作技术创新过程有效组织的一种反映，是指在一定的技术创新体制下，基于创新过程对合作主体角色进行定位，以此为依据实现对主体所掌握的资源与能力进行优化配置的一种制度设置。

产学研合作技术创新模式存在多种可能的正式与非正式的形式。尽管如此，课题组通过“2006～2007 年度江苏省高等院校产学研合作创新模式”问卷调研、“2010～2011 年度温州主要高等院校产学研合作创新模式”问卷调研，在结合深圳、北京、浙江、江苏和山东等地 1400 多家民营企业产学研合作创新，特别是温州规模以上企业及中小企业技术创新实践调研的基础上发现，成功的“产学研”合作更多地依赖于高校的技术知识如何向企业进行有效转移并将其商业化。

基于此与“产学研”模式运作的内涵，本书归纳出两种典型的“产学研”合作创新模式：以高校为主导兴建的企业模式（university & research institute - based enterprise）以及以企业为主导的集成创新模式两大类。前一种模式是高校的研发人员就自己开发的新技术与新产品，在相关风险投资公司与企业的支持下，创办企业实体实现自身科研成果有效转化的模式形态，关于此种模式的研究的详细内容，参看第10章；本章着重对以企业为主导的集成创新模式进行深入探讨。

目前关于此模式的相关研究多是从产业组织与环境[213]、技术许可两阶段博弈模型[214]、企业间合作创新模式博弈模型[215]等角度出发间接地进行研究，直接提出该模式并作有针对性的研究却很少。Panico在合作研发研究中指出，控制权的谈判是合作双方顺利开展合作研发项目的前提，是影响合作双方契约设计的关键变量[216]；Vaccaro在分析合作研发项目中知识管理工具与企业绩效时指出了双边关系的重要性[217]。综合上述分析可以明确的是，在以企业为主导的“产学研”集成创新模式下，控制权与双边关系是影响创新效应的两个核心变量。

本章将高校—企业在“产学研”集成创新模式下双边关系分成两类：长期合作关系与短期合作关系，将控制权类型分为两种类型：集中控制与分散控制。在此基础上，着眼于“产学研”合作创新过程：企业从契约提供、合作创新过程的有效组织及产业竞争的系统维度，以动态博弈与委托—代理等理论为工具，建立了一个三阶段动态博弈模型，分别得出了短期合作关系下集中控制、短期合作关系下分散控制、长期合作关系下集中控制、长期合作关系下分散控制四种不同情形的子博弈完美纳什均衡解。最后，从双边关系的类型、控制权类型以及委托—代理效应三个不同维度，从静态与动态两个方面比较分析了创新的知识投入、工资、产量、价格、利润等均衡变量的差异性。

9.1　模型

9.1.1　模式内涵与技术获取组织——基于合作关系与控制权视角

以企业为主导的集成创新模式，是指以企业主体，根据市场需求进行新产品的总体集成设计，以此为依据寻找拥有和具备相关单元技术开发能力的高校，通过联合开发或委托开发的形式进行合作以获取相关的单元技术，并结合自身开发或拥有的技术进行有效集成以开发出全新的产品，并主要由企业推向市场。在此模式下，企业既是新产品总体方案设计的主体、技术开发的主体同时也是市场开发的主体，因此也是整个合作技术创新过程的主体，高校仅发挥单元技术研发能力强的优势，配合企业进行技术创新。此种创新模式一般多为渐进性创新，在产品生命周期日益缩短和市场竞争日益加剧的情形下，可在准确把握市场环境与消费需求的同时，有效运用并转化高校的经验和专门技术，提高企业的技术能力，降低开发费用与分散风险，提高产品质量和技术含量的目的。

在此模式中，企业—高校之间关系的类型及控制权的分割，对技术获取模式的有效组织有着根本的影响。

首先，从合作双方关系的类型来看，可以把双边关系划分为两类：长期合作关系与短期合作关系。若着眼于短期合作，由于双方合作的紧密度较低、主体间的关系比较松散、信息披露的较少，因此，技术的开发更有可能是在企业的主持下，在各合作主体组织内部进行，即将承担技术开发的双方员工按照原先的组织形态进行安置，且各自独立完成相应的研发子任务。在此状况下，企业获取高校单元技术所采取获取模式，更有可能是以研发合约为代表的非股权—交易型技术联盟模式。

若着眼于长期合作，由于双方信息要长期不断披露，为减少交易成本，建立稳定的合作关系是解决问题的最有效方法，因此，技术开发更有可能是将双方员工整合在一起，员工之间可以通过面对面的交流与沟通，来共同完成整体技术的开发。因此，此时企业获取高校单元技术的获取模式，更有可能采取以研发联合体为代表的非股权—整合型技术联盟模式，或者是成立以合资企业为代表的股权型技术联盟模式，如海信与山东大学共同成立山东大学海信研究院就是典型。

其次，控制权的分割也是影响技术获取模式有效组织的关键变量。控制权可以分为两类：集中控制与分散控制。在集中控制下，高校—企业双方的研发员工都由企业集中控制，在整个合作研发过程中，完全由企业集中调度；在分散控制下，企业通常给高校分配研发任务，原高校研发人员由高校自身调度，在企业整体研发框架下完成研发任务。

9.1.2 符号说明与模型假设

为简化分析，进行以下符号说明与模型假设。

（1）市场结构与需求函数假设。在产品市场上存在生产差异化产品的两公司，分别为 $i=A$，B；其有需求函数：

$$p_i(x_i,x_j)=1-x_i-dx_j,i,j=A,B,i\neq j \tag{9-1}$$

其中，$0<d<1$ 为企业产品的差异化程度，两公司的初始单位生产成本为 c。

（2）研发任务假设。现 A 欲与高校 R 进行一合作技术开发项目，若研发成功，则开发的成果用于降低单位生产成本且成本降低额假定为 c。此项目的彻底开发完成有赖于委托于双方员工的两项子任务（两项子任务在合作主体间的划分，可以按照前述模式内涵的内容，根据双方员工技术能力的实际情况由 A 来主持进行）的共同开发完成；且单一任务成功的概率满足：$P_\upsilon=\mu_\upsilon a_\upsilon+\Lambda_\upsilon$，$\upsilon=1$，$2$，$\Lambda_\upsilon\sim N(0,\ \Phi_\upsilon^2)$，其中，$a_\upsilon$ 为员工 υ 的创新知识投入，Λ_υ 为随机环境变量，且服从期望为零，方差为 Φ_υ^2 的正态分布，在研发合约模式下，设定 $\mu_\upsilon=1$，而在研发联合体模式下则设定 $\mu_\upsilon>0$，反映员工之间的协同效应及机会主义的水平。

（3）员工效用函数假设。设定 A 与 R 员工的效用函数为：$U=w_{l\upsilon}^d-\frac{1}{3}b\ (a_\upsilon)^3$，$l=A$，$R$，$d=m$，$n$，OR. o，s，其中，$\frac{1}{3}b\ (a_\upsilon)^3$ 为创新成本的大小，$b=(b_1,\ b_2)$ 为员工 k 创新成本对创新投入的敏感系数，其反映了合作双方员工技术能力的差异。$w_{l\upsilon}^d$ 为任务（研发合约模式下）或项目（研发联合体模式下）的状态是 d（成功或失败）时 l 向承担任务 υ 的员工所支付的工资水平。

9.1.3 模型建立

在 A 的主持下，合作双方在此模式中的决策顺序如图 9-1 所示，据此整个博弈进程分为三个阶段：(1) 在博弈的第一阶段——合约签订阶段，包括时刻0～1。A 向 R 提供一个在未来合作过程中规范双方行为的初始合约规定：在研发合约模式下，若 R 研发成功，则 A 向 R 支付 f；若研发失败，则 R 自行承担成本。而在研发联合体模式下，若整个项目成功则 A 向 R 支付 f，否则各自承担成本；R 可签订或拒绝，若 R 签订，则 A 与 R 继续与双方员工签订工资合约。（2）在博弈的第二阶段，包括时刻 2。基于委托—代理框架，在研发合约或研发联合体模式下，A 与 R 及双方员工以自身创新利润最大化为准则选择 a_v 与 w。（3）在博弈的第三阶段——Cournot 产量博弈阶段，包括时刻 3～时刻 5。无论创新成功与失败，企业 A 与 B 在产品市场上进行 Cournot 产量竞争，获取相应的利润，并按照签订的合约规则进行收益的交割与工资的发放。

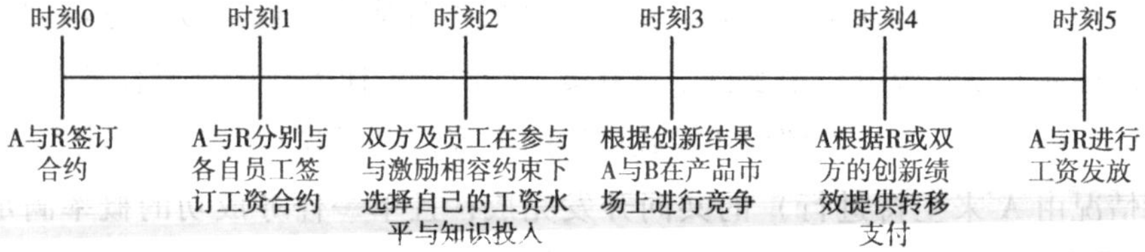

图 9-1　以企业为主导的“产学研”集成创新模式下的决策顺序

在上述博弈进程中，无论创新或失败，采用逆向递推法求解该三阶段动态博弈问题时，在博弈的第三阶段，市场均衡结果有如下命题成立：

[命题 9-1] 合作技术创新后，在 Cournot 产量博弈的第三阶段，市场均衡结果的有（见附录 9-1）：（1）若创新成功，有 $x_A^{o*}=\dfrac{2-(1-c)d}{4-d^2}$，$p_A^{o*}=x_A^{o*}$，$\pi_A^{o*}=[x_A^{o*}]^2$，此时 $x_B^{o*}=\dfrac{2-2c-d}{4-d^2}$，$p_B^{o*}=\dfrac{2+2c-d-cd^2}{4-d^2}$，$\pi_B^{o*}=[x_B^{o*}]^2$；（2）若创新失败，有 $x_A^s=x_B^s=x^{s*}=\dfrac{1-c}{2+d}$，$p_A^s=p_B^s=p^{s*}=x^{s*}$，$\pi_A^s=\pi_B^s=\pi^{s*}=(x^{s*})^2$，其中 π 表示不包含创新成本时的利润水平，上标 o、s 分别为项目成功与失败。

设定 $Y_A=\pi_A^{o*}-\pi^{s*}$，$Y_B=\pi_B^{o*}-\pi^{s*}$ 表示研发成功前后 A 与 B 创新利润的变化；由命题 9-1 与图 9-2 的数字仿真可得出如下推论成立：

[推论 9-1] 对于任何 $0<d<1$，（1）有 $\partial Y_B/\partial d<0$；（2）存在点 d^*，当 $d\in(0,\ d^*)$ 时，有 $\partial Y_A/\partial d<0$；当 $d\in(d^*,\ 1)$ 时，有 $\partial Y_A/\partial d>0$。

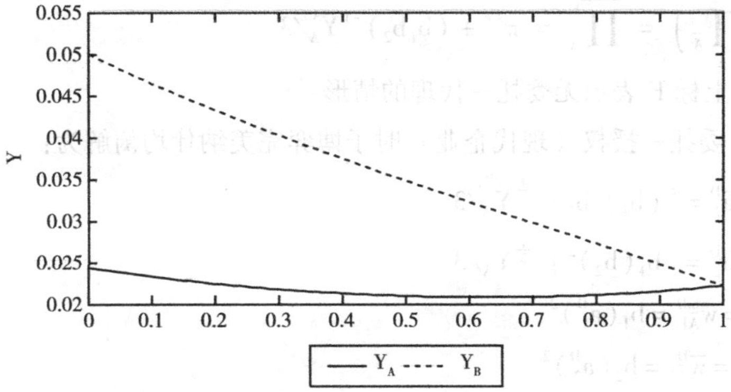

图9-2　Y与产品d之间的关系

上述推论反映了创新企业A与非创新企业B，在创新前后利润变化率随市场产品差异化程度情况，下面就短期合作关系（以研发合约为典型）与长期合作关系（以研发联合体模式为典型）两种情形下的创新行为，从集中控制、分散控制（包括委托—代理与非委托—代理）等角度出发进行详释。

9.2　短期合作关系——研发合约模式下的创新行为

9.2.1　集中控制下的创新行为

在研发合约模式下，作为理想状态，所有承担任务的员工都由A来调配并集中控制调度，相当于A兼并R的条件下并在兼并后的组织（设定为$\overline{A}$）内部分成两组独立进行任务研发，$\overline{A}$实现整体利润最大化，此时三阶段博弈演化为两阶段博弈问题并有如下命题成立。

[命题9-2] 在短期合作（研发合约模式）下，所有创新任务由$\overline{A}$集中控制时（见附录9-2）。

（1）无委托—授权（古典企业）时子博弈完美纳什均衡解为：

$$a_1^* = \overline{a}_1^E = [(b_1)^2 b_2]^{-\frac{1}{3}} Y_A \tag{9-2}$$

$$a_2^* = \overline{a}_2^E = [b_1 (b_2)^2]^{-\frac{1}{3}} Y_A \tag{9-3}$$

此时，企业$\overline{A}$的期望利润为：

$$E\left(\prod_{\bar{A}}^{*}\right)=\overline{\prod}_{\bar{A}}^{E}=\pi^{s*}+(b_1b_2)^{-1}Y_A^3/3 \qquad (9-4)$$

其中上标 E 表示无委托—代理的情形。

(2) 委托—授权（现代企业）时子博弈完美纳什均衡解为：

$$a_1^*=\bar{a}_1^D=[(b_1)^2b_2]^{-\frac{1}{3}}Y_A/3 \qquad (9-5)$$

$$a_2^*=\bar{a}_2^D=[b_1(b_2)^2]^{-\frac{1}{3}}Y_A/3 \qquad (9-6)$$

$$w_{A1}^{m*}=\overline{w}_{A1}^{mD}=b_1(a_1^D)^2 \qquad (9-7)$$

$$w_{A2}^{mD*}=\overline{w}_{A2}^{D}=b_2(a_2^D)^2 \qquad (9-8)$$

$$w_{A1}^{n*}=\overline{w}_{A1}^{nD}=0 \qquad (9-9)$$

$$w_{A2}^{n*}=\overline{w}_{A2}^{nD}=0 \qquad (9-10)$$

此时，企业 $\bar{A}$ 的期望利润为：

$$E\left(\prod_{\bar{A}}^{*}\right)=\overline{\prod}_{\bar{A}}^{D}=\pi^{s*}+(b_1b_2)^{-1}\left(\frac{Y_A}{3}\right)^3 \qquad (9-11)$$

其中上标 D 表示委托—代理的情形。

9.2.2 分散控制下的创新行为

在分散控制下，按照以前的博弈顺序顺次求解三阶段博弈问题，有如下命题成立。

[命题 9-3] 在短期合作（研发合约模式）且分散控制下（见附录 9-3）。

(1) 无委托—授权（古典企业）时子博弈完美纳什均衡解为：

$$f^*=\hat{f}^E=\left(\frac{1}{3}\right)^{\frac{4}{3}}[(b_1)^2b_2]^{-\frac{1}{3}}Y_A^2 \qquad (9-12)$$

$$a_1^*=\hat{a}_1^E=\left(\frac{1}{3}\right)^{\frac{1}{3}}[(b_1)^2b_2]^{-\frac{1}{3}}Y_A \qquad (9-13)$$

$$a_2^*=\hat{a}_2^E=\left(\frac{1}{3}\right)^{\frac{2}{3}}[b_1(b_2)^2]^{-\frac{1}{3}}Y_A \qquad (9-14)$$

此时，企业 A 的期望利润为：

$$E\left(\prod_{A}^{*}\right)=\hat{\prod}_{A}^{E}=\pi^{s*}+3(b_1b_2)^{-1}(Y_A/3)^3 \qquad (9-15)$$

对应地，R 的期望利润为：

$$E\left(\prod_{R}^{*}\right) = \hat{\prod}_{R}^{E} = 2(b_1b_2)^{-1}(Y_A/3)^3 \tag{9-16}$$

（2）委托—授权（现代企业）时子博弈完美纳什均衡解为：

$$f^* = \hat{f}^D = \left(\frac{1}{3}\right)^{\frac{7}{3}}[(b_1)^2b_2]^{-\frac{1}{3}}Y_A^2 \tag{9-17}$$

$$a_1^* = \hat{a}_1^D = \left(\frac{1}{3}\right)^{\frac{4}{3}}[(b_1)^2b_2]^{-\frac{1}{3}}Y_A \tag{9-18}$$

$$a_2^* = \hat{a}_2^D = \left(\frac{1}{3}\right)^{\frac{5}{3}}[b_1(b_2)^2]^{-\frac{1}{3}}Y_A \tag{9-19}$$

$$w_{A1}^{m*} = \hat{w}_{A1}^{mD} = b_1(\hat{a}_1^D)^2 \tag{9-20}$$

$$\hat{w}_{R2}^{m} = \hat{w}_{R2}^{mD} = b_2(\hat{a}_2^D)^2 \tag{9-21}$$

$$w_{A1}^{n*} = \hat{w}_{A1}^{nD} = 0 \tag{9-22}$$

$$w_{R2}^{n*} = \hat{w}_{R2}^{nD} = 0 \tag{9-23}$$

此时，企业 A 的期望利润为：

$$E\left(\prod_{A}^{*}\right) = \hat{\prod}_{A}^{D} = \pi^{s*} + \frac{1}{3}(b_1b_2)^{-1}\left(\frac{Y_A}{3}\right)^3 \tag{9-24}$$

对应地，R 的期望利润为：

$$E\left(\prod_{R}^{*}\right) = \hat{\prod}_{R}^{D} = \frac{2}{9}(b_1b_2)^{-1}\left(\frac{Y_A}{3}\right)^3 \tag{9-25}$$

9.3 长期合作关系——研发联合体模式下的创新行为

9.3.1 集中控制下的创新行为

在研发联合体模式下，作为理想状态，所有承担任务的员工都由 A 来调配并集中控制调度，相当于 A 兼并 R 并在兼并后的组织（设定为 $\overline{A}$）内部分成两组独立进行任务研发，$\overline{A}$ 实现整体利润最大化，此时三阶段博弈演化为两阶段博弈问题并有如下命题成立。

［命题 9－4］ 在长期合作（研发联合体模式）下，所有研发任务由 $\overline{A}$ 集中控制时（见附录 9－4）。

(1) 非委托—代理（古典企业）时子博弈完美纳什均衡解为：

$$a_1^* = \tilde{a}_1^E = [(b_1)^2 b_2]^{-\frac{1}{3}} \mu_1 \mu_2 Y_A \qquad (9-26)$$

$$a_2^* = \tilde{a}_2^E = [b_1 (b_2)^2]^{-\frac{1}{3}} \mu_1 \mu_2 Y_A \qquad (9-27)$$

此时，企业 $\overline{A}$ 的期望利润为：

$$E\left(\prod_{\overline{A}}^*\right) = \tilde{\prod}_{\overline{A}}^E = \pi^{s*} + (b_1 b_2)^{-1} (\mu_1 \mu_2 Y_A)^3/3 \qquad (9-28)$$

(2) 委托—授权（现代企业）时子博弈完美纳什均衡解为：

$$a_1^* = \tilde{a}_1^D = [(b_1)^2 b_2]^{-\frac{1}{3}} \mu_1 \mu_2 Y_A/3 \qquad (9-29)$$

$$a_2^* = \tilde{a}_2^D = [b_1 (b_2)^2]^{-\frac{1}{3}} \mu_1 \mu_2 Y_A/3 \qquad (9-30)$$

$$w_{\overline{A}}^{o*} = \tilde{w}_{\overline{A}}^{oD} = b_1 (\tilde{a}_1^D)^2 = b_2 (\tilde{a}_2^D)^2 \qquad (9-31)$$

$$w_{\overline{A}}^{s*} = \tilde{w}_{\overline{A}}^{sD} = 0 \qquad (9-32)$$

此时，企业 $\overline{A}$ 的期望利润为：

$$E\left(\prod_{\overline{A}}^*\right) = \tilde{\prod}_{\overline{A}}^D = \pi^{s*} + 2(b_1 b_2)^{-1} (\mu_1 \mu_2 Y_A/3)^3 \qquad (9-33)$$

9.3.2 分散控制下的创新行为

在分散控制下，按照以前的博弈顺序顺次求解三阶段博弈问题，有如下命题成立。

[命题 9-5] 在长期合作（研发联合体模式）且分散控制下（见附录 9-5）。

(1) 非委托—代理（古典企业）时，子博弈完美纳什均衡解为：

$$f^* = \breve{f}^E = \frac{Y_A}{3} \qquad (9-34)$$

$$a_1^* = \breve{a}_1^E = \left(\frac{4}{9}\right)^{\frac{1}{3}} [(b_1)^2 b_2]^{-\frac{1}{3}} \mu_1 \mu_2 Y_A \qquad (9-35)$$

$$a_2^* = \breve{a}_2^E = \left(\frac{2}{9}\right)^{\frac{2}{3}} [b_1 (b_2)^2]^{-\frac{1}{3}} \mu_1 \mu_2 Y_A \qquad (9-36)$$

此时，企业 A 的期望利润为：

$$E\left(\prod_A^*\right) = \breve{\prod}_A^E = \pi^{s*} + \frac{8}{3}(b_1 b_2)^{-1} \left(\frac{\mu_1 \mu_2 Y_A}{3}\right)^3 \qquad (9-37)$$

对应地，R 的期望利润为：

$$E\left(\prod_R^*\right)=\breve{\prod}_R^E=\frac{4}{3}(b_1b_2)^{-1}\left(\frac{\mu_1\mu_2Y_A}{3}\right)^3 \tag{9-38}$$

(2) 委托—授权（现代企业）时子博弈完美纳什均衡解为：

$$f^*=\breve{f}^D=\frac{Y_A}{3} \tag{9-39}$$

$$a_1^*=\breve{a}_1^D=\frac{2}{9}\cdot 4^{\frac{1}{3}}[(b_1)^2b_2]^{-\frac{1}{3}}\mu_1\mu_2Y_A \tag{9-40}$$

$$a_2^*=\breve{a}_2^D=\frac{2}{9}\cdot 2^{\frac{1}{3}}[b_1(b_2)^2]^{-\frac{1}{3}}\mu_1\mu_2Y_A \tag{9-41}$$

$$t_1^*=\breve{t}_1^D=1/2 \tag{9-42}$$

$$w^{o*}=\breve{w}^{oD}=\frac{b_1(\breve{a}_1^D)^2}{\mu_1\mu_2\breve{a}_2^D}=\frac{b_2(\breve{a}_2^D)^2}{\mu_1\mu_2\breve{a}_1^D} \tag{9-43}$$

$$w^{s*}=\breve{w}^{sD}=0 \tag{9-44}$$

此时，企业 A 的期望利润为：

$$E\left(\prod_A^*\right)=\breve{\prod}_A^D=\pi^{s*}+\frac{32}{27}(b_1b_2)^{-1}\left(\frac{\mu_1\mu_2Y_A}{3}\right)^3 \tag{9-45}$$

对应地，R 的期望利润为：

$$E\left(\prod_R^*\right)=\breve{\prod}_R^D=\frac{16}{27}(b_1b_2)^{-1}\left(\frac{\mu_1\mu_2Y_A}{3}\right)^3 \tag{9-46}$$

9.4　模型结果的比较分析

9.4.1　同种合作关系下集中—分散控制效应分析

在短期合作关系（研发合约模式）或长期合作关系（研发联合体模式）下，对集中与分散决策均衡结果之间进行简要的比较，并结合命题 9－1 可得出结论：

[推论 9－2] 在异质产品双寡头 Cournot 产量竞争市场中，任一企业与高校采用以企业为主导的“产学研”集成创新模式进行降低成本的技术创

新，无论短期合作或长期合作，也无论是委托—授权还是非委托—授权，相比较分散控制时，集中控制下的创新主体：(1) 投入强度更大、风险更小，创新产品期望的均衡价格上升，产量增加，创新主体整体期望利润增加；(2) 对应地，对于非创新企业：非创新产品期望价格会下降，产量会减少，期望利润会减少；(3) 委托—代理下的员工工资水平更高。

从上述推论中可以看出，相比较分散控制的情形，集中控制通过制度设置，实行对技术资源与能力的集中调度，可以有效地对员工施加更大激励，对于创新主体双方以及员工来说，都能实现双赢。但同时也说明该种控制形态下，创新主体必须有较大物质投入支持（见表 9-1）。

表 9-1　在不同情形下，A 与 R 进行长期合作的条件分析

情形 \ 主体	A	R	
长期合作动机（分散控制—非委托—代理）	$(\mu_1\mu_2)^3 \geqslant \frac{9}{8}$	双方进行长期合作的条件 $(\mu_1\mu_2)^3 \geqslant \frac{6}{4}$	$(\mu_1\mu_2)^3 \geqslant \frac{6}{4}$
长期合作动机（分散控制—委托—代理）	$(\mu_1\mu_2)^3 \geqslant \frac{9}{32}$	$(\mu_1\mu_2)^3 \geqslant \frac{3}{8}$	$(\mu_1\mu_2)^3 \geqslant \frac{3}{8}$
长期合作动机（集中控制）	$\mu_1\mu_2 \geqslant 1$	$\mu_1\mu_2 \geqslant 1$	$\mu_1\mu_2 \geqslant 1$

9.4.2　同种合作关系下的委托—代理效应分析

下面对同种类型合作关系下的委托—代理效应进行分析。

[推论 9-3] 在异质产品双寡头 Cournot 产量竞争市场中，任一企业与高校采用以企业为主导的"产学研"集成创新模式进行降低成本的技术创新，无论是短期合作或长期合作，无论是分散控制还是集中控制，相比较委托—代理情形，非委托—代理下创新主体：(1) 投入强度更大、风险更小，创新产品期望价格上升，产量增加，创新主体整体期望利润增加；(2) 对应地，对于非创新企业，非创新产品期望价格下降，产量减少，期望利润减少。

上述结论表明，在委托—代理下，由于逆向选择与道德风险等的缘故，一方面，非委托授权使创新主体更有创新投入的动机；另一方面，对于如

IT、生物技术、半导体等高技术行业来说，由于技术创新一次性所需的创新投入比较大、风险高，所以对于资金比较短缺且融资较困难的中小企业来说，委托—代理因其所需的投入较少，通过风险分散可以有解决投入不足的效应（见表9-2）。

表9-2　分散控制—非委托—代理时，短期合作与长期合作之间的均衡比较分析

<table>
<tr><th>条件</th><th colspan="5">均衡结果比较</th></tr>
<tr><td rowspan="2">$(\mu_1\mu_2)^3\in\left[\frac{6}{4},+\infty\right)$</td><td colspan="2" rowspan="2">$\breve{\Pi}^E_A>\widehat{\Pi}^E_A$, $\breve{\Pi}^E_R>\widehat{\Pi}^E_R$, $\breve{\Pi}^E_B<\widehat{\Pi}^E_B$, $\breve{a}^E_1>\widehat{a}^E_1$, $\breve{a}^E_1\breve{a}^E_2>\widehat{a}^E_1\widehat{a}^E_2$, $\breve{p}^E_A>\widehat{p}^E_A$, $\breve{q}^E_A>\widehat{q}^E_A$, $\breve{p}^E_B<\widehat{p}^E_B$, $\breve{q}^E_B<\widehat{q}^E_B$</td><td>$(\mu_1\mu_2)^3\in\left[\frac{9}{4},+\infty\right)$</td><td>$\breve{a}^E_2\geqslant\widehat{a}^E_2$</td><td rowspan="6">当：$\left(\frac{1}{3}\right)^{\frac{1}{3}}[(b_1)^2b_2]^{-\frac{1}{3}}Y_A\geqslant1$ 时，有 $\widehat{f}^E\geqslant\breve{f}^E$；
当 $\left(\frac{1}{3}\right)^{\frac{1}{3}}[(b_1)^2b_2]^{-\frac{1}{3}}Y_A<1$ 时，有 $\widehat{f}^E<\breve{f}^E$</td></tr>
<tr><td>$(\mu_1\mu_2)^3\in\left[\frac{6}{4},\frac{9}{4}\right)$</td><td>$\breve{a}^E_2<\widehat{a}^E_2$</td></tr>
<tr><td rowspan="2">$(\mu_1\mu_2)^3\in\left[\frac{9}{8},\frac{6}{4}\right)$</td><td rowspan="2">$\breve{\Pi}^E_A\geqslant\widehat{\Pi}^E_A$, $\breve{\Pi}^E_R<\widehat{\Pi}^E_R$ $\breve{a}^E_1>\widehat{a}^E_1$, $\breve{a}^E_2<\widehat{a}^E_2$</td><td>$(\mu_1\mu_2)^3\in\left[\frac{3\sqrt{3}}{4},\frac{6}{4}\right)$</td><td colspan="2">$\breve{a}^E_1\breve{a}^E_2\geqslant\widehat{a}^E_1\widehat{a}^E_2$, $\breve{\Pi}^E_B\leqslant\widehat{\Pi}^E_B$, $\breve{p}^E_A\geqslant\widehat{p}^E_A$, $\breve{q}^E_A\geqslant\widehat{q}^E_A$, $\breve{p}^E_B\leqslant\widehat{p}^E_B$, $\breve{q}^E_B\leqslant\widehat{q}^E_B$</td></tr>
<tr><td>$(\mu_1\mu_2)^3\in\left[\frac{9}{8},\frac{3\sqrt{3}}{4}\right)$</td><td colspan="2">$\breve{a}^E_1\breve{a}^E_2<\widehat{a}^E_1\widehat{a}^E_2$, $\breve{\Pi}^E_B>\widehat{\Pi}^E_B$, $\breve{p}^E_A<\widehat{p}^E_A$, $\breve{q}^E_A<\widehat{q}^E_A$, $\breve{p}^E_B>\widehat{p}^E_B$, $\breve{q}^E_B>\widehat{q}^E_B$</td></tr>
<tr><td rowspan="2">$(\mu_1\mu_2)^3\in\left(0,\frac{9}{8}\right)$</td><td colspan="2" rowspan="2">$\breve{\Pi}^E_A<\widehat{\Pi}^E_A$, $\breve{\Pi}^E_R<\widehat{\Pi}^E_R$, $\breve{\Pi}^E_B>\widehat{\Pi}^E_B$, $\breve{a}^E_2<\widehat{a}^E_2$, $\breve{a}^E_1\breve{a}^E_2<\widehat{a}^E_1\widehat{a}^E_2$, $\breve{p}^E_A<\widehat{p}^E_A$, $\breve{q}^E_A<\widehat{q}^E_A$, $\breve{p}^E_B>\widehat{p}^E_B$, $\breve{q}^E_B>\widehat{q}^E_B$</td><td>$(\mu_1\mu_2)^3\in\left[\frac{3}{4},\frac{9}{8}\right)$</td><td>$\breve{a}^E_1\geqslant\widehat{a}^E_1$</td></tr>
<tr><td>$(\mu_1\mu_2)^3\in\left(0,\frac{3}{4}\right)$</td><td>$\breve{a}^E_1<\widehat{a}^E_1$</td></tr>
</table>

9.4.3　不同合作关系下的对比效应分析

首先，比较A与R进行长期合作创新，以便共享彼此资源与能力的条件，因此，比较各均衡结果中A与R的均衡利润，有如表9-1所示的结论成立。

[推论9-4] 在异质产品双寡头Cournot产量竞争市场中，任一企业与高校采用以企业为主导的"产学研"集成创新模式进行长期合作以便共享彼此资源与能力的条件为：(1) 在集中控制下，要求 $\mu_1\mu_2\geqslant1$；(2) 在分散控

制—非委托—代理的情形，要求：$(\mu_1\mu_2)^3 \geqslant \frac{6}{4}$；（3）分散控制—委托—代理的情形，要求：$(\mu_1\mu_2)^3 \geqslant \frac{3}{8}$。

其次，比较集中控制情形下短期合作关系与长期合作关系下的均衡结果，有如下推论成立。

［推论9－5］ 在异质产品双寡头Cournot产量竞争市场中，任一企业与高校采用以企业为主导的“产学研”集成创新模式进行降低成本的技术创新，在集中控制情形下，无论是委托—代理还是非委托—代理，相比较短期合作，（1）当$\mu_1\mu_2 \geqslant 1$时，长期合作下的投入强度更大、风险更小，创新产品期望价格上升，产量增加，创新主体整体期望利润增加；对应地，对于非创新企业，非创新产品的期望价格会下降，产量减少，期望利润会减少，委托—代理下的员工工资水平会更高。（2）当$\mu_1\mu_2 < 1$时，前面的结论则相反。

最后，在分散控制下，比较短期合作与长期合作时的均衡结果，如表9－2与表9－3所示。

表9－3　分散控制—委托—代理时，短期合作与长期合作之间的均衡比较分析

<table>
<tr><th>条件</th><th colspan="5">均衡结果比较</th></tr>
<tr><td>$(\mu_1\mu_2)^3 \in \left[\frac{3}{8},\ +\infty\right)$</td><td colspan="4">$\breve{\Pi}_A^D > \widehat{\Pi}_A^D, \breve{\Pi}_R^D \geqslant \widehat{\Pi}_R^D, \breve{\Pi}_B^D < \widehat{\Pi}_B^D, \breve{a}_1^D > \widehat{a}_1^D, \breve{a}_2^D > \widehat{a}_2^D$，$\breve{a}_1^D\breve{a}_2^D \geqslant \widehat{a}_1^D\widehat{a}_2^D$，$\breve{p}_A^D > \widehat{p}_A^D$，$\breve{q}_A^D > \widehat{q}_A^D$，$\breve{p}_B^D < \widehat{p}_B^D$，$\breve{q}_B^D < \widehat{q}_B^D$</td><td rowspan="5">$\widehat{w}_{A1}^{nD} = \widehat{w}_{R2}^{nD} = 0$，$\breve{w}^{sD} = 0$，
(1) 当$\left(\frac{1}{3}\right)^{\frac{2}{3}}[b_1(b_2)^2]^{-\frac{1}{3}}Y_A \geqslant 2$时，有$\widehat{w}_{A1}^{mD} \geqslant \breve{t}_1^D\widehat{w}^{oD}$，否则$\widehat{w}_{A1}^{mD} < \breve{t}_1^D\widehat{w}^{oD}$
(2) 当$\left(\frac{1}{3}\right)^{\frac{4}{3}}[b_1(b_2)^2]^{-\frac{1}{3}}Y_A \geqslant 2$时，有$\widehat{w}_{R2}^{mD} \geqslant \breve{t}_1^D\widehat{w}^{oD}$，否则$\widehat{w}_{R2}^{mD} < \breve{t}_1^D\widehat{w}^{oD}$
(3) 当$\left(\frac{1}{3}\right)^{\frac{4}{3}}[(b_1)^2 b_2]^{-\frac{1}{3}}Y_A \geqslant 1$时，有$\widehat{f}^D \geqslant \breve{f}^D$；否则有$\widehat{f}^D < \breve{f}^D$</td></tr>
<tr><td rowspan="2">$(\mu_1\mu_2)^3 \in \left[\frac{9}{32},\ \frac{3}{8}\right)$</td><td rowspan="2">$\breve{\Pi}_A^D \geqslant \widehat{\Pi}_A^D$，$\breve{\Pi}_R^D < \widehat{\Pi}_R^D$，$\breve{a}_1^D \geqslant \widehat{a}_1^D$，$\breve{a}_2^D > \widehat{a}_2^D$</td><td>$(\mu_1\mu_2)^3 \in \left[\frac{\sqrt{2}}{4},\ \frac{3}{8}\right)$</td><td colspan="2">$\breve{a}_1^D\breve{a}_2^D \geqslant \widehat{a}_1^D\widehat{a}_2^D$，$\breve{\Pi}_B^D \leqslant \widehat{\Pi}_B^D, \breve{p}_A^D \geqslant \widehat{p}_A^D, \breve{q}_A^D \geqslant \widehat{q}_A^D, \breve{p}_B^D \leqslant \widehat{p}_B^D, \breve{q}_B^D \leqslant \widehat{q}_B^D$</td></tr>
<tr><td>$(\mu_1\mu_2)^3 \in \left[\frac{9}{32},\ \frac{\sqrt{2}}{4}\right)$</td><td colspan="2">$\breve{a}_1^D\breve{a}_2^D < \widehat{a}_1^D\widehat{a}_2^D$，$\breve{\Pi}_B^D > \widehat{\Pi}_B^D, \breve{p}_A^D < \widehat{p}_A^D, \breve{q}_A^D < \widehat{q}_A^D, \breve{p}_B^D > \widehat{p}_B^D, \breve{q}_B^D > \widehat{q}_B^D$</td></tr>
<tr><td rowspan="2">$(\mu_1\mu_2)^3 \in \left(0,\ \frac{9}{32}\right)$</td><td colspan="2" rowspan="2">$\breve{\Pi}_A^D < \widehat{\Pi}_A^D$，$\breve{\Pi}_R^D < \widehat{\Pi}_R^D$，$\breve{\Pi}_B^D > \widehat{\Pi}_B^D, \breve{a}_1^D < \widehat{a}_1^D, \breve{a}_1^E\breve{a}_2^E < \widehat{a}_1^E\widehat{a}_2^E, \breve{p}_A^D < \widehat{p}_A^D, \breve{q}_A^D < \widehat{q}_A^D, \breve{p}_B^D > \widehat{p}_B^D, \breve{q}_B^D > \widehat{q}_B^D$</td><td>$(\mu_1\mu_2)^3 \in \left[\frac{1}{48},\ \frac{9}{32}\right)$</td><td>$\breve{a}_2^D \geqslant \widehat{a}_2^D$</td></tr>
<tr><td>$(\mu_1\mu_2)^3 \in \left(0,\ \frac{1}{48}\right)$</td><td>$\breve{a}_2^D < \widehat{a}_2^D$</td></tr>
</table>

上述命题与推论的比较结果，在考虑到产品差异化程度 d 的影响时，由推论 9-1，有如下结论成立。

[推论 9-6] 在动态市场环境下，上述命题与结论（推论 9-1 除外）对于：（1）创新主体变量的均衡结果随着 $d \in (0, d^*]$ 增大而递减，随着 $d \in (d^*, 1)$ 增大而递增；而对于变量静态比较分析结果，随着 $d \in (0, d^*)$ 增大弹性减小，随着 $d \in (d^*, 1)$ 增大弹性增大。（2）对于非创新主体变量的均衡结果与比较分析结果，随着 $d \in (0, 1)$ 增大呈递减的趋势，弹性变小。

9.5　本章小结

从企业的角度来看，高校开发的技术成果存在高度的不确定性、复杂性、缄默性以及路径依赖性，而企业的技术创新过程与能力提升也有其特有的路径依赖，具有累积性以及不可逆性等特点，因此技术创新能力的内生性特点使传统的高校负责技术开发，企业负责制造与市场推广的技术转让模式——在契约签订、技术开发、管理、知识转移过程以及企业的吸纳等环节极容易出现信息不对称条件下的机会主义行为与道德风险问题，甚至造成无法转移的现象。这也是传统产学研过程中高校科研成果转化率低的一个最重要的原因。

因此，有效的“产学研”合作技术创新模式是有力提升企业技术能力与创新能力的核心途径之一，同时也是高校提升自身科研成果转化率的关键。鉴于此，从创新的类型、主体及创新过程中资源与能力有效组织的角度出发，本章归纳出两种“产学研”合作创新模式：以高校为主导兴建的企业模式以及以企业为主导采纳的集成创新模式；并着重就后一种合作创新模式的内在机理进行了有针对性的建模型分析。

鉴于在以企业为主导的“产学研”集成创新模式下，控制权与双边关系是影响创新效应的两个核心变量。本章试图从合作关系与控制权两个维度出发，具体来说，将高校—企业在“产学研”集成创新模式下双边关系分成两类：长期合作关系与短期合作关系。将控制权类型分为两种类型：集中控制与分散控制。在此基础上，着眼于“产学研”合作创新过程：企业从契约提供、合作创新过程的有效组织及产业竞争的系统维度，以动态博弈与委托—代理等理论为工具，建立了一个三阶段动态博弈模型，分别得出了短期合作关系下集中控制、短期合作关系下分散控制、长期合作关系下集中控制、长期合作关系下分散控制四种不同情形的子博弈完美纳什均衡解。最后，从双边关系的类型、控制权类型以及委托—代理效应三个不同维度，从静态与动态两个方面比较分析了创新的知识投入、工资、产量、价格、利润等均衡变量的差异性。

本章的研究可以进一步进行拓展。可能想到的研究方向是本章仅考虑了行业中的单个典型企业，采用以企业为主导的“产学研”集成创新模式进行合作创新的情形，进一步的拓展研究可以考虑两个或多个企业同时采用此模式进行“产学研”合作的情形。

另外，除了合作关系、控制权等因子会显著影响该模式下的创新效应外，还可能存在其他研究视角，如技术转移及其影响因子、高校—企业双方的合作动机等都是以后进一步的研究方向。

第10章

突破性创新：以高校为主导兴建的企业模式研究[184]

10.1 模型

10.1.1 模式内涵与特征

以高校为主导兴建的企业模式，是指高校研发人员①在工作中实现重大原理或原创性技术突破的基础上，在自我资金、风险投资基金或者相关企业的支持下，创办新的企业实体，并据以统一调度与优化配置兴建企业资源与能力，进一步地，以高校研发人员为主体研发产品并推向市场的创新模式。此模式具有如下特点：①创新的主体——高校研发人员主导性。高校的研发人员不仅是技术与产品开发的主体，同时也是市场开拓的主体，因而是整个技术创新过程的主体。②资金获取——必要的种子资金注入。创业之初企业的资金来源一般有两种途径：一类是组建企业的高校研发人员个人积累或项目基金等自我款项；另一种是相关风险基金或其他企业的支持款项。兴建企业在具备相关技术能力而自我资金不足时，可以考虑通过风险基金或其他企业资金注入的方式进行融资。③技术获取的内部性。企业的技术获取可通过独立模式或团队模式两种方式来有效组织，其中，前者是将承担任务的人员分割且各自独立完成相应的子任务；对应地，后者则是将员工整合在一起，

① 高校研发人员可包括大学的教师、学生或教辅人员等。

员工之间可以通过面对面的交流与沟通共同完成整体任务的开发。团队模式相比较独立模式可以发挥员工之间的协同作用，但如果协调不当，就容易出现机会主义行为，降低团队协作的效果。从兴建企业技术获取的角度来看，两种组织形式都属于内部研发模式。④创新类型——突破性。一般来说，此种模式若创新成功通常会形成突破性创新。

从上述模式内涵及特点的阐述可以看出，此种创新模式多由原先高校研发人员采纳，是高校研发人员通过成立新的企业，将技术获取模式转化为内部研发模式，有效避免原先创新模式对于技术的组织间转移。

10.1.2 符号说明与模型假设

为简化分析，进行如下符号说明与模型假设。

（1）技术获取组织与研发任务假设。兴建企业 R 创新产品研发任务完成，依赖委托于两部门员工 $\upsilon(\upsilon=1, 2)$ 的两项子任务的彻底开发成功，且单一任务成功的概率满足：$P_\upsilon=\mu_\upsilon e_\upsilon+\Lambda_\upsilon$，$\Lambda_\upsilon \sim N(0, \Phi_\upsilon^2)$，其中，$e_\upsilon$ 为 υ 创新的知识投入，Λ_υ 为随机环境变量且服从期望为零、方差为 Φ_υ^2 的正态分布，在独立模式下，设定 $\mu_\upsilon=1$，而在团队模式下，则设定 $\mu_\upsilon>0$，其反映员工间协同效应的大小；由于技术创新从开始投资研发到最终产品投入市场需要一段时间，设定此时间间隔为 $\delta(\delta<T_{R2}-T_{R1})$ 年，其中 T_{R1} 与 T_{R2} 分别表示 R 创新投资与破产时刻。

（2）创新产品的需求函数假设。R 的初始单位生产成本为 c，若创新成功其创新产品的需求函数为：$q(p)=Y(t)-bp$，其中 q、p 分别为创新产品的产量与价格，$b(b>0)$ 衡量产量对价格的敏感程度，$Y(t)$ 是对企业产出品市场维度的一种度量且反映了市场需求的不确定性且 $dY(t)=\alpha Y(t)dt+\sigma Y(t)dz-Y(t)d\theta$，其中，$\alpha\in(0, r)$ 是 $Y(t)$ 的瞬时漂移率；σ 是市场波动的瞬时标准差；dt 为时间增量；$d\theta$ 是标准维纳过程的增量，服从均值为零、方差为 dt 的正态分布；$d\theta=\begin{cases}u & 概率为\ \varpi dt\\ 0 & 概率为\ 1-\varpi dt\end{cases}$ 表示未来技术对于当前技术所形成的冲击；$dY(t)$ 中右端的前两项描述了新技术的产出品的产量受到需求不确定影响的动态过程，第三项则体现了未来创新技术对企业产出品需求的影响程度，其中 ϖ 和 u 分别体现了未来创新技术的速度和创新的程度。

（3）员工效用函数假设。员工 υ 的效用函数为[94]：$U_\upsilon = w_\upsilon^j - t_\upsilon(e_\upsilon)^3/3$，$\upsilon = 1, 2$，j = m，n，or. o，f，其中，$t_\upsilon(e_\upsilon)^3/3$ 为研发成本的大小，$t_\upsilon(t_\upsilon > 0)$ 为员工 υ 的研发成本对投入的敏感系数；w_υ^j 为员工 υ 研发成功或失败时的工资水平。

（4）融资方式所导致的法人治理结构假设。本章考虑 R 融资与不融资两种类型，当高校研发人员本身有足够的创业资本时，其成立后的法人治理结构，通常是股东与管理人员是一体的情形——即都是高校研发人员；对应地，当无足够自有资本而通过风险基金或其他企业资金注入时，其法人治理结构通常会出现股东与管理人员是实现分离的情形，此时 R 的管理人员通常由原来的高校研发人员来承担，这时就产生了股东与管理人员分离的情形，因此会出现通常的委托—代理问题。因此，假设在融资情形下，股东向高管人员提供的报酬形式为利润与销售收入的线性组合：$C = (1-\eta)pq(p) + \eta(p-c)q(p) = (p-c\eta)q(p)$。

此外，整个创新过程中所有参与创新的主体设定为风险中性。

10.1.3　模型假设

如图 10-1 所示，R 先后进行如下三阶段博弈决策：①博弈的第一阶段——合约签订阶段，包括时刻 0～1。首先 R 决定是否需要进行融资，若融资，由风险基金、其他企业以及创业者所组成的股东大会向高管人员提供工资合约：即决定 η；后者可签订或拒绝，若签订，高管人员则在此基础之上与承担研发任务的员工签订工资合约。②博弈的第二阶段——技术获取的组织阶段，包括时刻 2。基于委托—代理框架，在独立或团队模式下，高管人员与员工 υ 以自身期望利润或效用最大化为准则选择 w_υ^j 与 e_υ。③博弈的第三阶段——市场价格选择与合约履行阶段，包括时刻 3～4。若创新成功，高管人员将以自身利润最大化为准则选择创新产品的价格，创新实现后，根据合约内容进行员工与高管工资的发放。注意：在没有融资时高管人员与企业所有者是一体的，不存在时刻 0 以及时刻 4 中向高管发放报酬的情形。

在求解上述三阶段子博弈完美纳什均衡解之前，须求解 R 创新项目的价

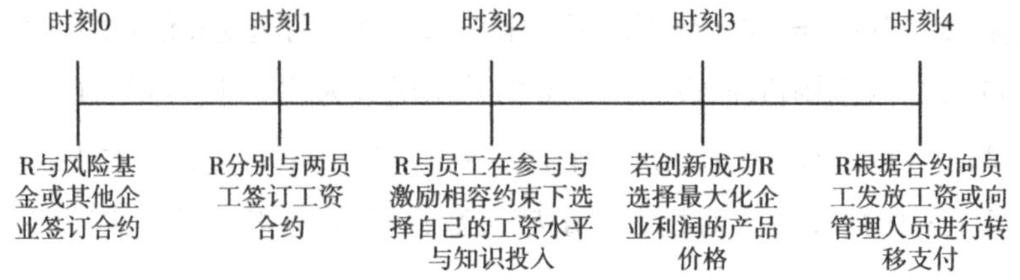

图 10－1　以高校研发人员为主体的创新模式的决策顺序

值函数，有如下引理成立。

［引理 10－1］ 以高校研发人员为主导兴建的企业模式进行产品的突破性创新（见附录 10－1），创新项目的价值函数为：

$$V[Y(t),\tau]=\begin{cases}\dfrac{1}{(\varepsilon_3-1)}\left[\dfrac{bp(p-\tau)}{r}+w^0\right]\left[\dfrac{Y(t)}{Y_o^*}\right]^{\varepsilon_3} & t<T_{R1}\\ (p-\tau)\left[\dfrac{Y(t)}{r-\alpha}-\dfrac{bp}{r}\right]\cdot e^{-(r-\alpha)\delta}-w^{\rho} & T_{R1}\leqslant t\leqslant T_{R2}\text{且 } j=o\\ -w^f & t\geqslant T_{R1}\text{且 } j=f\end{cases}\tag{10－1}$$

其中，$T_{R1}=\inf\{t\mid Y(t)\geqslant Y_o^*\}$　　(10－2)

$$T_{R2}=\inf\{t\mid Y(t)\geqslant Y_1^*\}\tag{10－3}$$

$$Y_o^*=\frac{\varepsilon_3}{\varepsilon_3-1}\left(\frac{bp}{r}+\frac{w^o}{p-\tau}\right)e^{(r-\alpha)\delta}\tag{10－4}$$

$$Y_1^*=\left[\frac{w^o e^{(r-\alpha)\delta}}{p-\tau}+\frac{bp}{r}\right](r-\alpha)\tag{10－5}$$

其中，Y_o^* 与 Y_1^* 分别表示投资门槛值与创新成功后的破产临界值，$\tau=\begin{cases}c & \text{当 R 没有融资时}\\ c\eta & \text{当 R 融资时}\end{cases}$。

上述引理说明，当市场状况第一次超过或等于 Y_o^* 时，企业开始投资，若创新成功，则实现的利润流为：$(p-\tau)\left[\frac{Y(t)}{r-\alpha}-\frac{bp}{r}\right]\cdot e^{-(r-\alpha)\delta}-w^o$，若失败则应承担成本：$w^f$，为保证在创新投资成功后能获取相应利润，市场状况应好于 Y_1^*，为此要求 $T_{R1}\leqslant t\leqslant T_{R2}$；若市场状况一开始始终比较差且低于 Y_o^*，即在 $t<T_{R1}$ 时，企业 d 将持有投资的期权，且期权价值为：$\frac{1}{(\varepsilon_3-1)}$

$\left[\frac{bp(p-\tau)}{r}+w^{o}\right]\left[\frac{Y(t)}{Y_{o}^{*}}\right]^{\varepsilon_3}$。

基于上述博弈进程与引理，采用逆向递推法求解该三阶段动态博弈问题，统一地在博弈的第三阶段，针对不同的法人治理结构有如下推论成立。

［推论 10－1］ 以高校研发人员为主导兴建的企业模式进行产品的突破性创新（见附录 10－2），若创新成功，R 在博弈的第三阶段市场均衡的结果：①当 $Y \geqslant Y_{o}^{*}(p^{D})$ 时，$G^{D}=\frac{b}{4r}\left[\frac{rY}{b(r-\alpha)}-c\right]^{2}e^{-(r-\alpha)\delta}$，其中 $p^{D}=p_{R}^{o}=\frac{rY}{2b(r-\alpha)}+\frac{c}{2}$；②当 $Y \geqslant Y_{o}^{*}(p^{E})$ 时，$G^{EH}=\frac{b}{4r}\left[\frac{rY}{b(r-\alpha)}-c\eta\right]^{2}e^{-(r-\alpha)\delta}$，其中 $p^{E}=p_{R}^{o}=\frac{rY}{2b(r-\alpha)}+\frac{c\eta}{2}$，此时 $G^{ES}=\frac{b}{2r}c(\eta-1)\left[\frac{rY}{b(r-\alpha)}-c\eta\right]e^{-(r-\alpha)\delta}$。

推论中 G 表示 R 产品创新成功时收益（不包含创新成功时的总的工资水平 w^{o}），上标 D、E 分别表示 R 没有融资与进行融资两种情形时的状态，S、H 分别表示融资情形时，高层管理人员与股东的收益。

上述推论说明，对应 R 两种不同的法人治理结构，只有当 $Y \geqslant Y_{o}^{*}(p^{D})$ 或者 $Y \geqslant Y_{o}^{*}(p^{E})$ 时才可能组建企业进行相应产品的创新，否则会以持有投资期权的形式延迟投资，且创新成功后企业产品项目的价值主要受到 r，α，δ，c，w，Y 以及 η（在融资方式下）等因素的影响。

下面针对金融市场上没有融资与存在融资两种状态下，分别采用独立模式与团队模式两种方式获取创新技术的博弈进程进行详释。

10.2　不存在融资情形时的创新行为分析

10.2.1　独立模式下的博弈均衡分析

［命题 10－1］ R 没有融资且采用独立模式来获取创新技术时，若创新成功（见附录 10－3），则两阶段动态博弈子博弈完美纳什均衡解为：

$$e_{1}^{*}=\bar{e}_{1}=\left[(t_{1})^{2}t_{2}\right]^{-\frac{1}{3}}G^{D}/3 \tag{10-6}$$

$$e_{2}^{*}=\bar{e}_{2}=\left[t_{1}(t_{2})^{2}\right]^{-\frac{1}{3}}G^{D}/3 \tag{10-7}$$

$$w_1^{n*}=\overline{w}_1^n=w_2^{n*}=\overline{w}_2^n=0 \tag{10-8}$$

$$w_1^{m*}=\overline{w}_1^m=t_1(\overline{e}_1)^2 \tag{10-9}$$

$$w_2^{m*}=\overline{w}_2^m=t_2(\overline{e}_2)^2 \tag{10-10}$$

$$\overline{p}^o=p^D \tag{10-11}$$

此时，设定 $E(\overline{V}_R)$，$E(\overline{p}_R)$，$E(\overline{q}_R)$，$\overline{q}^o$，$\overline{V}^o$，$\overline{Y}_o^*$，$\overline{Y}_1^*$ 分别为 R 此时期望的均衡利润、价格、产量、创新成功时的产品产量、企业利润以及投资门槛值与破产临界值。

10.2.2 团队模式下的博弈均衡分析

[**命题 10－2**] R 没有融资且采用团队模式来获取创新技术时，若创新成功（见附录 10－4），则两阶段动态博弈子博弈完美纳什均衡解为：

$$e_1^*=\tilde{e}_1=[(t_1)^2t_2]^{-\frac{1}{3}}\mu_1\mu_2G^D/3 \tag{10-12}$$

$$e_2^*=\tilde{e}_2=[t_1(t_2)^2]^{-\frac{1}{3}}\mu_1\mu_2G^D/3 \tag{10-13}$$

$$w^{f*}=\tilde{w}^f=0 \tag{10-14}$$

$$w^{o*}=\tilde{w}^o=t_1(\tilde{e}_1)^2/\mu_1\mu_2\tilde{e}_2=t_2(\tilde{e}_2)^2/\mu_1\mu_2\tilde{e}_1 \tag{10-15}$$

$$\tilde{p}^o=p^D \tag{10-16}$$

此时，设定 $E(\tilde{V}_R)$，$E(\tilde{p}_R)$，$E(\tilde{q}_R)$，$\tilde{q}^o$，$\tilde{V}^o$，$\tilde{Y}_o^*$，$\tilde{Y}_1^*$ 分别为企业 R 此时期望的均衡利润、价格、产量创新成功时的产品产量、企业利润以及投资门槛值与破产临界值。

10.3 存在融资情形时的创新行为分析

10.3.1 独立模式下的博弈均衡分析

[**命题 10－3**] R 进行融资且采用独立模式来获取创新技术时，若创新成功（见附录 10－5），则三阶段动态博弈子博弈完美纳什均衡解为：

$$\widehat{\eta}=\frac{3rY}{8bc(r-\alpha)}+\frac{5}{8} \tag{10-17}$$

$$e_1^*=\widehat{e}_1=[(t_1)^2t_2]^{-\frac{1}{3}}\widehat{G}^{EH}/3 \tag{10-18}$$

$$e_2^*=\widehat{e}_2=[t_1(t_2)^2]^{-\frac{1}{3}}\widehat{G}^{EH}/3 \tag{10-19}$$

$$w_1^{n*}=\widehat{w}_1^n=w_2^{n*}=\widehat{w}_2^n=0 \tag{10-20}$$

$$w_1^{m*}=\widehat{w}_1^m=t_1(\widehat{e}_1)^2 \tag{10-21}$$

$$w_2^{m*}=\widehat{w}_2^m=t_2(\widehat{e}_2)^2 \tag{10-22}$$

$$\widehat{p}^o=p^E=\frac{5rY}{16b(r-\alpha)}+\frac{5c}{16} \tag{10-23}$$

其中：

$$\widehat{G}^{EH}(\widehat{\eta})=\frac{b}{4r}\cdot\left(\frac{5}{8}\right)^2\left[\frac{rY}{b(r-\alpha)}-c\right]^2e^{-(r-\alpha)\delta} \tag{10-24}$$

$$\widehat{G}^{ES}(\widehat{\eta})=\frac{b}{2r}\cdot\frac{3}{8}\cdot\frac{5}{8}\left[\frac{rY}{b(r-\alpha)}-c\right]e^{-(r-\alpha)\delta} \tag{10-25}$$

此时，设定 $E(\widehat{V}_{RS})$，$E(\widehat{V}_{RH})$，$E(\widehat{p}_R)$，$E(\widehat{q}_R)$，$\widehat{q}^o$，$\widehat{Y}_o^*$，$\widehat{Y}_I^*$ 分别为 R 此时期望的均衡股东利润、管理人员工资、价格、产量、创新成功时的产品产量以及投资门槛值与破产临界值。

10.3.2　团队模式下的博弈均衡分析

[命题 10-4] R 进行融资且采用团队模式来获取创新技术时，若创新成功（见附录 10-6），则三阶段动态博弈子博弈完美纳什均衡解为：

$$\breve{\eta}=\frac{2rY}{7bc(r-\alpha)}+\frac{5}{7} \tag{10-26}$$

$$w^{f*}=\breve{w}^f=0 \tag{10-27}$$

$$e_1^*=\breve{e}_1=[(t_1)^2t_2]^{-\frac{1}{3}}\mu_1\mu_2\breve{G}^{EH}/3 \tag{10-28}$$

$$e_2^*=\breve{e}_2=[t_1(t_2)^2]^{-\frac{1}{3}}\mu_1\mu_2\breve{G}^{EH}/3 \tag{10-29}$$

$$w^{o*}=\breve{w}^o=t_1(\breve{e}_1)^2/\mu_1\mu_2\breve{e}_2=t_2(\breve{e}_2)^2/\mu_1\mu_2\breve{e}_1 \tag{10-30}$$

$$\breve{p}^o=p^E=\frac{5rY}{14b(r-\alpha)}+\frac{5c}{14} \tag{10-31}$$

其中：

独立模式下，比较没有融资以及存在融资两种状况时的均衡结果，有如下推论成立。

［**推论 10－4**］在确定环境下，以高校研发人员为主导兴建的企业模式进行产品的突破性创新，当采取独立模式来获取创新技术时，比较没有融资以及存在融资两种状况的均衡结果。①$\overline{w_1^m} > \widehat{w}_1^m$，$\overline{w_2^m} > \widehat{w}_2^m$，$\bar{p}^o > \widehat{p}^o$，$\bar{q}^o < \widehat{q}^o$，$\overline{Y}_o^* \geqslant \widehat{Y}_o^*$，$\overline{Y}_1^* \geqslant \widehat{Y}_1^*$，$\bar{e}_1 > \widehat{e}_1$，$\bar{e}_2 > \widehat{e}_2$，$\bar{e}_1\bar{e}_2 > \widehat{e}_1\widehat{e}_2$，$E(\overline{V}_R) > E(\widehat{V}_{RS}) + E(\widehat{V}_{RH})$，$E(\bar{p}_R) > E(\widehat{p}_R)$ 成立；②当 $T_3 \geqslant 0$ 时，有 $E(\bar{q}_R) \leqslant E(\widehat{q}_R)$；相反则：$E(\bar{q}_R) > E(\widehat{q}_R)$，其中 $T_3 = \widehat{e}_1\widehat{e}_2\left(\frac{Y}{r-\alpha} - \frac{b\widehat{p}^o}{r}\right) - \bar{e}_1\bar{e}_2\left(\frac{Y}{r-\alpha} - \frac{b\bar{p}^o}{r}\right)$。

［**推论 10－5**］在确定环境下，以高校研发人员为主导兴建的企业模式进行产品的突破性创新，当采取团队模式来获取创新技术时，比较没有融资以及存在融资两种状况的均衡结果。①$\tilde{w}_1^m > \breve{w}_1^m$，$\tilde{w}_2^m > \breve{w}_2^m$，$\tilde{p}^o > \breve{p}^o$，$\tilde{q}^o < \breve{q}^o$，$\tilde{Y}_o^* \geqslant \breve{Y}_o^*$，$\tilde{Y}_1^* \geqslant \breve{Y}_1^*$，$\tilde{e}_1 > \breve{e}_1$，$\tilde{e}_2 > \breve{e}_2$，$\tilde{e}_1\tilde{e}_2 > \breve{e}_1\breve{e}_2$，$E(\tilde{V}_R) > E(\tilde{V}_{RS}) + E(\tilde{V}_{RH})$，$E(\tilde{p}_R) > E(\breve{p}_R)$ 成立；②当 $T_4 \geqslant 0$ 时，有 $E(\tilde{q}_R) \leqslant E(\breve{q}_R)$，相反则：$E(\tilde{q}_R) > E(\breve{q}_R)$，其中 $T_4 = \breve{e}_1\breve{e}_2\left(\frac{Y}{r-\alpha} - \frac{b\breve{p}^o}{r}\right) - \tilde{e}_1\tilde{e}_2\left(\frac{Y}{r-\alpha} - \frac{b\tilde{p}^o}{r}\right)$。

上述推论说明，对于任一组织模式，若创新成功，金融市场上的融资所导致的法人治理结构的改变，会降低员工的创新努力水平、整体项目的风险会提高，员工工资水平与产品价格将降低，产量上升，投资门槛值与破产临界值降低，同时整体项目的期望价格、产量与主体（股东与管理人员）的期望利润下降；究其原因，是因为金融市场的融资导致管理人员与股东之间的两权分离，从而产生逆向选择与道德风险的缘故。

10.4.3 动态不确定环境下均衡结果分析

上述命题与推论实际上是在确定情形——即在表征市场环境、未来技术参数 α，σ，ϖ，u 以及企业创新速率 δ 等不变的状态下，针对两种内部研发组织模式之间的对比效应及融资效应进行了分析；下面分析 α，σ，ϖ，u，δ 等参数变动时，对上述均衡比较结果的影响。

容易看出，α，σ，ϖ，u，δ 等任一参数的变动都会引发四种均衡状态下的投资门槛值的联动，而仅有参数 α，δ 的变动才会对其他均衡变量的变动产生影响（因为创新成功时的项目价值去除了投机贴水的部分）。

首先，分析上述参数对于投资门槛值与破产临界值的影响，由于参数 σ，ϖ，u 通过 ε_3 值的中介继而对投资门槛值产生影响，由分析结果可知：$\partial Y_o^*/\partial\sigma>0$，$\partial Y_o^*/\partial u<0$，$\partial Y_o^*/\partial\varpi<0$，说明随着创新产品的市场波动程度加剧、未来新一代创新技术来到的速度缓慢及随之而来的对目前创新技术的替代程度的减小，新技术项目的投资门槛值会变大；通过简单的分析，可以发现 $\partial Y_o^*/\partial\alpha>0$，$\partial Y_o^*/\partial\delta<0$，$\partial Y_1^*/\partial\alpha<0$，$\partial Y_1^*/\partial\delta\geqslant 0$，说明随着漂移率的增大以及公司创新速率的加快，创新产品投资门槛值将变大；而破产临界值，则随着漂移率的增大以及公司创新速率的加快而变小。通过上述分析有如下的推论成立。

[推论 10-6] 在动态不确定环境下，①均衡的投资门槛值会受到创新产品的市场漂移率 α 与波动程度 σ、未来新一代技术的创新速度 ϖ 与创新程度 u 参数以及企业自身创新速度 δ 等参数的综合影响，且满足：$\partial Y_o^*/\partial\sigma>0$，$\partial Y_o^*/\partial\alpha>0$，$\partial Y_o^*/\partial u<0$，$\partial Y_o^*/\partial\varpi<0$，$\partial Y_o^*/\partial\delta<0$；②均衡的破产临界值会受到 α 以及 δ 两参数的综合影响，且满足 $\partial Y_1^*/\partial\alpha<0$，$\partial Y_1^*/\partial\delta\geqslant 0$（“=”当且仅当在团队模式情形下）。

其次，分析 α，δ 的变动，对于企业均衡变量及其在确定环境下均衡比较结果的影响，由 $\partial G^D/\partial\alpha>0$，$\partial G^D/\partial\delta<0$，所以有如下推论成立。

[推论 10-7] 在动态不确定环境下，以高校研发人员为主导兴建的企业模式进行产品的突破性创新，随着 α 与 δ 的增大，相应地，上述命题的均衡结果变大与减小，相应地，上述推论均衡比较的结果会更显著。

10.5　本章小结

本章以动态博弈、委托—代理以及实物期权等理论与模型为工具，对以高校为主导兴建的企业模式的运作过程进行了建模分析。在以高校为主导兴建的企业模式下，从创业资金获取、技术获取模式的有效组织以及市场竞争参与的系统维度，建立了一个动态博弈模型，按照兴建企业在创业之初是否融资以及技术获取模式组织方式的差异性，得出四种不同情形的子博弈完美纳什均衡解；分别在确定环境与动态不确定环境两种情形下，对不同组织模式之间的对比效应以及相同组织模式的融资效应进行了比较分析，对应地，得出了相关均衡变量，包括投入门槛值、破产临界值、研发投入、研发的风险、研发成功或失败时的工资水平、产品产量及价格、企业利润、期望利润、价格以及产品产量等的差异性，并进行了比较分析。

| 第11章 |

公共产品创新中高校—企业协同参与的博弈模型研究

公共产品，与私有产品在受益的非排他性以及消费的非竞争性显著不同，但因其在社会公共需求满足领域的重要性，近年来日益受到重视。有鉴于此，公共产品创新过程的有效组织及管理研究，成为技术创新及管理领域的重要研究方向之一。现有研究表明，企业与高校在私有产品创新中具有主体地位，而在公共产品创新领域，企业与高校可以积极发挥各自功能。一般而言，由于公共产品和服务的提供者是公共部门（通常以政府为代表的公共组织），公共产品技术创新的主体也应是公共部门，但在具体实施过程中却可以让企业与高校积极参与。

目前，许多国家都在公共产品技术创新中积极采购企业与高校开发的各种技术，或者让有实力的企业与高校参与公共产品的技术创新，取得了非常好的成效。例如，美国在武器装备等国防产品的创新和生产过程中，特别强调充分利用企业与高校拥有的技术和技术研发能力，实现军民融合，既带动了国防产品技术创新水平的提升，又促进了企业与高校技术创新能力的增强。因此，以公共产品创新为切入点，对高校—企业协同参与该产品的创新过程进行研究，不仅是政府公共服务领域的重要研究课题，而且是高校—企业协同创新机理的重要内容，对其进行研究具有意义。

以政府为核心主导的公共产品创新，通过积极吸纳高校与企业参与创新过程，是产学研协同创新的重要内核。在此过程中，政府是调控主体，在推动高校—企业协同的发展方面起着决定性作用；具体来说，政府在高校—企业协同过程中主要承担着三种角色：一是政府，通过一系列手段引导高校与企业进行合作；二是推动者，政府对一些重大的以公共产品提供为内核的创新项目，对高校—企业参与其中进行重点资助；三是协调者，政府为参与的高校与企业各方“穿针引线”。在实践中，围绕公共产品提供，以政府为主导的高校—企业协同创新模式作为产学研协同创新的重要模式被普遍采用，典型案例如“常熟纺织服装协同创新中心”就是在政府主导下构建的国家产业示范基地，该协同创新中心建设过程中，广泛吸纳了众多知名高校与企业参与其中，对于提升常熟市当地服装企业的竞争力发挥了重要作用[218]。

在理论研究中，有关以公共产品创新为内核，以政府主导为主的高校—企业协同创新为对象开展的研究，主要体现在如下几个方面：(1) 高校—企业协同创新可以提供的公共产品及其具体实现形式，如科技园、高校—地方共建研究院、科技成果转化专项资金项目、科技计划资金项目以及政府—企业挂牌研究基地等。(2) 高校—企业协同创新具体实现形式的运作、影响因素及其操作绩效，如基于知识基础观对其知识创新的形式、功能以及作用开展研究；(3) 促进高校—企业协同创新政策的设计与设施方面等。在这些研究中，公共产品创新中高校—企业协同创新模式的治理及政策制定与实施研究最为关键，其直接决定了模式运作的成效。公共产品创新中高校—企业协同创新模式治理及政策制定与实施研究的本质，在于对协同创新中的控制权进行赋予与保障，从根本上在于构建强化市场型政府[219]。

模式治理及政策制定与实施涉及几组微观核心变量：(1) 协同创新投入中的补贴类型及其选择。政府创新补贴政策在高校—企业协同中有调节作用，可以及时改进企业与高校对创新系统研发资金的投入，避免高校与企业自组织运作带来的市场和创新系统失灵[220]。自 Spencer 等[221]有关创新补贴的开创新研究以来，学界对创新补贴着重围绕补贴类型（如产量补贴还是投入补贴）有效选择、补贴的福利效应开展，研究的工具主要是博弈模型[222]。(2) 协同创新平台控制权赋予与保护。如科技园主要是以大学为依托，在政府的引导和支持下，从事技术创新与企业孵化活动，本质上在实际运作中，大学对科技园具有控制权；而政府—企业挂牌研究基地，多半依托的是行业内的主体企业，在实际运作中，企业具有较大的控制权。控制权的分配及其有效设计是产学研协同创新治理的重要方面。在理论研究中，William 对大学技术开发的过程运用组织控制理论进行有效管理的过程进行了研究[223]；Claudio 则对高校—企业研发合作中的控制权设计及其效应进行了博弈分析[216][224-225]。（3）协同创新平台中成员间的信任关系。信任关系是组织间知识转移的重要前提。信任对知识转移的作用通过提高知识转移的意愿以及降低知识转移的难度这两种途径进行[225]。

上述三类变量关系研究中，首先，协同创新投入中的补贴类型选择，涉及政府支持高校—企业协同创新政策工具的选择，两者谁更有效既是一个学术命题也是重要的政策工具选择。白旭云等运用实证数据对两者的选择进行了分析，但涉及的内容主要以企业技术创新为对象，没有以高校—企业协同创新为研究标的。其次，控制权与信任关系作为协同创新治理的一对核心变量，两者之间的互补或替代关系，目前在学界是研究的重要方向，取得了一系列重要的成果[87-88]。上述研究为深刻理解公共产品创新中高校—企业协同创新的运作机理及绩效提升路径提供了基础，但所研究的内容尚处于割裂状态。本章试图以公共产品创新中高校—企业协同创新过程为对象，解决两个问题：第一，在公共产品创新中高校—企业协同创新中政府补贴类型（产量补贴与投入补贴）谁更有效？第二，控制权与信任关系在政策工具箱选择中的调节功能及其机制。

11.1　理论基础

11.1.1　公共产品创新中高校—企业协同创新模式的构建与运行特点

高校—企业协同创新是指企业与高等院校在政府、科研机构等相关部门的支持下，各自投入优势资源和能力进行联合技术开发的协同创新活动[226]。在众多的高校—企业协同创新过程中，以政府为主导，以公共产品创新为内核的高校—企业协同创新模式，因其自身的特点，而备受关注。该类协同创新通常具有如下特点：（1）通常来说，协同创新的项目具有前瞻性、基础性及公共技术的特点，这些项目若能攻克，对于提升行业企业的整体技术能力具有奠基性作用；（2）协同创新项目面临比较大的技术不确定性与市场不确定性，单个企业、高校或科研机构很难凭一己之力完成，需要政府出面组织实施；（3）协同创新项目通常具有比较大的行业外部性，这些项目不仅自身具有较强的经济效益，而且还有广泛的社会效益。

目前，该类以公共产品创新为内核的高校—企业协同创新内容，主要包括两类：一类是以科技计划项目形成的协同创新联盟。具体在实施的过程中，主要采用科技计划资金项目与科技成果转化专项资金项目等形式，主要面向区域产业升级的共性技术、前瞻性技术，或者是大型公共建设平台——如大型科学仪器设备、数据仓库、信息网络平台、重点实验室等。此类协同创新项目多采用项目制进行管理：如立项时以政府招投标的形式进行，项目过程中的分类监管与进度控制，项目后期的验收及项目后的评估；在评价机制方面灵活采用信誉等多种软性指标管理以及资金预算和回报等硬性指标管理相结合的方式。该类模式除个别项目外，多以创新问题驱动及结果导向为主要特征，协同创新主体之间的交流更加短、频、快。另一类是在政府的引导下，基于要素聚集地构建的协同创新联盟。具体在实施过程中，主要包括在高等院校聚集地附近建立以高等院校为依托的科技园、高校—地方研究院，或者在企业聚集地构建以企业为依托的政府—企业挂牌研究基地[227]。其中，科技园主要以高等院校为依托，利用高等院校在知识资本上密集性，通过风险投资在内的多元化渠道，从事技术创新和企业孵化活动。高校—地方研究院是面向当地的战略性产业发展需要，由高等院校与地方政府共同构建，旨在进行产业技术研发与转移、产业再造和制度变迁等方面发挥作用。而政府—企业挂牌研究基地主要是政府与企业进行深度研发协同而共同建立的研发实体，在具体操作形式上常见的有四种子平台：第一，是研究实验基地和大型仪器设备共享平台；第二，是承载科学实验、科学研究开发成果数据及科技文献资源的科技数据共享平台；第三，是培育、优化及升级网络科技环境；第四，是在一定区域范围内构建有效的创新创业体系。在模式管理上，该类模式更强调高校—企业协同过程中长效机制的运用，如更加强调创新主体之间的科技交流与合作、科技成果的转化、创新文化的建设以及科技创新政策的利用等；协同主体间的关系交流也更加密切并且更持久。

11.1.2 创新补贴在高校—企业协同创新中的作用

如果没有政府干预及引导，企业与高等院校都不会自动进行公共产品，特别是产业共性技术开发；政府的创新补贴是促进公共产品，特别是产业共性技术研发的有效方式[228]。创新补贴在企业与高等院校创新过程中的作用，主要涉及创新补贴方式的选择以及如何增进补贴效果方面：（1）创新补贴方式主要有产品补贴与投入补贴两种常见类型。例如，生延超通过研究表明，创新产品补贴更有效；而林承亮等的研究结果却表明，补贴方式的优劣取决于企业的吸纳能力[229-230]。（2）创新补贴的实施效果也有正反两个方面的研究，例如，Gil - Molto 等研究表明，政府补贴对于社会福利水平存在负面效应[231]。创新补贴在产学研协同创新中的功能及作用，梁喜和马永红等作了全面的归纳，其对补贴对产学研联盟利益的影响以及政府补贴方式的选择分别进行了研究[220]-[221]。这些研究为本章理论分析奠定了基础。

11.1.3　控制权与知识产权分配在产学研协同创新中的功能

①控制权的分配与产学研协同创新。控制权是组织配置资源的一种权力，它的配置决定了组织的决策与行为。一般意义上，控制权的研究着重围绕控制权的来源、类型、控制机制的实施及效果等维度开展研究。在创新过程中，控制权的分配可以采用集中控制，也可以分散控制；控制机制可以采用高度官僚性组织形式，也可以综合采用市场化、宗族制等多元化措施；其有效选择及分配直接影响创新投入及产出。在高校—企业协同创新过程中，控制权的分配尤其重要；其直接导致了官、产、研、学各方在协同创新过程中各方博弈的谈判力。如前所述，在以科技计划项目形成的协同创新联盟中，政府的控制权配置占据主导；而在基于要素聚集地构建的协同创新联盟中，高等院校或者企业则相应具有控制权。因此，以公共产品创新为内核的高校—企业协同创新过程中，考察控制权的分配、类型及其影响效应，对其进行研究具有意义。

②信任关系与高校—企业协同创新。在高校—企业协同创新过程中，创新成果（创新知识）一直是高校—企业协同创新中核心问题之一。高等院校关注新的发明与知识创造，企业则关注知识尤其是技术知识在财务上的回报；政府则在外部性理论的指引下，更多考虑技术知识私有性与公共性之间的配置和有序转化。因此，产学研协同各方在创新成果诉求上的利基不同，

很容易导致知识产权纠纷问题的产生。

实际上，从知识基础论视角出发，决定知识产权归属的核心在于协同过程中的知识（显性与隐性知识）交流，而这取决于参与协同各方信任关系的强弱。若协同各方信任关系强，则会加大知识特别是具有潜在经济价值的隐性知识交流，反之，则会减少彼此间知识交流的频率。因此，对信任关系与高校—企业协同创新之间的内在逻辑进行研究具有意义。

11.2 模型

11.2.1 公共产品创新中高校—企业协同参与的运作及其模型简化

通常，公共产品创新中高校—企业协同创新过程可以简化为四个不同的阶段：（1）制度环境设置阶段。在此阶段，政府通常设定创新项目的控制权。如在以科技计划项目形成的协同创新联盟中，政府的控制权配置占据主导；而在基于要素聚集地构建的协同创新联盟中，高等院校或者企业则相应具有控制权。（2）创新政策制定及给予阶段。在此阶段，政府给协同创新联盟研究投入补贴或产量补贴，以推动高校—企业协同创新项目的开展。（3）研发项目实施阶段。此阶段主要进行公共产品研发项目计划的制定、组织及实施，包括公共产品创新项目知识产权的分配等。（4）研发成果的市场化应用阶段。此阶段主要是将研发结果进行市场化推广，该阶段研发成果可以表现为公共产品质量提升、全新产品推出、制造工艺改善及颠覆。

11.2.2 符号说明与模型假设

为简化分析，进行如下符号说明与模型假设：

（1）创新主体及收益假设。政府用 G 表示，高等学校用 U 表示，企业用 E 表示，政府、高等院校及企业的福利函数及利润分别用 W_G、π_U 及 π_E 表示。

（2）市场需求函数假设。假设最终公共产品需求函数为线性函数 q =

$a-bp$，其中 q 为产品的产量，系数 $b(b>0)$ 表示产品产量对价格的敏感程度，p 表示产品的单价。

（3）研发任务假设。公共产品创新进程由政府 G 主导，其创新任务需要 U 与 E 进行一项合作技术研发项目，若研发成功，则开发的成果用于降低 E 的单位生产成本，企业 E 在创新项目开发前的初始单位生产成本为 c。此项目的彻底开发完成依赖于两项子任务的共同开发完成，且此两项子任务分别交由 U 与 E 内部的员工完成；且单一任务研发成功的概率满足：$P_h=\eta_h e_h+\varepsilon_h$，$h=1$，2，$\varepsilon_h \sim N(0,\ \phi_h^2)$，其中，$e_h$ 为员工 h 的研发投入，残差项 ε_h 表示随机环境变量，且其服从期望为零，方差为 ϕ_h^2 的正态分布。

（4）员工效用函数假设。假设 U 与 E 员工的效用函数为：$\Gamma_h=w_h^{\varphi}-\frac{1}{3}\mu(e_h)^3$，其中，$\frac{1}{3}\mu(e_h)^3$ 表示创新投入的水平，$\mu=(\mu_1,\ \mu_2)$ 为员工创新成本对研发投入的敏感系数，w_h^{φ} 为员工在研发任务状态为 φ，$\varphi=(S,\ F)$，表示研发任务成功或失败时的工资收入。

（5）研发补贴类型、形式与假设。政府 G 在对公共产品创新项目进行创新补贴时，有两种途径：研发投入补贴与产品产量补贴两种形式，研发投入补贴系数为 m，产量补贴系数为 r。

（6）控制权及其功能假设。对研发项目的控制权用 λ 表示，且 $\lambda\in[0,\ 1]$，当 $\lambda=0$ 时表示创新主体对研发项目完全没有控制权；$\lambda=1$ 时表示创新主体对研发项目具有完全控制权，而当 $\lambda\in(0,\ 1)$ 表示对研发项目的控制权处于中间过度状态。创新主体对研发项目的控制权的大小直接决定了博弈主体在对创新项目收益的获取权，因而创新主体收益的大小与 λ 正相关。

（7）技术成果产出的决定及知识产权分享假设。一方面，知识产权是创新投入的成果，其大小受到产学研协同各方，特别是参与研发的高校与企业共享知识的影响。因此，创新成果的大小，取决于研发双方 U 与 E 共享隐性知识的程度，从根本上取决于双边关系的信任程度。创新成果的大小用 kV 表示，其中 $k(k\in[0,\ 1])$ 表示双边关系的信任程度。当 U 与 E 相互信任，双方都共享私密的隐性知识时，研发成果为 V，此时 $k=1$；而当 U 与 E 中一方信任，另一方不信任时，此时知识交流方面一方共享，另外一方不共享时，研发成果为 βV，此时 $k=\beta$；而当双方都不信任对方导致不共享时，研

发成果为 γV，此时 $k=\gamma$，且 $0\leqslant\gamma<\beta<1$。

11.2.3 模型建立

在政府 G 的主导下，高校—企业协同创新过程按照如图 11－1 所示的决策顺序进行，由此，整个博弈进程按照如下三阶段进行（协同创新过程的控制权及信任关系外生决定，时刻 0）：（1）博弈的第一阶段——政府 G 选择研发投入补贴或产量补贴政策，为高校—企业协同创新过程提供支撑，由此，政府在整个社会福利最大化的原则下选择补贴规模，即决策 m（研发投入补贴下）与 r（产量补贴下）的大小（时刻 1）。（2）博弈的第二阶段——高校 U 与企业 E 签订公共产品协同创新协议，并组织研发进程（时刻 2 至时刻 4）。在此过程中高校 U 与企业 E 以及双方员工按照自身利益最大化的原则组织研发，并选择创新投入 e_h 及 w_h^{φ}。（3）在博弈的第三阶段，无论研发成功与否，企业运用研发成果于生产，并进行最优化决策选择价格 P（时刻 5 至时刻 6），并按照协议的要求进行收益的交割与工资的发放。

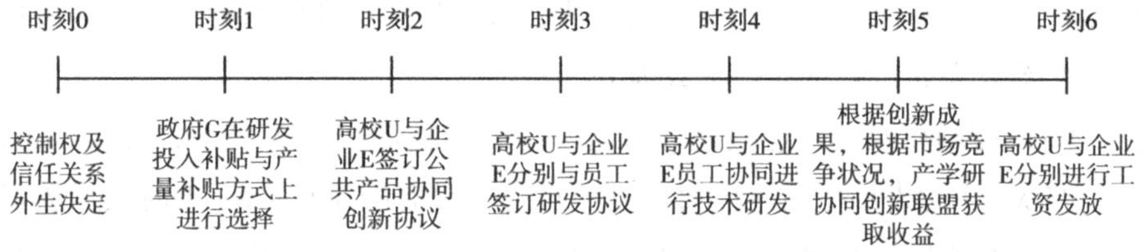

图 11－1　公共产品创新中高校—企业协同参与博弈决策顺序

下面分别就政府研发投入补贴与产品价格补贴下的协同创新行为及其子博弈完美纳什均衡进行具体阐述。

11.3　公共产品创新补贴下的协同创新行为

11.3.1 研发投入补贴下的协同创新行为

在上述三阶段博弈进程中，无论创新成败，采用逆向递推法求解此三阶段动态博弈问题，在博弈的第三阶段，市场均衡的结果有如下命题成立。

[命题 11 - 1] 研发投入补贴下，在博弈的第三阶段，协同创新后，Cournot 价格博弈后，市场均衡的结果（见附录 11 - 1）：（1）若创新成功，有 $\overline{p}^{s*}=\frac{a-b(V-c)}{2b}$，$\overline{Y}_E^{s*}=\frac{\lambda[a+b(V-c)]^2}{4b}$，$\overline{Y}_U^{s*}=\frac{(1-\lambda)[a+b(V-c)]^2}{4b}$；（2）若创新失败，有 $\overline{p}^{F*}=\frac{a+bc}{2b}$，$\overline{Y}_E^{F*}=\frac{\lambda(a-bc)^2}{4b}$，$\overline{Y}_U^{F*}=\frac{(1-\lambda)(a-bc)^2}{4b}$，其中，$\overline{Y}_E^{s*}$ 与 $\overline{Y}_U^{s*}$ 分别表示创新成功时企业 E 与高校 U 的收入水平，$\overline{Y}_E^{F*}$ 与 $\overline{Y}_U^{F*}$ 分别表示创新失败时企业 E 与高校 U 的收入水平。

政府为了引导学研共同体参与协同创新过程，使用研发补贴手段进行引导是重要的手段，其可以有效缓解协同创新过程中创新投入资金的不足。具体来说，在研发投入补贴形式下，政府为参与协同创新各方，按照研发投入的水平，给予配套比例 m 的研发补贴。

在博弈的第二阶段，高校 U 与企业 E 签订产学研协同创新协议，并组织研发进程。研发组织博弈均衡的结果，有如下命题成立。

[命题 11 - 2] 研发投入补贴下，在博弈的第二阶段，协同创新后，高校 U 与企业 E 组织研发并应用于生产，均衡博弈的结果有（见附录 11 - 2）：

$$\overline{e}_1=\frac{1}{3-m}\left(\frac{\overline{Y}_E^{s*}-\overline{Y}_E^{F*}}{\mu_2}\right)^{1/3}\left(\frac{\overline{Y}_U^{s*}-\overline{Y}_U^{F*}}{\mu_1}\right)^{2/3} \tag{11-1}$$

$$\overline{e}_2=\frac{1}{3-m}\left(\frac{\overline{Y}_U^{s*}-\overline{Y}_U^{F*}}{\mu_1}\right)^{1/3}\left(\frac{\overline{Y}_E^{s*}-\overline{Y}_E^{F*}}{\mu_2}\right)^{2/3} \tag{11-2}$$

$$\overline{w}_1^S=\mu_1(e_1)^2 \tag{11-3}$$

$$\overline{w}_2^S=\mu_2(e_2)^2 \tag{11-4}$$

$$\overline{w}_1^F=\overline{w}_2^F=0 \tag{11-5}$$

此时，设定高校 U 与企业 E 的期望利润分别为 $E\left(\prod_U\right)$ 及 $E\left(\prod_E\right)$。在博弈的第一阶段，政府 G 在兼顾社会福利最大化的同时，给予学研共同体的协同创新行为以投入补贴。令创新产品研发投入补贴下的社会福利函数为 $\prod_G$，设定 W_G 为政府 G 总的收益，其等于消费者剩余加上创新产品所带来的利润（即企业与高等院校所获得的利润加和），而 $\prod_G$ 为 W_G 减去研发投入补贴的总额度。因此，政府 G 的目标函数在创新成功或创新失败时，其分别获取的总收益为（见附录 11 -3）：

$$\overline{W}_G^{s*} = \frac{(a - b\overline{p}^{s*})^2}{2b} + \overline{Y}_U^{s*} + \overline{Y}_E^{s*} \tag{11-6}$$

$$\overline{W}_G^{F*} = \frac{(a - b\overline{p}^{F*})^2}{2b} + \overline{Y}_U^{F*} + \overline{Y}_E^{F*} \tag{11-7}$$

将命题 11 - 1 与命题 11 - 2 中两个阶段博弈均衡结果代入式（11 - 6）与式（11 -7）中，并最优化，可得到政府 G 在社会福利最大化条件下的最有研发投入补贴子博弈完美纳什均衡解，有如下命题成立。

[**命题 11 -3**] 研发投入补贴下，在博弈的第三阶段，在政府 G 研发投入配套 m 的政策环境下，协同创新后，基于社会福利最大化角度出发，均衡博弈的结果有（见附录 11 -4）：

$$\overline{m} = \frac{3H + 1}{H - 1} \tag{11-8}$$

其中，$H = 2y - \frac{1}{3}$，$y = \frac{(\overline{W}_G^{s*} - \overline{W}_G^{F*})}{(h_1 + h_2)}$，$h_1 = \overline{Y}_U^{s*} - \overline{Y}_U^{F*}$，$h_2 = \overline{Y}_E^{s*} - \overline{Y}_E^{F*}$。

11.3.2 产量补贴下的协同创新行为

相对于研发投入补贴从要素供给端引导产学研协同创新，产量补贴从则提倡从需求端进行协同创新的引导。为鼓励创新，提升行业的技术升级，政府可以尝试对于新产品的产量按照一定的比例进行补贴，补贴系数为 $r(r > 1)$。与研发投入补贴下的协同创新行为求解三阶段动态博弈子博弈完美纳什均衡解的过程类似，下面采用逆向递推法求解产量补贴下的三阶段动态博弈问题。

首先，在博弈的第三阶段，市场均衡的结果有如下命题成立。

[**命题 11 -4**] 产量补贴下，在博弈的第三阶段，协同创新后，Cournot 价格博弈后，市场均衡的结果（见附录 11 -5）：(1) 若创新成功，有 $\tilde{p}^{s*} = \overline{p}^{s*}$，$\tilde{Y}_E^{s*} = r\overline{Y}_E^{s*}$，$\tilde{Y}_U^{s*} = r\overline{Y}_U^{s*}$。(2) 若创新失败，有 $\tilde{p}^{F*} = \overline{p}^{F*}$，$\tilde{Y}_E^{F*} = r\overline{Y}_E^{F*}$，$\tilde{Y}_U^{F*} = r\overline{Y}_U^{F*}$；其中，$\tilde{Y}_E^{s*}$ 与 $\tilde{Y}_U^{s*}$ 分别表示创新成功时企业 E 与高校 U 的收入水平，$\tilde{Y}_E^{F*}$ 与 $\tilde{Y}_U^{F*}$ 分别表示创新失败时企业 E 与高校 U 的收入水平。

在此情形下，在博弈的第二阶段，高校 U 与企业 E 签订产学研协同创新协议，并组织研发进程。研发组织博弈均衡的结果，有如下命题成立。

［**命题 11－5**］产量补贴下，在博弈的第二阶段，协同创新后，高校 U 与企业 E 组织研发并应用于生产，均衡博弈的结果有（见附录 11－6）：

$$\tilde{e}_1 = \frac{r}{3}\left(\frac{\overline{Y}_E^{s*} - \overline{Y}_E^{F*}}{\mu_2}\right)^{1/3}\left(\frac{\overline{Y}_U^{s*} - \overline{Y}_U^{F*}}{\mu_1}\right)^{2/3} \tag{11-9}$$

$$\tilde{e}_2 = \frac{r}{3}\left(\frac{\overline{Y}_U^{s*} - \overline{Y}_U^{F*}}{\mu_1}\right)^{1/3}\left(\frac{\overline{Y}_E^{s*} - \overline{Y}_E^{F*}}{\mu_2}\right)^{2/3} \tag{11-10}$$

$$\tilde{w}_1^S = \mu_1(\tilde{e}_1)^2 \tag{11-11}$$

$$\tilde{w}_2^S = \mu_2(\tilde{e}_2)^2 \tag{11-12}$$

$$\tilde{w}_1^F = \tilde{w}_2^F = 0 \tag{11-13}$$

此时，设定高校 U 与企业 E 的期望利润分别为 $E\left(\tilde{\prod}_U\right)$ 和 $E\left(\tilde{\prod}_E\right)$。在此情形下，政府 G 在创新成功与失败时的社会福利函数为：

$$\tilde{W}_G^{s*} = \frac{(a - b\overline{p}^{s*})^2}{2b} + r\overline{Y}_U^{s*} + r\overline{Y}_E^{s*} \tag{11-14}$$

$$\tilde{W}_G^{F*} = \frac{(a - b\overline{p}^{F*})^2}{2b} + r\overline{Y}_U^{F*} + r\overline{Y}_E^{F*} \tag{11-15}$$

与研发投入补贴情形类似，在产量补贴条件下，政府 G 最优化社会福利的结果有如下命题成立。

［**命题 11－6**］产量补贴条件下，在博弈的第三阶段，协同创新后，政府 G 基于社会福利最大化角度出发，均衡博弈的结果有（见附录 11－7）：

$$\tilde{r} = 6y \tag{11-16}$$

其中 y 的定义同命题 11－3。

11.4　模型结果分析

11.4.1　不同补贴方式下选择决策

在高校—企业协同创新政策中，创新补贴是重要的核心内容之一，但是关于创新补贴的具体实施类型，学术界一直存在着争论，原因在于不同创新补贴激励政策实施后的经济与社会效应不同。通过比较命题 11 - 2 与命题 11 - 5 中的 $\bar{e}_1$ 与 $\tilde{e}_1$，$\bar{e}_2$ 与 $\tilde{e}_2$，结合命题 11 - 3 中的 $\bar{m}$ 与命题 11 - 6 中的 $\tilde{r}$，有如下推论成立。

[推论 11 - 1] 在政府主导的高校—企业协同创新中，（1）$\partial\bar{e}_1/\partial m>0$，$\partial\bar{e}_2/\partial m>0$，$\partial\tilde{e}_1/\partial m>0$，$\partial\tilde{e}_2/\partial m>0$ 成立。（2）当 $y=\frac{2}{15}$时，有 $\bar{e}_1=\tilde{e}_1$，$\bar{e}_2=\tilde{e}_2$成立；当 $y>\frac{2}{15}$时，$\bar{e}_1<\tilde{e}_1$，$\bar{e}_2<\tilde{e}_2$成立；当 $y<\frac{2}{15}$时，$\bar{e}_1>\tilde{e}_1$，$\bar{e}_2>\tilde{e}_2$成立。

推论 11 - 1 中的结论（1）表明，无论是研发投入补贴还是产量补贴政策都可以显著地提升新产品创新的成功率。分析系数 y，可以发现 y 的分子为创新成功与失败两种情形下社会福利级差，反映协同创新成功与否所创造的总的经济与社会效益之间的差距，而分母为创新成功与失败两种情形下参与协同创新的高校与企业利润级差之和，反映协同创新的成功给高校与企业带来的总的利润增长，因此，系数 y 可以从整体上反映创新成功带来的外部效应程度。推论 11 - 1 中的结论（2）表明，当创新成功的外部效应越大（创新成功给高校与企业带来的总的利润增长之外的部分）时，产量补贴政策的激励效应越大；反之，当创新成功的外部效应越小时，研发投入补贴政策的激励效应越大。推论 11 - 1 的数理研究结论，为创新补贴（研发投入补贴与产量补贴）政策提供了理论依据，同时为研发投入补贴与产量补贴两种创新补贴政策类型的选择提供了决策参考。

11.4.2 控制权与信任关系的调节效应

控制权是创新主体对于创新资源、创新过程及创新结果控制并利用的权利，是创新治理的重要前置变量，通过产量补贴与研发投入补贴下均衡结果的数理分析（命题 11 - 1 至命题 11 - 6），有如下推论成立。

[推论 11 - 2] 在政府主导的高校—企业协同创新中，（1）$\partial\bar{e}_1/\partial\lambda<0$，$\partial\bar{e}_2/\partial\lambda>0$，$\partial\tilde{e}_1/\partial\lambda<0$，$\partial\tilde{e}_2/\partial\lambda>0$ 成立；（2）当 $\lambda=1/2$ 时，$\bar{e}_1\bar{e}_2$ 的取值

最大。

推论 11 -2 中的结论（1）表明，控制权的配置可以显著地影响创新主体——高校与企业对于创新过程的资源投入；控制权配置越大，创新主体参与创新过程的积极性及投入的程度越高，反之，则越低。因此，政府应根据创新项目的组织及分解过程，对子项目重要性强的项目，应给予创新主体更多的控制权配置，反之，则应减少控制权的配置。推论 11 -2 中的结论（2）则进一步表明，在均衡态高校—企业协同创新中，政府应均衡配置控制权，以最大限度地提升项目的整体成功率。

实践证明，知识产权是创新投入的成果，其对创新主体参与创新项目的积极性，有显著影响。创新成果的大小取决于双边关系的信任程度。为有效考察信任关系对于高校—企业协同创新的影响，通过产量补贴与研发投入补贴下均衡结果的数理分析（命题 11 -1 至命题 11 -6)，有如下推论成立。

[**推论 11 -3**] 在政府主导的高校—企业协同创新中，$\partial \bar{e}_1/\partial k>0$，$\partial \bar{e}_2/\partial k>0$，$\partial \tilde{e}_1/\partial k>0$，$\partial \tilde{e}_2/\partial k>0$ 成立。

创新成果 V 反映创新投入的最终结果，关乎创新绩效的突破性程度；其突破性程度越高，其越能激发创新主体参与协同创新的积极性。由于 V 的大小取决于研发双方 U 与 E 双边信任关系 k，从而决定了研发双方共享隐性知识的程度。当 U 与 E 都共享私密的隐性知识时，研发成果为 V；当一方共享、另一方不共享时，研发成果为 βV，且 $0<\beta<1$；当双方都不共享时，研发成果为 γV，且 $0\leq\gamma<\beta<1$。因此，推论 11 -3 的研究结论表明，培育创新环境，充分加强高校与企业之间信任度的建立，有助于知识共享，从而有助于协同创新成功率的提升。

11.5　本章小结

以政府为核心主导的公共产品创新，通过积极吸纳高校与企业参与创新过程，是产学研协同创新的重要内容，本章对此进行了针对性研究。在公共产品创新中高校—企业协同参与模式的构建与运行特点阐述的基础上，本章构建了一个在政府 G 主导下，高校—企业协同参与的三阶段动态博弈模型，以此为基础，对创新补贴政策的类型选择、控制权及信任关系的调节效应进行了针对性分析。

研究结论表明，无论是研发投入补贴还是产量补贴政策都可以显著地提升公共产品创新的成功率。政府的创新补贴（研发投入补贴与产量补贴政策）的选择取决于创新成功带来的外部效应程度，外部性越大，政府应选择产量补贴政策，反之则应选择研发投入补贴政策。控制权的配置是影响创新主体参与创新过程的资源投入的显著变量。控制权配置越大，创新主体参与创新过程的积极性及投入的程度越高，反之则越低。政府应该根据高校—企业创新能力与创新子项目的重要性的基础上，给予适当的控制权配置，已最大化创新成功率。

知识产权是影响创新主体参与创新过程的资源投入的显著变量，知识产权的大小取决于高校—企业间知识交流，特别是默会知识交流的程度，从根本上取决于双边关系的信任程度。因此，培育创新环境，充分加强高校与企业之间信任度的建立，有助于知识共享，从而有助于协同创新成功率的提升。

| 第12章 |

高校—企业协同创新中的治理：关系与契约协同使用下的控制权功能、配置及其实现路径研究

高校—企业协同创新不仅可以单方面提升企业竞争力与高校的技术创新能力[232]-[233]，而且可以创造社会租金，增加社会福利[98]。尽管如此，无论协同创新的源动力是政府还是市场，抑或是高校与企业等创新主体本身，在协同创新的推进过程中，会出现诸多阻碍因素：如事前专用性投入的不足、协同方利益无法趋同引发的目标离差、资源与能力投入协同的错位、创新过程中的机会主义行为[234]-[235]以及创新结果分享的不公平等。这些障碍因素的存在使高校—企业协同创新始终成为一个难点问题。因此，识别上述障碍因子，进而进行有效治理成为高校—企业协同创新领域的一个重要研究命题。

一方面，高校—企业协同创新治理存在多种治理工具，如利用声誉机制、监督与控制机制、税收与补贴机制等方面的工具，关于这些机制的应用机理及效果存在大量研究，取得了大量的成果。尽管如此，学术界也对下列两类典型治理机制进行了探讨：首先是契约工具的使用；其次是如信任等关系工具的使用。(1) 契约机制。契约机制基于交易成本理论，代表了高校与企业对未来特定行动的承诺或责任，其主要对协同过程中双方的投入及成果分享以及什么能做、什么不能做和违反契约的惩罚措施进行了事先规定。对高校—企业协同创新中契约机制研究集中体现在契约类型、契约方式对于高校—企业协同创新的影响效应方面。例如，刁丽琳等运用案例着重就契约类型：契约协调与契约控制在产学研合作中知识转移中的功能进行了研究[87]；贺一堂运用委托—代理理论具体分析了不同分配方式对企业、科研机构的不

同激励效应[236]。(2) 关系机制。关系机制基于交换视角，通过一系列限制高校与企业之间可接受行为的规范来调节；关系机制治理包含重要的关系专用资产以及高水平的组织信任在内的企业间交换[237]。关系机制在高校—企业协同创新中的作用研究，现阶段体现在关系的不同类型、关系机制构成维度等对于高校—企业协同创新的影响效应方面。例如，于娟等运用博弈模型构建了产学研合作不同类型：委托关系与协同关系，并对两类关系下的运作机理进行了分析[85]；王清晓将关系机制的构成维度解构为信任与关系承诺；进一步地，黄劲松对产学研中的信任等关系元素的作用机制进行了研究。综合来看，在规避高校—企业协同创新中的机会主义行为以及知识获取及转移领域具有重要作用，且已有研究不仅表明关系机制与契约机制可能存在相互兼容而且彼此增强的作用，而且对于两者之间协同作用的情境进行了分析[238]。

另一方面，从高校—企业协同创新实践中，可以观测到以各类主体主导为核心的运营成功的创新模式案例：(1) 在基于高校—企业协同为基础的公共产品创新领域。大型桥梁等基础设施的 PPP 项目[239]、复杂军民共用产品——大型客机[2]等无不是以政府为主导，多通过控制权在众多高校（科研院所）与企业之间进行有效配置的基础上，完成协同创新任务。(2) 在私有产品创新领域，可以看到以企业为主导形成的高校—企业协同创新模式或者以高校为主导形成的高校—企业协同创新模式的操作轨迹，前者如以陕汽集团发起设立陕西工研院，其进行了系列产学研协同创新项目运作，如开展的汽车总线项目[232]；后者如华东科技大学的校办企业华中数控的运作[240]、中国石油大学系列产学研协同案例[241]、南京大学的江苏南大光电材料股份有限公司的运作等[1]。纵观这些案例，可以看出，无论高校—企业协同创新的目标是什么，控制权的配置及实现路径无疑是核心关键环节。由此，产学研协同创新实践表明，需要对控制权的功能、配置及实现机制等进行系统研究。

高校—企业协同创新中控制权问题，涉及协同创新中两类主体对创新组织控制权的权力和责任的配置，这一直是科技创新及管理领域学者们研究的热点问题。一般意义上，控制权研究中集中体现在控制权的来源、构成、实施路径等：例如，王春艳等将控制权的来源体现为资源配置与制度安排两个方面并对其实施路径进行了分析[242]；陈通等将控制权构成分为目标设定权和检查验收权、激励分配权三个维度，并以嘉兴市公共数字文化服务平台——“文化有约”平台为例进行了控制权运作的机理分析[243]。具体到高校—企业协同创新领域，现有研究对控制权问题的分析虽有涉及，但研究成果不多，集中体现在控制权设置的障碍因素[244]、基于控制权视角的创新模式效率选择等领域[245]-[246]。

本章以高校—企业协同创新系统为情境，在控制权功能、配置及实现机制的总体框架下，探讨关系与契约两大工具协同使用的控制权情境。从根本上为克服高校—企业协同创新的障碍因素，提出以控制权为核心，协同使用关系与契约机制的研究结论，为产学研协同创新治理提供决策参考与实施依据。

12.1　高校—企业协同过程绩效提升的关键影响因素及治理情境

通过明确高校—企业协同过程绩效提升的关键影响因素及治理情境，是有效形成治理方案的前提与关键。

12.1.1　高校—企业协同过程绩效提升的关键影响因素

通过文献阅读及梳理典型的企业与高校产学研协同创新案例调研发现，成功的协同创新项目存在着多维影响因素，现就典型案例及绩效提升的关键影响因素进行归纳如下。

(1) 中国大型飞机研制属于典型的公共产品创新[2]，该研究项目综合应用了微电子技术、航天技术、激光技术、生物工程技术以及新材料、新能源等组成的高新技术，属于典型复杂产品研制项目。通过案例阅读发现，整个研制项目是由政府牵头，以COMAC（中国商用飞机有限责任公司）为主体，由COMAC提出市场需求、关键项目和资金，高校、科研院所及相关企业发挥人才、学科、实验条件等资源优势，在科研、教育、生产不同社会分工在功能与资源优势上协同及集成化的结果。该产品的研制成功有众多原因，但关键影响因素是：①强调大型飞机的国防公共安全属性以及广泛的市场需求特征的基础上，在政府的推动下，委托 COMAC 作为实施国家大型飞机重大专项中大型客机项目的主体，是整个研制项目经费投入、能力培育、集成及协调、项目决策的中枢。②缜密的产学研协同研制的矩阵式组织结构与客机组装网络分层项目的有效匹配，保证了全国 200 多家企业、22 所高校，在项目总系统的框架下，分布式运作及集成式组装的顺利推进。③高效安全的网络型知识交流与转移，在保障显性知识与隐性知识的共享与集成运作的基础上，良好的知识产权管理体系（通过契约与关系工具构建）保障了整个研制项目的私密性。④在具体运行机制上，着重经费投入与风险共担相结合，强调有效的利益分配，保障协同单位在资源共享的基础上成功开展项目研制。

（2）陕西工研院是由陕汽集团作为发起者，倡议所构建的产学研协同创新平台。基于总线技术的汽车电子电控系统项目，属于典型私有产品创新，是陕西工研院受托陕汽集团开发的重要研究项目。该项目的研制成功，使陕汽集团在重型汽车上安装了拥有自主知识产权的汽车电子中央控制系统，推动了重型汽车的产业化进程。通过研究该项目发现，典型影响因素是：①陕汽集团在国家产业政策的支持下，充分考虑市场需求，向工研院提出了汽车电子方向的技术需求；电控系统原型由工研院开发完成原型后，在陕汽集团内部汽车研究院的协同下，完成电控系统小批量产品的试装、大批量应用安装进而进行后续市场化工作。②陕西工研院作为政产学研协同创新平台，是在陕西省政府的直接推动下，由陕汽集团作为发起者，联合西交大等高校，在利益诉求驱动的基础上组建完成的。③工研院在参与各方契约约定的基础上，进行了良好的管理，保障了研发资源与能力投入上的协同。④在具体运行机制上，陕汽集团内部汽车研究院与工研院，因专业背景相近，在汽车总线电控系统的显性知识与隐性知识的共享与集成运作方面进行了有效沟通。

（3）江苏南大光电材料股份有限公司，作为国内唯一掌握 MO 源核心技术的高科技企业。该公司的技术起源于南京大学 MO 源课题组的项目研究，在“863”项目支持的基础上，该课题组攻克了液态源 MOCVD 技术，进而以高校为主导，在引入苏州工业园国有控股资本以后，通过“技术 + 资本”的方式组织成立[1]。通过研究发现，该公司以南京大学课题组为主导组织设立，其成功运营的影响因素是：①以南京大学 MO 源课题组为核心的高校技术人员始终是南大光电公司技术投入、项目研发决策以及技术迭代的控制主体。②MO源技术更新、迭代始终将市场需求以及政府政策的二元需求放在突出重要的地位。③持续的动态资源配置及投入是保障技术更新迭代的关键。在该公司的运作过程中，第一阶段，中央政府提供的研究资金，完成了技术层面的科研成果；第二阶段，苏州工业园提供了产业化的资金；第三阶段，民间“私募股权”的介入使企业成功上市。

通过上述典型案例可知，无论是公共产品（如大型飞机）创新，还是私有产品（如陕汽的汽车电子中央控制系统与南大光电的液态源MOCVD技术为核心的光电外延片及芯片制造）创新，通过高校—企业协同都是实现两类产品创新的有效途径之一。无论是由企业为主导，抑或是以高校为主导组织实施协同创新过程，通过分析三类案例可以发现：(1) 与创新有关控制权的配置无疑居于一个核心重要地位。(2) 契约与关系治理工具是在控制权配置的基础上，链接研发投入与技术产出、市场投入与企业绩效、分担风险与共享收益的前置因子。

12.1.2　高校—企业协同创新过程的治理情境——基于高校—企业技术获取模型

高校—企业协同创新过程的治理情境主要表现基于技术转移过程的复杂性所带来技术获取的高度不确定性，下面详细进行阐述。

从根本上讲，高校—企业协同创新过程的本质，在于充分发挥掌握丰富资源的高校在企业创新中的作用，在于将高校所掌握的技术如何更快、更迅速地向企业进行转移，并促使其商业化；从企业技术获取的角度出发，在于通过何种模式更好、更快地获取高校所掌握的技术，并将其商业化。

如图12－1所示，在高校—企业协同创新的特殊环境下，企业从高校获取技术的过程中，影响技术低成本且高效获取的因素集中体现在三类因素方面，分别是：(1) 技术维；(2) 组织维；(3) 高校—企业关系维。

(1) 技术维。

企业从高校获取技术的过程中，所要获取技术方面的特性是双方共同关注的焦点。其主要包括默会性（Tacitness）、专用性（Specificity）、复杂性（Complexity）和有用性（Usefulness）。技术的默会性是指在“干中学”过程

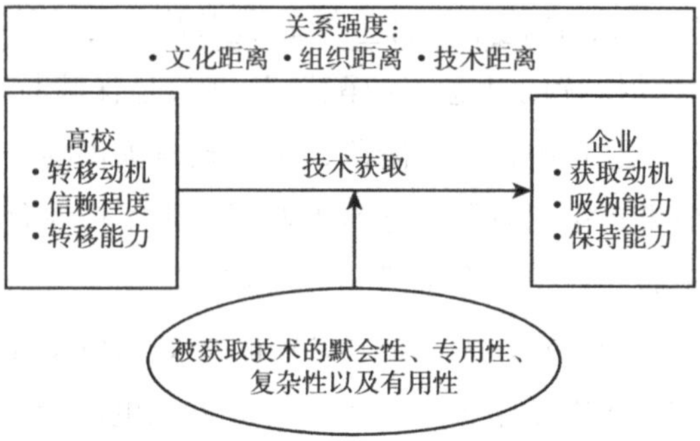

图 12－1　高校—企业技术获取模型

中所产生的暗含的（Implicit）、难以编码的（Non－codifiable）技能积累，它深深根植于特殊情境中的个人行为与参与过程之中，不能轻易共享和交流。专用性是指与技术相关的专用性资产的规模，其为企业方制造了模糊性，同时也制造了模仿壁垒。复杂性是指与给定技术相互依赖的组织惯例、个人及资源的数量。复杂程度越高，产生的模糊水平就越高，企业也就越加模糊与难以模仿。技术的默会性、专用性、复杂性通过影响技术运用的因果模糊决定技术获取的难易程度。有用性意味着可以通过技术的阐释、变换或运用解决实际问题。技术被用来解决问题的历史纪录以及知识对新情景的适应程度，影响着企业对技术有用性的理解。有用的证据为技术筛选提供强有力的帮助，情景适用性则可以增强企业对技术运用的信心。对技术有用性的感觉会显著影响企业获取技术的动机，进而影响技术获取的效率与效果。

技术的默会性、专用性、复杂性及其有用性等特征，直接决定了高校所掌握的技术本身能否向企业进行有效转移。一般来说，高校所掌握技术的水平越高，其默会性、专用性及其复杂性程度也越高；从企业的角度看，因存在信息不对称的缘故，其技术获取所面临的技术不确定性也相对较高，其面临的技术有用性风险所带来的需求不确定性程度也会相对提升。所以高校所掌握的技术越是规范化、结构化、显性化的技术，越是容易被企业所获取；相反，越是非规范化、非结构化、隐性化的技术，就越是难以向企业进行转移。

（2）组织维。

高校，作为技术源组织，是为企业提供管理方案、产品设计方案等技术。它对技术获取过程的影响主要表现在三个方面：第一，是技术获取过程中的技术转移的动机。如果高校担心技术获取后不会得到平等的回报，或者是不值得花费太多的时间和资源，就会缺少参与技术转移过程的动力。第二，高校如果能够积极地与企业合作，充分了解企业的信息以便得出适应企业实际情况的项目方案，就能使技术转移的过程更顺利完成。第三，技术转移的能力。如果技术源组织编码技术的能力越强，所提供方案报告的质量越高，企业获取技术的效果也就越好。

企业，作为技术接受组织，为了创建竞争优势就必须有能力持续地获取技术，而这种能力取决于企业知识吸纳动机与能力等组织因素。如果企业缺乏吸纳技术的动机，就可能导致引进和运用新技术时被动应付、消极对待或直接拒绝，对所获取的技术持排斥态度。特别是对企业—高校合作项目来说，有的企业仅仅把目标定在完成合作项目，不想自己掌握技术，造成技术没有完全被获取。同时，企业的吸纳能力也是重要的影响因素。企业的技术吸收与保持能力决定了技术获取的效果。如果企业的创新程度高、吸纳外来优秀技术的能力强，并能把所获取的技术进行转化指导企业运作，其技术获取的效果就更好。

(3) 高校—企业之间的关系维。

企业—高校的技术获取过程是嵌入在双方特定的关系情境中的，关系情境是影响获取效率与效果的重要因素。高校—企业关系维的影响因素，主要包括文化距离、组织距离、技术距离等因子。

每个组织都有组织文化，不同组织所具有的组织文化往往有差异。为了使技术获取成功进行，必须使技术获取双方的文化更具兼容性。对于企业和大学来说，文化差异相对较大。企业关注的是合作项目的技术是否实用或管理思想是否符合企业实际，能否给企业带来实际绩效的提高。而高校等科研机构则更关注于学术理论水平，考虑的是项目的理论水平是否是创新、理论依据是否充分，可能对方案适用性和经济性的考虑稍微欠缺。这种文化上的差异也将影响企业与大学间合作中技术获取的效果。

组织距离主要指高校与企业在组织结构、组织技能和制度传统上的差异性。高校的氛围相对平稳，其组织结构的设置相对宽松，更加注重教职员工教学能力与科研能力；相比而下，企业的氛围更加快速，组织结构更加强调对于市场环境的灵动性，特别关注员工的忠诚性与实战技能。因此，高校与企业之间的组织距离相对较大。文化距离与组织距离有效反映了双方在价值观与运行机制方面的差异性。

技术距离主要是指高校与企业在技术能力上的差异性。高校主要以科学研究为主，更加强调基础研究的重要性；相比而下，企业则更加强调应用研究，关注技术能否适应市场需求，能否成功商业化。因此，高校与企业之间的技术距离同样较大。实证研究表明，文化距离、组织距离与技术距离越大，高校与企业双方沟通与有效协同的成本也越大，技术获取的成本通常也会提升，成功进行技术获取的可能性将降低。

综上所述，从企业—高校技术获取模型可以看出，企业若能够从高校成功且高效地获取创新技术，必须顺次经历技术编码、技术转移以及技术吸纳三个过程；且须满足如下苛刻的条件。首先，技术本身必须被企业知晓为有用。由于在技术获取过程中，技术的拥有者——高校与技术的需求者——企业，双方存在着很大的信息不对称；高校对所掌握的技术是否完全符合企业需要缺乏足够认知，而企业则对高校所掌握技术的价值性与有用性缺乏完全信息。因此，合作双方多半是在半公开的状态下签订合约的，所以合约的签订成本很高。其次，合约的有效实施依赖于技术获取过程的顺利开展，其必须满足特定的条件。第一，作为技术获取作为技术供给者——高校，其必须具有强烈的参与技术获取过程的动机以及能力；第二，技术能够被快速、高效地进行转移；第三，技术获取企业本身也必须具有技术吸纳的动机与吸纳的能力。因此，从整个技术获取过程中来看，任何一个环节的障碍都会极大地提升技术获取的交易成本，降低技术成功获取的概率。

12.2 控制权的功能、配置及其实施路径

12.2.1 控制权的功能

控制权概念有多种理论解释，典型界定有不完全契约理论中的产权理论，将其划分为特定控制权与剩余控制权，前者是在正式契约中明确标明，即事前规定的权利；后者则在契约中没有明确界定的，即事前无法规定的权

利。实际上，控制权的内涵具有强烈的情境依赖性，适用对象不同，其内涵也存在着本质的区别：如在研究企业控制权时，有学者提出控制权是对业务经营决策的主导权，具有显著排他性；而当研究PPP项目控制权时，则有学者则提出其包涵运营管理控制权、收益分配控制权、产品（服务）定价控制权、再谈判控制权和特许经营期控制权[266]。

从已有理论可以看出，控制权概念的理解，需要结合具体的应用情境；从根本上来说，有两个方面至关重要，其一是控制权的来源；其二是控制权的构成。结合高校—企业协同创新过程，如图12－2所示，（1）控制权的来源主要源于资源配置与制度安排两个方面[239]；资源配置阐释了创新主体控制权可以来源于创新主体对关系型资源、财务型资源以及知识型资源的占有、调配与运用；而制度安排则阐释了政治安排或外在制度对于主体控制权的赋予效力。（2）控制权的构成，基于高校—企业协同创新过程，主要包括目标设定权、投入决策权、检查验收权、激励分配权以及成果分享权等维度。具体来说，目标设定权，阐述了协同创新过程需要达到的具体目标：技术目标与商业目标的权利；投入决策权，阐述了协同创新过程需要投入的财力、人力及软硬件装备的数量与质量的调配权；检查验收权，阐述了对协同创新的技术成果与经济成果进行最终定性与定量评价的权利；激励分配权阐述了对参与协同创新各方一线人员的奖励、惩罚及创新分配的权利；成果分享权，阐述了创新各方对于最终技术成果知识产权的独占或共占程度的权利。

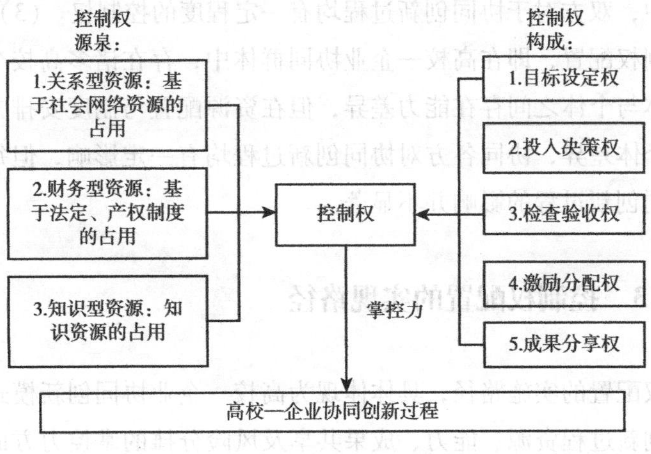

图12－2 基于高校—企业协同创新过程的控制权源泉、构成及功能

总之，高校—企业协同创新过程中的控制权，是创新主体（高校—企业/其他创新主体等）在特定科技创新体制下，源于资源配置与制度安排两个维度的禀赋安排，基于协同创新过程的决定权；其核心功能在于对协同创新过程的启动、运营及结果安排等全流程的掌控力。

12. 2. 2 控制权的配置

现有理论表明，高校—企业协同创新过程受到多种因素的综合影响，实际上，控制权的配置才是高校—企业协同创新的核心，是影响协同创新能够顺利推进的关键环节。按照控制权的源泉及构成在高校—企业协同创新主体间配置的均衡性，可以将控制权配置分为三种不同类型：强势寡头主导型、均衡寡头协作型以及多元竞争博弈型。（1）强势寡头主导型控制权配置，即在高校—企业协同群体中，基于制度安排与资源配置，有一超强创新主体，高校或者企业对于产学研项目的市场需求与技术需求有非常明确的洞悉，对协同创新整体过程存在强烈控制欲与控制权，其他协同创新主体基本处于被调配地位。（2）均衡寡头协作型控制权配置，即在高校—企业协同群体中，基于制度安排与资源配置，高校与企业基本处于对等合作地位，并不明显存在强弱之分；通常，企业方对市场需求具有掌控力与部分的研发能力，而高校则对技术开发与技术前景有核心竞争优势；双方协同能发挥集成优势，在协同过程中，双方对于协同创新过程均有一定程度的控制权。（3）多元竞争博弈型控制权配置，即在高校—企业协同群体中，存在诸多高校个体与企业个体；个体与个体之间存在能力差异，但在资源配置与制度安排方面并不存在显著的个体差异，协同各方对协同创新过程均有一定影响，但每个个体对于整个协同创新过程的影响并不显著。

12. 2. 3 控制权配置的实现路径

控制权配置的实施路径，具体体现为高校—企业协同创新模式，核心在于对协同创新过程资源、能力、成果共享及风险分摊的掌控力方面以谁为主的问题。（1）通常，强势寡头主导型控制权配置存在于以企业为核心，或者以高校为核心的协同创新模式中，如产学研中两种典型“产学研”合作创新模式：以高校研发人员离校创业兴建企业模式（如南大光电）以及以企业为主导采纳的集成创新模式（如以 COMAC 为核心研制的大型飞机），都属于此类。(2) 均衡寡头协作型控制权配置，通常出现在对等的一对一协同中，如通过技术许可或技术转让等方式，企业从高校获取技术。(3) 多元竞争博弈型控制权配置，通常出现在多方构建的具有长效机制的产学研平台运作中。在这些平台运作中，协同各方势均力敌，单一创新主体无法对全部创新过程进行实质掌控。平台的运作由经会员或相关治理机构按照特定规则组织实施，常见于松散的行业产学研协会或开放式产学研创新平台。

12.3　契约与关系工具治理的功能及实现机制

12.3.1　契约工具治理的功能及实现机制

(1) 契约的定义及功能。契约通过正式的规则和程序规定了双方的权利、义务以及违约处理等问题[274]。契约具有两种常见功能，分别是契约控制功能与契约协调功能。结合高校—企业协同创新过程，契约控制功能对于高校与企业双方在协同过程中什么行为能做、什么行为不能做以及违反契约约定内容的惩罚措施做了规定，其可以有效减少协同双方在创新过程中的机会主义行为，而契约协调功能，则体现在协议为协同双方在创新过程中需要达到的创新目标及行为过程提供了指引，可以为创新双方的行为提供指引，同时契约的矛盾解决措施也可以为创新双方的协调办法提供参考。

(2) 契约工具的实现机制。契约工具在高校—企业协同创新过程中的契约控制功能与契约协调功能，从根本上体现在该工具为协同双方的目标及行为提供了可以执行的参考，缩小了协同创新过程中的不确定性。其具体实现机制可以从高校—企业技术获取的过程的前置环节、获取环节及后续环节得出结论：①在前置环节，由于在协同创新之前，鉴于契约机制为协同双方提供参考，减少了不确定性，因此，协同双方基于协同的利得，更愿意从事本不愿意过多投入而实际的创新活动又必需的专用性资产投入。②技术获取环节。在协同创新中，契约的签订使高校及其工作人员看到了契约机制所带来的潜在好处，所以更有动机从事技术知识的创造与转移，只要创新活动得到对方合理回应，校方的合作动机便会被激发，从而在对企业方信任层面便会加强，知识创造与转移的能力也会加强。知识创造与转移过程中，校方在契约保障机制下，也愿意对技术知识特别是隐性知识进行解码，从而有利于创新活动的开展。作为知识获取方，企业在契约机制下也同样会尽可能地为获取技术知识创造条件。③契约后续环节。若协同双方按照当初契约的设计路径进行有效的知识获取，双方便会形成正向反馈，对于后续进一步协同以及契约签订的经验便会增强，长期、稳定的双方协同便会开展。

（3）契约工具的执行环境。契约工具的契约协调与契约控制功能的发挥需要特定的条件。首先，契约要签订，技术本身必须被企业知晓为有用。由于在契约签订之前，技术的拥有者——高校与技术的需求者——企业，双方存在很大的信息不对称；高校对所掌握的技术是否完全符合企业需要缺乏足够认知，而企业则对高校所掌握技术的价值性与有用性缺乏完全信息。合作双方多半是在半公开的状态下签订合约的，合约的签订成本很高。因此，需要有外在机制缩小潜在协同双方的因信息不对称所带来的签约成本过高问题。其次，契约签订以后，是通过第三方（主要是法院）的强制执行作为最终保障，因此，需要外在机制奠定良好的外在法律环境。最后，契约的签订必须要求协同双方尽可能地对协同过程中的各类问题进行预先评判，过程非常繁杂而且涉及技术专业领域，为此，协议签订需要协同双方具有专业知识的契约签订人员。

12.3.2　关系工具治理的功能及实现机制

（1）关系的定义及功能。关系工具通过非正式的、定性的自执行机制对交易关系加以控制和协调[247]。例如，关系工具采用非经济因素，如信任的方法可以通过联合计划和联合问题解决来承受一定的环境不稳定性。关系工具主要包括信任及关系承诺两个方面[248]，前者表明协同双方的关系状态，后者则是协同双方相信一个持续不断的关系是重要的，且愿意尽最大努力来维持这个有价值的关系。

关系工具同契约一样，同样具有两种常见功能，分别是关系控制功能与关系协调功能。结合高校—企业协同创新过程，关系控制功能通过在高校与企业间塑造共同的心理愿景，对于高校与企业双方在协同过程中什么行为能做、什么行为不能做以及违反心理愿景的可能后果作了预置，其可以有效减少协同双方在创新过程中的机会主义行为。而关系协调功能，则体现在关系工具为协同双方在创新过程中为达到的创新目标及行为提供了自我约束机制，可以为创新双方的创新行为提供共同愿景，同时，关系工具对于解决突发的事态提供了契约工具意外的协调机制。

（2）关系工具的实现机制。在高校—企业协同创新过程中，关系工具的功能包括关系控制功能与关系协调功能，从根本上体现在该工具能为协同双方的目标及行为提供了心理愿景下行为坐标系，缩小了协同创新过程中的不确定性。其具体实现机制也可以从高校—企业技术获取的过程的前置环节、获取环节及后续环节得出结论：①前置环节。由于在协同创新之前，鉴于信任机制如私有关系、组织间关系等业已存在，协同双方基于协同的利得，可能更愿意从事本不愿意过多投入而实际的创新活动又必需的专用性资产投入。②技术获取环节。在协同创新中，因为信任因素及关系承诺机制的存在，使协同双方原有的因为社会距离、技术距离以及文化距离产生的关系离差得到迅速修补，使高校与企业更愿意从事共同的知识创造与技术转移，同时也更有可能对隐性知识进行转移。同时，协同双方在遇到突发事件时，也更有可能通过协调方式进行解决。③协同后续环节。若协同双方能够按照当初约定的目标达成创新成果，则信任状态与关系承诺势必会提升一个量级，对于协同双方构建长期、稳定的合作关系起促进作用。

（3）关系工具的执行环境。尽管关系工具在高校—企业协同创新治理过程中有作用，但其治理功效也有特定执行环境要求。①关系工具的执行依赖的是协同双方的自我约束机制，这种自我约束机制是一种软性约束，更多的时候可能是一种道德约束；对于有自利行为的主体来说，可能有强烈动机将此软性约束搁置，来从事机会主义行为。因此，需要外在机制构建基于声誉与社会处罚机制来进行有效应对。②关系工具的核心在于信任的构建，而创新主体信任机制的构建，取决于三点：第一，信任者的信任倾向；第二，被信任对象的特征；第三，信任者接收到的信息，因此，需要外在机制构建崇尚诚信的社会秩序。

12.4 高校—企业系统创新的治理与政府行为——以控制权为主，关系与契约工具协同使用为辅的治理逻辑

从前述高校—企业技术获取模型可以看出，高校—企业协同创新过程的治理情境主要表现为基于技术创造与转移过程的复杂性所带来的技术获取的高度不确定性。为了减少此种技术获取不确定性所引发的协同创新阻碍因素，高校—企业协同创新的治理应该首先突出强调创新主体对于协同创新过程的控制权，其次，辅助以关系与契约工具协同使用。其原因在于，协同创新过程控制权的完全掌控可以最大限度地破除技术获取不确定性，但关系与契约工具可以减少技术获取的不确定性程度。

（1）高校—企业协同创新的治理应该首先突出强调创新主体对于协同创新过程的控制权。从高校—企业技术获取模型可以看出，若协同创新过程能够被单一如高校或企业强势控制，则会大幅度减少技术获取过程的不确定性，破除协同创新阻碍因素，从而提高产学研协同创新的成功率。基于此种逻辑，强势寡头主导型控制权配置是关键。为此，在高校—企业协同创新模式中，有两种典型模式：以高校研发人员离校创业兴建企业模式（如南大光电）以及以企业为主导采纳的集成创新模式（如以 COMAC 为核心研制的大型飞机）应该被推荐使用。这两种创新模式，其内在的技术获取方式各具特点：前者是高校研发人员通过成立新的企业，实现技术获取的组织内部化，从而彻底避免了技术的组织间转移；后者则是以企业为主导，以企业主体，根据市场需求进行新产品的总体集成设计，在强调对产品技术整体控制权主导的情形下，寻找拥有和具备相关单元技术开发能力的高校，通过联合开发或委托开发的形式进行合作以获取相关的单元技术，并结合自身开发或拥有的技术进行有效集成以开发出全新的产品，并主要由企业推向市场。两种模式都可以最大限度地突出高校或企业对协同创新过程的控制权，从而大幅度提高技术获取的成功率。

（2）均衡寡头协作型控制权配置以及多元竞争博弈型控制权配置，因为

不存在单一强势寡头对于协同创新过程控制权的问题，所以因控制权弱化所引发的障碍因素会很多，技术获取的不确定性会更大。为此，需要创新主体高校与企业统筹使用好关系与契约工具。如表 12 - 1 所示，可以有以下几种结论：①单纯的契约工具对技术知识的获取效果有限，且通常适用于显性知识的获取，但对默会知识较多的隐性知识获取效果比较差。②单纯的关系工具对显性与隐性技术知识的获取都有效果，且对隐性知识的获取效果要显著高于显性知识获取效果。③关系与契约工具的同时使用可以显著提升显性知识与隐性知识的整体效果。

表 12 - 1　　契约与关系工具的协同使用效果

序号	工具类型	技术知识获取效果	
		显性知识获取效果	隐性知识获取效果
(1)	契约	好	差
(2)	关系	好	较好
(3)	契约 × 关系	非常好	非常好

注：理论阅读及推理所得。

（3）以控制权为核心，以关系与契约工具协同治理需要政府提供合宜的外部环境。政府作为公共事务的代理者，在高校—企业协同创新治理过程中应着重解决以下几个方面的问题：①鉴于控制权的配置是高校—企业协同创新治理的关键，政府在施政方针上应从控制权获取的源头上保护控制权配置的合法性。一方面，基于已有理论，控制权主要有三种常见源泉，如长期塑造并占有使用的关系型资源、财务型资源的合法使用、知识型资源的占用等，因此，高校—企业在产学研协同中基于上述源泉所形成的对创新过程的合法、合理的控制权配置，政府应着力保护；特别是在现阶段技术转型的过程中，对知识型资源为源泉所形成的控制权更应合理保护。另一方面，政府不能单纯地以高校向企业单方面的技术转移，如技术许可、受托研发作为全部产学研协同的内容。②为关系与契约工具的协同使用，塑造良好外围环境。首先，政府在社会责任与文化塑造方面，应着力塑造良好的基于诚信、德道等为核心的社会氛围，强化信用集体处罚机制的培育，为关系工具使用奠定基础；其次，政府应强力塑造市场经济的法制化环境，强调契约签订与履行在协调与控制创新主体行为方面的功能；最后，政府应通过财政投入、个体与集体激励、税收减免等措施，对创新人员进行事前激励，以减少专用性资产投入不足带来的协同创新障碍。

12.5 本章小结

高校—企业协同创新因存在诸多阻碍因素，使协同进程面临重要挑战，因此，破除障碍因素，进行有效治理成为高校—企业协同创新领域的一个重要研究命题。现有研究表明，存在多种治理工具，如利用声誉机制、监督与控制机制、税收与补贴机制等可以取得一定的治理效果，但总体来说，治理效果有限。基于文献阅读及梳理典型的企业与高校产学研协同创新案例，归纳出高校—企业协同过程绩效提升的关键影响因素及治理情境：控制权配置在协同创新中居于核心重要地位；契约与关系工具是在控制权配置的基础上，链接研发投入与技术产出、市场投入与企业绩效、分担风险与共享收益的前置因子。在此基础上，着重从高校—企业技术获取模型，阐明基于技术转移过程的复杂性所带来技术获取的高度不确定性是协同创新各类障碍产生的根本。接着，在控制权的功能、配置及实现路径阐述的基础上，着重就关系与契约两类治理工具的功能、实现机制及外部环境进行了理论阐述。最后，本章提出高校—企业协同创新治理的根本途径：以控制权配置为核心，协同使用关系与契约工具的研究结论，同时指出，政府作为公共事务的代理者，在高校—企业协同创新治理过程中应扮演的角色提出了建议，目的在于为产学研协同创新治理提供决策参考与实施依据。

本章对高校—企业协同创新中的治理思路及工具都是理论推演型的，进一步的研究思路有以下两个方向，如实证比较各类控制权配置下协同创新的效果的差异、大样本检验或案例对比研究契约工具与关系工具对技术知识获取效果的比较等。

| 第 13 章 |

高校—企业协同创新成功及其关键要素研究——基于协同创新联盟的组合案例实证

高校—企业协同创新旨在将高校、企业、科研院所、政府、金融结构等创新主体的资源及能力能够进行有效集成，以便在技术开发、转移及应用中能顺畅流转，有效拉动创新知识产出，促进创新知识的应用[2]。但从实践运作、治理及其后期运作绩效来看，成功且持续的高校—企业协同创新项目、平台及经营实体比较少见；学界对于高校—企业协同创新系统及其成功的关键要素解析一直在持续，提出了各种不同的观点及研究视角。从研究内容来看，有强调合作动机在协同创新成功中的作用[249]，更多的研究内容关注到协同伙伴选择[250]、知识转移[251]、风险控制[252]、冲突协调[253]、动态能力构建、管理机制及模式[254]或政策[255]等因素的积极影响。但高校—企业协同创新成功到底受哪些因素影响，显然对此问题的解构，对于提升高校—企业协同创新绩效具有显著的理论意义与实践要求。

现有研究高校—企业协同创新系统方法论中，存在多种研究方法，但主体方法包括理论推演型、数理模型推演及检验型、理论假设及实证数据检验型等。在这些方法中，案例研究是构建最有趣、最具影响力的“崭新理论”（fresh theory）和“萌芽理论”（nascent theory）的最佳研究方法[256]。组合案例可以用案例中的调研数据创建构念、命题，是解析机理型命题的一种有效研究策略。本章试图用协同创新联盟的组合案例实证数据对高校—企业协同创新成功这一研究命题进行研究。

13.1 文献综述与理论架构

13.1.1 文献综述

（1）高校—企业协同创新成功。

高校—企业协同创新成功存在多个衡量维度，既包括技术维度量指标如单元或复杂技术获取（被用于工艺设计或产品设计与制造），也包括经济维度量指标如产品市场占有率提升及经济效益的获取；同时，也要反映不同功能主体对协同创新项目或平台的诉求，如高校除了经济效益方面诉求之外，在专利拥有、人才培养以及学科建设方面都有自身独特的利益诉求。王海军等针对由企业、大学、科研院所和战略供应商等多创新主体嵌入的“产学研 +”协同创新网络，从先进性、经济性与可靠性三个方面构建了评价指标体系，该研究结果表明，高校—企业协同创新成功度量的复杂性、综合性与异质性。

（2）高校—企业协同创新成功及其驱动因子。

高校—企业协同创新成功受多个潜在因子的综合影响，概括起来，主要影响因素有：①资源依赖与获取。战略联盟理论认为，联盟成立的主要动机在于参与机构为实现资源共享、优势互补等战略目标而进行的合作活动。高校—企业协同创新的存续也一样，其最初出发点之一在于在开放性创新网络中，构建创新主体生存与发展必不可少的资源。资源的稀缺性、多样性、价值性对于提升高校—企业协同创新成功的概率具有显著影响。这一结论与资源基础理论的核心观点与内在逻辑是根本一致的。进一步地，王海军等基于资源依赖关系构建了四种关系分类：战略依赖关系、一般依赖关系、单向依赖关系以及无依赖关系，并对所分类关系对于产学研联盟的知识生产以及创新结果进行了探讨。②创新动机的影响。如前所述，高校—企业协同创新动机多元；创新主体之间在协同创新动机方面的互补性与一致性可以大幅度提升协同创新的成功率。例如，章熙春等从创新队伍建设、提高研发水平、获取优势资源、构建竞争优势等方面，探讨了合作动机对产学研战略联盟的作用[249]。③以学习能力为核心的校企协同联盟能力的构建。学习能力是学习型组织存在的核心元素，在高校—企业协同创新环境下，其强调了创新主体能够及时根据协同创新环境对协同创新联盟的定位、功能、组织形态及管理举措等方面进行动态调整，保持组织柔性；学习能力是校企协同联盟能力的核心组成部分之一，其本质上对联盟其他职能子能力起到培育作用。王海军等在产学研联盟中，案例论证了多样化的正式学习与非正式学习在产学研联盟类型的作用[162]。④治理机制的功能。治理机制存在多样化构成元素，目前研究概括分析了主要组织协同机制、契约与关系（信任）治理机制、风险控制机制等在高校—企业协同创新成功率提升中的功能。例如，何郁冰等提出了高校与企业宜在组织协同层面加强对接[3]，另外，在协同创新过程中，风险控制机制的功能也非常重要。⑤政府政策的支撑与市场需求拉动。从中可以看出，政府是协同创新政策的制订者，同时也是高校—企业协同创新过程的助推者，其对协同创新的支撑力度是创新成功的关键元素之一[257]。市场需求对于创新主体来说，会形成创新需求，同时对创新主体又提出了很高的压力要求，是高校—企业协同创新成功的关键影响要素之一。关于政府与市场在高校—企业协同创新中的功能以及谁更重要，一直是学术界讨论的创新问题之一。⑥高校—企业协同创新是一个复杂的过程，需要多个创新主体相互支持与协作才能完成。尽管如此，理论研究表明，协同创新过程的顺利推进需要核心运营体的组织支持与高效管理，依赖于核心运营体强大的组织支撑系统。

13.1.2　理论架构

如图13-1所示，本章构建了高校—企业协同创新绩效及其关键影响要素之间内在关系的概念结构图，下面重点就该逻辑结构图的内在内容分述如下：(1) 政府推动与市场拉动（压力）是高校与企业构建协同创新系统构建的重要逻辑起点，是影响高校—企业协同创新成功的核心影响因素。在理论研究中，是政府推动还是市场拉动促发了高校—企业协同创新系统的构建，一直是一个争论的理论命题，正反两个方面的立论都存在。(2) 高校—企业协同创新系统的主体构成包括三个部分，分别是资源依赖与获取、协同创新过程与协同创新成功，同时，协同创新过程是链接创新资源与协同创新成功的中间体。(3) 协同动机、协同创新模式、治理机制、以学习能力为核心的校企协同联盟能力是驱动协同创新过程的四大要素，是主导高校—企业协同创新成功的关键。(4) 协同创新过程的推进需要以核心运营体主导的高校—企业协同创新系统来提供支撑。

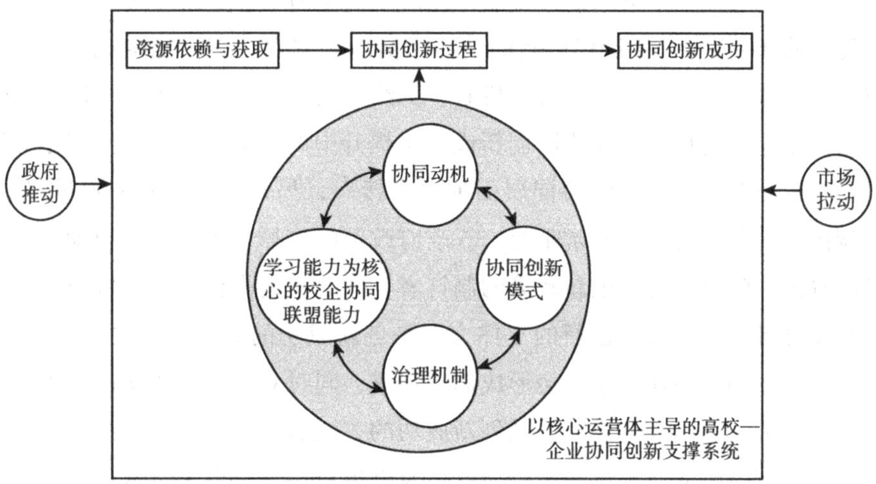

图 13－1　高校—企业协同创新成功及其影响因素之间关系逻辑结构

13.2　研究方法及数据来源

13.2.1　研究方法

本章采用探索性组合案例研究方法，对“高校—企业协同创新及其影响因素”之间联动关系的机理进行解构。组合案例研究方法选择原因在于：第一，本章研究命题属于“怎么样”（How）的问题，这类问题是大样本实证研究难以解决的。案例研究方法能够对这个过程进行深入的剖析，并针对为何高校或企业要进行协同创新、协同创新的动机与目的、如何进行协同过程管理、协同创新过程如何发生、政府与市场在协同创新过程中的功能等机理性问题进行有效分析，提炼并归纳隐藏在复杂现象背后的规律和理论。因此，案例研究方法特别适用于新研究领域或现有研究不充分的领域。第二，单案例研究方法由于案例本身的特殊性、调研与分析过程失偏，可能导致对所分析的结论存在质疑。多案例研究则可以在一定程度上弥补单案例的缺陷，在样本采样的全面性以及分析结果的规律性方面得以加强。

13.2.2　研究对象选择

案例选择策略是决定案例研究要选择什么样的样本作为研究案例，以及选择多少个案例的方法。为了使被选定的协同创新案例与本章研究问题相匹配，本章由研究对象和研究问题驱动作为案例选择的标准。其主要依据的标准有：（1）案例选择的对象为高校—企业协同创新实体、平台或项目；（2）高校或者企业通过参与高校—企业协同创新过程，获得了一定的技术创新成果；（3）高校或企业通过采用了合宜的机制保障了协同创新过程的成功；（4）不同案例在组织形式上存在差异。

在上述标准的基础上，本章选择研究的案例有四个，分别是深圳清华大学研究院（案例 A）、大型客机产学研协同创新联盟（案例 B）、南大光电 MO 源产品提纯项目（案例 C）、海尔集团不用洗衣粉洗衣机项目（案例 D）。上述四个单案例选择的原因在于：第一，案例选择的适宜性。四个案例都属于在各自领域成功运作典范，通过协同创新后预期的目标都业已达成。第二，案例选择的对称性。四个案例中案例 A 与案例 B 有经营实体，而案例 C 与案例 D 则立足于项目层面；同时，案例 A 与案例 C 属于高校主导型协同创新项目，而案例 B 与案例 D 属于企业主导型协同创新。第三，案例选择的全面性。案例 A、案例 B、案例 C 所属行业属于高新技术密集型产业，而案例 D 则属于传统行业。

13.2.3　数据来源及案例描述

（1）数据来源。本章研究的数据来源主要有以下三个方面：①公开的论文、书籍、新闻、公司网站等二手资料；②2019 年 5 ~ 10 月，通过数次对四个高校—企业协同创新参与人士的调查访谈而收集到的一手资料；③通过邮件、电话等方式收集到的补充资料。案例研究中采用多渠道收集资料，提高资料的完整性从而形成完整的证据链，对所获取的资料进行多方面印证，以提升研究信度和效度。

其中，访谈是在主体提供的基础上完成的，部分与访谈主题相关的问题如下：①高校—企业为何要开展协同创新活动（了解背景）？②高校—企业开展协同创新活动的目标是什么？③高校—企业协同创新过程主要开展了哪些技术创新活动？④协同创新过程主要有哪些参与主体？⑤协同创新过程中有组织实体（虚体）吗？⑥协同创新过程开展过程中怎么管理的（有正式契约吗？双边关系如何？风险共担机制吗）？⑦协同创新过程开展过程中，成员之间的学习是通过正式学习（如例行会议、内部定期培训），还是非正式学习（非例行会议、QQ 交流等）？⑧协同创新过程所取得的技术创新成果对自身后续发展起到了哪些作用？

（2）案例描述。①深圳清华大学研究院（案例 A）。该研究院由深圳市政府和清华大学于 1996 年 12 月初共建、以企业化方式运作的事业单位。该研究院作为大学主导型产业技术研究院的典范，致力于充当清华大学推进区域科技经济社会发展的典范、珠三角高珠三角高科技上市公司的摇篮和华南地区人才培养的重要基地。经过 20 多年发展，截至 2019 年年末，该研究院包括宽带无线通讯研究所、新材料与生物医药研究所、光机电与先进制造研究所、电子信息技术研究所、新能源与环保技术研究所、航空航天研究所等九个核心研究所及公共技术服务平台。作为“产学研”深度融合的典型，以研发平台、创新基地、投资孵化、科技金融、国际合作和人才培养六大板块的建设为基本内容，定位于“科技研发——推出自主创新的应用成果”“成果转化——加速科技成果产业化”“企业孵化——孵化高新技术企业”“人才培养——培养高层次人才”四个职能，深圳清华大学研究院打造了产学研深度融合的科技创新孵化体系，全方位孵化科技成果、项目、企业、人才，实现了创新价值的循环增值。参与单位则以清华大学为主体的众多高校、科研院所、群体企业及其他社会主体。②大型客机产学研协同创新联盟（案例 B）。该创新联盟由中国商用飞机有限责任公司（COMAC）牵头，参与单位的主体企业有包括西安飞机工业有限责任公司、沈阳飞机工业有限责任公司和成都飞机工业有限公司，参与单位的主体高校有北京航空航天大学、西北工业大学、上海交通大学等数所高校，共200个单位组成的该联盟致力于中国国产大型客机的研制与商用化。③南大光电MO源产品提纯项目（案例C），该项目前期是由南京大学MO课题组负责研发，在国家“863”项目的支持下，通过加合物提纯法实现了MO源的提纯，完成初始技术积累；中后期陆续引入苏州工业园区国有控股、私募资本的支撑下，成立南大光电材料有限公司，通过公司化运作实现了MO源技术的商业化。④海尔集团不用洗衣粉洗衣机项目（案例D）。海尔集团推出了首台真正不用洗衣粉的“环保双动力”洗衣机，该洗衣机使用了多种洗衣机处理技术，包括离子洗涤技术、质改剂技术、动力模块技术等，该项目由海尔集团牵头，参与单位包括中国科技大学、中科院、艾默生等企业与高校。

13.3　案例讨论

13.3.1　高校—企业协同创新的初始驱动力——市场驱动vs政府主导?

目前，学术界关于高校—企业协同创新的初始驱动力存在多种说法，比较典型的观点有一元论、二元论以及多元论。一元论强调单个主体是协同创新的驱动主体，该主体主要是政府或者市场；二元论强调政府与市场共同驱动了协同创新的产生。但是案例分析的结果表明，高校—企业协同创新的产生，既非一元论，也非二元论，而是多元论。其具体多表现为以下几种形式：(1) 政府发出倡议，高校或者企业在市场需求与技术诉求感知的基础上，形成创新动机，在其他创新主体支撑下推动协同创新进程，如案例A与案例B。(2) 单纯的政府支撑下由高校组织实施，如案例C。(3) 企业在顾客需求感知的基础上，从事新产品的设计与相关技术的获取，启动协同创新进程，如案例D。相关的案例具体证据如表13-1所示。

表 13 -1　　高校—企业协同创新初始驱动力

	案例 A	案例 B	案例 C	案例 D
证据线索	(1) 线索 1：研究院是清华大学作为牵头单位响应深圳市政府的倡议构建的，主要面向前瞻性技术与产业共性技术；(2) 线索 2：政府出台了一系列研究院支持政策，在选址、建房、引进设备、引进人才方面提供便利	线索 1：大型客机产业链长，辐射面宽，是响应政府倡议，基于市场需求，由 COMAC 牵头，组织联络 200 多个业内企业开展协同任务	线索 1：南京大学化学系在 863 拨付启动资金 50 万的基础上，开启了 MO 源研发项目	线索 1：海尔集团基于市场需求感知的基础上，联络中科大、中科院、艾默生等单位研发单元技术并组装生产
初始驱动力	在政府倡议、市场感知的基础上由清华大学牵头启动	在政府倡议、市场感知的基础上由 COMAC 牵头启动	在政府支撑下由南大化学系启动	市场需求感知下由海尔集团启动

注：研究所得。

从表 13 -1 可以看出，高校—企业协同创新进程的初始驱动力既非单纯的市场需求驱动，也非单纯的政府主导，而是高校或企业在政府抑或是市场单元或综合作用下促发形成的，协同创新进程的开启具有多元性。综上所述，有命题 13 -1 成立。

[**命题 13 -1**] 高校—企业协同创新的初始驱动力，是由高校或者企业，在政府支撑或市场驱动又或者政府与市场综合驱动的情形下，在相关协同组织的支持下启动协同创新进程的，并非单纯的市场驱动或者政府主导。

13.3.2　高校—企业协同创新过程及结果

协同创新过程，体现了创新主体获取创新技术的复杂性、特异性。下面分别对组合案例的协同创新过程进行阐述。

(1) 案例 A 的协同创新过程。该院协同创新过程先后经历了四个不同阶段，分别是孕育期、创建期、成长期与成熟期，体现了该院自建院以来的发展及影响，如图 13 -2 所示。可以看出，在该院发展的四个不同阶段，在创新内容上不断加强，在区域效应上不断夯实。该院的协同创新过程主要依托构建在产学研资源要素上的六大平台实现，分别是研发平台、创新基地、投资孵化、科技金融、国际合作和人才培养，最终协同创新成果体现在创新成果取得、产业化以及高科技企业的孵化方面。综合来看，该院协同创新过程具有如下特征：①依托清华大学等实力很强的重点学科与特色专业；②技术的引领性与支撑性；③学科的交叉性与综合性；④社会服务的集成性；⑤科技资源的集成性；⑥通过企业孵化改善区域创新环境；⑦以企业化方式进行运作的事业单位。

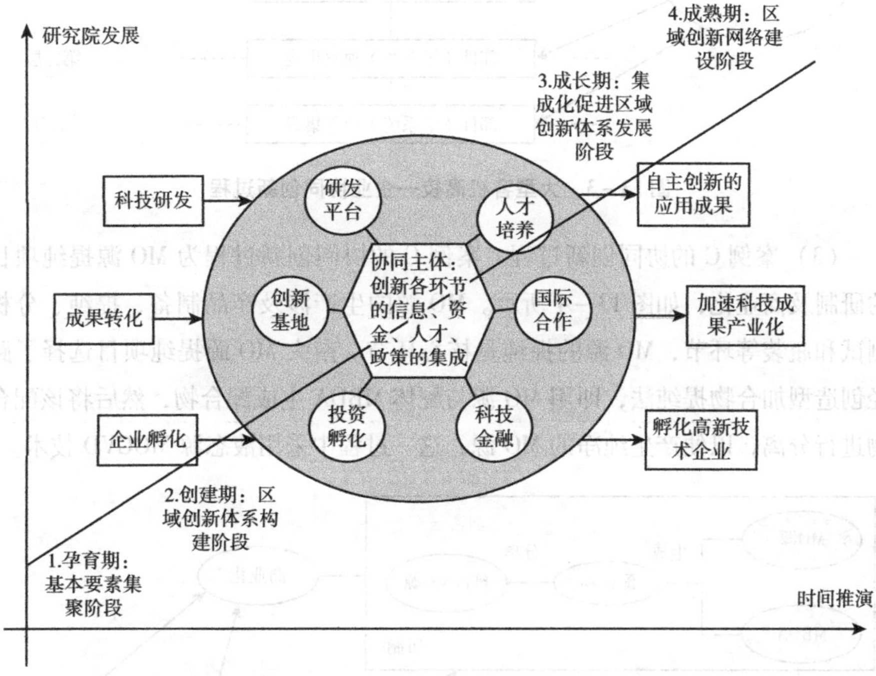

图 13－2　深圳清华大学研究院高校—企业协同创新过程

（2）案例 B 的协同创新过程。案例 B 的协同创新过程就是大型客机的研制与商业化过程。该协同创新过程通过四层产学研协同体系进行，如图 13－3 所示。①顶层是大型客机总系统集成层，客机部件包括机体、航电设备、机电设备、发动机和标准件/材料等，该层主要由 COMAC 与核心供应商对客机进行集成工作；②第一层的客机部件子系统集成层——由顶层的任务进一步分解，该层创新任务的核心是将客机总部件进行联合组装；③第二层中每一部件技术集成层，该层的主要任务是将客机部件的所有技术进行集成；④第三层则是技术研发层，主要对零部件的关键技术、共性技术以及“瓶颈”技术等进行研究、设计与制造。该协同创新过程具有研发及制造产业链长、涉及单位多、辐射面宽、外部关系网复杂等特征。

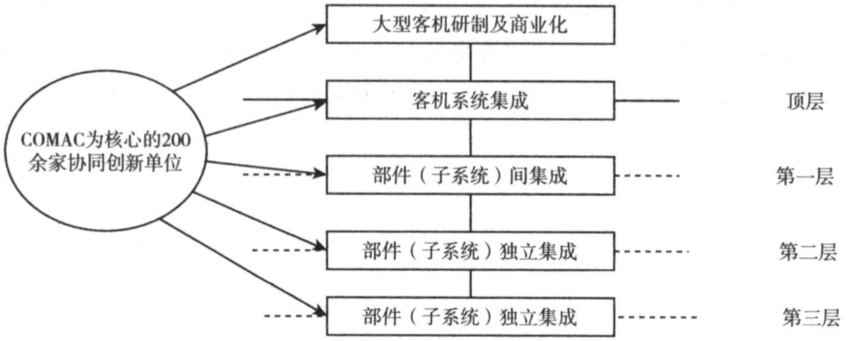

图 13-3　大型客机高校—企业协同创新过程

（3）案例 C 的协同创新过程。案例 C 的协同创新过程为 MO 源提纯项目的研制及商业化，如图 13-4 所示。MO 源的生产涉及产品制备、提纯、分析测试和瓶装等环节，MO 源的提纯是核心环节。南大 MO 源提纯项目选择了路径创造型加合物提纯法，即用 MO 源与配体 MBDA 生成配合物，然后将该配合物进行分离，以便产生纯净的 MO 源，这一过程中采用液态源 MOCVD 技术。

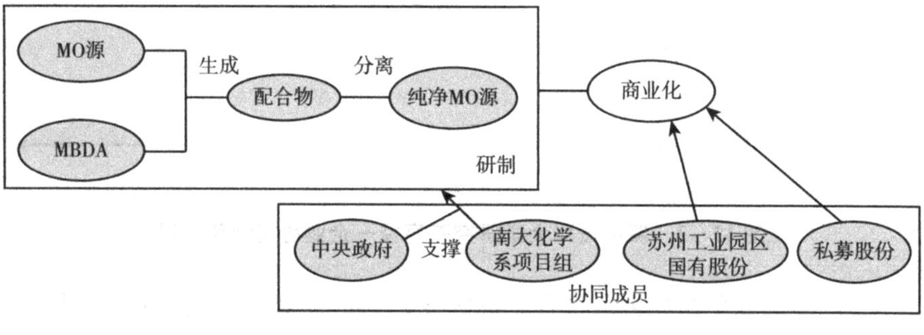

图 13-4　南大光电 MO 源高校—企业协同创新过程

（4）案例 D 的协同创新过程。案例 D 的协同创新过程为不用洗衣粉洗衣机项目，如图 13-5 所示。该产品的工作原理是将自来水电解成离子水，与污垢发生皂化反应，将污垢彻底地分解、剥离；同时，滚筒洗衣机摔打冲击的洗涤方式，使整个洗涤过程产生丰富泡沫，将被分解、剥离的污垢带走。在此过程中，该产品使用了隔膜式电解槽、活水处理双重技术、离子洗涤技术、质改剂技术以及动力模块技术等多种技术的研发、制造、集成及应用。

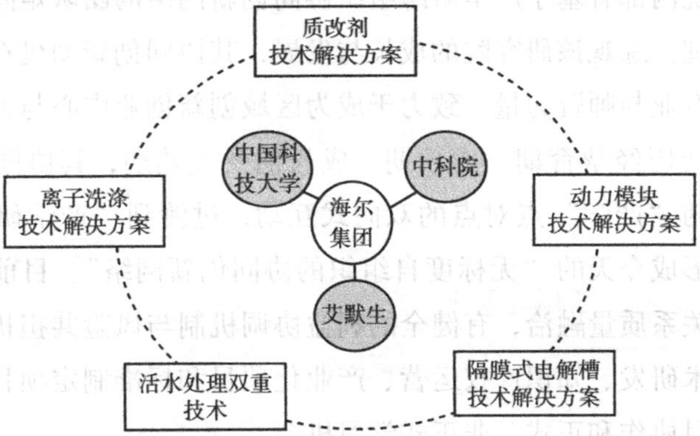

图13-5　不同洗衣粉洗衣机项目高校—企业协同创新过程

上述高校—企业协同创新项目在技术上都被攻克，在产品市场应用与区域市场上都取得了成功，所不同的是案例C及案例D是聚焦于具体的产品；案例B则聚焦于具体的复杂产品，而案例A不仅聚焦于产品，而且包含人才培养、企业孵化、社会服务等多维内容，其创新过程的内涵也更为丰富。

归纳A、B、C、D四个协同创新案例创新过程的详细数据，可以有如下命题成立。

[命题13-2] 协同创新过程的顺利推进，可以有效利用协同创新体的创新资源，同时是顺利达成创新成功的关键。

13.3.3　高校—企业协同创新运行机制

高校—企业协同创新过程顺利开展的前提，是参与协同创新主体内部有科学合理的运行机制，这些运行机制协同使用，共同推动了协同创新过程的有序开展，保障了协同创新最终获得了成功。下面分别对四个组合案例的协同创新过程运行机制进行详细阐述。

（1）案例A的协同创新的运行机制。案例A的成长与发展在于扎根于深圳及其周边地区。具体来说，该研究院充分利用当地丰富的产学研协同创新资源，在经费投入上从最初依赖政府拨款，到如今要依靠成员单位提供的经费及项目研发经费，辅以国家级、省部专项项目经费和地方政府给予的扶持经费，以及成果产业化有偿使用费，累计投入经费9亿多元。

在研究院内部有基于产学研跨组织协同创新网络的团队矩阵式组织进行有效组织管理。综观该研究院的成长与发展，其协同创新动机在于依靠清华大学丰富的专业与师资力量，致力于成为区域创新创业中心与人才培养的基地。该院发展历经孕育期、成长期、成长期及成熟期，其协同创新模式多样，从最初的“产学”点对点的双向式互动，过渡到“产学研”三维链式互动，直至形成今天的“无标度自组织的协同创新网络”。目前，该院产学研协同各方关系质量融洽，有健全的利益协调机制与风险共担机制。研究院主要通过技术研发、知识产权运营、产业化项目和标准制定项目，为联盟成员提供了项目协作和正式、非正式学习机会。

（2）案例B的协同创新运行机制。案例B的成功在于集成利用200多家企业、22所高校的创新资源，在中国商用飞机有限责任公司的调度下，成立了由行政服务团队、协同研制核心团队以及各种技术研发团队共同组成的团队矩阵式组织，在具体经费投入上，则采用了中央政府、地方政府等多样化投入的形式。在具体的运行机制上，协同创新动机在于成功进行大型客机研制及商业化，协同创新模式则包括多样化的技术获取模式，如对技术较为成熟的机体采用技术开发合作型（正式契约与关系契约相结合）模式而对发动机等技术缺乏的领域，则基于技术转让与自主研制相结合的模式，对于航电、燃油和液压系统等国内业已掌握一定技术的模块，则采用委托研发的模式。在整个国产商用客机的研制过程中，各方关系相对融洽，在具体的收益分配机制上则比较灵活：在研制初期，对于高校与科研院所根据其投入折算为股权，对于供应商可以通过协议约定订单权利；在研发成功以后，当市场收益较小时，采用固定支付方式；而当市场做大后，则考虑收益分成方式。总之，案例B中的协同各方在利益分配机制上充分考虑了协同各方的意愿。在整个客机研制过程中，协同各方有明确的风险分担与应对机制，其中包括政府对于项目失败风险的分担。整个项目的研制与商业化的过程，是参与协同研制单位高密集知识交流与学习的结果。

（3）案例C的协同创新运行机制。案例C的成功在于合宜地运用了高校科研人员离校创业兴办企业进行产学研运作的模式。具体来说，在创新资源利用上，其依托了南京大学化学系的科研力量完成了MO源的技术攻关，依托了国有资本以及私募资本市场化运作经验完成了技术向商业化的推广。在具体运行机制上，案例C协同创新动机在于MO源的研制及商用化，在这一过程中，南大光电应运而生，其协同创新模式采用技术入股+公司化运作相结合的协同创新模式。在具体的治理机制上，南大化学系项目组与其他协同方关系融洽，有明确的利益分配机制、风险分摊机制及内部知识交流机制，有力地保障了协同创新的成功。

（4）案例D的协同创新运行机制。案例D的成功在于海尔集团在市场销售的基础上成功地捕捉了不用洗衣粉洗衣机的市场前景，在此基础上举全公司之力，联合其全球研发资源进行了集中攻关，并大获成功。在具体运行机制上，协同动机在于成功研制不用洗衣粉洗衣机的研制及商业化；协同创新模式采用了共同研发模式，在具体契约、关系、风险分摊及内部学习等方面都有相应的机制。

上述A、B、C、D四个协同创新案例的具体运营机制的详细数据如表13－2所示。

表13－2　　高校—企业协同进程运行机制

	案例A	案例B	案例C	案例D
联盟性质	企业化运作的事业单位，常设机构，属实体运作	跨区域、跨行业的共同研究联盟、非实体式运作	高校科研人员离校创业兴办企业，属实体运作	共同研究联盟，非实体式运作
牵头单位	清华大学	中国商用飞机有限责任公司	南京大学	海尔集团
创新资源	深圳及其周边区域高新技术领域的产学研协同创新资源	200多家企业、22所高校的创新资源	依托南京大学化学系的科研力量，依托了国有资本以及私募资本市场化运作经验	利用海尔集团全球研发资源进行整合
经费投入	多样化经费投入，累计投入经费9亿多元	中央政府、地方政府协同投入、技术转让收入以及金融市场融资投入等	最初为863项目支持，后续国有资本、私募资本开始介入，采用商业化形式运作	海尔集团投入绝大部分经费，其余部分由协同单位分担
组织协同机制（组织支持）	基于产学研跨组织协同创新网络的团队矩阵式组织	由行政服务团队、协同研制核心团队以及各种技术研发团队共同组成的团队矩阵式组织	南京大学化学系成立项目组负责研发、同时设立“国家863计划新材料MO源研发中心”	由市场部、制造部、研发中心组成内部项目组，联同企业外协同单位组成常设小组共同研制

续表

	案例 A	案例 B	案例 C	案例 D
协同动机	区域创新创业中心与人才培养的基地	大型客机研制及商业化	MO 源的研制及商用化	不用洗衣粉洗衣机的研制及商业化
协同创新模式	多样化的协同创新模式	多样化的协同创新模式	技术入股 + 公司化运作协同创新模式	共同研发模式
多边关系质量	紧密	比较紧密	紧密	比较紧密
利益协调机制	有明确规定合作项目按照契约分配的原则，其他权变决定	视创新进程与具体情境采用相应利益分配方式	采用技术入股方式分享创新收益	规定了科研成果定价、研发成果产业化按照契约进行分配
风险共担机制	前期深圳市政府承担研究院主要运营风险，后期采用多样化机制分摊风险	前期中央政府介入投入分担了主要风险，后期采用多样化机制分摊	前期国家承担了项目主要风险，后续采用商业化运作分担风险	风险绝大部分由海尔集团承担，其余部分由协同单位承担
学习能力	有正式、非正式的学习机会	网络型知识学习与交流（有正式、非正式的学习机会）	科技计划项目申请、结题和实施过程为自身成员提供正式与非学习机会	网络型知识学习与交流（有正式、非正式的学习机会）

注：研究所得。

通过分析表 13 -2，可以有如下命题成立。

[**命题 13 -3**] 协同动力的合宜、协同创新模式选择的恰当、内部治理机制的综合运用以及以学习能力为核心的校企协同联盟能力的强大，是顺利推进协同创新进程的关键因素。

进一步观察表 13 -2 中案例 A、B、C、D 四个协同创新案例运行机制，可以发现之所以四个协同创新过程最后都成功的关键，在于都有一个核心运营主体及强大组织支持系统，因此，有如下命题成立。

[**命题 13 -4**] 高校—企业协同创新进程的顺利推进前置条件在于有一个核心运营主体及强大的组织支持系统（组织协同机制），以便充分运作协同创新资源。

13.4　本章小结

高校—企业协同创新成功受到多维因素的综合影响，对其成功机理进行研究具有意义。在高校—企业协同创新成功及其影响因素关系文献综述的基础上，提出了高校—企业协同创新成功及其影响因素关系的理论模型，并运用协同创新联盟的组合案例进行了探讨。研究结论主要有四点：(1) 高校—企业协同创新的初始驱动力，是由高校或者企业，在政府支撑或市场驱动又或者政府与市场综合驱动的情形下，在相关协同组织的支持下启动协同创新进程的，并非单纯的市场驱动或者政府主导。(2) 协同创新过程的顺利推进，可以有效利用协同创新体的创新资源，同时是顺利达成创新成功的关键。(3) 协同动力的合宜、协同创新模式选择的恰当、内部治理机制的综合运用以及以学习能力为核心的校企协同联盟能力的强大，是顺利推进协同创新进程的关键因素。(4) 高校—企业协同创新进程的顺利推进前置条件在于有一个核心运营主体及强大的组织支持系统，以便充分运作协同创新资源。

第14章

高校—企业协同创新政策体系构建研究——基于政府的视角

《国家中长期科学与技术发展纲要（2006～2020年）》中明确提出，要"建设以企业为主体、产学研结合的技术创新体系，并将其作为全面推进国家创新体系建设的突破口"。理论与实证研究表明，高校—企业协同创新系统，作为以企业为主体、产学研结合技术创新体系的核心，其能效离不开配套政府政策的支持。因此，需要从根本上对高校—企业协同创新的政策激励体系的构建问题进行深入研究。

高校—企业协同创新政策激励体系是指为鼓励和促进高校—企业协同创新而制订的一系列用于调整产业（企业）、高校、科研机构、中介机构、金融机构等主体的相关法律法规和政策的总和。现有高校—企业协同创新政策体系研究，需要弄清楚的问题是：（1）制约高校—企业协同创新成功的关键影响因素是什么？（2）政府在高校—企业协同创新系统中的职能定位是什么？（3）政府主导构建的高校—企业协同创新体系的政策目标及政策作用范围是什么？（4）政府主导构建的高校—企业协同创新体系是什么，包含哪些政策工具？（5）高校—企业协同创新政策激励体系促进高校—企业协同、达成政策目标的作用渠道或机理是什么？（6）我们需要基于作用机理构建什么样的高校—企业协同创新政策激励体系？这六个方面的问题是一个有机联系的整体。对这六个方面问题的回答，是适应我国步入全面深化科技体制改革背景，健全市场主导型创新政策体系的重要理论及实践性命题，本章尝试对这一问题进行回答。

14.1　高校—企业协同创新政策的演化及思考（1978～2020 年）

（1）政策文件的时间演化与分布特征。通过在北大法宝法律数据库中按照关键词“创新＋产学研＋协同”进行层次搜索，可以发现涉及“产学研协同创新政策”相关的核心法律文件合计为 1113 部。其中，发布部门涉及全国人大及其常务委员会、国务院及其各级部门（见图 14－1），占比最高的部门规章；法律效力包括法律、行政法规、司法解释、部门规章、党内法规、团体规定及行业规定等（见图 14－2），占比最高的为国务院各机构；图 14－3 为产学研协同创新法律政策文件各年份的颁布数量分布情况，占比最高的 2016 年与 2017 年。

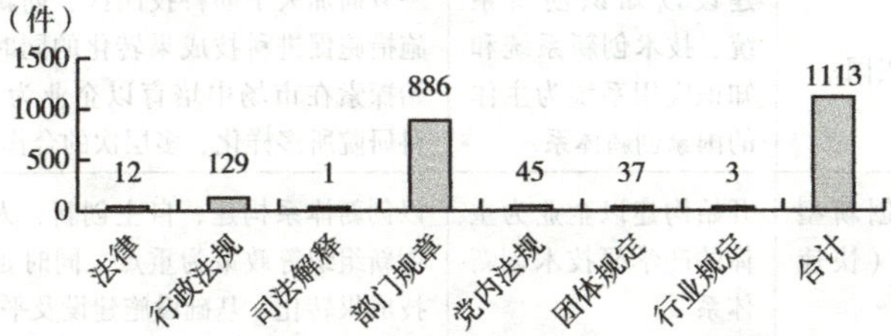

图 14－1　产学研协同创新法律政策文件效力分布

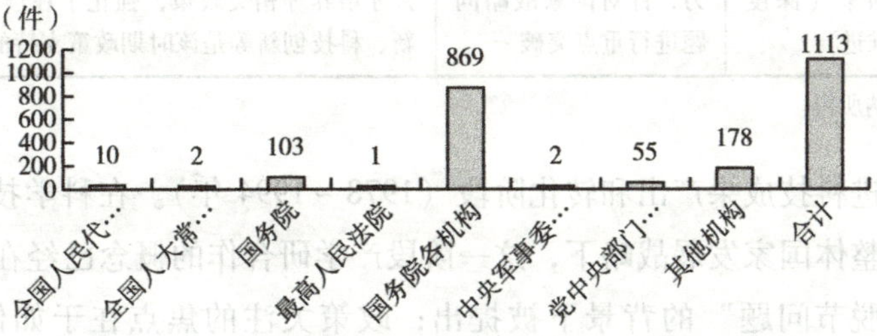

图 14－2　产学研协同创新法律政策文件发布部门分布

（2）政策文件的时间演化与内涵。如表 14－1 所示，我国高校—企业协同创新政策经历了四个不同战略阶段，每一个阶段的政策目标及政策内容都呈现出显著的差异性，反映了各个不同历史时期国家战略导向对科技与创新工作的要求。

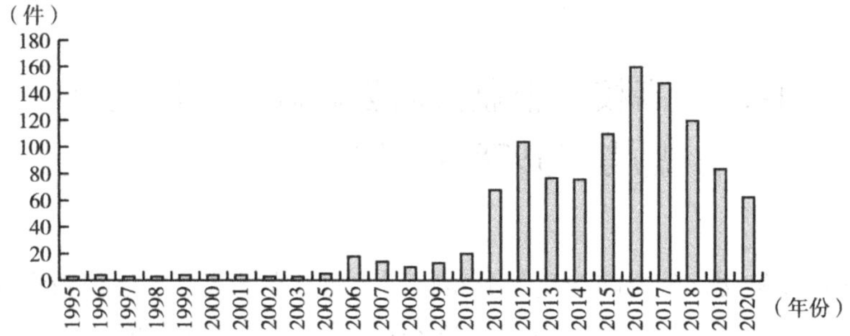

图 14－3　产学研协同创新法律政策文件发布各年份分布

表 14－1　高校—企业协同创新政策的时间演化与内涵

阶段划分	战略导向	政策目标	重点政策内容
1978～1994 年	科学技术是第一生产力	实施一系列国家科技计划来促进科技成果产出和转化	通过改革拨款制度、引入市场机制，在科技组织、人员管理、物资供应、成果奖励等领域鼓励高校、科研院所取得效益与积累资金，走出“象牙塔”，进入企业生产第一线
1995～2004 年	科教兴国	建设以知识创新系统、技术创新系统和知识应用系统为主体的国家创新体系	一方面加大了如科技园区、创新基地等基础设施措施促进科技成果转化的同时，另一方面开始探索在市场中培育以企业为主体，与高校、科研院所多样化、多层次的合作
2005～2010 年	建设创新型国家（快速推进）	开始构建以企业为主体的产学研技术创新体系	以创新体系构建、自主创新、人才培养、技术创新组织等政策为重点，同时延续了之前的科技成果转化、基础设施建设及平台建设等政策
2010～2020 年	建设创新型国家（深度推进）	增强各主体参与活力，针对国家战略问题进行重点突破	延续了科技成果转化、平台建设、创新体系及人才培养等相关政策，强化了在产学研协同创新、科技创新等是该时期政策支持的重点

注：归纳所得。

①促进科技成果产出和转化阶段（1978～1994 年）。在科学技术是第一生产力的整体国家发展战略下，这一阶段产学研合作的概念已经在“解决科研与脱产脱节问题”的背景下被提出；政策关注的焦点在于如何将“学、研”机构的科研成果转化为企业解决实际生产问题的实用技术。这一时期代表性的政策文件有：《关于我国科学技术发展方针的汇报纲要》（国家科委，1981 年）、《关于加快教育改革和发展的若干意见》（国家教委，1992 年）、《中华人民共和国科学技术进步法》（全国人大、1993 年）。

②构建以知识创新系统、技术创新系统和知识应用系统为主体的国家创

新体系阶段（1995 ~ 2004 年）。在科教兴国的整体国家发展战略下，这一阶段产学研合作政策关注的焦点是如何提高企业的创新能力，探索以市场为导向、以企业为主体的产学研合作形式。这一时期代表性的政策文件有：《中共中央、国务院关于加速科学技术进步的决定》（中共中央，1995 年）、《国家大学科技园“十五”发展规划纲要》（科技部、教育部，2001 年）。

③构建以企业为主体的产学研技术创新体系阶段（快速推进期，2005 ~ 2010 年）。在建设创新型国家总体战略的指引下，一方面延续了之前的政策思路，加快建立以企业为主体、产学研结合的技术创新体系；另一方面更加重视体现国家战略目标和产业关键需求的重点领域，鼓励企业与高校共同联合攻关国家科技计划和重大专项。具体的政策措施包括鼓励高等学校、企业同科研机构建立形式多样化、多渠道的密切协作关系，建立国家重点实验室、产学研战略联盟等；通过多种创新平台推动地方高校和企业在科技创新和人才培养方面的合作，进一步完善技术转让、技术转移机制。可以看出，这一时期创新政策集中体现在创新体系构建、自主创新、人才培养、技术创新组织等方面。这一时期代表性的政策文件有：《国家中长期科学和技术发展规划纲要》（中共中央、国务院，2006 年）、《关于加快发展技术市场的意见》（科技部、2006 年）、《关于进一步加强地方高等学校科技创新工作的若干意见》（教育部、科技部、2006 年）、《国家科技支撑计划“十一五”发展纲要》（科技部、2007 年）、《关于动员广大科技人员服务企业的意见》（科技部、教育部、国务院国有资产监督管理委员会，2009 年）。

④构建以企业为主体的产学研技术创新体系阶段（深度推进期，2005 ~ 2010 年）。这一时期的政策延续了科技成果转化、平台建设、创新体系及人才培养等相关政策，突出了产学研协同创新、科技创新中介等，这是该时期政策支持的重点。这一时期产学研深度融合主要借助协同创新平台、协同创新联盟等平台或组织；通过探索多种形式的协同创新模式，以建立良好的协同创新运行机制。这一时期代表性的政策文件有：《高校能力创新提升计划（“2011 计划”）》（教育部、财政部、2012 年）、《关于印发技术市场“十二五”发展规划的通知》（科技部、2013 年）、《中华人民共和国促进科技成果转化法》（全国人大常委会、2015 年）、《“十三五”国家科技创新规划（2016 ~ 2020 年）》（国务院、2016 年）、《关于支持河北雄安新区全面深化改革和扩

大开放的指导意见》（中共中央、国务院，2019 年）。

（3）高校—企业协同创新政策未来演化的思考。在新形势下，以企业为主体的高校—企业协同创新体系构建初步成型的前提之下，未来高校—企业协同创新政策的走向成为各方关注的焦点。目前，关于高校—企业协同创新政策，学术界存在两种不同的政策主张：一种主张认为应该采用市场主导型模式，另一种主张采用政府主导型模式。市场主导型模式认为，既然高校—企业协同创新以市场为导向，就需要按照市场经济规则，更多地依靠高校—企业系统中的成员机构，特别是企业自身实施协同的自组织管理，而政府的职责主要在于为高校—企业协同创造良好的政策氛围和基本的制度保障。政府主导型模式则主张，政府应该在高校—企业协同创新中发挥主导作用，这充分体现中国特色的制度优势。两种模式的差异性参看表 14 – 2。

表 14 – 2　高校—企业协同创新政策：市场主导型与政府主导型的比较

类别	市场主导型	政府主导型
①主要特征	（1）关注市场化创新资源配置；（2）不直接参与高校—企业协同创新进程；（3）更侧重于需求面与环境面的创新政策；（4）注重基础设施、法制环境、知识产权等软硬件环境的塑造与建设	（1）政府主导创新资源配置；（2）直接参与高校—企业协同创新进程；（3）更侧重于供给面的政策
②政府定位	政府不干预高校—企业协同创新的具体进程，政府主要致力于弥补高校—企业协同过程中的市场缺陷	政府是高校—企业协同创新体系中的主导者和重要参与者，政府面向重大科技研发，积极组织高校与企业参与研发进程
③政策工具	强调需求与环境面的政策，政策工具带有普惠性、间接性的特点	重视供给面的政策，政策工具非常重视资源投资，且具有针对性、直接性的特点
④优点	（1）市场机制配置高校—企业协同创新资源，公平有效，避免政府干预危机；（2）企业与高校成为协同创新主体，创新决策权下放后，更加贴近市场需求	（1）决策高效，易于将高校—企业协同纳入国家整体创新战略与意志；（2）集中高校与企业等主体的资源，集中力量在重点领域实现突破与赶超；（3）有利于弥补市场机制的缺陷，优化高校—企业协同创新中的资源配置

续表

类别	市场主导型	政府主导型
⑤缺点	市场失灵：（1）技术知识的外部性导致高校—企业协同创新过程中的投资不足；（2）公共品悖论引发高校—企业在公共产品创新中积极性不高；（3）因垄断或不完全信息，造成高校与企业参与技术研发与推广的主动性不够。 系统失灵：（1）技术多样性与选择失灵；（2）科技基础设施投资不足和供给失灵；（3）技术转移失灵；（4）技术锁定带来的系统失灵；（5）制度失灵等	政府失灵：（1）达不到预期目标，促进协同时不考虑企业—高校的实际需求；（2）协同成本过高，造成资源浪费；（3）因为距离创新实际较远，决策时间长容易产生负面效应，丧失最佳的政策干预窗口；（4）产业基础性技术、共性技术供应不足等

注：归纳所得。

上述两种模式到底哪种模式更适合当今中国高校—企业协同创新实际，目前并没有非常明显的统计学结论。从国外的创新实践看，两种模式都在一定程度上取得了成功。市场主导型模式的典型代表是美国，而政府主导型模式的典型代表以日本、韩国、新加坡等国家与地区为代表。但是上述两种模式在高校—企业协同创新领域的具体运行的弊端也逐渐显而易见。美国科技与学术界对美国政府在推动科技创新，尤其是发挥高校与企业协同方面的表现深感不安，认为政府的不作为在多个领域被中国等新型国家赶超；而日韩模式的运作成功，在技术追赶阶段尚且适用，但是在经济面临创新驱动阶段时，其原有政府主导模式所导致的企业原始创新能力不足便显示出来。

实际上，从理论上来看，上述两种模式之争，从根本上来说是“凯恩斯主义”与“新自由主义”之争在高校—企业协同创新领域的反映。实际上，各国在高校—企业协同创新领域所采取的政策与本国的历史沿革和所处的经济发展阶段直接相关。通过上述争论的本质，本章认为，政策制定与实施的重点在于协调好政府与市场这一对“看得见的手”与“看不见的手”之间的关系，在高校与企业等市场力量日益壮大的同时，重新界定好政策干预的适度边界，以最大限度地发挥好各方的优势，取长补短，促使高校—企业协同创新效果最大程度的实现。

14.2 高校—企业协同创新政策的定位——混合型模式的运用

政策干预的实质是为了实现政策目标，通过设计、选择和组合一系列的政策工具，来影响政策作用对象的利益与预期，以鼓励或约束行为的动态过程[258]-[259]。考察高校—企业协同创新政策的定位，必须考察政策制定与实施的核心方面——应该干预什么？为此必须搞清楚政策机制与市场机制存在的理由。归纳已有研究可以发现，在高校—企业协同创新过程中存在三种“失灵”，分别是市场失灵、系统失灵与政府失灵。其中，市场失灵与系统失灵与政府机制存在有关，而政府失灵则促使市场机制存在。

（1）市场失灵与政府政策机制。首先，高校—企业协同创新所产生的知识和技术具有公共产品特征，存在外部性和溢出效应。这样，开展协同创新需要的资源不能完全依靠市场得到有效和最优的配置，通过市场供给的资源远小于开展协同创新活动、实现社会福利最大化所需要的资源，出现市场失灵现象。因此，政府应该干预高校—企业协同创新系统的建设和运行，提供政策干预机制。这是政府干预高校—企业协同创新系统的首要理由。其次，高校—企业协同创新过程具有风险性特征。高校与企业在协同创新开始之前，很难准确预测其需要的成本、时间和获得什么样的成功，经常是实际结果与期望结果差别很大，甚至完全失败。协同创新过程的风险性也会导致其投入不足，需要政府提供政策干预机制。最后，高校与企业由于分属不同的市场主体，彼此存在空间距离与认知距离，使协同双方在创新之前有很大的信息不对称，减少了双方协同创新的机会。政府通过提供信息披露和增加信息透明等公共服务，可以使潜在协同双方增加合作的机会。上述因为高校—企业协同固有因素所导致的市场失灵，使政府政策机制不仅必要，而且必须。

（2）系统失灵与政府政策机制。按照系统观的视角，高校—企业协同创新系统的整体运行绩效，不仅取决于高校—企业及其各类参与者的表现和水平，而且与他们之间是如何相互联系、相互学习和相互协调的水平密切相关。协同创新系统中各个参与方之间相互不匹配和不协调，就会出现了系统失灵。常见的协同创新系统失灵主要涵盖技术多样性与选择失灵、科技基础设施投资不足和供给失灵、技术转移失灵、技术锁定带来的系统失灵以及制度失灵等[260]。如果出现了系统失灵，政府就应该通过制定法规和政策等各种手段干预高校—企业协同创新系统的运行，以提高该系统的运行绩效，加快知识生产、技术研发及推广的步伐，而这是单个企业或者高校难以做到的事情。

（3）政府失灵与市场机制。政府应该如何干预高校—企业协同创新系统，也必须注意到政府不是万能的，不能期待所有问题都能通过政府的干预得到解决，政府支持高校—企业协同创新系统必须做到科学有为。从公共经济学的角度出发，西方的许多经济学家对政府失灵的原因和类型进行了比较多的研究，他们从新政治经济学的角度分析，将政府失灵分为四种类型：公共政策失误、公共产品供给的低效率、政府的扩张和膨胀以及政府的寻租活动。具体表现在高校—企业协同创新领域中，其会导致如表 14 – 2 所示的政府失灵问题产生。政府失灵的存在使发挥市场机制的作用成为必需。

正因为政府政策机制与单纯的市场机制都存在自身的缺陷与优势，所以在实际的高校—企业协同创新系统构建及运行过程之中，必须充分发挥政府与市场这一对“看得见的手”与“看不见的手”之间的关系，单纯夸大任何一种机制在创新系统中的功能都是危险的，很容易造成福利损失。一个粗线条的政府与市场机制划分的标准是应该结合协同创新的具体情境来“灵机决策”，一般来说，对于公共产品及其相关技术的研发或推广，在私有部门无力组织时，政府可以充当“看门人”，由政府组织、引导高校与企业参与高校—企业协同创新联盟。而对于能够依靠市场形成的良好的高校—企业协同创新，政府则应该避免过度介入，更多的是创造良好的外围公共基础设施与市场环境。总之，高校—企业协同创新政策的定位，既不能采用市场主导型模式，也不能单纯地采用政府主导型模式，而应该根据协同创新的具体情境，灵机决策，宜采用混合型模式，搭配使用政府机制与市场机制。

14.3　高校—企业协同创新政策体系的政策目标及作用机制

（1）政策目标。高校—企业协同创新的政策目标是政策需要达成的着力点，是评价各类政策效果的核心指标。基于已有高校—企业协同创新的政策目标研究，更多的是基于宏观及区域产学研协同创新系统的研究成果，基于高校—企业协同创新运作的微观机理研究显著不足。在已有理论研究的基础上，结合前述高校—企业协同创新机理的实证研究，本章将政策目标聚焦为以下五类：合作主动性、资源易获性、关系治理便捷性、能力塑造帮扶性、环境塑造公平性。

①合作主动性。该目标着力于培养高校、企业及相关主体参与协同创新过程的合作动力。如在高校改善科研评价的考核指标，将参与产学研协同要素纳入职称评审、绩效奖励的重要环节；在企业构建通过税收、金融等多种手段，降低企业参与协同创新的成本等措施；在社会大众中，政府出台政策鼓励创新导向市场竞争环境，增加创新产品收益补贴等；在创业项目选择上通过举行高校—企业协同洽谈会、公开技术招投标等都可以很好地提升相关利益主体参与协同创新过程的积极性、主动性。

②资源易获性。该目标着力于促成高校、企业及其他相关主体在参与协同创新时，能够便捷地获取创新所需的资金、设备及所需的人力资本，因此，政府政策的目标应理顺金融体系、构建良好的人力资源培养、流通及转移机制，使用于协同创新资源的丰沛度能有较大的改善。

③能力塑造帮扶性。理论及实证研究表明，组织核心能力，特别是联盟能力是组织间协同创新能够成功的关键。而组织核心能力形成的前提条件之一是组织有能力将其内部资源针对协同项目进行配置与协调，其形成是组织在长期的学习和知识管理过程而逐渐建立起来的一种组织惯例。因此，政策的目标应着力于为组织学习能力塑造提供条件。例如，在公立高校改进科研组织管理制度，规范专事联盟管理的部门设置、科研经费的投入与管理机制、仪器设备的共享机制以及科研人员的激励机制等。在协同创新过程中，在基础研究投入、初创技术孵化、创新工艺设计及技术推广方面，在相关组织能力能够企及的地方，避免政府行为大包大揽；同时，对于核心能力或联盟能力突出企业，由政府出面给予奖励、通过举行行业标杆选拔及学习会议等都有利于企业组织能力的形成。

④关系治理便捷性。组织间良好的关系互动及关系治理是高校—企业协同创新的前提条件之一，因此，政府政策着力点应着重培养高校—企业之间

的关系治理便捷性。一方面，搭建各级公共平台（省、市、地级），如搭建公共科研平台，建立公共科学技术产权交易场所、创设公共工程中心或教育中心为高校与企业之间的交易更加便捷；另一方面，创造诚实、守信的市场环境，降低协同双方的交易成本。

⑤环境塑造公平性。良好的外部环境，尤其是公平、有序的制度环境是高校—企业协同必不可少的前提。政府政策在目标规划、金融支持、税收优惠、法规管制等方面应力求整顿科研资源与市场，形成良好的外部环境。

（2）作用机制。已有理论研究，公共政策对高校—企业协同创新系统的作用过程是通过作用机制体现出来的，这里需要特别注意高校—企业协同创新模式的功能。有学者提出了图 14－4 与图 14－5 两类。高校—企业协同模式，并指出尽管公共政策对高校—企业协同创新的整个系统产生作用，但是政府的公共政策作用渠道往往体现在具体的创新环节上，如“高校—成果”环节、“成果—企业”环节、“企业—高校”环节，为此，需要明确公共政策对高校—企业协同创新系统的作用机制。根据高校—企业协同创新系统的特点，结合公共政策的作用原理，高校—企业协同创新政策的作用机制主要包括激励驱动机制、支撑保障机制、催化加速机制及传导反馈机制等构成。

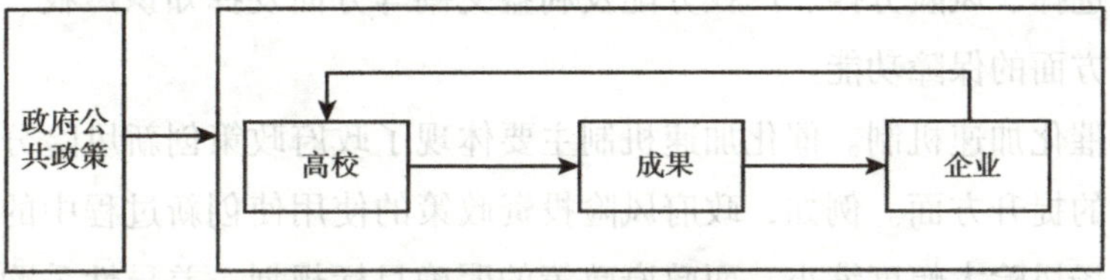

图 14－4 以高校为着力点的技术推动模式

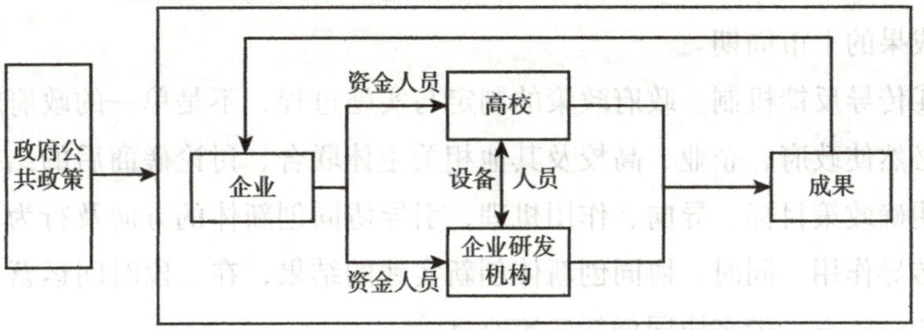

图 14－5 以企业为着力点的技术推动模式

①激励驱动机制。政策的激励机制在一定程度上是对市场机制的一种补充。政策激励驱动机制主要包括目标设定激励、要素供给激励、创新过程激励及创新结果激励等维度。在企业—高校协同创新动力不足或者停止协同创新时，政策可以给予参与协同动力，让其尽快达成创新目标，驱动其开展协同创新活动。在创新要素准备阶段，政府政策可以纠偏市场失灵可能带来的要素供给不足的尴尬，在资金投放、人员配备、机器使用及土地供给方面给予支持，减少参与协同方在协同创新投入成本。在创新过程中通过风险投资、孵化器等政策，可以降低技术风险及市场风险。在协同创新成果的获取阶段，可以通过定向采购、差别性收购政策有目的地提高创新产品的收益。总之，政府政策可以在相当程度上对高校—企业协同创新起到激励驱动作用。

②支撑保障机制。政策的支撑保障机制在一定程度也是对参与协同方资源、能力、协调机制、模式运作的一种补充。如前所述，政府可以在私人部门资源投资不足的情形下提供资源投放的支撑；在能力不足、协调机制缺乏的情形下，政府政策也可以促使其他相关机构如科研院所、社会中介等积极参与，辅助其能力构建及增强其协调机制。在协同创新模式运作过程中可以在模式选择、风险分摊、产权分配及利益交割等方面发挥知识产权、法律及咨询等方面的保障功能。

③催化加速机制。催化加速机制主要体现了政府政策创新风险分摊及创新速度的提升方面。例如，政府风险投资政策的使用使创新过程中的技术风险与市场风险大幅度缩小，而政府政策的明确目标规划、差异性采购政策以及对新技术标准拟订后所带来的创新收益的正向激励，必然使协同创新体在目标设立的速度、研发的速度以及产业化进程方面有所缩短，从而加快技术研发成果的上市周期。

④传导反馈机制。政府政策的制定与实施过程，不是单一的政府施政过程，必然使政府、企业、高校及其他相关主体联合、讨论磋商后的结果，这对于明确政策目标、导向、作用机理，引导协同创新体的方向及行为具有明确的传导作用。同时，协同创新体创新实践的结果，在一段时间运营后也会反馈给施政方，带来协同创新政策改良。

14.4　高校—企业协同创新政策体系的政策工具

政策工具为实现政策目标的手段，具有明显实用主义导向，政策工具按照不同标准有不同的分类结果。经典的政策工具分类由 Rothwell 等提出[261]，其将政策工具分为三种类型，即环境型、供给型和需求型等。本章在文献［261］、［262］的基础上，参考文献［258］与［263］的思路，从三个维度对高校—企业协同创新政策进行界定，分别是 X 维、Y 维及 Z 维。其中，X 维、Y 维分别表示政策工具内容维、强度维及性质维。X 维政策工具着重阐明高校—企业协同创新政策的内容维度；如表 14－3 所示，其分为三类不同的类型，供给型、环境型和需求型，每类政策类型中包含不同的工具类型。政策工具 Y 维着重阐明每类政策工具的强度，分为低强度、中强度及高强度。政策工具 Z 维着重阐明每类政策工具的政府干预高校—企业协同创新过程的强度，分为自愿型、混合型及强制型。

表 14－3　　　　高校—企业协同创新政策工具

类别	典型工具名称	操作定义
①供给型	（1）人才培养政策	政府根据高校—企业协同创新的需要，建立人才发展规划，推进各式人才培养渠道，提供高层次人才资源
	（2）资金支持政策	通过财政补贴、研发经费投放等等为高校—企业协同创新提供财力支持
	（3）技术支持政策	建立研发中心、行业工程技术中心等夯实基础设施，提供技术支持
	（4）金融支持政策	为高校—企业协同创新提供政策性低息贷款；通过信贷等途径促进协同创新成果转化；通过风险投资公司和风险投资基金的发展，分摊协同创新风险
	（5）其他供给政策	如土地供给、行政审批减化等
②环境型	（1）目标规划	政府针对某一行业制定的长远规划、产业规划、国家工程实验室建设规划以及科技成果转化计划等
	（2）税收优惠政策	税收减免、加速折旧、租税抵扣和免税等措施
	（3）知识产权政策	通过制定技术标准、制定技术转让规定，完善政策和法规，加强知识产权保护等措施规范创新主体行为
	（4）其他环境政策	规划、收益分配、成果转移、奖励创新、鼓励合并、鼓励建立多种形式的联盟或科研机构转制为企业、产学研合作模式和运行机制设计等

续表

类别	典型工具名称	操作定义
③需求型	(1) 政府采购政策	依法制定采购目录，并使用财政性资金购买相应的产品和服务
	(2) 外包政策	将研发计划委托给企业或高校，以推动其研发工作
	(3) 技术标准政策	主要是指政府通过有关技术标准管制措施，推动产学研协同创新的发展
	(4) 其他需求面政策	如外贸管制等

注：归纳所得。

14.5　高校—企业协同创新政策体系的构建

如图 14－6 所示，高校—企业协同创新政策目标在于增强高校及企业两大创新主体在协同创新过程中的合作主动性、资源易获性、能力塑造的帮扶

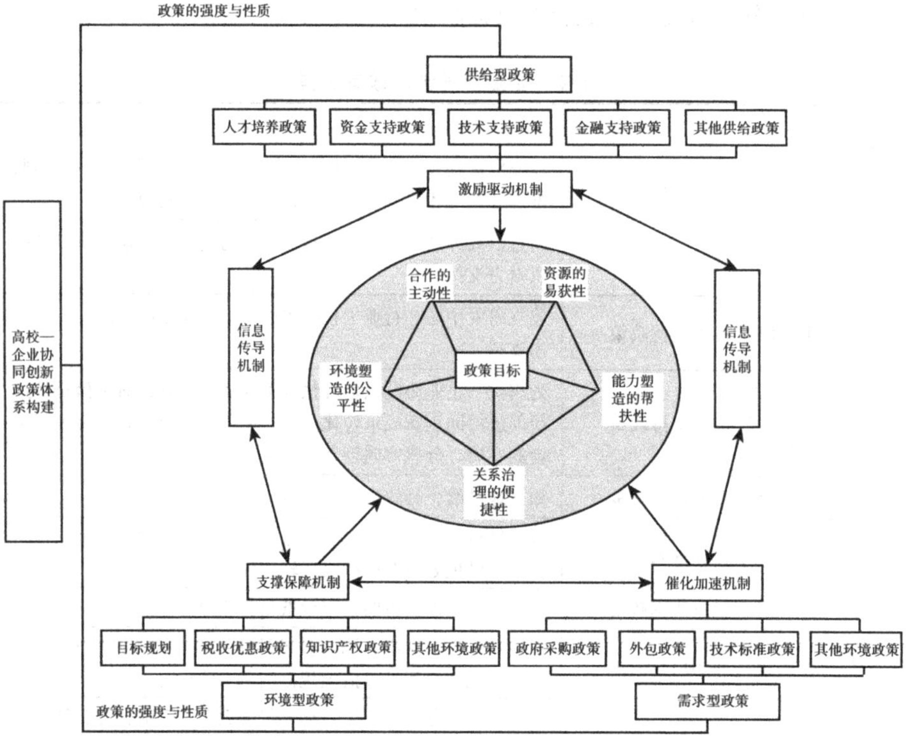

图 14－6　基于混合型模式定位的高校—企业协同创新政策体系构建

性、关系治理的便携性以及环境塑造的公平性。该政策体系主要通过供给型、需求型以及环境型三类政策来实现，而链接具体政策类型与政策目标之间的作用渠道取决于各类政策工具的作用机制，分别是激励驱动机制、支撑保障机制、催化加速机制及传导反馈机制。

14.6　本章小结

从我国当前高校—企业协同创新政策的实践来看，已围绕高校—企业协同创新的组织模式和运行机制制定了一些相关政策，如设立专项资助、加强中介服务、提供税收优惠和促进人才流动等。然而从国内高校—企业协同创新的发展实践来看，显然政策作用的效果不太理想。究其原因，首先在于对高校—企业协同创新的机理缺乏明确的认知；其次，是对高校—企业协同创新政策的定位缺乏深入认知，特别是对政策的目标、机制及可能的政策工具缺乏深入的了解。

首先，基于高校—企业协同创新的运行机理，本章在客观回顾高校—企业协同创新政策的历史演化的基础上，将过去高校—企业协同创新政策的历史划分为四个不同的阶段，分别是促进科技成果产出和转化阶段（1978 ~ 1994 年）、构建以知识创新系统、技术创新系统和知识应用系统为主体的国家创新体系阶段（1995 ~ 2004 年）、构建以企业为主体的产学研技术创新体系阶段（快速推进期，2005 ~ 2010 年）以及构建以企业为主体的产学研技术创新体系阶段（深度推进期，2005 ~ 2010 年），并对四个阶段的政策目标及政策工具的内容进行了深入的分析。在此基础上，提出了高校—企业协同创新政策的定位。

其次，对高校—企业协同创新政策目标、政策工具的类型及作用机制进行了理论归纳。理论分析表明，高校—企业协同创新政策包括供给型、需求型以及环境型三类政策工具箱组成，每类政策的实施需要注意强度与性质；政策工具的根本目标在于促成高校—企业协同创新的成功，需要在合作主动性、资源易获性、能力塑造的帮扶性、关系治理的便携性以及环境塑造的公平性等方面作为政策目标，为此，需要发挥好各类政策工具的作用机制：激励驱动机制、支撑保障机制、催化加速机制及传导反馈机制。

最后，提出了一个基于混合型模式定位的高校—企业协同创新政策体系。该体系最大的贡献在于，改变了以往我们仅聚焦于合作模式和互动机制来研究高校—企业协同创新政策的局限，而是依照政策分析的逻辑，从高校—企业协同创新的内生动力出发，基于系统观的视角，全面地构建起高校—企业协同创新的政策体系。

| 第 15 章 |

高校—企业协同创新政策激励体系构建研究（操作手册）

高校—企业协同创新是一个复杂的社会组织系统，其自身有其独特的运行规律。其顺畅运行，可以实现政府—企业—高校以及相关主体间的良性互动，推动区域经济良性、协调发展，反之，若其运行不畅，则会导致政府—企业—高校为核心的三螺旋创新系统功能失调，阻碍区域经济良性、协调发展。本章试图在前面高校—企业协同创新现状及其演化（2008～2020 年）、高校—企业协同创新机理（在高校—企业协同创新系统及其构成要素识别的基础上分六个部分分别进行了阐述：①创新主体：企业与高校如何嵌入高校—企业协同创新及条件；②校企协同联盟能力构建：协同创新体如何管理高校—企业协同创新联盟；③协同创新模式选择；④具体协同创新模式运作；⑤协同创新治理；⑥高校—企业协同创新政策体系）阐述的基础上，构建一套促进高校—企业协同创新的政策激励体系。该指标体系构建的目标有三个：第一，对于未参与或即将参与协同创新的主体，结合自身情境，对如何参与协同创新过程提前进行评估，提供预警支持；第二，对业已参与协同创新过程的主体，如何更好地提升运作效率与效果提供借鉴，改进工作方法及运作流程提供指引；第三，是对业已完成协同创新过程的社会主体，对已开展的项目或平台进行评估反馈，以期推动协同创新朝更高质量发展提供指引。

为更好地推进高校—企业协同创新进程，本章尝试从政府政策（宏观）及高校—企业协同创新过程（微观）两个层面，分要素探讨该政策激励体系，现分述如下。

15.1 基于协同创新动机视角的激励措施

协同创新动机是高校—企业参与协同创新的原动力，是两大主体追求自身利益、达到预期合作目标、实现持续发展的推动力。基于协同创新动机视角的激励措施的核心——最大限度地激发高校与企业参与产学研协同的内在动力。而组织行为学理论明确认为，不同社会主体面对同样情境，其行为模式会存在根本的差异性。因此，调度高校与企业参与产学研协同的内在动力的根本，在于“人”的重要性以及外在环境的诱导，具体激励措施参看表15-1。

表15-1　　基于协同创新动机视角的激励措施

<table>
<tr><th>激励目标</th><th>激励内容</th><th>实施主体</th><th colspan="2">具体措施</th></tr>
<tr><td rowspan="3">激发参与产学研协同的内在动力</td><td rowspan="2">①“一把手”工程及全员组织</td><td>高校</td><td>①培养有技术能力且有服务地方经济意识的学术、技术骨干充任校部、二级学院的领导；
②在绩效工资、岗位津贴、职称提升等方面，应将校企合作作为重要考核指标</td><td rowspan="2">高校与企业联合培养人才</td></tr>
<tr><td>企业</td><td>①强调企业家精神的培育；
②提升技术人员的福利待遇水平</td></tr>
<tr><td>②外在环境的塑造及诱导</td><td>政府</td><td colspan="2">①将“产学研”元素纳入政府工作报告；
②在“协同创新、校企人才培养、联合利用设备与仪器、获取信息”方面宣传校企协同的优势；
③在高校党政领导考核、任用层面，应将高校服务地方，校企协同因子纳入考核指标，同时调度企业家的积极性</td></tr>
</table>

（1）关于“人”的因素——“一把手”工程及全员组织的重要性。首先，在企业方面，一方面应充分重视企业家的作用，另一方面应提升技术人员的福利待遇水平。其次，在高校方面，一方面应注意培养有技术能力且有服务地方经济的学术、技术骨干充任校部、二级学院的领导；另一方面，在绩效工资、岗位津贴、职称提升等方面，应将校企合作作为重要考核指标。同时，高校与企业要非常重视协同培养人才工作的重要性，其是产学研协同

得以持续的根本保障，原因在于创新人才由高校与企业联合培养，一方面为协同创新提供必需的创新资源；另一方面可以拉近高校与企业之间的技术距离与关系距离，有助于为高校与企业开展协同创新提供良好的外部环境。

（2）外在环境的培育及诱导。在政府规划报告中，政府应将“产学研”元素纳入，给予高校及企业等社会主体明确信号——校企协同的重要性。在创新环境塑造、创新文化引领等实际活动开展过程中，突出“产学研”元素的嵌入，特别是在“协同创新、校企人才培养、联合利用设备与仪器、获取信息”等方面，宣传校企协同的重大意义。鉴于高校党政领导以及企业家的重要性，政府一方面在高校党政领导考核、任用层面，应将高校服务地方，校企协同因子纳入考核指标；另一方面应积极调动企业家的积极性。

15.2　基于校企资源质量的激励措施

校企协同是集成企业市场资源优势、高校人才聚集和基础研究优势的“能量综合体”，也是实现技术创新、科学研究与人才培养有机结合的技术创新体系建设的“强心剂”。就静态视角而言，高校—企业协同创新是企业与高校两大创新主体通过异质性资源互补实现优势共享、合作共赢的一种新型创新模式。在这一模式中，校企资源投入及其质量是协同创新的动力基础及前提条件，因而高校—企业协同创新具有明确的资源依赖特征。

校企资源主要包括人力资源、财务资源、技术资源及其他必要资源等。校企资源质量则主要包括资源投入和资源匹配两个层面。提升校企资源质量，一方面要求高校与企业加大校企资源投入；另一方面，要注意投入的匹配性，为此需要两大主体根据组织情境，制订落实好差异化发展战略，以此为依据引领各自的资源配置投向，以高校办学为例，现有高校定位同质化倾向相对严重，服务地方经济与区域特色体现性相对不足，这需要高校结合自身实际“接地气”式地进行办学定位，同样的逻辑也适合企业。

同时，政府需要实施好相应的资源供给类政策：在税收减免、财政贴息、财政拨款、贷款优惠等给予校企协同资金支持，在全局范围内实施人才工程战略。人才工程战略的内容一般应包含纵横两个方向的系统工程：纵向人才培育应主动加强与现有人才发展规划、计划和工程的衔接，吸引和聚集优秀的创新人才，如国家杰青、国家“百千万人才”工程、“千人计划”等，并实行分层分类管理；横向人才培育需要开展广泛的国际国内交流与合作，提高基础研究、应用研究、高技术前沿研究领域与产业创新的国际竞争力，注重创新团队的培养，为各类优秀人才的成长开辟专门的通道。校企资源的匹配性则要求政府要做好产业规划与教育规划，高校及企业在组织定位上要差异化发展，同时需要注意两大主体功能上的协同效应。基于校企资源质量的激励措施参看表 15－2。

表 15－2　　基于校企资源质量的激励措施

<table>
<tr><th>激励目标</th><th>激励内容</th><th>实施主体</th><th colspan="2">具体措施</th></tr>
<tr><td rowspan="3">提升校企资源质量</td><td rowspan="2">①提升校企资源质量</td><td>高校</td><td>①加大校企资源投入；
②学校定位的差异化战略及学科、专业定位的差异化战略来引领资源配置；
③落实“人才工程”具体举措</td><td rowspan="2">高校与企业联合培养人才</td></tr>
<tr><td>企业</td><td>①根据市场需求，加大校企资源投入；
②企业定位的差异化战略来引领资源配置；
③招揽人才，如提高福利待遇，落实企业博士后工作站建设等</td></tr>
<tr><td>②提升校企资源质量</td><td>政府</td><td colspan="2">①实行人才工程：抓好纵横两个方向的人才培育系统工程；
②税收减免、财政贴息、财政拨款、贷款优惠等给予校企协同资金支持；
③做好产业规划与教育规划、落实好高校与企业组织定位科学化且高能匹配</td></tr>
</table>

15.3　基于校企协同创新模式的激励措施

从推动高校—企业协同创新绩效的角度出发，在高校与企业之间构建起长期、稳定、协作紧密的协同创新模式符合双方的共同利益，对于推动双方合作向更高质量发展具有重要战略价值。一般来说，协同度越高的创新模式，其对参与主体的绩效提升越有帮助，当然治理难度也越大。校企协同创新模式有协同度低的模式如技术购买、专利许可，也有协同度稍高的模式如委托开发、共同开发，同时还有协同度更高的跨组织校—企合作平台、校办企业、技术并购，更有校企合作的“集成体”——创业园、孵化器等。基于校企协同创新模式的激励措施的实质目标——就在于构建科学合理的多层次协同创新模式及其网络。

(1) 政府基于公共产品视角推进校企协同创新模式。政府应在国家、区域/产业两个层面推进校企协同创新模式。首先，基于社会重大公共利益或产业共性技术需求的角度考虑，明确公共产品开发的需求、具体目标及所属层级。其次，以此为基础，第一，在国家层面建设一批涉及重点学科领域的重大基础研究和重点产业领域关键技术开发的公共研发、测试、转化平台，并引导相关高校及企业参与建设，如大力构建产业技术研究院等。第二，在区域层面，注重区域创新资源配置的优化，强化区域公共产品提供能力建设，一方面通过公开招标、项目委托的方式，选择合宜的高校与企业参与协同创新过程，为此政府应做好公共产品项目的前期论证、委托对象选择、项目管理及评价、后期反馈等事宜；另一方面，着眼于培育具有特色与竞争力的创新型产业集群，为此，政府应积极推动构建科技园、创业园等，需要政府在制度建设、资金安排、组织配置、营运模式、人员配备、绩效管理等方面做出系统性安排[264]。

(2) 高校与企业基于私有产品视角推进各层级协同创新模式。在构建科学合理的校企协同创新模式中，核心是对双方的资源及能力的投入做出科学、合理的制度安排，为此，需要充分重视契约机制、关系机制、组织机制及控制机制等的协同与综合使用。

首先，在契约机制方面，对校企双方的权利、义务及责任进行界定，建立起公平合理的“风险共担、利益共享”的利益分配机制。在合作过程中，运用契约机制对双方的利益分配问题进行明确，可以减少合作过程中双方的矛盾，提高双方的积极性，推进合作的有序进行。其次，协同创新模式的选择应着眼于长期合作，短期甚至是一次性买卖极容易造成协同双方在合作过程中的机会主义行为。再次，组织机制的功能也非常重要，如果协同双方在各自的组织内部建立起相应的职能单位，如高校内部设立技术转移中心，同企业一起在内部构建校企合作平台，或企业在内部设立校企合作平台等，甚至是在高校与企业间能够建立相应的跨组织平台对于协同创新成功来说，都具有重要意义。最后，在模式运作过程中，还需要注意控制机制的运用，控制机制表现了协同双方对于资源、能力投入、过程及结果的掌控程度，对于模式运作也非常关键。总之，无论是契约机制、关系机制、组织机制还是控制机制，都充分体现了校企双方对于资源、能力的安排，对于构建科学、合理的校企协同创新模式具有重要作用。基于校企协同创新模式的激励措施参看表 15－3。

表 15－3　　　　基于校企协同创新模式的激励措施

<table>
<tr><th>激励目标</th><th>激励内容</th><th>实施主体</th><th>具体措施</th></tr>
<tr><td rowspan="3">构建科学合理的多层次协同创新模式及其网络</td><td rowspan="2">①构建基于私有产品提供的协同创新模式及其网络</td><td>高校</td><td rowspan="2">①契约机制的使用：建立起公平合理的“风险共担、利益共享”的利益分配机制；
②组织机制的使用：在各自的组织内部建立起相应的职能单位，甚至是在组织间能够建立相应的跨组织平台，专司校企协同；
③关系机制的使用：基于长期合作关系；
④控制机制的使用：共建控制机制，在创新投入、过程及结果使用方面公平、合理</td></tr>
<tr><td>企业</td></tr>
<tr><td>②构建基于公共产品提供的协同创新模式及其网络</td><td>政府</td><td>①国家层面：建设一批涉及重点学科领域的重大基础研究和重点产业领域的平台，引导高校及企业参与；
②区域层面：通过公开招标、项目委托的方式，选择合宜的高校与企业参与区域公共产品协同创新过程；
③区域层面：组建科技园、创业园等，引导相关高校与企业进驻，着力培养特色产业集群</td></tr>
</table>

15.4　基于校企协同联盟能力的激励措施

高校—企业协同创新能够取得良好绩效的关键路径之一，是在高校与企业之间有非常良好的、行之有效的协同行为，当此行为形成操作惯例时，并形成校企协同联盟能力。而此行为惯例须围绕协同创新过程，嵌入在协同创新过程的各个阶段上。校企协同联盟能力是个复杂的能力集合，其核心组成部分主要包括伙伴选择能力、资源配置能力、协同能力及学习能力构成。基于校企协同联盟能力的激励措施的实质就是要在高校与企业之间培育起这种能力。

基于校企协同联盟能力的激励措施的关键在于：首先，高校、企业及政府各个职能部门应充分重视该联盟能力构建、培育的重要性。其次，高校与企业要有开放式创新战略的思维，在组织外有自身独特的外部合作网络，并有效管理及开拓。最后，高校与企业内部要有类似“学习型组织”类似的机制存在，这不仅是学习能力的根本要求，也是其他联盟操作惯例的关键。政府在校企联盟能力的构建过程中主要是为协同双方缔造良好的外部环境。基于校企协同联盟能力的激励措施参看表 15－4。

表 15－4　　　基于校企联盟能力的激励措施

激励目标	激励内容	实施主体	具体措施
培育校企联盟能力	①基于协同创新过程，培育高效的行为惯例	高校	①积极构建外部合作网络，如加入大学联盟、校友会等发现潜在协同创新机会； ②组织教师参与内部学习会：基于校企协同项目的开展、推进及管理等方面总结经验，制订配套政策； ③制定良好的组织机制对校企协同项目进行规范管理
		企业	①积极构建外部合作网络，如加入行业协会、产业联盟等发现潜在协同创新机会； ②企业内部建立开放型、学习型、共享型组织文化，引导员工积极搜集、研习行业动态信息（包括新技术、新理念、新观点等），定期组织多职能部门联席会议交流
	②为校企协同联盟能力培育缔造良好环境	政府	①邀请高校、企业代表参与政府规划报告的制订过程，明确校企协同的方向； ②定期组织高校—企业对接峰会，为高校—企业协同创新牵线搭桥； ③组织专题会议，邀请高校与企业代表参与标杆联盟行为及管理的学习分享会

15.5　基于政府产学研协同创新政策的激励措施

理论研究表明，产学研协同创新政策不仅直接对高校—企业协同创新绩效的提升产生促进作用，而且对高校—企业协同创新系统的其他构成要素，如校企协同创新动机、校企资源质量，特别是校企协同联盟能力、协同创新模式等都产生作用。因此，政府应统筹好产学研协同创新政策的制定、实施，规范好产学研协同创新政策在高校—企业协同创新系统中的功能。

有关产学研协同创新政策的整体框架（包括政策目标）、作用机制及绩效提升等方面实施效果，前面章节（第 14 章）也已作了较为完整的诠释。不仅如此，在校企协同创新动机、校企资源质量，特别是校企协同联盟能力、协同创新模式等要素方面的政策措施，本章也作了详尽的阐述。下面重点就产学研协同创新政策制定及实施比较重要的两个环节作个补充说明。

首先，产学研协同创新政策的实证分析表明，产学研协同创新政策对高校—企业协同创新绩效的提升会产生促进作用。因此，政府对产学研协同创新政策的重视、支持并鼓励校企合作，加大对校企合作提供财务支持、帮助协同体获取资源、提供信息及提供优惠政策等是值得加码的政策选项。

其次，应区分产品类型：公共产品及私有产品以及技术类型（渐进型技术与突破性技术），分别实行不同收益提升或成本降低的产学研协同创新政策。以产品类型为例，对于公共产品，政府应积极参与，在重大公共产品创新领域发挥主导作用。具体在公共产品选择、开发中，积极引导高校、企业参与协同创新过程，重点选择需求类的政策类型，如政府采购、项目立项等提高收益的措施推动高校与企业参与协同创新过程。对于私有产品创新，政府则应重点选择供给类及环境类政策，一方面为协同创新过程提供质优价廉的创新要素，另一方面积极提供优质公共服务环境，减少协同创新成本。总之，政府应通盘考虑产品类型及技术类型在产学研协同创新政策制定及实施过程中的差别影响。

15.6　本章小结

本章在前面章节研究内容的基础上，着力对高校—企业协同创新的政策激励体系构建问题进行专章研究。理论及实证研究表明，内（协同创新动机及校企资源质量）外（校企协同创新政策）部影响因素、协同创新模式、校企协同联盟能力的培育、得力的产学研协同创新政策对于提升校企协同创新绩效具有显著作用。其中，协同创新模式与校企协同联盟能力的培育是校企协同创新绩效提升核心路径。

有鉴于此，本章尝试从增进校企协同创新动力、提升校企资源质量、构建科学、合理的多层次协同创新模式、培育校企协同联盟能力以及优化产学研协同创新政策等五个方面，构建起高校—企业协同创新的政策激励体系。该政策激励体系的构建，主要基于政府—企业—高校三者职能配置及行为优化视角，力图让企业与高校“有动力、有资源、有能力、有路径、有政策”去推动高校—企业协同创新过程，促进校企协同创新成功。

第16章
研究结论

全书的研究内容着力于围绕协同创新绩效的提升，总结出通过高校—企业协同创新路径进行操作的微观机理，在此基础上构建出有价值的、可操作的政策激励体系。具体来说，本书的最终研究结论有两个。

（1）通过高校—企业协同创新机理研究表明，内（协同创新动机、校企资源质量、协同创新治理机制）外（校企协同创新政策）部影响因素、协同创新模式、校企协同联盟能力的培育对于提升校企协同创新绩效都具有显著作用，其中协同创新模式与校企协同联盟能力的培育是校企协同创新绩效提升核心路径。

（2）构建出高校—企业协同创新政策激励体系，力图让企业与高校“有动力、有资源、有能力、有路径、有政策”去推动高校—企业协同创新过程，促进校企协同创新成功。

为达成上述研究目标，本书共为16章，各章以问题驱动为核心，着重对高校—企业协同创新的国内外研究现状、高校—企业协同创新现状、高校—企业协同创新机理及其政策激励体系构建研究进行了研究。其中，高校—企业协同创新机理从六个方面进行了展开研究，分别是：①创新主体—企业如何开展技术创新及嵌入校企协同的条件；②校企协同联盟能力构建：如何管理高校—企业协同创新联盟；③高校—企业协同创新模式选择；④高校—企业协同创新具体模式下的运作机理；⑤高校—企业协同创新治理；⑥高校—企业协同创新成功及其影响因素关系；⑦高校—企业协同创新政策体系构建。高校—企业协同创新政策激励体系则主要是从五个方面进行了构建，分别是增进校企协同创新动力、提升校企资源质量、构建科学合理的多层次协同创新模式、培育校企协同联盟能力以及优化高校—企业协同创新政策等。

下面分别对各章的主要研究结论归纳如下：

（1）在文献查新的基础上，对高校—企业协同创新的国内外研究现状进行了总结，基于同质性与异质性视角，对这一领域的研究进展进行了评论，指明了研究方向。

（2）以2008~2020年为时间段，着力分析高校—企业协同创新过程中出现的状况及其演化特征。研究的基础主要基于2008年江苏省制造业产学研调研数据、《中国统计年鉴》等统计数据（2009~2018年）以及近年来出现的校企协同的调研数据。研究的目的在于明确高校—企业协同创新中存在的现实问题。

（3）对高校—企业协同创新系统及其构成要素进行识别研究。其研究结论为：①构建2F：P－MM－E概念模型来刻画高校—企业协同创新系统及其构成要素。②高校—企业协同创新系统由职能定位、创新动机、创新过程、模式选择、协同创新机制、创新效应六大要素及其相互之间关联构成。③对高校—企业协同创新系统中的参与主体及职能定位进行了界定：高校、企业在协同创新过程中分别承担着“知识中心”以及“创新引擎”的功能，而政府则承担着主导者、参与者以及产学研协同创新政策的制定者的功能。④创新动机由外部压力、内在责任/义务、需求产生及目标等要素构成。⑤协同创新过程由协同构想、协同伙伴选择、协议谈判、协同实施与协同退出等阶段构成。协同创新模式包括正式模式与非正式模式两类，协同创新模式的差异性从根本上取决于协同创新模式的“协同度”——整合高校与企业双方资源及能力的强度，其由契约的正式化程度、决策所需的时间/成本、灵活性、合作紧密度、持续期限、组织影响、控制结构等外在特征来表示。一般来说，通常具有明确的契约、决策所需的时间/成本较长、灵活性比较弱、合作紧密度较大、持续期限比较长、组织影响深远、具有比较明确的控制结构模式，其协同度水平也越高。⑥协同创新机制包括资源维要素、能力维要素、战略交互维机制以及环境维机制等。⑦协同创新效应包括积极效应与消极效应两类。

（4）基于自主创新模式建立了一个四阶段动态博弈模型，对企业创新动机与条件，特别是股东、管理人员与员工之间资源共享的前置条件与协同创新过程进行研究。研究结论表明，创新收益在个体间的有效分配、知识产出弹性会显著影响个体的参与水平与整体投入水平。较中小企业来说，大企业中个体参与水平会有所下降，但总体投入强度会更大，企业或个体创新绩效会提升，同时会减少对该项技术的投资以及增加企业破产风险。在不确定环境下，市场需求不确定性增强以及创新速度的加快会减少对该项技术的投资；相反，未来技术不确定性的增强会增加对该项技术的投资。同时说明了降低市场漂移率或加快创新速度会增加企业破产的风险，对企业均衡变量诸如产品的投入、质量与价格、创新知识存量、个体与群体及企业利润会起到降低作用。

（5）在同行业产业环境下，企业如何选择相应的技术获取模式问题。分析结论认为，在同行业合作竞争环境下，内部研发、技术交换、研发联合体以及技术兼并模式在促进企业技术能力、增进企业利润与社会福利方面，并不存在哪种技术获取模式更有效的问题。

（6）主要以博弈论与数学模型为工具，面向创新网络，试图将企业间合作与高校—企业协同创新模式进行统一考虑。在由一核心领导企业所组建的技术联盟（以所组建的企业间研发联合体模式为代表）运作机理研究的基础上，就企业技术联盟向高校—企业协同创新进行演化的问题（高校—企业协同创新发生及其条件）进行分析，继而探讨高校—企业协同创新模式（研发合约模式与研发联合体模式）的有效选择问题。

（7）理论结合实践，通过研究发现，校企协同联盟能力由伙伴选择能力、资源配置能力、技术协同能力与学习能力等职能子能力共同构成；校企协同创新成功可由关系和谐度、协同目标实现度、技术能力提升度、竞争地位提升度等来表征；在此基础上，构建了校企协同联盟能力与校企协同创新成功关系的逻辑模型，指出了校企协同联盟能力的培育应关注下列主要措施：加大研发投入、加强高层次科研人才的引进、在企业内部构建研发平台以及重视技术人才、提高“看门人”的能力，建立技术吸收的激励机制。最后以扬子江药业集团的高校—企业协同创新案例，论证了理论模型的合宜性。

（8）高校—企业协同创新模式选择的研究结论为：①在系统梳理相关文献理论研究的基础上，着重就高校—企业协同创新模式的内涵、分类及特征进行了明确界定，指出各种模式的协同度水平是决定模式多种特征的根本变量，得出高校—企业协同创新模式的选择，从根本上是对模式协同度水平选择的研究结论。②归纳了以交易成本理论、资源基础理论及产业组织理论为代表的影响高校—企业协同创新模式选择的十大理论，以及各个理论所关注的焦点。③指出了企业特征维、高校特征维、高校—企业关系维、技术维及产业环境维是影响协同创新模式选择的五大类核心影响因素，并就各个影响因素对于模式选择的内在机理（对模式协同度的影响）进行了理论推演，得出了相关结论。④基于九个组合案例：奇瑞汽车股份有限公司校企协同案例、国内高校——通过兴办新企业模式进行校企协同创新案例、温州医科大学——中国基因药谷案例、扬子江药业集团——药物研究院案例、山东大学——山大地纬校企协同案例、温氏股份——校企协同创新案例、常州爱思特净化设备有限公司——校企协同案例、徐工机械——校企协同案例、沈鼓——大工研究院与聚龙——辽科大国家工程技术中心案例对所得研究结论进行了佐证，论证了理论推论的合宜性。⑤基于高校—企业联合决策的视角，提出了一个高校—企业协同创新模式选择的概念模型——R－M－C－G模型。最后运用案例实证检验了R－M－C－G模型的适用性及有关模式选择内在机理的合理性。

（9）基于公共产品创新与私有产品创新两个维度，分别探讨了具体高校—企业协同创新模式下的运作机理。具体来说，在私有产品创新领域，对以企业为主导的“产学研”集成创新模式以及以高校为主导兴建的企业模式进行数理分析。在公共产品创新领域对以政府主导的公共产品创新中的高校—企业协同创新参与过程及机理进行了分析。

首先，在以企业为主导的“产学研”集成创新模式中，以动态博弈与委托—代理等理论为工具，建立了一个三阶段动态博弈模型，分别得出了短期合作关系下集中控制、短期合作关系下分散控制、长期合作关系下集中控制、长期合作关系下分散控制四种不同情形的子博弈完美纳什均衡解。从双边关系的类型、控制权类型以及委托—代理效应三个不同维度，从静态与动态两个方面比较分析了创新的知识投入、工资、产量、价格、利润等均衡变量的差异性。其次，在以高校为主导兴建的企业模式中，从创业资金获取、技术获取模式的有效组织以及市场竞争参与的系统维度，建立了一个动态博弈模型，按照兴建企业在创业之初是否融资以及技术获取模式组织方式的差异性，得出四种不同情形的子博弈完美纳什均衡解；分别在确定环境与动态不确定环境两种情形下，对不同组织模式之间的对比效应以及相同组织模式的融资效应进行了比较分析，对应地，得出了相关均衡变量，包括投入门槛值、破产临界值、研发投入、研发的风险、研发成功或失败时的工资水平、产品产量及价格、企业利润、期望利润、价格以及产品产量等的差异性，并进行了比较分析。最后，在以政府为核心主导的公共产品创新模式中，构建了一个在政府 G 主导，高校—企业协同参与的三阶段动态博弈模型，以此为基础，对创新补贴政策的类型选择、控制权及信任关系的调节效应进行了针对性分析。研究结论表明，无论是研发投入补贴还是产量补贴政策都可以显著地提升公共产品创新的成功率。政府的创新补贴（研发投入补贴与产量补贴政策）的选择取决于创新成功带来的外部效应程度，外部性越大，政府应选择产量补贴政策；反之，则应选择研发投入补贴政策。控制权的配置是影响创新主体参与创新过程资源投入的显著变量，控制权配置越大，创新主体参与创新过程的积极性及投入的程度越高，反之，则越低。政府应该根据高校—企业创新能力与创新子项目的重要性的基础上，给予适当的控制权配置，以最大化创新成功率。知识产权是影响创新主体参与创新过程资源投入的显著变量，知识产权的大小取决于高校—企业间知识交流，特别是默会知识交流的程度，从根本上取决于双边关系的信任程度。因此，培育创新环境，充分加强高校与企业之间信任度的建立，有助于知识共享，从而有助于协同创新成功率的提升。

（10）探讨了高校—企业协同创新机制及其治理措施，指出了基于技术转移过程的复杂性所带来技术获取的高度不确定性是协同创新各类障碍产生的根本。因此，在控制权的功能、配置及实现路径阐述的基础上，着重就关系与契约两类治理工具的功能、实现机制及外部环境进行了理论阐述。最后提出高校—企业协同创新治理的根本途径：以控制权配置为核心，协同使用关系与契约工具的研究结论，同时指出了政府在协同创新治理过程中应扮演的角色提出了建议。

（11）为有效提升高校—企业协同创新成功的成功率，本书在高校—企业协同创新成功及其影响因素关系文献综述的基础上，提出了高校—企业协同创新成功及其影响因素关系的理论模型，并运用协同创新联盟的组合案例进行了探讨，进而提出管理建议。

（12）在客观回顾高校—企业协同创新政策历史演化的基础上，基于政府视角对高校—企业协同创新政策进行了专章研究。在具体研究结论上：①将过去高校—企业协同创新政策的历史划分为四个不同的阶段，分别是促进科技成果产出和转化阶段（1978～1994 年），构建以知识创新系统、技术创新系统和知识应用系统为主体的国家创新体系阶段（1995～2004 年），构建以企业为主体的产学研技术创新体系阶段（快速推进期，2005～2010 年）以及构建以企业为主体的产学研技术创新体系阶段（深度推进期，2005～2010 年），并对四个阶段的政策目标及政策工具的内容进行了深入的分析。②提出了高校—企业协同创新政策的定位。③对高校—企业协同创新政策目标、政策工具的类型及作用机制进行了理论归纳。理论分析表明，高校—企业协同创新政策包括供给型、需求型以及环境型三类政策工具箱组成，每类政策的实施需要注意强度与性质；政策工具的根本目标在于促成高校—企业协同创新的成功，需要在合作主动性、资源易获性、能力塑造的帮扶性、关系治理的便携性以及环境塑造的公平性等方面作为政策目标，为此，需要发挥好各类政策工具的作用机制：激励驱动机制、支撑保障机制、催化加速机制及传导反馈机制。最后提出了一个基于混合型模式定位的高校—企业协同创新政策体系。

（13）从增进校企协同创新动力、提升校企资源质量、构建科学合理的多层次协同创新模式、培育校企协同联盟能力以及优化产学研协同创新政策等五个方面，构建起高校—企业协同创新的政策激励体系。该政策激励体系的构建，主要基于政府—企业—高校三者职能配置及行为优化视角，力图让企业与高校“有动力、有资源、有能力、有路径、有政策”去推动高校—企业协同创新过程，促进校企协同创新成功。

（14）对全书的研究进程、研究内容及研究结论进行了总结。

总之，本书以高校—企业协同创新为核心，对“高校—企业协同创新机理及其政策激励体系构建”进行了尝试性回答。本书是在创新驱动型经济发展是我国经济发展实现腾飞重要战略的背景下，进过广泛的文献阅读、深度思考、实地考察以及团队集体探讨的基础上完成的。在撰写过程中，突出强调将公共产品创新与私有产品创新相结合，将企业—高校创新的微观实际与高校—企业协同创新相结合，将理论演绎与高校—企业协同创新实际相结合，将案例分析与数理分析相结合，将高校—企业微观操作与政府政策相结合，力求科研成果的实用性和政策体系的可操作性。

参考文献

［1］洪银兴，等．产学研协同创新研究［M］．北京：人民出版社，2015.

［2］菅利荣，等．产学研协同创新的网络型模式研究［M］．北京：科学出版社，2017.

［3］何郁冰．产学研协同创新的理论模式［J］．科学学研究，2012，30（2）：165－174.

［4］金新元，林晔智，马家喜．校企协同理论及创新路径研究［M］．北京：中国原子能出版社，2019.

［5］马家喜．企业技术获取模式选择及能力提升路径研究［D］．南京：东南大学，2009.

［6］Galunic D C，Rodan S. Resource re－combinations in the firm：knowledge structures and the potential for Schumpterian innovation［J］．Strategic Management Journal，1998，19（2）：1193－1201.

［7］Hung S W，Tang R H. Factors affecting the choice of technology acquisition mode：an empirical analysis of the electronic firms of Janpan，Korea and Taiwan［J］．Technovation，2008，28：551－563.

［8］Ahuja G，Katila R. Technological acquisitions and the innovation performance of acquiring firms：a longitudinal study［J］．Strategic Management Journal，2001，22（3）：197－220.

［9］Hemmert M. The influence of institutional factors on the technology acquisition performance of high－tech firms：survey results from Germany and Japan［J］，Strategic Management Journal，2004，33（6/7）：1019－1039.

［10］Baines T. An integrated process for forming manufacturing technology acquisition decisions［J］．International Journal of Operations and Production

Management, 2004, 24 (5): 447 -467.

[11] Adler P. Technology strategy: a guide to the literatures [J]. Research in Technological Innovation, Management and Policy, 1989, 4: 25 -151.

[12] 温桂兵. 技术战略与企业竞争优势研究 [D]. 天津: 天津大学管理学院, 2005.

[13] 仲伟俊, 梅姝娥. 企业技术创新管理理论与方法 [M]. 北京: 科学出版社, 2009.

[14] 刁天华. 我国制药企业技术创新战略选择问题探讨 [D]. 北京: 军事医学科学院, 2007.

[15] Heimeriks K H, Duysters G. Alliance capability as a mediator between experience and alliance performance: an empirical investigation into the alliance capability development process [J]. Journal of Management Studies, 2007, 44 (1): 25 -49.

[16] Kale P, Singh H. Building firm capabilities through learning: the role of the alliance learning process in alliance capability and firm - level alliance success [J]. Strategic Management Journal, 2007, 28 (10): 981 -1000.

[17] 魏江. 基于核心能力的企业购并模式框架研究 [J]. 管理科学学报, 2002, 5 (2): 41 -48.

[18] 齐延信, 吴祁宗. 突破性技术创新网络组织及组织能力研究 [J]. 中国软科学, 2006 (7): 147 -150.

[19] Rothwell R, Towards the fifth - generation innovation process [J]. International Marketing Review, 1994, 11 (1): 7 -31.

[20] Zaltman G, Duncan R, Holbek J. Innovations and organization [M]. New York: Wiley, 1973.

[21] Utterback J M. Innovation in industry and the diffusion of technology [J]. Science, 1974, 183: 620 -626.

[22] Bernstein B, Singh P J. An integrated innovation process model based on practices of Australian biotechnology firms [J]. Technovation, 2006, 26 (5/6): 561 -572.

[23] Freeman C. The Economics of Industrial Innovation [M]. Hammond-

sworth, England: Penguin, 1974.

[24] Robert E B. Managing invention and innovation [J]. Research and Technology Management, 1988, 31 (1): 1 -27.

[25] Chiesa V, Coughlan P, Voss C A. Development of a technical innovation audit [J]. Journal of Product Innovation Management, 1996, 13 (2): 105 -136.

[26] Cantisani A. Technological innovation process revisited [J]. Technovation, 2005, 26 (11): 1294 -1301.

[27] 郁明华. 融合产品的合作研发策略研究 [D]. 南京: 东南大学管理学院, 2006.

[28] 仲伟俊. 公共产品创新问题研究 [J]. 东南大学学报 (哲学社会科学版), 2008, 10 (3): 13 -19.

[29] Samuel Ankrah, Omar AL - Tabbaa. University - industry collaboration: a systematic review [J]. Scandinavian Journal of Management, 2015, 31 (3): 387 -408.

[30] Wen - HsiangLai. Willingness - to - engagein technology transfer in industry - university collaborations [J]. Journal of Business Research, 2011, 64: 1218 -1223.

[31] Santoro MD, Gopalakrishnan S. The institutionalization of knowledge transfer activities within industry - university collaborative ventures [J]. Journal of Engineering and Technology Management, 2000, 17: 299 -319.

[32] Motohashi K. University - industry collaboration in Japan: the role of new technology - based firms in transforming the National Innovation System [J]. Research Policy, 2005, 34: 583 -594.

[33] Adams J D et al. The influence of federal laboratory R&D on industrial research [J]. Review of Economics and Statistics, 2003, 85 (4): 1003 -1020.

[34] Veugelers R, Cassiman B. R&D cooperation between firms and universities. Some empirical evidence from Belgian manufacturing [J]. International Journal of Industrial Organization, 2005, 23 (5): 355 -379.

[35] 张运华, 等. 产学研合作中关系规范控制对知识流动绩效的影响——分配公平的中介作用与契约控制的调节作用 [J]. 科技进步与对策,

2017, 34 (3): 128 - 133.

[36] 姚潇颖, 等. 产学研合作模式及其影响因素的异质性研究——基于中国战略新兴产业的微观调查数据 [J]. 科研管理, 2017, 38 (8) : 1 - 10.

[37] Fontana R et al. Factors affecting university - industry R&D projects: the importance of searching, screening and signaling [J]. Research Policy, 2006, 35 (2) : 309 - 323.

[38] 黄菁菁. 产学研协同创新效率及其影响因素研究 [J]. 软科学, 2017, 31 (5): 38 - 42.

[39] 刘克寅, 汤临佳. 基于异质性资源互补匹配的企业合作创新伙伴选择方法 [J]. 科技管理研究, 2016 (21): 145 - 156.

[40] 曹霞, 宋琪. 基于企业 QFD 和改进 VIKOR 法的产学研合作伙伴选择研究 [J]. 科技管理研究, 2018 (8): 91 - 97.

[41] 王进富, 等. 以企业为主体的产学研战略联盟研发伙伴选择影响因素研究——基于 3C 理论视角 [J]. 预测, 2013, 32 (4): 70 - 74.

[42] Mohr J, Spekman R. Characteristics of partnership success: partnership attributes, communication behavior, and conflict resolution techniques [J]. Strategic Management Journal, 2006, 15 (2): 135 - 152.

[43] 徐雷, 李晓红, 杨卫华. 产学研协同创新项目绩效影响机制研究——基于伙伴选择视角 [J]. 科技管理研究, 2018 (6): 202 - 208.

[44] Holmberg S, Cummings J. Building successful strategic alliances [J]. Long Range Planning, 2009, 42: 164 - 193.

[45] Woerter M. Industry diversity and its impact on the innovation performance of firms: an empirical analysis based on panel data [J]. Journal Evolutionary Economics, 2009, 19: 675 - 700.

[46] 李潭, 胡龙瑛. 基于灰色关联度的技术创新合作伙伴选择方法 [J]. 技术经济与管理研究, 2005 (8): 36 - 37.

[47] 戴彬, 等. 基于模糊综合评价的技术创新合作伙伴选择模型研究 [J]. 科技进步与对策, 2011 (1): 120 - 123.

[48] Claudia De Fuentes et al. Best channels of academia - industry interaction for long - term benefit [J]. Research Policy, 2012, 41: 1666 - 1682.

[49] Kazuyuki Motohashi. University – industry collaborations in Japan: the role of new technology – based firms in transforming the national innovation system [J]. Research Policy, 2005, 34: 583 – 594.

[50] Bekkers, R., Bodas – Freitas, I. Analysing knowledge transfer channels between universities and industry: to what degree do sectors also matter? [J]. Research Policy, 2008, 37: 1837 – 1853.

[51] P. D'Este, P. Patel. University – industry linkages in the UK: what are the factors underlying the variety of interactions with industry [J]. Research Policy, 2007, 36: 1295 – 1313.

[52] Sadegh Rast et al. Evaluation framework for assessing university – industry collaborative research and technological initiative [J]. Procedia – Social and Behavioral Science, 2012, 40: 410 – 416.

[53] 仲伟俊，梅姝娥，谢园园. 产学研合作技术创新模式分析 [J]. 中国软科学，2009 (8): 174 – 181.

[54] 鲁若愚，张鹏，张红琪. 产学研合作创新模式研究——基于广东省部合作创新实践的研究 [J]. 科学学研究，2012, 30 (2): 186 – 193.

[55] 詹文秋，等. 高校创新能力研究述评 [J]. 中国科技论坛，2009 (6): 26 – 30.

[56] 吴燎原，等. 基于区间数证据分组合成的高校创新能力评价 [J]. 科研管理，2017 (38): 656 – 665.

[57] 梁剑莹，安宁. 基于柯布 – 道格拉斯函数的广东高校创新能力影响因素研究 [J]. 科技管理研究，2016 (16): 85 – 89.

[58] 刘亭亭，吴洁，张宇洁. 产学研合作中高校知识创新能力提升的动态模型构建研究——基于知识转移视角 [J]. 科技管理研究，2013 (10): 92 – 95.

[59] Christian A. Cancino et al. 产学研合作中高校知识创新能力提升的动态模型构建研究——基于知识转移视角 [J]. 科技管理研究，2013 (10): 92 – 95.

[60] Burns T, Stalker G. The management of innovation [M]. London: Tavistock Publication, 1961.

[61] Solow R. Technical change and the aggregate production function [J]. Review of Economics and Statistics, 1957, 39 (3) : 312 - 320.

[62] Minna Saunila. Innovation capability in SMEs: a systematic review of the literature [J]. Journal of Innovation&Knowledge, 2019, 39 : 1 - 6.

[63] Serkan Altuntas, Turkay Dereli, Andrew Kusiak. Assessment of corporate innovation capacity with a data - mining approach: industrial case studies [J]. Computers & Industrial Engineering, 2016, 1025: 58 - 68.

[64] Wensheng Wang, Chengyi Zhang. Evaluation of relative technological innovation capability: model and case study of China's coal mine [J]. Resources Policy, 2018, 58: 144 - 149.

[65] Yu Zhu, Huai - ying Lei. Fuzzy AHP Analysis on Enterprises' Independent Innovation Capacity Evaluation [J]. Physics Procedia, 2012, 24: 1285 - 1291.

[66] Changhui Yang, Qiang Zhang, Shuai Ding. An evaluation method for innovation capability based on uncertain linguistic variables [J]. Applied Mathematics and Computation, 2015, 256: 160 - 174.

[67] Yung - Chang Hsiao, Zheng - Xin Hsu. Firm - specific advantages - product innovation capability complementarities and innovation success: a core competency approach [J]. Technology in Society, 2018, 55: 78 - 84.

[68] R. P. Jayani Rajapathirana, Yan Hui. Relationship between innovation capability, innovation type, and firm performance [J]. Journal of Innovation & Knowledge, 2018, 3: 44 - 55.

[69] Moises Mir et al. The impact of standardized innovation management systems on innovation capability and business performance: an empirical study [J]. Journal of Engineering and Technology Management, 2016, 41: 26 - 44.

[70] Yang Liu et al. Improvisation for innovation: the contingent role of resource and structural factors in explaining innovation capability [J]. Technovation, 2018, 74/75: 32 - 41.

[71] Riza Aryanto et al. Strategic Human resource management, innovation capability and performance: an empirical study in Indonesia software industry [J]. 2015, 211 (25): 874 - 879.

[72] 阚大学，吕连菊．产学研协同创新对自主创新能力影响的实证分析：基于江西省数据 [J]．科技管理研究，2017 (7)：19 – 25.

[73] 刘炜，等．产学研合作与企业内部研发的互动关系——基于企业技术能力演化的视角 [J]．科学学研究，2012，30 (12)：1853 – 1861.

[74] 詹雯婷，等．产学研合作对企业技术能力结构的双元性影响 [J]．科学学研究，2015，33 (10)：1528 – 1537.

[75] 江志鹏，等．技术势差对企业技术能力影响的长短期效应——基于企业产学研联合专利的实证研究 [J]．科学学研究，2018，36 (1)：131 – 139.

[76] 原长弘，孙会娟．政产学研用协同与高校知识创新链效率 [J]．科研管理，2013，34 (4)：60 – 66.

[77] 石贵舟．产学研协同创新驱动下的高校内涵发展 [J]．学术论坛，2016，302 (3)：150 – 154.

[78] 刘亭亭，等．产学研合作中高校知识创新能力提升的动态模型构建研究——基于知识转移视角 [J]．科技管理研究，2013，10：92 – 95.

[79] 唐乐，段异兵．产学研合作的治理机制设计 [J]．科学学与科学技术管理，2007 (12)：45 – 49.

[80] 于娟．产学研联盟稳定性研究 [D]．哈尔滨：哈尔滨工程大学，2016.

[81] 张国峰．产学研联盟的知识转移机制及治理模式研究 [D]．大连：大连理工大学，2012.

[82] 黄劲松．产学研合作的混合治理模式研究 [J]．科学学研究，2015，33 (1)：69 – 75.

[83] 谭云青．关系机制、契约机制对提供商知识获取的影响 [J]．科研管理，2017，38 (2)：35 – 42.

[84] 王兆群，等．孵化网络契约与信任关系研究——基于技术重叠的调节效应 [J]．科学学研究，2018，36 (4)：714 – 722.

[85] 于娟，曹霞．基于双边努力的产学研合作关系运作及其治理 [J]．系统工程，2016，34 (8)：63 – 68.

[86] 李丹，杨建君．关系状态、信任、创新模式与合作创新绩效 [J]．

科研管理，2018，39（6）：103-111.

[87] 刁丽琳，朱桂龙．产学研合作中的契约维度、信任与知识转移——基于多案例的研究［J］．科学学研究，2014，32（6）：890-901.

[88] 黄劲松，郑小勇．是契约、信任还是信心促成了产学研合作？——两个产学研联盟案例的比较研究［J］．科学学研究，2015，33（5）：734-740.

[89] 武海峰．产学研的合作风险：基于博弈论的分析［J］．山东社会科学，2012（7）：162-165.

[90] 戴勇，等．产学研合作的知识势差与知识产权风险管理［J］．科研管理，2018，39（2）：75-85.

[91] 宋春艳．产学研协同创新中知识产权共享的风险与预控［J］．科学管理研究，2016，34（1）：18-21.

[92] 王秀丽，等．产学研合作的人力资本投资风险因素研究［J］．科技进步与对策，2010，27（6）：139-142.

[93] 张美珍，等．产学研合作项目风险识别与评价研究［J］．科技管理研究，2019（12）：196-203.

[94] 包国宪，等．基于三层次双维度评价体系的产学研结合技术创新风险实证研究［J］．科技进步与对策，2010，27（7）：1-5.

[95] 李霞，等．协同创新的风险分摊与利益分配问题研究［J］．科技进步与对策，2008，25（12）：15-17.

[96] 李林，王鲁．基于风险承担能力的协同创新风险分担方法研究［J］．湘潭大学学报（哲学社会科学版），2016，40（3）：14-18.

[97] 沈云慈．产学研协同创新风险分担机制研究——基于贝叶斯网络法［J］．中国高教研究，2014（6）：73-78.

[98] Australian Government. Public Support for Science and Innovation [R]. Productivity Commission Research Report，2007.

[99] Koch P，Hauknes J. On innovation in the public sector [R]. 2005.

[100] Halvorsen T et al.，On the differences between public and private sector innovation [R]. 2005.

[101] 王露，仲伟俊，梅姝娥．公共产品技术创新中公共部门技术获取

机制比较研究［J］．科学学与科学技术管理，2013，34（12）：37－44.

［102］仲伟俊，海江涛，梅姝娥．公共产品技术创新中企业参与研发的模式［J］．系统管理学报，2012，21（6）：748－755.

［103］王露，仲伟俊，梅姝娥．企业参与公共产品技术创新的方式研究［J］．软科学，2012，26（7）：6－10.

［104］和军，戴锦．公私合作伙伴关系（PPP）研究的新进展［J］．福建论坛（人文社会科学版），2015（5）：44－51.

［105］宋辉．利益相关者视角下的科技创新领域公私合作（PPP）模式构建研究［J］．科学管理研究，2019，37（2）：146－151.

［106］宋波，赵良杰．战略性新兴产业公私合作研发分析——基于不完全合同理论［J］．软科学，2015，29（6）：28－32.

［107］Markus Perkmann et al. Academic engagement and commercialization：a review of the literature on university－industry relations［J］．Research Policy，2013，42：423－442.

［108］Manuel Fernάndez－Esquinas et al. Tracing the flows of knowledge transfer：Latent dimensions and determinants of university－industry interactions in peripheral innovation systems［J］．Technological Forecasting&Social Change，2016，13：266－279.

［109］Fan Xia，Wu Jin. On the factors that affect the proneness of university－industry cooperation：a system engineering perspective［J］．Systems Engineering Prodedia，2012，3：275－281.

［110］Elisa Giuliani et al. What drives the formation of ‘valuable’ university－industry linkages?：Insights from the wine industry［J］．Research Policy，2009，38（6）：906－921.

［111］薛澜，等．资源异质性、知识流动与产学研协同创新——以人工智能产业为例［J］．科学学研究，2019，37（12）：2241－2251.

［112］Pavitt，K. Sectoral patterns of technological change：towards a taxonomy and a theory［J］．Research Policy，1984，13（6）：343－373.

［113］吴悦，顾新．产学研协同创新的知识协同过程研究［J］．中国科技论坛，2012（10）：17－23.

[114] 涂振洲，顾新．基于知识流动的产学研协同创新过程研究 [J]. 科学学研究，2013，31 (9)：1381 -1390.

[115] Ganesh N. Prabhu. Implementing university - industry joint product innovation projects [J]. Technovation，1999，19：495 -505.

[116] 钱雨，等．产学研协同创新成员协同行为构成要素及其关系研究 [J]. 科技进步与对策，2015 (16)：15 -21.

[117] 曹静，等．产学研结合技术创新绩效评价研究 [J]. 科技进步与对策，2010，27 (7)：114 -118.

[118] Geuna A，Nesta L. University patenting and its effects on academic research：the emerging European evidence [J]. Research Policy，2006，35 (6)：790 -807.

[119] 马家喜，等．基于联合决策的高校—企业协同创新模式选择研究 [J]. 软科学，2015，29 (2)：61 -67.

[120] Mcadam R. et al. Defining and improving technology transfer business and management processes in university innovation centres [J]. Technovation，2005，25：1418 -1429.

[121] Sigrid Rajalo，MaajaVadi. University - industry innovation collaboration：reconceptualization [J]. Technovation，2017，62 -63：42 -54.

[122] Jane Jones，Graciela Corral de Zubielqui. Doing well by doing good：A study of university - industry interactions，innovationessand firm performance in sustainability - oriented Australian SMEs [J]. Research Policy，2016，45：2008 -2022.

[123] Rita Andrade et al. Benefits Management in University - Industry R&D Collaborative Projects：A Review on Benefits and Success Factors [J]. Procedia Computer Science，2016，100：921 -927.

[124] 刘克寅，宣勇．高校与企业开展合作创新的匹配规律及对策研究——以浙江省校企业合作创新为例 [J]. 科技进步与对策，2014 (4)：50 -56.

[125] Isabel Estrada et al. The role of interpartner dissimilarities in Industry - Universityalliances：Insights from a comparative case study [J]. Research Policy，

2016, 45: 2008 -2022.

[126] Joaquín M. Azagra - Caroa et al. Dynamic interactions between university - industry knowledge transfer channels: A case study of the most highly cited academic patent [J]. Research Policy, 2017, 46 (2): 463 -474.

[127] Dannyela da Cunha Lemos et al. University - industry interaction in Santa Catarina: evolutionary phases, forms of interaction, benefits, and barriers [J]. Research Policy, 2017, 14 (1): 16 -29.

[128] Abdullah Alshehri et al. Integration between industry and university: case study, faculty of engineering at Rabigh, Saudi Arabia [J]. Education for Chemical Engineers, 2016, 14: 24 -34.

[129] Martin Hemmert et al. Bridging the cultural divide: trust formation in university - industry research collaborations in the US, Japan, and South Korea [J]. Technovation, 2014, 34: 605 -616.

[130] S. N. Ankrah et al. Asking both university and industry actors about their engagement in knowledge transfer: What single - group studies of motives omit [J]. Technovation, 2013, 33: 50 -65.

[131] Pek - Hooi Soh et al. When do firms benefit from university - industry R&D collaborations? The implications of firm R&D focus on scientific research and technological recombination [J]. Journal of Business Venturing, 2014, 29: 807 - 821.

[132] Magnus Gulbrandsen et al. Introduction to the special section: heterogeneity and university - industry relations [J]. Research Policy, 2011, 40 (1): 1 -5.

[133] Maria Theresa Larsen. The implications of academic enterprise for public science: An overview of the empirical evidence [J]. Research Policy, 2011, 40 (1): 6 -19.

[134] Mario Francoa, Heiko Haase. University - industry cooperation: Researchers'motivations and interaction channels [J]. Journal of Engineering and Technology Management, 2015, 36: 41 -51.

[135] Joaquín M. Azagra - Caro et al. Dynamic interactions between universi-

ty – industry knowledge transfer channels: A case study of the most highly cited academic patent [J]. Research Policy, 2017, 46 (2): 463 – 474.

[136] Isabel Maria Bodas Freitas et al. University – industry collaboration and innovation in emergent and mature industries in new industrialized countries [J]. Journal of Engineering and TechnologyManagement, 2013, 42: 443 – 453.

[137] P. D'Este, P. Patel. University – industry linkages in the UK: what are the factors underlying the variety of interactions with industry [J]. Research Policy, 2007, 36: 1295 – 1313.

[138] Johan Bruneela et al. Investigating the factors that diminish the barriers to university – industry collaboration [J]. Research Policy, 2010, 39: 858 – 868.

[139] François Laisney et al. Innovation activity and firm heterogeneity: Empirical evidence from West Germany [J]. Structural Change and Economic Dynamics, 1992, 3 (2): 301 – 320.

[140] Lourenço Galvão Diniz Faria, Maj Munch Andersen. Sectoral patterns versus firm – level heterogeneity – the dynamics of eco – innovation strategies in the automotive sector [J]. Technological Forecasting and Social Change, 2017, 117: 266 – 281.

[141] Wen – Hsiang Lai. Willingness – to – engage in technology transfer in industry – university collaborations [J]. Journal of Business Research, 2011, 64: 1218 – 1223.

[142] Mohamad Faizal Ramli, Aslan AmatSenin. SuccessSuccess Factors to Reduce Orientation and Resources – related Barriers in University – industry R&D Collaboration Particularly during Development Research Stages [J]. Procedia – Social and Behavioral Science, 2015, 172 (27): 375 – 382.

[143] 曹霞，刘国巍．资源配置导向下产学研合作创新网络协同演化路径 [J]. 系统管理学报，2015，24 (5): 769 – 777.

[144] 骆嘉琪，匡海波．高校科技创新团队科研资源绩效评价指标体系 [J]. 科研管理，2015 (36): 116 – 121.

[145] 黄波，等．基于双边激励的产学研合作最优利益分配方式 [J]. 管理科学学报，2011，14 (7): 31 – 42.

[146] 张瑜. 基于优化 Shapley 值的产学研网络型合作利益协调机制研究——以产业技术创新战略联盟为例 [J]. 中国管理科学, 2016, 24 (9): 36-44.

[147] 沈云慈. 产学研协同创新风险分担机制研究——基于贝叶斯网络法 [J]. 中国高教研究, 2014 (6): 73-78.

[148] 张伟. 沟通机制——高校产学研结合不断巩固的融合基础 [J]. 科技与管理, 2005 (1): 125-127.

[149] 李飞, 李晗. 高校产学研协同创新动态能力研究 [J]. 中国高校科技, 2017 (4): 32-35.

[150] 刘亭亭, 等. 产学研合作中高校知识创新能力提升的系统动力学研究——基于知识转移视角 [J]. 情报杂志, 2012, 31 (10): 195-200.

[151] 魏景柱, 等. 基于产学研合作的企业自主创新能力提升研究 [J]. 中国石油大学学报, 2010, 26 (5): 27-31.

[152] 刘和东, 钱丹. 产学研合作绩效的提升路径研究——以高新技术企业为对象的实证分析 [J]. 科学学研究, 2016, 34 (5): 704-712.

[153] 原长弘, 等. 政产学研用协同创新与企业竞争力提升 [J]. 科研管理, 2015, 36 (12): 1-8.

[154] Mu-Hsuan Huang, Dar-Zen Chen. How can academic innovation performance in university-industry collaboration be improved? [J]. Techological Forecasting&Social Change, 2016: 1-6.

[155] 黄祥国, 等. 湖北省产学研合作现状、问题与对策分析 [J]. 科技创业月刊, 2017 (22): 86-88.

[156] 唐韬, 胡薇帆. 广西产学研协同创新现状问题与对策 [J]. 河北企业, 2016 (6): 39-42.

[157] 刘启强, 等. 广东产学研技术创新联盟建设现状及存在问题研究 [J]. 科技管理研究, 2014 (9): 31-34.

[158] 王志强, 等. "创新驱动"战略下大学变革的内涵, 维度与路径 [J]. 全球教育展望, 2015, 44 (11): 3-15.

[159] 项杨雪, 等. 基于价值创造的协同创新本质研究——以浙江大学协同创新中心为例 [J]. 科技进步与对策, 2015, 32 (23): 21-26.

[160] 陈云，等．以企业为主体的区域创新体系建设的范式研究 [J]．江汉论坛，2011 (9)：63 –67.

[161] 王志强，卓泽林．论大学在创新系统演化过程中的主体功能及其实现路径 [J]．教育研究，2016，6：64 –71.

[162] 王海军，等．组织学习与模块化嵌入的产学研合作联盟研究——来自家电产业的多案例实证 [J]．科技进步与对策，2017，34 (24)：55 –63.

[163] Rico Merkert et al. Trade – offs between transaction cost, operation cost and innovation in the context of procurement and asset specificity – the example of the bus industry [J]. Research in Transportation Economics, 2018, 69: 173 – 179.

[164] 游静．创新主体时间偏好对协同创新行为决策的影响研究 [J]．管理工程学报，2017，31 (2)：143 –153.

[165] 李春玲，等．不同激励偏好下创新奖励对研发人员创新行为的影响——自我决定与特质激活理论整合视角 [J]．科技进步与对策，2019，36 (24)：153 –160.

[166] 黄庆华．高管短期薪酬的创新激励效应研究 [J]．科研管理，2019，40 (11)：257 –265.

[167] 王昌林，蒲勇健．企业技术创新中的控制权激励机制研究 [J]．管理工程学报，2005，19 (13)：52 –56.

[168] 李瑞雪，等．以双元创新为中介过程的开放式创新对企业核心能力的影响 [J]．科技进步与对策，2019，36 (4)：90 –97.

[169] 霍国庆，等．基于资源基础理论的科研团队创新模式研究 [J]．科学学与科学技术管理，2019，40 (6)：83 –93.

[170] 仲伟俊，胡钰，梅姝娥．民营科技企业的技术创新战略和政策选择 [M]．科学出版社，2005 (2).

[171] Marisa Dziallas, Knut Blind. Innovation indicators throughout the innovation process: an extensive literature analysis [J]. Technovation, 2019, 80/81: 3 –29.

[172] 杨建君，李垣．企业技术创新主体间的激励关系研究 [J]．科研管理，2004，3 (25)：13 –18.

[173] 王玉霞，孙治一. 领导权结构和 CEO 激励对企业创新的影响——基于战略新兴产业上市公司的经验数据 [J]. 经济问题，2019 (1)：60-67.

[174] Dixit A K., Pindyck R. Investment under uncertainty [M]. Princeton, NY: Princeton University Press, 1994.

[175] 马家喜，等. 不确定环境下基于 Bertrand 竞争的企业创新模式比较研究 [J]. 管理工程学报，2010，24 (1)：152-157.

[176] Kamien M I, Muller E, Zang I. Research joint ventures and R&D cartels [J]. American Economic Review, 1992, 82 (5): 1293-1306.

[177] Kale P, Dyer J H, Singh H. Alliance capability, stock market response and long-term alliance success: the role of the alliance function [J]. Strategic Management Journal, 2002, 23 (8): 747-767.

[178] 高正，等. 产学研合作与企业绩效关系研究：基于动态创新能力的视角 [J]. 山东大学学报（哲学社会科学版），2018 (3)：122-132.

[179] Hagedoorn J, Cloodt M. Measuring innovative performance: Is there an advantage in using multiple indicators? [J]. Research Policy, 2003, 32: 1365-1379.

[180] 谢园园，等. 产学研合作行为及模式选择影响因素的实证研究 [J]. 科学学与科学技术管理，2011，32 (3)：35-43.

[181] 张学文. 开放科学视角下的产学研协同创新——制度逻辑、契约治理与社会福利 [J]. 科学学研究，2013，31 (4)：617-622.

[182] Fuggetta A. 3+1 Challenges for the future of universities [J]. The Journal of Systems and Software, 2012, 85: 2417-2424.

[183] 马家喜，金新元. 一种以企业为主导的“产学研”集成创新模式——基于合作关系与控制权视角的建模分析 [J]. 科学学研究，2014，32 (1)：130-139.

[184] 马家喜，等. 突破性创新：一种“产学研”合作技术创新模式建模分析 [J]. 管理学报，2007，4 (4)：470-476.

[185] Eisenhardt K M. Building theories from case study research [J]. Academy of Management Review, 1989, 14 (4): 532-550.

[186] 许广永. “政用产学研”互动对企业可持续创新能力的影响——

基于奇瑞汽车的案例研究［J］. 科技管理研究，2016（20）：175－182.

［187］王海龙，等. 产学研协同创新的利益协同机制——基于辽宁新型产业技术研究院的多案例研究［J］. 科学管理研究，2016，34（5）：65－68.

［188］Arthur W B. Competing technologies, increasing return, and lock－in by historical events［J］. Ecnomic Journal, 1989, 99（394）：116－131.

［189］Garud R, Nayyar P R. Transforming capacity: continual structuring by inter－temporal technology transfer［J］. Strategic Management Journal, 1994, 15（5）：365－395.

［190］March J G. Exploration and exploitation in organizational learning［J］. Organization Science, 1991, 2（1）：71－87.

［191］Balakrishnan S, Koza M. Information asymmetry, adverse selection, and joint ventures［J］. Journal of Economic Behavior and Organization, 1993, 20（1）：99－117.

［192］Gilson S, Healy P, Noe C, et al. Analyst specialization and conglomerate stock breakups［J］. Journal of Accounting Research, 2001, 39（3）：565－583.

［193］Hennart J F. A transaction cost theory of equity joint ventures［J］. Strategic Management Journal, 1988, 9（4）：361－374.

［194］Hennart J F, Reddy S. The choice between mergers/acquisitions and joint ventures: the case of Japanese investors in theUnited States［J］. Strategic Management Journal, 1997, 18（1）：1－12.

［195］Reuer J, Koza M. Asymmetric information and joint venture performance: theory and evidence for domestic and international joint ventures［J］. Strategic Management Journal, 2000, 21（1）：81－88.

［196］Villalonga B, McGahan A M. The choice among acquisitions, alliances, and divestitures［J］. Strategic Management Journal, 2005, 26（13）：1183－1208.

［197］Podolny J, Page K. Network forms of organization［J］. Annual Review of Sociology, 1998, 24（1）：57－76.

［198］Gulati R. Alliances and networks［J］. Strategic Management Journal, Special Issue, 1998, 19 (4): 293 - 318.

[199] Folta T, Miller K. Real options in equity partnerships [J]. Strategic Management Journal, 2002, 23 (1): 21 - 39.

[200] Robert E B. Managing invention and innovation [J]. Research and Technology Management, 1988, 31 (1): 1 - 27.

[201] Ford D. Develop your technology strategy [J]. Long Range Planning, 1988, 21 (5): 85 - 95.

[202] Steensma T B. Evaluating technological collaborative opportunities: a cognitive modeling perspective [J]. Strategic Management Journal, 1995, 16 (1): 43 - 70.

[203] Chakravarthy B S. Business - government partnership in emerging industries: lessons from the American synfuels experience [J]. Advances in Strategic Management, 1985 (3): 257 - 275.

[204] Steensma H K, Fairbank J F. Internalizing external technology: a model of governance mode choice and an empirical assessment [J]. The Journal of High Technology Management Research, 1999, 10 (1): 1 - 35.

[205] Wernerfelt B, Karnai A. Competitive strategy under uncertainty [J]. Strategic Management Journal, 1987, 8 (2): 187 - 194.

[206] Spender J C, Slowinski G, Farris G S, et al. Handling the uncertainty in R&D alliances [J]. Advances in Global High - Technology Management, 1996 (6): 55 - 70.

[207] Porter M E. The technological dimension of competitive strategy. In R. Rosenbloom (Ed.), Research on Technological Innovation, Management and Policy, Greenwich, CT: Jai Press Inc.

[208] Hamel G, Doz Y, Prahalad C. Collaborate with our competitors and win [J]. Harvard Business Review, 1989, 68 (1): 79 - 91.

[209] Bailetti A, Callahan J. The coordination structure of international collaborative technology arrangements [J]. R&D Management, 1993, 23 (2): 129 - 146.

[210] Riedle K. Demand for R&D activities and the trade off between in -

house and external research: a viewpoint from industry with reference to large companies and small - and medium - sized enterprises [J]. Technovation, 1989, 9 (2/3): 213 -225.

[211] Oliver C. Determinants of inter - organizational relationships: integration and future directions [J]. Academy of Management Review, 1990, 15 (2): 241 -265.

[212] Rosenbloom R, Cusumano M. Technological pioneering and competitive advantage: the birth of VCR industry [J]. California Management Review, 1987, 29 (4): 51 -76.

[213] Maite Pastor, Joel Sandonıs. Research joint ventures vs. cross licensing agreements: an agency approach [J]. International Journal of Industrial Organization, 2002, 20: 215 -249.

[214] Joel Sandonis, Ramon Fauli - Oller. On the competitive effects of vertical integration by a research laboratory [J]. International Journal of Industrial Organization, 2006, 24: 715 -731.

[215] 李勇，等. 供应链中制造商——供应商合作研发博弈模型 [J]. 系统工程学报, 2005, 20 (1): 12 -18.

[216] Claudio Panico. Control and contract design in research collaborations: a complete contractperspective [J]. International Journal of Industrial Organization, 2012, 30: 459 -470.

[217] Antonino Vaccaro, Ronaldo Parente, Francisco M. Veloso. Knowledge management tools, inter - organizational relationships, innovation and firm performance [J]. Technological Forecasting and Social Change, 2010, 77 (7): 1076 -1089.

[218] 王京捷，刘海峰. 基于政府主导下的产学研协同创新中心建设机制研究——以常熟纺织服装协同创新中心为例 [J]. 东华大学学报（社会科学版）, 2015, 15 (4): 198 -204.

[219] 孙庆梅，等. 产学研合作创新中政府行为模式的反思与重构 [J]. 科技进步与对策, 2014, 31 (11): 116 -111.

[220] 梁喜，等. 政府补贴对产学研联盟利益分配的影响研究 [J]. 会计之友, 2016 (18): 15 -21.

[221] Spencer B J, Brander J A. International R&D rivalry and industrial strategy [J]. Review of Economic Studies, 1983, 50 (4): 702 - 722.

[222] 马永红，那琪．产学研合作创新方式下政府补贴策略选择 [J]. 运筹与管理，2018，27 (4)：191 - 199.

[223] William H. A. Johnson. Managing university technology development using organizational control theory [J]. Research Policy, 2011, 40: 842 - 852.

[224] Claudio Panico. On the contractual governance of research collaborations: allocating control and intellectual property rights in the shadow of potential terminaiton [J]. Research Policy, 2001, 40: 1403 - 1411.

[225] Hansen M T. The search - transfer problem: the role of weak ties in sharing knowledge across organization sub - units [J]. Administrative Science Quarterly, 1999, 44 (1): 82 - 111.

[226] 顾建华，等．政府引导型产学研合作创新中政府对企业的激励——基于委托代理理论的分析 [J]. 科技进步与对策，2014，31 (11)：23 - 26.

[227] 王雪原，王宏起．政府引导下的产学研战略联盟运行机制研究 [J]. 科技进步与对策，2008，25 (6)：32 - 35.

[228] 马晓楠，耿殿贺．战略性新兴产业共性技术研发博弈与政府补贴 [J]. 经济与管理研究，2014 (1)：73 - 78.

[229] 生延超．创新投入补贴还是创新产品补贴：技术联盟的政策策略选择 [J]. 中国管理科学，2008，16 (6)：184 - 192.

[230] 林承亮，等．技术外部性下创新补贴最优方式研究 [J]. 科学学研究，2012，30 (5)：766 - 772.

[231] Gil - Motol et al. R&D subsidies, spillovers, and privatization in mixed markets [J]. Discussion Papers in Economics, 2011, 78 (1): 233 - 255.

[232] 原长弘，等．政产学研用协同创新与企业竞争力提升 [J]. 科研管理，2015，36 (12)：1 - 8.

[233] 原长弘，王瑞琪．政府与市场“双引擎”提升了高校的技术创新能力吗 [J]. 研究与发展管理，2017，29 (2)：136 - 143.

[234] 刘和东．产学研合作中的机会主义行为及其治理 [J]. 科技管理

研究, 2009 (4): 23 – 25.

[235] 杨得前, 严广乐, 李红. 产学研合作中的机会主义及其治理 [J]. 科学学与科学技术管理, 2006 (9): 38 – 41.

[236] 贺一堂, 等. 产学研合作创新利益分配的激励机制研究 [J]. 系统工程理论与实践, 2017, 37 (9): 2244 – 2255.

[237] Zaheer A, Venkatraman N. Relational governance as an international strategy: an empirical test of the role of trust in economic exchange [J]. Strategy Management Journal, 1995, 16 (5): 373 – 392.

[238] Fabrice Lumineau, James E. Henderson. The influence of relational experience and contractual governance on the negotiation strategy in buy – supplier disputes [J]. Journal of Operations Management, 2012, 30: 382 – 395.

[239] 李晓光, 郝生跃, 任旭. 契约治理影响 PPP 项目公司控制权配置研究——基于信任的前因和中介作用 [J]. 中央财经大学学报, 2018 (7): 115 – 128.

[240] 任初明. 资源依赖: 产学研结合的动力——华中数控产学研结合案例研究 [J]. 高等工程教育研究, 2008 (6): 28 – 31.

[241] 宁正福, 等. 石油高校产学研合作模式典型案例研究——以中国石油大学 (北京) 为例 [J]. 科技管理研究, 2011 (1): 96 – 99.

[242] 王春艳, 等. 企业控制权的获取和维持——基于创始人视角的多案例研究 [J]. 中国工业经济, 2016 (7): 144 – 160.

[243] 陈通, 等. 合作平台、控制权共享和公共数字文化服务提供——以嘉兴市 "文化有约" 为例 [J]. 东北大学学报 (人文社科版), 2019, 21 (6): 599 – 606.

[244] Rajagopalan N. Corporate governance reforms in China and India: challenges and opportunities [J]. Business Horizons, 2008, 51 (1): 55 – 64.

[245] 盛永祥, 等. 产学研合作研发组织中控制权问题的研究 [J]. 江苏科技大学学报 (自然科学版), 2013, 27 (2): 171 – 176.

[246] 李双金, 郑育家. 高校众创空间的组织模式选择——基于控制权的视角 [J]. 上海经济研究, 2018 (8): 37 – 44.

[247] 谭云清. 关系机制、契约机制对提供商知识获取的影响 [J]. 科

研管理，2017，38（2）：35－43.

［248］王晓清．契约与关系共同治理的供应链知识协同机制［J］．科学学研究，2016，34（10）：1532－1540.

［249］章熙春，蒋兴华．合作动机对产学研战略联盟建设绩效影响的研究［J］．中国科技论坛，2013（6）：45－51.

［250］刘敦虎．产学研创新联盟知识转移机制及运行效果的实证研究［M］．北京：科学出版社，2015.

［251］孙卫，等．产学研联盟中知识转移绩效的影响因素研究［J］．科学学与科学技术管理，2012，33（8）：58－65.

［252］陈伟，等．产学研合作创新网络结构和风险研究——以海洋能产业为例［J］．科学学与科学技术管理，2014，35（9）：59－66.

［253］苏州．知识管理视角下产学研合作创新冲突分析与治理对策［J］．科技进步与对策，2018，35（24）：64－70.

［254］李培哲，等．知识转移视角下复杂产品产学研协同创新管理机制研究［J］．科技管理研究，2019（2）：203－208.

［255］关志民．产学研合作中政府支持作用与成功因素的探索性研究——基于辽宁省企业和高校/科研机构的调查数据［J］．科技进步与对策，2014，31（7）：43－47.

［256］原长弘．用案例研究方法构建产学研合作理论探析［J］．科研管理，2014，34（1）：140－146.

［257］原长弘，等．政府支持对高校知识创新影响的实证探析［J］．科学学与科学技术管理，2014，35（2）：124－133.

［258］李世超，蔺楠．我国产学研合作政策的变迁分析与思考［J］．科学学与科学技术管理，2011，32（11）：21－26.

［259］周海涛，林映华．政府支持企业科技创新市场主导型政策构建研究——基于“市场需求－能力供给－环境制度”结构框架［J］．科学学与科学技术管理，2016，37（5）：3－16.

［260］Smith，K. System Approaches to Innovation：Some Policy Issues，ISE report project3. 1. 1，ISE CDROM，Systems of Innovation Research Program，Department of Technology and Social Change，Linköping University 1998.

[261] Roy Rothwell, Walter Zegveld. Reindusdalization and technology [M]. Logman Group Limited, 1985: 83 - 104.

[262] 刘瑞. 中国产学研协同创新政策分析与对策研究 [D]. 郑州: 河南农业大学, 2017.

[263] 仲伟俊, 蔡琦. 科技政策分析框架研究 [J]. 科技管理研究, 2014 (22): 23 - 27.

[264] 余凌, 鉴定. 面向协同的产学研创新能力提升路径与对策研究 [J]. 理论月刊, 2013 (7): 104 - 106.

附　　录

（1）第4章引理及定理证明

附录4－1：引理4－1的证明

证明：求解L创新项目的价值函数。可以看出，消费者当产品的度量系数为θ^*时对以价格p_L从领导企业处购置质量为s_L的产品与以价格p_F从跟随企业处购置质量为s_F的产品，其取得的效用是无差异的，进一步地，可知$p_F=c$，所以有$\theta^*=\frac{p_L-p_F}{\Delta s}=\frac{p_L-c}{\Delta s}$，其中$\Delta s=s_L-s_F$。从而知晓领导企业产品的随机需求函数分别为：$D_L(p_L)=[\theta_h-\theta^*]M=[\theta_h-\theta^*]M$。由此，领导企业的随机利润函数分别为：$\pi_L=(p_L-c)D_L(p_L)-x$。

将L技术研发投入看成是仅有一次投资机会的项目投资，通过实物期权法可方便地求出企业的价值函数；但须先求出企业投资门槛，设为M_o，当M第一次等于或超过M_o时，企业进行研发投资是它的最优投资策略，这实际上是一个最优停止问题，所以找到了M_o就等于找到了L最优投资策略。创新后L实现的非负随机利润流为：$\pi_L=(p_L-c)D_L(p_L)-x$，由$dM=\alpha Mdt+\sigma Mdz-Md\eta$，据Dixit与Pindyck[174]叙述的动态规划法，由Bellman方程与Ito's引理，价值函数$V_L(M)$为：

$$V_L(M)=\begin{cases}\dfrac{x}{\beta-1}\left(\dfrac{M}{M_o}\right)^{\beta} & t<T_{L1}\\[2ex] (p_L-c)\dfrac{D_L(p_L)}{\rho-\alpha}e^{-(\rho-\alpha)\delta}-x & T_{L1}\leqslant t\leqslant T_{L2}\end{cases}\tag{4-9}$$

式中：β为二次方程式：$\psi(\beta)=\frac{1}{2}\sigma^2\beta(\beta-1)+\alpha\beta-(\rho+\lambda)+\lambda(1-u)^{\beta}=0$大于1的正根；$M_o=\frac{\beta}{\beta-1}\frac{x(\rho-\alpha)}{(p_L-c)(\theta_h-\theta^*)}e^{(\rho-\alpha)\delta}$为投资门槛值；$T_{L1}=\inf\{t\mid M\geqslant M_o\}$，表示当M第一次等于或超过$M_o$即在$T_{L1}$时刻L开始进行技术研发投

入。企业一旦做出创新投资决策后，如果市场状况不容乐观导致 M 过度下降到一定程度，企业将被迫停止经营；为此另定义：$T_{L2}=\inf\{t\mid M\geqslant M_1\}$，表示为保持企业持续经营创新投资后的市场状况 M 要等于或超过 M_1，同时说明了在 T_{L2}时刻 L 将选择破产；其中：$V_L(M_1)=(p_L-c)\frac{D_L(p_L)}{\rho-\alpha}e^{-(\rho-\alpha)\delta}-x=0$，从而 $M_1=\frac{xe^{(\rho-\alpha)\delta}}{(p_L-c)(\theta_h-\theta^*)}(\rho-\alpha)$；问题得证。

附录 4 - 2：定理 4 - 1 的证明

证明：采用逆向递推法求解四阶段动态博弈模型子博弈完美纳什均衡解，在博弈的第四阶段要求：

$$\begin{cases}\max\limits_{p_L} V_{mj}(M)=r_j(p_L-c)\frac{D_L(p_L)}{\rho-\alpha}e^{-(\rho-\alpha)\delta}-xt_j\\ s.t.\ T_{L1}\leqslant t\leqslant T_{L2}\end{cases}\tag{4-10}$$

其中约束条件 $T_{L1}\leqslant t\leqslant T_{L2}$表明在项目经营期间要求 $M\geqslant M_o$；因此公式（4 - 10）实际是一个非线性规划问题，由 Kuhn - Tucker 条件求得最优的产品价格为：$p_L=\frac{\theta_h\Delta s}{2}+c$，代入目标函数得到：$V_{mj}(M)=\frac{r_jNe^{-(\rho-\alpha)\delta}}{(\rho-\alpha)}\Delta s-xt_j$，由此 $V_L(M)=\frac{Ne^{-(\rho-\alpha)\delta}}{(\rho-\alpha)}\Delta s-x$ 其中 $N=\frac{M\theta_h^2}{4}$表示在整个产品消费市场中，消费者对创新的高质量偏好的一种度量，反映了消费者对新产品质量的认可程度。

由 $\Delta s=(1-\beta)K(x)$，在博弈的第三阶段员工求解：

$$\begin{aligned}&\max_{x,t_l} V_{kl}(M)=r_l\frac{Ne^{-(\rho-\alpha)\delta}}{(\rho-\alpha)}(1-\beta)K(x)-xt_l\\ &s.t.\ \sum(r_i+r_j+r_l)=1\\ &\qquad\sum(t_i+t_j+t_l)=1\end{aligned}\tag{4-11}$$

利用约束条件与目标函数构造拉格朗日函数可以求解得到：

$$t_l^*=r_l\left[1-\sum(t_i+t_j)\right]/\sum r_l\tag{4-12}$$

$$x^*=\left\{\left[1-\sum(t_i+t_j)\right](\rho-\alpha)/Ne^{-(\rho-\alpha)\delta}(1-\beta)\gamma\sum r_l\right\}^{\frac{1}{\gamma-1}}\tag{4-13}$$

在博弈的第二阶段，企业的管理人员求解：

$$\underset{t_j}{\mathrm{Max}} V_{mj}(M) = r_j \frac{Ne^{-(\rho-\alpha)\delta}}{(\rho-\alpha)}(1-\beta)K(x^*) - x^* t_j \quad t_j \in [0,1] \tag{4-14}$$

求解得到：

$$t_j^* = \frac{\left[r_j + (\gamma-1)\sum r_l\right]\left(1 - \sum t_i\right)}{\sum r_j + [m(\gamma-1)+1]\sum r_l} \tag{4-15}$$

在博弈的第一阶段，股东求解：

$$\underset{t_i}{\mathrm{Max}} V_{\mu i}(M) = r_i \frac{Ne^{-(\rho-\alpha)\delta}}{(\rho-\alpha)}(1-\beta)K[x^*(t_j^*)] - x^*(t_j^*)t_i \quad t_i \in [0,1] \tag{4-16}$$

求解得到：

$$t_i^* = \frac{r_i + (\gamma-1)\left\{\sum r_j + [m(\gamma-1)+1]\sum r_l\right\}}{\sum r_i + [\mu(\gamma-1)+1]\left\{\sum r_j + [m(\gamma-1)+1]\sum r_l\right\}} \tag{4-17}$$

将式（4－17）顺次代入式（4－16）～式（4－10）可证定理。

（2）第5章引理及命题的证明

附录5－1：引理5－1的证明

证明：求解企业i创新产品的价值函数。将i技术研发投入看成是仅有一次投资机会的项目投资，通过实物期权法可方便地求出创新产品的价值函数；但须先求出企业研发投资门槛，设为 Y_{i1}^*，当Y第一次等于或超过 Y_{i1}^* 时，企业进行研发投资是它的最优投资策略，这实际上是一个最优停止问题，所以找到了 Y_{i1}^* 就等于找到了i最优的投资策略。创新后i实现的期望非负随机利润流分别为：$R_i = [p_i - c + \lambda f(k_i)](Y - p_i + dp_j) - x_i$，由 $dY = \alpha Y dt + \sigma Y dz - Y d\theta$，据动态规划法，由Bellman方程与Ito's引理，价值函数V(Y)为：

$$V_i(Y) = \begin{cases} \dfrac{1}{(\varepsilon_1-1)}\left[\dfrac{(p_i-dp_j)[p_i-c+\lambda f(k_i)]}{r} + x_i\right]\left(\dfrac{Y}{Y_{i1}^*}\right)^{\varepsilon_1} & t < T_{i1} \\ [p_i-c+\lambda f(k_i)]\left(\dfrac{Y}{r-\alpha} - \dfrac{p_i-dp_j}{r}\right) - x_i & T_{i1} \leqslant t \leqslant T_{i2} \end{cases} \tag{5-22}$$

式中：ε_1 为二次方程式 $\phi_1(\varepsilon_1) = \frac{1}{2}\sigma^2\varepsilon_1(\varepsilon_1 - 1) + \alpha\varepsilon_1 - (r + \varpi) +$

ϖ $(1-u)^{\varepsilon_1}=0$大于1的正根；$Y_{i1}^*=\frac{\varepsilon_1}{\varepsilon_1-1}\left[\frac{p_i-dp_j}{r}+\frac{x_i}{p_i-c_i+\lambda f(k_i)}\right]$为投资门槛值；$T_{i1}=\inf\{t \mid Y(t)\geqslant Y_{i1}^*\}$，表示当Y第一次等于或超过$Y_{i1}^*$即在$T_{i1}$时刻，企业i开始研发投入。企业一旦做出创新投资决策后，如果市场状况不容乐观导致Y过度下降到一定程度，企业将被迫停止经营；为此另定义：$T_{i2}=\inf\{t \mid Y(t)\geqslant Y_{i2}^*\}$，表示为保持企业持续经营创新投资后的市场状况Y要等于或超过Y_{i2}^*，同时说明了在T_{i2}时刻i将选择破产；其中：$V_i(Y_{i2}^*)=[p_i-c_i+\lambda f(k_i)]\left(\frac{Y_{i2}^*}{r-\alpha}-\frac{p_i-dp_j}{r}\right)-x_i=0$，从而$Y_{i2}^*=\left[\frac{x_i}{p_i-c_i+\lambda f(k_i)}+\frac{p_i-dp_j}{r}\right](r-\alpha)$；问题得证。

附录5-2：命题5-1的证明

证明：当参数$\beta\in[0, 1]$，$\rho\in[0, 1]$，$s\in[0, 1]$，$d\in(0, 1)$时，比较式（5-15）与式（5-17），获得：

$$L_{12}=\frac{T(\tilde{k})}{T(\hat{k})}=\frac{2-d^2-d}{2-d^2-d\beta^{\rho}}\left[s\left(\frac{m_2}{m_1}\right)^{1-\rho}+(1-s)\right] \tag{5-23}$$

因此，$L_{12}\geqslant 1$时，$T(\tilde{k})\geqslant T(\hat{k})$，由于$\partial T(k)/\partial k<0$，故有$\hat{k}\geqslant\tilde{k}$；而当$L_{12}<1$时，有$\hat{k}<\tilde{k}$；命题得证。

附录5-3：命题5-2的证明

证明：比较式（5-17）与式（5-19），容易求得$L_{23}=\frac{T(\hat{k})}{T(\breve{k})}=2>1$，由于$T(k)$是k的减函数，因此$\breve{k}>\hat{k}$，问题得证。

附录5-4：命题5-5的证明

证明：在区间$\beta\in[0, 1]$，$\rho\in[0, 1]$，$s\in[0, 1]$，$d\in(0, 1)$中，相比较内部研发模式来说，如果技术交换模式能够激励出更大的公司利润，由于公司对称，同样也能产生出较大的行业利润，从上述分析也比较容易明确也能产生较大的社会福利。所以，命题5-5仅需证明在相应参数区间和对应条件下有$\hat{\pi}>\tilde{\pi}$即可。

因企业对称，有$\tilde{k}_A=\tilde{k}_B=\tilde{k}=m_1\tilde{x}$；假设存在$\hat{k}_1$，使得$\tilde{k}=\hat{k}_1$成立，此

时 $\hat{k}_{A1}=\hat{k}_{B1}=\hat{k}_1=[sm_2+(1-s)m_1]\hat{x}_1$。因 $m_2>m_1$，则有 $\tilde{k}=m_1\tilde{x}=\hat{k}_1=[sm_2+(1-s)m_1]\hat{x}_1>m_1\hat{x}_1$，故 $\tilde{x}>\hat{x}_1$；由于：$\tilde{\pi}_A=\tilde{\pi}_B=\tilde{\pi}=\frac{1}{r(2-d)^2}\left\{\frac{rY}{r-\alpha}+(1-d)[\lambda f(\tilde{k})-c]\right\}^2-\tilde{x}$；$\hat{\pi}_{A1}=\hat{\pi}_{B1}=\hat{\pi}_1=\frac{1}{r(2-d)^2}\left\{\frac{rY}{r-\alpha}+(1-d)[\lambda f(\hat{k}_1)-c]\right\}^2-\hat{x}_1$；因此有 $\tilde{\pi}<\hat{\pi}_1$。由于存在 $\hat{k}$，使得 $\hat{\pi}_1<\hat{\pi}$ 成立，所以 $\tilde{\pi}<\hat{\pi}$ 成立，命题得证。

附录 5－5：命题 5－6 的证明

证明：当参数 $\beta\in[0,1]$，$\rho\in[0,1]$，$s\in[0,1]$，$d\in(0,1)$ 时，较技术交换模式，RJV 模式能够激励出更低的公司利润，由于企业对称，同样也能产生出较低的行业利润，所以仅需证明在相应区间有 $\breve{\pi}<\hat{\pi}$ 即可。

由于均衡时 $\hat{k}_A=\hat{k}_B=\hat{k}=[sm_2+(1-s)m_1]\hat{x}$，假设存在 $\breve{k}_1$，使得 $\breve{k}_1=\hat{k}$，$\breve{k}_{A1}=\breve{k}_{B1}=\breve{k}_1=[sm_2+(1-s)m_1]\breve{x}_1$；因为对于 $\rho\in[0,1]$，$\beta\in[0,1)$，$s\in[0,1]$，$d\in(-1,1)$，有 $\breve{\pi}_1=\hat{\pi}$。由于对于 RJV 模式来说，存在最佳均衡 $\breve{k}$，所以 $\breve{\pi}_1<\breve{\pi}$，因此，$\breve{\pi}>\hat{\pi}$ 恒定成立。命题得证。

附录 5－6：命题 5－8 的证明

证明：(1) 类似于附录 5－1，所不同的是，在技术兼并模式下，企业 A^* 的利润即相当于产业利润；所以在区间 $\beta\in[0,1]$，$\rho\in[0,1]$，$s\in[0,1]$，$d\in(0,1)$ 中，相比较内部研发模式来说，如果技术兼并模式能够激励出更大企业利润的同时，其也能产生较大的社会福利。所以，命题 5－8－(1) 的求证，只须证明在相应条件下有 $\hat{\pi}_{A*}>\tilde{\pi}_A+\tilde{\pi}_B$ 即可。

因企业对称，有 $\tilde{k}_A=\tilde{k}_B=\tilde{k}=m_1\tilde{x}$；假设存在 $\widehat{k}_1$，使得 $\tilde{k}=\widehat{k}_1$ 成立；此时 $\widehat{k}_{A1}=\widehat{k}_{B1}=\widehat{k}_1=m_2\widehat{x}_1$。因 $m_2>m_1$，则有 $\tilde{x}>\widehat{x}_1$；由于：$\tilde{\pi}_A=\tilde{\pi}_B=\tilde{\pi}=\frac{1}{r(2-d)^2}\left\{\frac{rY}{r-\alpha}+(1-d)(\lambda f(\tilde{k})-c)\right\}^2-\tilde{x}$；$\widehat{\pi}_{A*1}=\frac{1}{2r(1-d)}\left\{\frac{rY}{r-\alpha}+(1-d)[-c+\lambda f(\widehat{k}_1)]\right\}^2-2\widehat{x}_1$。因 $\frac{1}{2}r(2-d)^2>2r(1-d)$，同时 $\tilde{x}>\widehat{x}_1$，所以有 $\widehat{\pi}_{A*1}>\tilde{\pi}_A+\tilde{\pi}_B$。由于存在 $\widehat{k}$，使得 $\widehat{\pi}_{A*1}<\widehat{\pi}_{A*}$ 成立，所以 $\widehat{\pi}_{A*}>\tilde{\pi}_A+\tilde{\pi}_B$

成立。命题得证。

命题5-8中（2）与（3）的证明类似于（1）的证明。

（3）第9章命题的证明

附录9-1：命题9-1的证明

创新成功与失败时，Cournot 产量博弈分别要求：

$$\begin{cases} \underset{x_A}{Max}\pi_A = \underset{x_A}{Max}p_A(x_A, x_B)x_A & (9-47-1) \\ \underset{x_B}{Max}\pi_B = \underset{x_B}{Max}[p_B(x_A, x_B) - c]x_B & (9-47-2) \end{cases} \quad (9-47)$$

$$\begin{cases} \underset{x_A}{Max}\pi_A = \underset{x_A}{Max}[p_A(x_A, x_B) - c]x_A & (9-48-1) \\ \underset{x_B}{Max}\pi_B = \underset{x_B}{Max}[p_B(x_A, x_B) - c]x_B & (9-48-2) \end{cases} \quad (9-48)$$

求解 $\partial\pi_i/\partial x_i = 0(i = A, B)$ 可证明之。

附录9-2：命题9-2的证明

$$(1)\ \underset{a_1,a_2}{Max}E\left(\prod_{\bar{A}}\right) = \underset{a_1,a_2}{Max}a_1a_2\pi_A^{o*} + (1 - a_1a_2)\pi^{s*} - \frac{1}{3}b_1(a_1)^3 - \frac{1}{3}b_2(a_2)^3 \quad (9-49)$$

求解 $\partial E\left(\prod_{\bar{A}}\right)/\partial a_\upsilon = 0, (\upsilon = 1,2)$，将求得的结果代入目标函数中可证（1）。

$$(2)\ \underset{a_1,a_2,w_{\bar{A}1}^m,w_{\bar{A}1}^n,w_{\bar{A}2}^m,w_{\bar{A}2}^n}{Max}E\left(\prod_{\bar{A}}\right) = \underset{a_1,a_2,w_{\bar{A}1}^m,w_{\bar{A}1}^n,w_{\bar{A}2}^m,w_{\bar{A}2}^n}{Max}a_1a_2\prod_{\bar{A}}^{mm} + a_1(1 - a_2)\prod_{\bar{A}}^{mn} + (1 - a_1)a_2\prod_{\bar{A}}^{nm} + (1 - a_1)(1 - a_2)\prod_{\bar{A}}^{nn}$$

$$s.t.\ a_1w_{\bar{A}1}^m + (1 - a_1)w_{\bar{A}1}^n - \frac{1}{3}b_1(a_1)^3 \geq 0 \quad (9-50-1)$$

$$a_1 \in \underset{\hat{a}_1}{argmax}\hat{a}_1w_{\bar{A}1}^m + (1 - \hat{a}_1)w_{\bar{A}1}^n - \frac{1}{3}b_1(\hat{a}_1)^3 \quad (9-50-2)$$

$$a_2w_{\bar{A}2}^m + (1 - a_2)w_{\bar{A}2}^n - \frac{1}{3}b_2(a_2)^3 \geq 0 \quad (9-50-3)$$

$$a_2 \in \underset{\hat{a}_2}{argmax}\hat{a}_2w_{\bar{A}2}^m + (1 - \hat{a}_2)w_{\bar{A}2}^n - \frac{1}{3}b_2(\hat{a}_2)^3 \quad (9-50-4)$$

$$w_{\bar{A}1}^m \geq 0; w_{\bar{A}1}^n \geq 0; w_{\bar{A}2}^m \geq 0; w_{\bar{A}2}^n \geq 0$$

其中，$\prod_{\bar{A}}^{mm} = \pi_A^{o*} - w_{\bar{A}1}^m - w_{\bar{A}2}^m$；$\prod_{\bar{A}}^{mn} = \pi^{s*} - w_{\bar{A}1}^m - w_{\bar{A}2}^n$；$\prod_{A}^{nm} = \pi^{s*} - w_{\bar{A}1}^n - w_{\bar{A}2}^m$；

$$\prod_{A}^{nn} = \pi^{s*} - w_{A1}^{n} - w_{A2}^{n};\quad (9-50)$$

上述目标函数中 $\prod$ 表示创新的净利润，(9－50－1)－(9－50－4) 表示员工 1 与 2 的参与约束与激励相容约束；求解式中的激励相容约束得到 $w_{A1}^{m}=b_1(a_1)^2$，$w_{A2}^{m}=b_2(a_2)^2$ 并结合参与约束可得到 $w_{A1}^{n}=w_{A2}^{n}=0$，将求得结果代入目标函数中最大化可证（2）。

附录 9－3：命题 9－3 的证明

（1）在短期合作（研发合约模式）下、分散控制—非委托—代理的情形下，在博弈的第二阶段，A 与 R 分别求解如下约束条件下最优化问题：

$$\underset{a_1,a_2,f}{\mathrm{Max}}E\left(\prod_A\right) = \underset{a_1,a_2,f}{\mathrm{Max}}a_1a_2\pi_A^{o*} + (1-a_1a_2)\pi^{s*} - a_2f - \frac{1}{3}b_1(a_1)^3$$

$$\mathrm{s.t.}\ \underset{a_2}{\mathrm{Max}}E\left(\prod_R\right) = \underset{a_2}{\mathrm{Max}}a_2f - \frac{1}{3}b_2(a_2)^3\quad (9-51)$$

求解：$\partial E\left(\prod_A\right)/\partial a_1 = 0$，$\partial E\left(\prod_R\right)/\partial a_2 = 0$，将所求得的均衡结果代入目标函数 $E\left(\prod_A\right)$ 中，在博弈的第三阶段用 $E\left(\prod_A\right)$ 对 f 最大化便可证（1）。

（2）在短期合作（研发合约模式）下、分散控制—委托—代理的情形下，在博弈的第二阶段，A 与 R 分别求解如下约束条件下最优化问题：

$$\underset{a_1,a_2,w_{A1}^m,w_{A1}^n,w_{R2}^m,w_{R2}^n,f}{\mathrm{Max}} E\left(\prod_A\right) = \underset{a_1,a_2,w_{A1}^m,w_{A1}^n,w_{R2}^m,w_{R2}^n,f}{\mathrm{Max}} a_1a_2\prod_A^{mm} + a_1(1-a_2)\prod_A^{mn} + (1-a_1)a_2\prod_A^{nm} + (1-a_1)(1-a_2)\prod_A^{nn}$$

$$\mathrm{s.t.}\ a_1w_{A1}^m + (1-a_1)w_{A1}^n - \frac{1}{3}b_1(a_1)^3 \geqslant 0; a_1 \in \underset{\hat{a}_1}{\mathrm{argmax}}\hat{a}_1w_{A1}^m + (1-\hat{a}_1)w_{A1}^n - \frac{1}{3}b_1(\hat{a}_1)^3\quad (9-52-1)$$

$$E\left(\prod_R\right) = a_2\prod_R^m + (1-a_2)\prod_R^n \geqslant 0\quad (9-52-2)$$

$$\underset{a_2,w_{R2}^m,w_{R2}^n}{\mathrm{Max}} E\left(\prod_R\right) = \underset{a_2,w_{R2}^m,w_{R2}^n}{\mathrm{Max}} a_2\prod_R^m + (1-a_2)\prod_R^n\quad (9-52-3)$$

$$\mathrm{s.t.}\ a_2w_{R2}^m + (1-a_2)w_{R2}^n - \frac{1}{3}b_2(a_2)^3 \geqslant 0; a_2 \in \underset{\hat{a}_2}{\mathrm{argmax}}\hat{a}_2w_{R2}^m + (1-\hat{a}_2)w_{R2}^n -$$

$\frac{1}{3}b_2(\hat{a}_2)^3$ (9-52-4)

$w_{A1}^m \geqslant 0, w_{A1}^n \geqslant 0, w_{R2}^m \geqslant 0, w_{R2}^n \geqslant 0$

其中：$\prod_A^{mm} = \pi_A^{o*} - f - w_{A1}^m; \prod_A^{mn} = \pi^{s*} - w_{A1}^m; \prod_A^{nm} = \pi^{s*} - f - w_{A1}^n; \prod_A^{nn} = \pi^{s*} - w_{A1}^n; \prod_R^m = f - w_{R2}^m; \prod_R^n = -w_{R2}^n$ (9-52)

上述（9-52-1）与（9-52-4）分别表示员工1与2的参与约束与激励相容约束，而（9-52-2）与（9-52-3）则表示代理方R的参与约束与激励相容约束；首先求解（9-52-1）与（9-52-4）中的激励相容约束，得到：$w_{A1}^m = b_1(a_1)^2$，$w_{R2}^m = b_2(a_2)^2$ 并结合各自参与约束可得到：$w_{A1}^n = w_{R2}^n = 0$；将所得到的均衡结果分别代入A与R的目标函数中求解 $\partial E\left(\prod_A\right)/\partial a_1 = 0$，$\partial E\left(\prod_R\right)/\partial a_2 = 0$ 可求得：$a_1 = \left[\left(\frac{f}{3b_2}\right)^{\frac{1}{2}} Y \frac{1}{3b_1}\right]^{\frac{1}{2}}$，$a_2 = \left(\frac{f}{3b_2}\right)^{\frac{1}{2}}$，因此可求出 w_{A1}^m 与 w_{R2}^m。在博弈的第三阶段，将所求的用f表示的上述均衡值都代入目标函数 $E\left(\prod_A\right)$ 中并令 $\partial E\left(\prod_A\right)/\partial f = 0$，可证明（2）。

附录9-4：命题9-4的证明

（1）$\underset{a_1,a_2}{Max} E\left(\prod_{\bar{A}}\right) = \underset{a_1,a_2}{Max} \mu_1\mu_2 a_1 a_2 \pi_A^{o*} + (1 - \mu_1\mu_2 a_1 a_2)\pi^{s*} - \frac{1}{3}b_1(a_1)^3 - \frac{1}{3}b_2(a_2)^3$ (9-53)

求解 $\partial E\left(\prod_{\bar{A}}\right)/\partial a_\upsilon = 0, (\upsilon = 1,2)$，将求得的结果代入目标函数中可证明（1）。

（2）$\underset{a_1,a_2,w_{\bar{A}}^o,w_{\bar{A}}^s}{Max} E\left(\prod_{\bar{A}}\right) = \underset{a_1,a_2,w_{\bar{A}}^o,w_{\bar{A}}^s}{Max} \mu_1\mu_2 a_1 a_2 \prod_{\bar{A}}^o + (1 - \mu_1\mu_2 a_1 a_2)\prod_{\bar{A}}^s$

s. t. $\mu_1\mu_2 a_1 a_2 w_{\bar{A}}^o + (1 - \mu_1\mu_2 a_1 a_2)w_{\bar{A}}^s - \frac{1}{3}b_1(a_1)^3 - \frac{1}{3}b_2(a_2)^3 \geqslant 0$

(9-54-1)

$a_1, a_2 \in \underset{\hat{a}_1,\hat{a}_2}{argmax} \mu_1\mu_2 \hat{a}_1\hat{a}_2 w_{\bar{A}}^o + (1 - \mu_1\mu_2\hat{a}_1\hat{a}_2)w_{\bar{A}}^s - \frac{1}{3}b_1(\hat{a}_1)^3 - \frac{1}{3}b_2(\hat{a}_2)^3$

(9-54-2)

$w_A^o \geqslant 0; w_A^s \geqslant 0$;其中:$\prod_A^o = \pi_A^{o*} - w_A^o$;$\prod_A^s = \pi^{s*} - w_A^s$ (9－54)

(9－54－1) 与 (9－54－2) 分别为员工 1 与 2 混同工作时的参与约束与激励相容约束；求解两式中的激励相容约束得到 $w_A^o = b_1(a_1)^2/\mu_1\mu_2a_2 = b_2(a_2)^2/\mu_1\mu_2a_1$ 并结合参与约束可得到 $w_A^s = 0$ 将求得结果代入目标函数中分别对 a_1，a_2 最大化可证 (2)。

附录 9－5：命题 9－5 的证明

(1) 在长期合作 (研发联合体模式) 下、分散控制—无委托—代理情形下，在博弈的第二阶段，A 与 R 分别求解如下约束条件下的最优化问题：

$$\underset{a_1,f}{\text{Max}}E\left(\prod_A\right) = \underset{a_1,f}{\text{Max}}\mu_1\mu_2a_1a_2(\pi_A^{o*} - f) + (1 - \mu_1\mu_2a_1a_2)\pi^{s*} - \frac{1}{3}b_1(a_1)^3$$

$$\text{s.t. } \underset{a_2}{\text{Max}}E\left(\prod_R\right) = \underset{a_2}{\text{Max}}\mu_1\mu_2a_1a_2f - \frac{1}{3}b_2(a_2)^3 \qquad (9-55)$$

求解: $\partial E\left(\prod_A\right)/\partial a_1 = 0, \partial E\left(\prod_R\right)/\partial a_2 = 0$ 将所求得的均衡结果代入目标函数 $E\left(\prod_A\right)$ 中，在博弈的第三阶段用 $E\left(\prod_A\right)$ 对 f 最大化便可证①。

(2) 在长期合作 (研发联合体模式) 下、分散控制—委托—代理情形下，在博弈的第二阶段，A 与 R 分别求解如下约束条件下的最优化问题：

$$\underset{a_1,w_A^m,w_A^n,t_1,t_2f}{\text{Max}} E\left(\prod_A\right) = \underset{a_1,w_A^m,w_A^n,t_1,t_2f}{\text{Max}} \mu_1\mu_2a_1a_2\prod_A^o + (1 - \mu_1\mu_2a_1a_2)\prod_A^s$$

$$\text{s.t. } \mu_1\mu_2a_1a_2w^o + (1 - \mu_1\mu_2a_1a_2)w^s - \frac{1}{3}b_1(a_1)^3 - \frac{1}{3}b_2(a_2)^3 \geqslant 0$$

(9－56－1)

$$a_1 \in \underset{\hat{a}_1}{\text{argmax}}\mu_1\mu_2\hat{a}_1a_2w^o + (1 - \mu_1\mu_2\hat{a}_1a_2)w^s - \frac{1}{3}b_1(\hat{a}_1)^3 - \frac{1}{3}b_2(a_2)^3$$

(9－56－2)

$$E\left(\prod_R\right) = \mu_1\mu_2a_1a_2\prod_R^o + (1 - \mu_1\mu_2a_1a_2)\prod_R^s \geqslant 0 \qquad (9-56-3)$$

$$\underset{a_2,w_A^m,w_A^n}{\text{Max}} E\left(\prod_R\right) = \underset{a_2,w_A^m,w_A^n}{\text{Max}} \mu_1\mu_2a_1a_2\prod_R^o + (1 - \mu_1\mu_2a_1a_2)\prod_R^s \qquad (9-56-4)$$

$$\text{s.t. } \mu_1\mu_2a_1a_2w^o + (1 - \mu_1\mu_2a_1a_2)w^s - \frac{1}{3}b_1(a_1)^3 - \frac{1}{3}b_2(a_2)^3 \geqslant 0$$

(9－56－5)

$$a_2 \in \underset{\hat{a}_2}{\operatorname{argmax}} \mu_1 \mu_2 a_1 \hat{a}_2 w^o + (1 - \mu_1 \mu_2 a_1 \hat{a}_2) w^s - \frac{1}{3} b_1 (a_1)^3 - \frac{1}{3} b_2 (\hat{a}_2)^3 \tag{9-56-6}$$

$w^o \geq 0, w^s \geq 0$；其中：$\prod_A^o = \pi_A^{o*} - f - t_1 w^o$；$\prod_A^s = \pi^{s*} - t_2 w^s$；$\prod_R^o = f - (1 - t_1) w^o$；$\prod_R^s = -(1 - t_2) w^s$ （9－56）

（9－56－1）－（9－56－6）分别为长期合作（研发联合体模式）下员工1，R与员工2的参与约束与激励相容约束；仿效命题9－3－（2）的证明过程可证（2）。

（4）第10章引理、推论及命题的证明

附录10－1：引理10－1的证明

首先求解R所研制产品的价值函数。将R技术研发投入看成是仅有一次投资机会的项目投资，通过实物期权法可方便地求出企业的价值函数；但须先求出企业研发投资门槛，设为 Y_o^*，当Y（t）第一次等于或超过 Y_o^* 时，企业进行研发投资是它的最优投资策略，这实际上是一个最优停止问题，所以找到了 Y_o^* 就等于找到了R的最优投资策略。R若创新成功时实现非负随机利润流为：$\pi_R^o = (p - c)[Y(t) - bp]$，由 $dY(t) = \alpha Y(t) dt + \sigma Y(t) dz - Y(t) d\theta$，运用动态规划法，由Bellman方程与Ito's引理，价值函数 $V[Y(t)]$ 可写为：

$$V[Y(t), \tau] = \begin{cases} \dfrac{1}{(\varepsilon_3 - 1)} \left[\dfrac{bp(p - \tau)}{r} + w^o \right] \left[\dfrac{Y(t)}{Y_o^*} \right]^{\varepsilon_3} & t < T_{R1} \\ (p - \tau) \left[\dfrac{Y(t)}{r - \alpha} - \dfrac{bp}{r} \right] \cdot e^{-(r-\alpha)\delta} - w^o & T_{R1} \leq t \leq T_{R2} \text{且 } j = 0 \\ -w^f & t \geq T_{R1} \text{且 } j = f \end{cases} \tag{10-34}$$

式中：w^o，w^f 为员工进行技术研发成功与失败时的工资投入水平，ε_3 为二次方程式：$\phi_3(\varepsilon_3) = \frac{1}{2}\sigma^2 \varepsilon_3 (\varepsilon_3 - 1) + \alpha \varepsilon_3 - (r + \varpi) + \varpi (1 - u)^{\varepsilon_3} = 0$ 大于1的正根；$Y_o^* = \frac{\varepsilon_3}{\varepsilon_3 - 1} \left(\frac{bp}{r} + \frac{w}{p - \tau} \right) e^{(r-\alpha)\delta}$ 为投资门槛值；$T_{R1} = \inf\{t \mid Y(t) \geq Y_o^*\}$，表示当 $Y(t)$ 第一次等于或超过 Y_o^* 即在 T_{R1} 时刻R开始进行技术研发投入，参数 $\tau = \begin{cases} c & \text{当 R 没有融资时} \\ c\eta & \text{当 R 融资时} \end{cases}$。企业一旦做出创新投资决策且创新

成功后，如果市场状况不容乐观导致 Y 过度下降到一定程度，企业将被迫停止该创新项目进而破产；为此另定义：$T_{R2}=\inf\{t \mid Y(t)\geqslant Y_1^*\}$，表示为保持项目持续经营创新投资后的市场状况 Y(t) 要等于或超过 Y_1^*，同时说明了在 T_{R2} 时刻 R 将选择破产；其中 $V_R^o(Y_1^*)=(p-\tau)\left(\frac{Y_1^*}{r-\alpha}-\frac{bp}{r}\right)\cdot e^{-(r-\alpha)\delta}-w^o=0$，从而 $Y_1^*=\left[\frac{w^o e^{(r-\alpha)\delta}}{p-\tau}+\frac{bp}{r}\right](r-\alpha)$；问题得证。

附录 10－2：推论 10－1 的证明

①若创新成功，在博弈的第三阶段要求：

$$\underset{p}{Max}V_R^o[Y(t)]=(p-c)\left[\frac{Y(t)}{r-\alpha}-\frac{bp}{r}\right]\cdot e^{-(r-\alpha)\delta}-w^o \tag{10-35}$$

$$s.t.\ T_{R1}\leqslant t\leqslant T_{R2}$$

约束条件 $T_{R1}\leqslant t\leqslant T_{R2}$ 说明在项目经营期间要求 $Y\geqslant Y_o^*$；因此，式（10－35）实际是一个非线性规划问题，由 Kuhn－Tucker 条件求得最优的公司价格为：$p_R^o=\frac{rY}{2b(r-\alpha)}+\frac{c}{2}$，代入目标函数中，可获得：$V_R^o(Y)=\frac{b}{4r}\left[\frac{rY}{b(r-\alpha)}-c\right]^2e^{-(r-\alpha)\delta}-w^o$，问题得证。

②同理，在博弈的第三阶段高管人员要求：

$$\underset{p}{Max}V_{RH}^o[Y(t)]=(p-c\eta)\left[\frac{Y(t)}{r-\alpha}-\frac{bp}{r}\right]\cdot e^{-(r-\alpha)\delta}-w^o \tag{10-36}$$

$$s.t.\ T_{R1}\leqslant t\leqslant T_{R2}$$

仿效①的证明过程可求出：$p_R^o=\frac{rY}{2b(r-\alpha)}+\frac{c\eta}{2}$，此时 $V_{RH}^o(Y)=\frac{b}{4r}\left[\frac{rY}{b(r-\alpha)}-c\eta\right]^2e^{-(r-\alpha)\delta}-w^o$，而企业的利润变为 $V_{RS}^o(Y)=\frac{b}{4r}\left[\frac{rY}{b(r-\alpha)}+c(\eta-2)\right]\left[\frac{rY}{b(r-\alpha)}-c\eta\right]e^{-(r-\alpha)\delta}-w^o$。

附录 10－3：命题 10－1 的证明

R 没有融资且采用独立模式来组织技术创新过程时，此时 R 求解如下约束条件下最优化问题：

$$\underset{e_1,e_2,w_1^m,w_2^m,w_1^n,w_2^n}{Max}E(V_R)=\underset{e_1,e_2,w_1^m,w_2^m,w_1^n,w_2^n}{Max}e_1e_2V^{mm}+e_1(1-e_2)V^{mn}$$
$$+(1-e_1)e_2V^{nm}+(1-e_1)(1-e_2)V^{nn}$$

$$s.t.\ e_1 w_1^m + (1-e_1) w_1^n - \frac{1}{3} t_1 (e_1)^3 \geqslant 0; e_1 \in \underset{\hat{e}_1}{\operatorname{argmax}} \hat{e}_1 w_1^m + (1-\hat{e}_1) w_1^n - \frac{1}{3} t_1 (\hat{e}_1)^3 \quad (10-37-1)$$

$$e_2 w_2^m + (1-e_2) w_2^n - \frac{1}{3} t_2 (e_2)^3 \geqslant 0; e_2 \in \underset{\hat{e}_2}{\operatorname{argmax}} \hat{e}_2 w_2^m + (1-\hat{e}_2) w_2^n - \frac{1}{3} t_2 (\hat{e}_2)^3 \quad (10-37-2)$$

$$w_1^m \geqslant 0; w_1^n \geqslant 0; w_2^m \geqslant 0; w_2^n \geqslant 0$$

其中：$V^{mm} = G^D - w_1^m - w_2^m; V^{mn} = -w_1^m - w_2^n; V^{nm} = -w_1^n - w_2^m; V^{nn} = -w_1^n - w_2^n;$ (10-37)

上述目标函数中的 V 表示各种创新状态下的创新净利润，$E(V_R)$ 表示创新利润的期望；(10-37-1) 与 (10-37-2) 分别表示员工 1 与 2 的参与约束与激励约束。最大化两式中的激励约束并结合参与约束可得到：$w_1^m = t_1(e_1)^2$，$w_2^m = t_2(e_2)^2$，$w_1^n = w_2^n = 0$，将所求结果代入 $E(V_R)$ 中最大化可证命题 10-1。

附录 10-4：命题 10-2 的证明

R 没有融资且采用团队模式来组织技术创新过程时，此时将求解如下约束条件下最优化问题：

$$\underset{e_1,e_2,w^o,w^f}{Max} E(V_R) = \underset{e_1,e_2,w^o,w^f}{Max} \mu_1 \mu_2 e_1 e_2 V^o + (1-\mu_1 \mu_2 e_1 e_2) V^f$$

$$s.t.\ \mu_1 \mu_2 e_1 e_2 w^o + (1-\mu_1 \mu_2 e_1 e_2) w^f - \frac{1}{3} t_1 (e_1)^3 - \frac{1}{3} t_2 (e_2)^3 \geqslant 0; \quad (10-38-1)$$

$$e_1, e_2 \in \underset{\hat{e}_1,\hat{e}_2}{\operatorname{argmax}} \mu_1 \mu_2 \hat{e}_1 \hat{e}_2 w^o + (1-\mu_1 \mu_2 \hat{e}_1 \hat{e}_2) w^f - \frac{1}{3} t_1 (\hat{e}_1)^3 - \frac{1}{3} t_2 (\hat{e}_2)^3 \quad (10-38-2)$$

$$w^o \geqslant 0; w^f \geqslant 0; 其中: V^o = G^D - w^o; V^f = -w^f \quad (10-38)$$

上述约束条件 (10-38-1) 与 (10-38-2) 分别表示员工 1 与 2 作为一个整体在一起工作时的参与约束与激励约束。对激励约束条件分别对 e_1，e_2 最大化并结合参与约束可得到 $w^o = t_1(e_1)^2/\mu_1\mu_2 e_2 = t_2(e_2)^2/\mu_1\mu_2 e_1$，$w^f = 0$，分别代入 $E(V_R)$ 中并分别对 e_1，e_2 最大化可证命题 10-2。

附录 10-5：命题 10-3 的证明

R 进行融资且采用独立模式来组织技术创新过程时，此时在博弈的第二

阶段企业的高管人员将求解如下约束条件下最优化

$$\underset{e_1,e_2,w_1^m,w_2^m,w_1^n,w_2^n}{\mathrm{Max}} E(V_{RH}) = \underset{e_1,e_2,w_1^m,w_2^m,w_1^n,w_2^n}{\mathrm{Max}} e_1 e_2 V_{RH}^{mm} + e_1(1-e_2)V_{RH}^{mn} + (1-e_1)e_2 V_{RH}^{mm} + (1-e_1)(1-e_2)V_{RH}^{nm}$$

$$\text{s.t. } e_1 w_1^m + (1-e_1)w_1^n - \frac{1}{3}t_1(e_1)^3 \geqslant 0; e_1 \in \underset{\hat{e}_1}{\mathrm{argmax}} \hat{e}_1 w_1^m + (1-\hat{e}_1)w_1^n - \frac{1}{3}t_1(\hat{e}_1)^3 \quad (10-39-1)$$

$$e_2 w_2^m + (1-e_2)w_2^n - \frac{1}{3}t_2(e_2)^3 \geqslant 0; e_2 \in \underset{\hat{e}_2}{\mathrm{argmax}} \hat{e}_2 w_2^m + (1-\hat{e}_2)w_2^n - \frac{1}{3}t_2(\hat{e}_2)^3 \quad (10-39-2)$$

$$w_1^m \geqslant 0; w_1^n \geqslant 0; w_2^m \geqslant 0; w_2^n \geqslant 0;\text{其中}: V_{RH}^{mm} = G^{EH} - w_1^m - w_2^m; V_{RH}^{mn} = -w_1^m - w_2^n; V_{RH}^{nm} = -w_1^n - w_2^m; V_{RH}^{nm} = -w_1^n - w_2^n; \quad (10-39)$$

仿效附录 K 的证明过程可求得此阶段均衡结果。在博弈的第一阶段企业的股东将用在第二阶段所求得的 e_1，e_2，w_1^m，w_1^n，w_2^m，w_2^n 等均衡值代入如下约束目标函数以求去最优的 η：

$$\underset{\eta}{\mathrm{Max}}E(V_{RS}) = \underset{\eta}{\mathrm{Max}} e_1 e_2 V_{RS}^{mm} + e_1(1-e_2)V_{RS}^{mn} + (1-e_1)e_2 V_{RS}^{nm} + (1-e_1)(1-e_2)V_{RS}^{nn}$$

$$\text{其中}: V_{RS}^{mm} = G^{ES} - w_1^m - w_2^m; V_{RS}^{mn} = -w_1^m - w_2^n; V_{RS}^{nm} = -w_1^n - w_2^m; V_{RS}^{nn} = -w_1^n - w_2^n; \quad (10-40)$$

从而问题得证

附录 10－6：命题 10－4 的证明

R 进行融资且采用团队模式来组织技术创新过程时，此时在博弈的第二阶段企业的高管人员将求解如下约束条件下最优化问题：

$$\begin{cases} \underset{x_A}{\mathrm{Max}}\pi_A = \underset{x_A}{\mathrm{Max}}[p_A(x_A, x_B) - c]x_A \quad (10-41-1) \\ \underset{x_B}{\mathrm{Max}}\pi_B = \underset{x_B}{\mathrm{Max}}[p_B(x_A, x_B) - c]x_B \quad (10-41-2) \end{cases} \quad (10-41)$$

仿效附录 L 的证明过程可求得此阶段的均衡结果。在博弈的第一阶段企业的股东将用在第二阶段所求得的 e_1，e_2，w^o，w^f 等均衡值代入如下约束目标函数以求去最优的 η：

$$\underset{\eta}{\mathrm{Max}}E(V_{RS}) = \underset{\eta}{\mathrm{Max}}\mu_1\mu_2 e_1 e_2 V_{RS}^o + (1-\mu_1\mu_2 e_1 e_2)V_{RS}^f \quad (10-42)$$

$$\text{其中}: V_{RS}^o = G^{ES} - w^o; V_{RS}^f = -w^f;$$

问题得证。

(5) 第 11 章命题的证明

附录 11－1：命题 11－1 的证明

(1) 创新成功时，企业 E 与高校 U 的收益函数分别是：

$$Y_E^s = \lambda[(p-c+V)(a-bp)] \tag{11-17}$$

$$Y_U^s = (1-\lambda)[(p-c+V)(a-bp)] \tag{11-18}$$

Cournot 价格博弈分别要求 $\partial Y_E^s/\partial p = 0$，可求得 $\overline{p}^{s*}$ 成立，将 $\overline{p}^{s*}$ 分别代入式（11－17）及式（11－18）中，可证明结论成立。

(2) 创新失败时，企业 E 与高校 U 的收益函数分别是：

$$Y_E^F = \lambda[(p-c)(a-bp)] \tag{11-19}$$

$$Y_U^s = (1-\lambda)[(p-c)(a-bp)] \tag{11-20}$$

Cournot 价格博弈分别要求 $\partial Y_E^F/\partial p = 0$，求得 $\overline{p}^{F*}$ 成立，将 $\overline{p}^{F*}$ 分别代入式（11－19）及式（11－20）中，可证明结论成立。

附录 11－2：命题 11－2 的证明

在博弈的第二阶段，如公式（11－21）所示，高校 U 在激励相容约束条件下，求解如下目标最优化问题：

$$\underset{e_1,w_1^S,w_1^F}{\text{Max}}\ E\left(\prod_U\right) = \underset{e_1,w_1^S,w_1^F}{\text{Max}}\ e_1e_2\prod_U^{SS} + e_1(1-e_2)\prod_U^{SF} + (1-e_1)e_2\prod_U^{FS} + (1-e_1)(1-e_2)\prod_U^{FF} + \frac{m}{3}\mu_1(e_1)^3$$

$$\text{s. t. } e_1w_1^S + (1-e_1)w_1^F - \frac{1}{3}\mu_1(e_1)^3 \geqslant 0 \tag{11-21-1}$$

$$e_1 \in \underset{e_1}{\text{argmax}}\, e_1w_1^S + (1-e_1)w_1^F - \frac{1}{3}\mu_1(e_1)^3 \tag{11-21-2}$$

$$w_1^S \geqslant 0; w_1^F \geqslant 0;$$

其中，$\prod_U^{SS} = \overline{Y}_U^{s*} - w_1^S$；$\prod_U^{SF} = \overline{Y}_U^{F*} - w_1^S$；$\prod_U^{FS} = \overline{Y}_U^{F*} - w_1^F$；

$$\prod_U^{FF} = \overline{Y}_U^{F*} - w_1^F; \tag{11-21}$$

如公式（11－22）所示，企业 E 在激励相容约束条件下，求解如下目标最优化问题：

$$\underset{e_2,w_2^S,w_2^F}{\text{Max}}\ E\left(\prod_E\right) = \underset{e_2,w_2^S,w_2^F}{\text{Max}}\ e_1e_2\prod_E^{SS} + e_1(1-e_2)\prod_E^{SF} + (1-e_1)e_2\prod_E^{FS}$$

$$+ (1-e_1)(1-e_2)\prod_E^{FF} + \frac{m}{3}\mu_2(e_2)^3$$

$$s.t.\ e_2 w_2^S + (1-e_2) w_2^F - \frac{1}{3}\mu_2(e_2)^3 \geqslant 0 \quad (11-22-1)$$

$$e_2 \in \underset{e_2}{\mathrm{argmax}}\, e_2 w_2^S + (1-e_2) w_2^F - \frac{1}{3}\mu_2(e_2)^3 \quad (11-22-2)$$

$w_2^S \geqslant 0; w_2^F \geqslant 0$;

其中，$\prod_E^{SS} = \overline{Y}_E^{s*} - w_2^S$；$\prod_E^{SF} = \overline{Y}_E^{F*} - w_2^F$；$\prod_E^{FS} = \overline{Y}_U^{F*} - w_2^S$；

$\prod_E^{FF} = \overline{Y}_U^{F*} - w_2^F$； (11－22)

上述目标函数中$\prod_U$及$\prod_E$表示高校U与企业E参与协同创新后的净利润，(11－21－1)－(11－21－2)表示高校U员工的参与约束与激励相容约束，(11－22－1)－(11－22－2)表示企业E员工的参与约束与激励相容约束；求解式中的激励相容约束得到$w_1^S = \mu_1(e_1)^2, w_2^S = \mu_2(e_2)^2$并结合参与约束可得到$w_1^F = w_2^F = 0$，将求得结果代入公式(11－21)及公式(11－22)的目标函数中，组成联立方程组中求最优化，可证命题11－2成立。

附录11－3：政府G目标函数的计算过程

首先，在需求函数是$q = a - bp$的条件下，消费者剩余为：

$$CS = \frac{q^2}{2b} \quad (11-23)$$

因此，(1)在研发投入补贴下，若创新成功，政府G收益函数为：

$$\overline{W}_G^{s*} = \frac{(a - b\overline{p}^{s*})^2}{2b} + \overline{Y}_U^{s*} + \overline{Y}_E^{s*} \quad (11-24)$$

同样，(2)在研发投入补贴下，若创新失败，政府G收益函数为：

$$\overline{W}_G^{F*} = \frac{(a - b\overline{p}^{F*})^2}{2b} + \overline{Y}_U^{F*} + \overline{Y}_E^{F*} \quad (11-25)$$

附录11－4：命题11－3的证明

在博弈的第三阶段，在政府G研发投入配套m的政策环境下，协同创新后，基于社会福利最大化角度出发（此时目标函数是在理想情形且不存在委托—代理时的情形），有如下目标函数存在：

$$\underset{m}{\mathrm{Max}} E\left(\prod_G\right) = \underset{m}{\mathrm{Max}}\, \overline{e}_1\overline{e}_2\overline{W}_G^{s*} + (1 - \overline{e}_1\overline{e}_2)\overline{W}_G^{F*} - \frac{(1+m)}{3}\mu_1(\overline{e}_1)^3$$

$$-\frac{(1+m)}{3}\mu_2(\bar{e}_2)^3 \tag{11-26}$$

求解 $\partial E\left(\prod_G\right)/\partial m=0$，可证明命题 11－3 成立。

附录 11－5：命题 11－4 的证明

（1）创新成功时，企业 E 与高校 U 的收益函数分别是：

$$Y_E^s=\lambda r[(p-c+V)(a-bp)] \tag{11-27}$$

$$Y_U^s=(1-\lambda)r[(p-c+V)(a-bp)] \tag{11-28}$$

Cournot 价格博弈分别要求 $\partial Y_E^s/\partial p=0$，可求得 $\tilde{p}^{s*}$ 成立，将 $\tilde{p}^{s*}$ 分别代入（11－27）及（11－28）中，可证明结论成立。

（2）创新失败时，企业 E 与高校 U 的收益函数分别是：

$$Y_E^F=\lambda r[(p-c)(a-bp)] \tag{11-29}$$

$$Y_U^F=(1-\lambda)r[(p-c)(a-bp)] \tag{11-30}$$

Cournot 价格博弈分别要求 $\partial Y_E^F/\partial p=0$，求得 $\tilde{p}^{F*}$ 成立，将 $\tilde{p}^{F*}$ 分别代入（11－29）及（11－30）中，可证明结论成立。

附录 11－6：命题 11－5 的证明

在博弈的第二阶段，如公式（11－31）所示，高校 U 在激励相容约束条件下，求解如下目标最优化问题：

$$\underset{e_1,w_1^S,w_1^F}{\text{Max}}E\left(\prod_U\right)=\underset{e_1,w_1^S,w_1^F}{\text{Max}}e_1e_2\prod_U^{SS}+e_1(1-e_2)\prod_U^{SF}+(1-e_1)e_2\prod_U^{FS}$$
$$+(1-e_1)(1-e_2)\prod_U^{FF}$$

$$\text{s. t. } e_1w_1^S+(1-e_1)w_1^F-\frac{1}{3}\mu_1(e_1)^3\geqslant 0 \tag{11-31-1}$$

$$e_1\in\underset{e_1}{\text{argmax}}\,e_1w_1^S+(1-e_1)w_1^F-\frac{1}{3}\mu_1(e_1)^3 \tag{11-31-2}$$

$$w_1^S\geqslant 0;w_1^F\geqslant 0;$$

其中，$\prod_U^{SS}=\tilde{Y}_U^{s*}-w_1^S$；$\prod_U^{SF}=\tilde{Y}_U^{F*}-w_1^S$；$\prod_U^{FS}=\tilde{Y}_U^{F*}-w_1^F$；

$$\prod_U^{FF}=\tilde{Y}_U^{F*}-w_1^F; \tag{11-31}$$

如公式（11－32）所示，企业 E 在激励相容约束条件下，求解如下目标最优化问题：

$$\underset{e_2,w_2^S,w_2^F}{Max} E\left(\prod_E\right) = \underset{e_2,w_2^S,w_2^F}{Max} e_1 e_2 \prod_E^{SS} + e_1(1-e_2)\prod_E^{SF} + (1-e_1)e_2\prod_E^{FS} + (1-e_1)(1-e_2)\prod_E^{FF}$$

$$s.t.\ e_2 w_2^S + (1-e_2)w_2^F - \frac{1}{3}\mu_2(e_2)^3 \geqslant 0 \qquad (11-32-1)$$

$$e_2 \in \underset{e_2}{argmax} e_2 w_2^S + (1-e_2)w_2^F - \frac{1}{3}\mu_2(e_2)^3 \qquad (11-32-2)$$

$w_2^S \geqslant 0; w_2^F \geqslant 0;$

其中，$\prod_E^{SS} = \tilde{Y}_E^{s*} - w_2^S; \prod_E^{SF} = \tilde{Y}_E^{F*} - w_2^F; \prod_E^{FS} = \tilde{Y}_U^{F*} - w_2^S;$

$\prod_E^{FF} = \tilde{Y}_U^{F*} - w_2^F;$　(11－32)

上述目标函数中 $\prod_U$ 及 $\prod_E$ 表示高校 U 与企业 E 参与协同创新后的净利润，(11－31－1)－(11－31－2)表示高校 U 员工的参与约束与激励相容约束，(11－32－1)－(11－32－2)表示企业 E 员工的参与约束与激励相容约束；求解式中的激励相容约束得到 $w_1^S = \mu_1(e_1)^2, w_2^S = \mu_2(e_2)^2$ 并结合参与约束可得到 $w_1^F = w_2^F = 0$，将求得结果代入公式(11－31)及公式(11－32)的目标函数中，组成联立方程组中求最优化，可证命题 11－5 成立。

附录 11－7：命题 11－6 的证明

在博弈的第三阶段，协同创新后，基于社会福利最大化角度出发，政府 G 有如下目标函数存在：

$$\underset{r}{Max}E\left(\prod_G\right) = \underset{r}{Max}\ \tilde{e}_1 \tilde{e}_2[\tilde{W}_G^{s*} - (r-1)(\overline{Y}_U^{s*} + \overline{Y}_E^{s*})] + (1-\tilde{e}_1\tilde{e}_2)[\tilde{W}_G^{F*} - (r-1)(\overline{Y}_U^{F*} + \overline{Y}_E^{F*})] - \frac{\mu_1(\tilde{e}_1)^3}{3} - \frac{\mu_2(\tilde{e}_2)^3}{3} \qquad (11-33)$$

求解 $\partial E\left(\prod_G\right)/\partial r = 0$，可证明命题 11－6 成立。